国学经典
名句珍藏

四书五经

名句解析

天人/主编

内蒙古出版集团

内蒙古人民出版社

图书在版编目（CIP）数据

四书五经名句解析/天人主编. –呼和浩特：内蒙古人民出版社，2016.4（2020.6重印）

（国学经典名句珍藏）

ISBN 978-7-204-14017-6

Ⅰ.①四… Ⅱ.①天… Ⅲ.①四书-名句-汇编 ②五经-名句-汇编 Ⅳ.①B222.1②Z126.1

中国版本图书馆 CIP 数据核字（2016）第 105934 号

四书五经名句解析

主　　编	天　人
责任编辑	罗　婧
责任校对	杜慧婧
责任监印	王丽燕
封面设计	宋双成
出版发行	内蒙古人民出版社
地　　址	呼和浩特市新城区中山东路 8 号波士名人国际 B 座 5 楼
网　　址	http://www.nmgrmcbs.com
印　　刷	山东华立印务有限公司
开　　本	680mm×960mm　1/16
印　　张	19.75
字　　数	370 千
版　　次	2016 年 7 月第 1 版
印　　次	2020 年 6 月第 2 次印刷
标准书号	ISBN 978-7-204-14017-6/Ⅰ·2698
定　　价	35.00 元

如发现印装质量问题，请与我社联系。联系电话：(0471)3946120　3946169

❦ 前 言 ❦

　　"四书五经"是对中国影响最为深远的儒家学派的主要经典。"四书"指《论语》《孟子》《大学》《中庸》;"五经"指《诗经》《尚书》《礼记》《易经》《春秋》。

　　儒家学派的创始人孔子亲自编定《诗》《书》《礼》《乐》,并以此来教授弟子。从现有的史料记载也可以看出,战国末期至汉代初期,《诗》《书》《礼》《乐》《易》《春秋》是儒家传授的主要经典。由于《乐》只保存了《乐记》,于是将其并入《礼》书中,这样"五经"实际就产生了。然而,汉武帝设置"五经博士",故"五经"之称真正开始于汉武帝时代。汉武帝推行"罢黜百家,独尊儒术"的政策,至此,儒家思想名副其实地成了中国的大一统思想。

　　"四书"之称始于宋代朱熹。朱熹将《礼记》中的《大学》《中庸》两篇与《论语》《孟子》合编为《四书章句集注》,书中颇多理学内容。明清统治者提倡理学,于是"四书"被提到极高的地位。

　　数千年来,以"四书五经"为主的儒家学说一直占据中国思想文化的统治地位。

　　儒家文化既推进了中国的文明进程,同时也在思想上为后世中国套上了沉重的枷锁。今天回过头来重新审视儒家文化,我们觉得它的功劳和贡献还是远远超过了它的消极面的。尤其对于产生它的那个时代来说,简直是一场思想和观念的革命。儒家文化推动人类走向文明的进步意义还是显而易见的。孔子、孟子等先贤圣哲对宇宙自然的体悟,对人生世界的深刻的认识,对治理国家的独到见解,对人伦天理的创造性的理解和阐述,等等,都是我们中华民族思想宝库中的珍品。

儒家学派的著作，如《论语》《孟子》《礼记》《尚书》《易经》等，都是影响极大，备受人们推崇，历数千年而不衰的人类经典，其思想必然是光照千秋。书中大量的圣人先贤们的格言警句、妙语佳言更是精华之中的精华，是人类思想、文明与智慧的瑰宝。对于大到治理国家、造福万民，小到每一个人的立身处世、成就事业，都有极为重要的指导意义。至今还流传着一句话：半部《论语》治天下。足见其思想的睿智与深邃。

然而，"四书五经"原书内容颇为繁杂，良莠不齐，且文字艰深。阅读起来费时费力，而且有些内容今天已没有必要去阅读。于是我们去其杂芜，取其精华，选取这些经典中的名句，加以注释和鉴赏，消除文字障碍，帮助读者阅读理解，使读者能够很轻松地明白这些经典名句的微言大义。

该辞典选取名句本着以下原则进行取舍：一、体现原书主要观点和思想内容的关键性的句子；二、为今天人们所广为引用的，大家耳熟能详的句子；三、富含人生、社会哲理的句子。总之，尽量选取典型的且对今人的人生和事业有警醒意义的名句。

为了更好地帮助读者理解名句，我们在解析名句之前，对每种书都加了介绍文字。

所选的名句以书来分类。这样分类的原因，一是因为每一种书所言内容相对独立，以书分类就等于是按内容给这些名句归了类，便于读者查找学习；二是将每本书的精华名句抽取出来，放在一起，更集中地体现了原书的内容，有利于读者了解原书的概貌和系统了解原作者的思想。

每一名句都分原句、注释和解析三部分。"注释"的最前边指出该名句所出篇章，然后是难字注解以及原句释义。对简单易懂的句子只指明出处，不作注解和释义。解析是编撰者个人对原句的理解，仅供读者阅读时参考。

《春秋》一书只是简单记载历史事件及事件发生的时间，无名句可摘。如果将"春秋三传"（《左传》《公羊传》《谷梁传》）都包括进去，未免有些太芜杂，而且名不副实。所以《春秋》未录名句，只在书后附一篇有关《春秋》的介绍文字，以便读者系统地了解"四书五经"的全貌。

由于水平有限，名句选取、注释和解析难免有疏漏、错误之处，恳请读者不吝赐教。

编　者

❀ 目 录 ❀

《论语》 ………………………………………………… （1）

《孟子》 ………………………………………………… （50）

《大学》 ………………………………………………… （82）

《中庸》 ………………………………………………… （89）

《礼记》 ………………………………………………… （97）

《周易》 ………………………………………………… （142）

《诗经》 ………………………………………………… （169）

《尚书》 ………………………………………………… （224）

《春秋》 ………………………………………………… （257）

条目拼音索引 ………………………………………… （259）

《论　语》

　　《论语》产生于春秋战国时代，是一部语录体散文集。从书的体例、文风以及称谓的变化不一来看，《论语》记载着孔子的言语行事，也记载着孔子的弟子的言语行事。今本《论语》共二十篇。三国魏何晏集汉儒各家学说著成的《论语集解》是现存最早的《论语》的注本。东汉时《论语》和《孝经》《诗》《书》《礼》《乐》《春秋》并列为儒家七经。南宋起，《论语》和《礼记》中的《大学》《中庸》两篇及《孟子》合称"四书"。

　　孔子是我国伟大的思想家、教育家，对我国古代思想文化发展史产生过深远的影响。《论语》记录了他的学术思想、政治思想以及一生的活动，内容涉及哲学、政治、教育、文学、时事，还描写了孔子的一言一行、生活习惯、精神风貌等，是研究孔子的重要资料。孔子毕生致力于宣传"仁"的思想，虽然到处不被任用，遭人冷落，心情很惆惶，但他却始终不肯逃避现实，而是坚定地为实现自己的政治理想奔波。

　　《论语》语言简练、丰富、口语化。它往往通过简短的一则对话、一个小故事表达人物深刻的思想和丰富的内涵，同时刻画人物的性格。

　　《论语》中孔子及其弟子根据自己对生活的体悟总结出许多有关生活经验的警句，后来逐渐发展成为格言和成语，对后代有深远的影响。如："温故而知新""己所不欲，勿施于人""三军可夺帅也，匹夫不可夺志也""食不厌精，脍不厌细"等。这些格言和成语，今天看来依然意味深长，隽永亲切。

　　儒家思想的精华大部分体现在《论语》中，历经几千年的风雨冲刷洗礼，它依然没有褪去本色。在新时代精神的感应下，《论语》这部经典著作又如远古的铜镜一样发出了熠熠的光辉。相信读者朋友们读过这些名句后会大有收获。

学而时习之,不亦说乎? 有朋自远方来, 不亦乐乎? 人不知而不愠,不亦君子乎?

【注释】《学而》篇。说:通"悦"。朋:朋友。一说指学生,亦通。乐(yuè):快乐。知:了解。愠(yùn):恼怒。

【解析】这是《论语》的第一句话。这句话流传广远,中国人几乎都耳熟能详。它表现出儒家为学为人的一种乐观向上、涵容广大的人格精神。学习之后要按时温习,才能牢固地掌握所学知识,这已经成为历代相传的学习方法。儒家重视人际关系,讲求个人修养,认为朋友相交是人生一大乐事。虚怀若谷,是君子所应具备的风度。这几句话对中国人产生了极大的影响。

君子务本,本立而道生。孝悌也者,其为仁之本与!

【注释】《学而》篇。本:基础。道:名望。

【解析】孝悌观念是儒家思想的一个基本点。所谓孝,就是要孝敬父母;所谓悌,就是友爱兄弟。儒家对父子兄弟这些天然的血缘关系极为重视,认为孝敬父母、尊重兄长是人最基本的道德修养。"仁"是儒家所提倡的一种道德准则,他们对"仁"的基本解释就是"仁者爱人"。他们要求人首先要爱父母、爱兄弟,然后把这种爱推广到其他人身上,孟子所说:"老吾老以及人之老,幼吾幼以及人之幼"就是这种仁爱精神的体现。

巧言令色,鲜矣仁!

【注释】《学而》篇。巧:乖巧。令:美。鲜(xiǎn):少。

【解析】乖巧的言辞、谄媚的表情,往往是缺乏仁爱之心的表现。孔子用极其精练的语言,一针见血地指出社会上那些善于花言巧语、阿谀奉承之人的虚伪本质,令人警醒。他提醒人们不要为外在的假象所迷惑,对于事物要透过现象看到本质。老子说:"信言不美,美言不信"。他们都认识到事物的现象和本质之间存在一定差距。人们不可为表象所迷惑,而要善于在纷繁的现象中抓住事物的本质。

吾日三省吾身:为人谋而不忠乎? 与朋友交而不信乎? 传不习乎?

【注释】《学而》篇。三省(xǐng):多次反省。谋:谋划。传(chuán):指老师传授的东西。

【解析】儒家注重个人的修养。他们认为修身是治国平天下的前提条件,要想提高个人修养就要时刻反省自己。曾子所说的这几句话都是为儒家所重视的修养内容。忠、信是儒家所提倡的道德规范和行为准则。学习老师传授的知识,是提高个人修养的途径。曾子把这种反省当作日常生活的必修内容,从中可以看出儒家对个人修养的重视。

贤贤易色;事父母,能竭其力;事君,能致其身;与朋友交,言而有信。虽曰未学,吾必谓之学矣。

【注释】《学而》篇。前一个"贤"是尊重之义,后一个"贤"是指贤才。易:改变。色:态度。致:贡献。身:生命。

【解析】儒家讲"君君、臣臣、父父、子子"就是要求人们的行为要符合自己的身份地位。儒家讲究孝道,要求子女不遗余力地孝顺父母,把孝顺父母当作人生头等大事。孝成为中华民族的传统美德,与儒家的大力提倡有直接关系。忠君也是儒家所提倡的道德准则,这是儒家思想为历代封建王朝所推崇的一个重要原因。

君子不重则不威;学则不固。主忠信。无友不如己者。过则勿惮改。

【注释】《学而》篇。重:庄重,郑重。威:威严。主:以……为主。过:错误,过失。惮(dàn):怕。

【解析】严肃而有威仪是儒家所提倡的君子风度。儒家重视服饰礼仪,不同身份的人物应穿不同的衣服,遵守不同的礼节规范,在儒家思想中等级观念十分明显。对君主尽忠,对朋友讲信用也是儒家反复强调的道德准则。儒家重视朋友关系,但他们反对与修养学识不如自己的人交友,因为这样对自身修养的提高没有益处,这也是儒家思想的狭隘之处。

父在,观其志;父没,观其行;三年无改于父云之,可谓孝矣。

【注释】《学而》篇。没(mò):去世。道:志向,做法。

【解析】儒家最讲孝道,子女对父母必须言听计从,竭尽全力侍奉父母,他们把这作为人生最重要的事情之一。父亲健在,那么一切事情都由父亲决定,这时要看子女的志向是否远大。父亲一旦亡故,这时就要看子女的行为如何,看其行为是否符合礼仪规范。儒家认为子女在父亲亡故之后,能坚持按父亲的习惯做事,三年不变,这才能称得上是孝。从中可以看出这种孝的盲目性,它扼制了人的自由个性的发展。

礼之用,和为贵。

【注释】《学而》篇。用:作用。和:中和,恰到好处。

【解析】中国古人以"和"为美,所谓"和",就是要求事物达到中和的程度,恰到好处。这与儒家所提倡的中庸原则是一致的,中庸就是不偏不倚,过犹不及。中庸是儒家对待事物的基本原则,凡事讲究恰到好处,这已成为中国人为人处事的既成传统。在礼仪方面,有子认为应以"和"为贵,才能更好地发挥"礼"的作用,这正是儒家思想的体现。

信近于义,言可复也。恭近于礼,远耻辱也。因不失其亲,亦可宗也。

【注释】《学而》篇。复:兑现。因:依靠。宗:效法。

【解析】仁、义、礼、智、信是儒家所推崇的道德准则。言而有信是君子应具备的品质,所以有子认为符合义的诺言才能够实现。这句话告诉人们如果诺言大而不当,虽然好听,但却很难兑现。儒家要求人们行为恭敬而又合乎礼仪,这颇有我们今天强调的自尊自爱的意味,人只有自尊才能获得别人的尊重,有子的话就是这个道理。中国人家族观念强烈,认为凡事要依靠有血缘关系的族人,这是宗法社会的传统观念。

君子食无求饱,居无求安,敏于事而慎于言,就有道而正焉,可谓好学也已。

【注释】《学而》篇。安:舒适。有道:指有修养的人。正:匡正。焉:代词,指自己。

【解析】君子是儒家所认为的品德高尚的人,是儒家所追求的理想人格,这几句话就是孔子对于君子的具体要求。孔子理想中的君子在物质生活上要求不高,饭可以吃得不饱,住也可以住得不安定,真正的君子对这些都不在乎。但他必须思维敏捷,且不轻易发表言论,因为他对自己所说的话是要高度负责的。君子必须谦虚好学,善于向人学习,这是孔子认为的君子之风。

子贡曰:"贫而无谄,富而无骄,何如?"子曰:"可也;未若贫而乐道,富而好礼也。"

【注释】《学而》篇。谄(chǎn):谄媚,用卑贱的态度讨好人。乐道:乐于追求知识和真理。

【解析】子贡是孔子的得意门生,从师徒二人的话中可以看出他们认为贫富不是判别一个人的主要标准,重要的是他们对待贫富的态度,贫而无谄,已经是一个正直不阿的人,就如俗语所说的"人穷志不短"。贫而乐道,就是说人在贫穷中一样追求知识学问,这更加可贵。富而无骄固然好,但富而好礼,更为孔子所看重,这里的"礼"当然是指儒家的礼乐制度了。

不患人之不己知,患不知人也。

【注释】《学而》篇。患:担心。不己知:倒序句,应为"不知己"。知:了解。

【解析】孔子最重视个人的修养,要求人们对自己严格要求,对他人采取宽容的态度。他认为别人因为不了解而冒犯自己,自己是不应该生气的。对一个人来说重要的不是让别人了解自己,而是让自己了解他人。因为只有对他人有了充分了解才能更好地与之相处,才能学习他人长处,弥补自己不足。严以律己、宽以待人是儒家思想的可取之处。

《诗》三百,一言以蔽之,曰:"思无邪"。

【注释】《为政》篇。蔽:概括。邪:不正。

【解析】相传《诗经》原有三千余篇,孔子对其进行了删节整理,只剩下现在我们见到的305篇。关于孔子删诗的说法,历代都有争论。目前,学术界普遍认为孔子删诗说并不可靠,但是孔子对《诗经》确实极其重视,给予了高度评价。"思无邪"肯定了《诗经》在内容上基本是健康向上的,孔子把它作为学生的教科书,成为儒家的经典著作,是著名的"五经"之一。

道之以政,齐之以刑,民免而无耻;道之以德,齐之以礼,有耻且格。

【注释】《为政》篇。道:诱导。政:政法。齐:整顿。刑:刑罚。格:规矩,指人心归服。

【解析】这句话意思是说:用政法来诱导,用刑罚来整顿,老百姓只会暂时免于罪过,却没有羞耻之心。如果用道德来诱导,用礼教来整顿,老百姓不但有羞耻之心,而且人心归服。孔子主张用礼教道德来治理百姓。他认为用强制的政令和法律手段只能让百姓暂时顺服统治,不能从根本上治理好百姓,只有用礼教治理百姓才能使百姓人心归服。

吾十有五而志于学,三十而立,四十而不惑,五十而知天命,六十而耳顺,七十而从心所欲,不逾矩。

【注释】《为政》篇。立:成熟,独立。耳顺:指好话坏话都能听得进去。逾(yù):越出。

【解析】这是孔子对其人生历程的叙述,可算是一个极其精炼的自传。学习是最为孔子所重视的事业,他自己说"我非生而知之",他的知识学问都是后天不断学习积累的。"三十而立""四十不惑"等已经成为成语,其内涵被中国人完全接受下来,镕铸到了我们的民族性格之中。《论语》所载孔子语言虽不多,但其中相当一部分已成为大家熟悉的至理名言。

视其所以,观其所由,察其所安。人焉廋哉?人焉廋哉?

【注释】《为政》篇。所以:所交往的。所由:所采取的。所安:所满足的。焉:何处。廋(sōu):隐匿。

【解析】孔子善于在日常生活中观察人的品行,他认为只有了解了一个人才能因材施教。这几点就是孔子观察人物的角度。"视其所以"这里"以"通"与"就是观察他所交往的人,"人以类聚,物以群分",看一个人的朋友就能对这个人有大概的了解。"观其所由"是看他处理问题的方式。"察其所安"是看他以什么事为最大满足。这几点能充分反映一个人的人格品质。

温故而知新,可以为师矣。

【注释】《为政》篇。知:探求。为:做。

【解析】孔子主张学习要反复复习,循序渐进。旧知识掌握不好就不能很快地接受新知识。"温故而知新"是孔子教育思想中对后世影响最大的方面之一,是其教育思想的精华。从现代科学的角度看,它符合人的记忆力特点,掌握知识需要长期而艰苦的努力,知识的积累是一个循序渐进的过程。"温故而知新"已经成为中国人传统的学习方法,它是孔子教育思想的精华。

君子周而不比,小人比而不周。

【注释】《为政》篇。周:团结,指正面意义。比:勾结,指反面意义。

【解析】孔子认为,君子善于团结人,与大家和睦相处,但是不结党营私;小人只会结私党,而不是与所有人都和睦相处。儒家所理想的君子都具有广阔的胸襟,恢宏的气度,他们严于律己、宽以待人,与大家保持良好的关系。而小人就是那些心胸狭隘、结党营私的人。在儒家看来,君子小人在品质上有鲜明区别,他们推崇君子而鄙视小人。

学而不思则罔,思而不学则殆。

【注释】《为政》篇。罔(wǎng):枉然,无所得。殆:疑惑,失败。

【解析】孔子是中国历史上最早开始私家讲学的人,是中国最早、最伟大的教育家。他注意到了学与思的关系,认为二者同等重要,不可偏废。有的学生学习用功,但是不善于开动脑筋,这样不会收到良好的学习效果;有的学生善于思考,但是不肯坐下来扎扎实实地读书,同样不会在学业上有大的进步。最可取的态度就是学思并重,用功读书,勤于思考,才能在学业上获得长足的进步。

子曰:"由!诲汝知之乎!知之为知之,不知为不知,是知也。"

【注释】《为政》篇。由:孔子学生仲由,字子路。诲:教。最后一个知:通"智"。

【解析】"知之为知之,不知为不知"这是孔子对子路的教诲。这种谦虚并且实事求是的学习态度,几千年来一直被中国人所遵循。作为教育家的孔子对学生的教诲可谓耐心而又细致,子路性格草率,不够谦虚,孔子针对他的这一缺点谆谆告诫,要他培养实事求是的作风,对于那些总是强不知以为知的人,这句话尤其有教益,应该铭记在心。

举直错诸枉,则民服;举枉错诸直,则民不服。

【注释】《为政》篇。举:举荐,提拔。直:指正直之士。错:通"措",放置。诸:之。枉:不正。与直对举。

【解析】这句话是说为政的人要推举正直的人做官,百姓才能服从;如果推举品行不端的人做官,那么百姓就不会服从。孔子有自己的政治观点。他认为统治者要善于用人,任用那些品行端正,心地善良的人做官。这样的人才能尽心尽力为百姓着想,为百姓多做实事,百姓就会拥护这样的官吏。孔子曾多次赞扬郑国的子产等政绩好的官吏。

非其鬼而祭之,谄也。见义不为,无勇也。

【注释】《为政》篇。鬼:死人的神灵。谄:献媚,溜须。义:正当的事情。

【解析】孔子基本上是无神论者,他由于所处时代的局限,并不排斥鬼神,但又并不完全迷信鬼神。中国人历来有祭祀祖先的传统,这是宗法社会的特点。孔子说:"不是自己的祖先而去祭祀,就是谄媚。"见义勇为是中国人的传统美德,最早就是由儒家提倡的。见了应该做的事而不做,就是不勇敢,这是儒家所鄙视的。

孔子谓季氏,"八佾舞于庭,是可忍也,孰不可忍也?"

【注释】《八佾》篇。八佾(yì):古代舞蹈奏乐,八人一行,叫一佾。忍:狠心。有的学者认为是"容忍"。可备一说。

【解析】孔子尊崇文武之道,把周文王、周武王视为古代圣贤君主的楷模。孔子一向把维护周礼作为自己的责任,对于当时各国当政者僭越礼法的行为深恶痛绝。八佾是古代歌舞的一种形式,按周礼规定,只有周天子的歌舞队才是八佾,诸侯国君用八佾的歌舞队就是越礼,所以孔子愤怒地表示"是可忍,孰不可忍"。

人而不仁,如礼何?人而不仁,如乐何?

【注释】《八佾》篇。

【解析】"仁"是孔子提出的一个重要的道德标准。可以说是儒家思想的一个核心内容。对于"仁",孔子有过很多解释,最基本的就是"仁者,爱人。"他把人与人之间的团结友爱、和睦相处视为"仁"的基本内容。人之所以成为人就是因为他有"仁"的道德内涵。礼、乐是儒家用来教化人的工具,如果一个人没有仁爱之心,那么礼、乐对他来说都不会起什么作用。可见孔子对于仁的高度重视。

礼,与其奢也,宁俭;丧,与其易也,宁戚。

【注释】《八佾》篇。易:通"益",太过。戚:悲哀。

【解析】这句话的意思是说:"礼,与其奢侈,不如俭朴;丧事,与其简易,不如悲哀。"礼的内容十分广泛,它既包括人们的道德行为,也包括社会上各种仪式制度。丧事历来为儒家所重视,规定了一套详细的礼仪制度,例如子女要为父母服丧三年等。在孔子看来,为父母服丧礼最重要的是哀伤,只有哀伤才能表现出子女对父母的真情。

君子无所争。必也,射乎! 揖让而升,下而饮。其争也君子。

【注释】《八佾》篇。射:指射箭比赛。升、下:指登堂、下堂。

【解析】儒家讲究中庸之道,凡事要自我克制,自我反省,以忍为上。正如孔子所说:"君子无所争。"射,也就是射箭,是儒家所崇尚的六艺之一。关于射,儒家有一套详备的礼仪制度,"揖让而升"就是互相行礼然后登上比武场。"下而饮"就是比完箭后,互相举杯祝贺。整套礼仪表现出谦恭有礼的君子风度。儒家凡事不争,只在比试射艺上决不谦让,这也正是所谓"文武之道,一张一弛"儒家历来有文武并重的传统。

子曰:"周监于二代,郁郁乎文哉! 吾从周。"

【注释】《八佾》篇。监:通"鉴",借鉴。郁郁:茂盛,丰富。从:接受。

【解析】夏商周是儒家所认为的古之盛世,尤其是周代被认为是借鉴了夏商的经验教训,各方面达到了前所未有的鼎盛时期。周文王、周武王是儒家所敬重的圣王贤君,孔子说:"文武之道,未坠于地,在乎人。"孔子一生致力于学习文武之道,把弘扬文武之道作为自己的责任。孔子一生奔走于各诸侯国,虽然屡屡受挫,但又锲而不舍地推行自己的政治主张,令人钦佩。

定公问:"君使臣,臣事君,如之何?"孔子对曰:"君使臣以礼,臣事君以忠。"

【注释】《八佾》篇。定公:鲁国君主。使:役使。事:服侍,侍奉。

【解析】儒家思想也是有其发展过程的。孔子是儒家思想的创始人,但后世的儒家思想又与孔子的思想不尽相同。在君臣关系上,孔子强调君臣互有义务,君要以礼使臣,臣要为君尽忠。到了汉代,儒学大师董仲舒确立了三纲五常的原则。其中君为臣纲,就是要臣下无条件地服从君主,使儒家思想迎合了统治阶级需要,违背孔子君臣互相尊重的原则。

子曰:"《关雎》,乐而不淫,哀而不伤。"

【注释】《八佾》篇。《关雎》:《诗经》首篇,内容反映男女爱情,格调缠绵婉约。淫:原指雨多成灾,引申为过分、放荡。

【解析】传说孔子曾经删定《诗经》,虽未必可信,但孔子对《诗经》的确极为重视,作过许多评论。对《关雎》"乐而不淫,哀而不伤"的评论反映了儒家的诗教观,其实质是追求一种中和之美。这与儒家"不偏不倚,过犹不及"的中庸原则是相一致的。这句话代表了儒家对《诗经》的看法,反映了儒家的文艺观。

子谓《韶》,"尽美矣,又尽善也。"谓《武》,"尽美矣,未尽善也。"

【注释】《八佾》篇。《韶》:传说舜时的乐曲。尽:真正。美:指声音,旋律优美。善:指思想,情感完备。《武》:周武王时的乐曲。

【解析】儒家重视音乐,认为音乐能够陶冶人的情操,净化人的心灵,与礼教一样对人起到教化作用。美和善是孔子的审美标准,美是指音乐本身旋律优美,善是指音乐所表达的情感健康向上,对人能产生良好的影响。《韶》传说是舜时乐曲,所以乐曲与其人格一样,尽善尽美;《武》是周武王的乐曲,只尽美,未尽善。

子曰:"居上不宽,为礼不敬,临丧不哀,吾何以观之哉?"

【注释】《里仁》篇。上:上位,高位。宽:宽宏大量。为:行。敬:恭谨。临:参加,遇到。

【解析】孔子重视人的价值,马厩失火,他"问人,不问马"。出于对人本身价值的重视,他要求为政者要宽以待人。当时社会统治者对人民剥削十分严重,孔子曾发出感慨"苛政猛于虎也。"他要求统治者对人民实行宽缓的政策。礼,在孔子看来不是表面的敷衍,而要以恭敬为主。父母去世,子女要极尽哀情,才能不负父母的养育之恩。

子曰:"唯仁者能好人,能恶人。"

【注释】《里仁》篇。好(hào):喜爱。恶(wù):讨厌。

【解析】孔子最厌恶的一种人是"乡愿",即乡里面不讲是非原则的老好人,他说:"乡愿,德之贼也。"认为这种大家一致公认的老好人窃取了德的名声。孔子认为真正的仁者是爱憎分明的。对于德行高尚的人,他能惺惺相惜,表示喜爱之情;对于假道德,假仁义的人他能表示厌恶。孔子不是不讲是非的和事佬,他有自己的思想,时刻坚持自己的原则,不媚上,不蔑下,一生为实现自己的理想而奋斗。

富与贵,是人之所欲也;不以其道得之,不处也。贫与贱,是人之所恶也;不以其道得之,不去也。君子去仁,恶乎成名?

【注释】《里仁》篇。欲:盼望。道:指一定的方法或途径。处:接受。第二个"不以其道得之":此处"得之"应为"失之"或"去之",才符合情理,否则不通。去:远离,抛弃。恶(wū):何处。

【解析】孔子承认富贵是人的愿望,但同时强调富贵不可苟得,应有一定的原则。"不以其道得之,不处也。"也就是说不通过正常手段获得富贵,就宁可不要它。孔子曾说:"不义而富且贵,于我如浮云。"都是强调获取富贵必须符合一定的道德标准。表现了孔子重义轻利的思想。

朝闻道,夕死可矣。

【注释】《里仁》篇。朝(zhāo):早晨。道:真理。

【解析】儒家的道是指符合一定要求的思想道德,礼仪规范。在儒家看来人之所以成为人,就是因为人有道德,讲礼仪。孔子把没有道德,不讲礼仪的人,视为混沌未开的愚昧之人。他认为人的一生都应追求道德的完善,追求人生理想的实现。因此,一个人如果明白了儒家所提倡的思想礼教,既使朝闻夕死也不枉活一生。因为在孔子看来,只有这样的人才是真正意义上的人。

士志于道,而耻恶衣恶食者,未足与议也。

【注释】《里仁》篇。士:有作为的人。一说读书人,亦通。道:真理。耻:以……为耻。恶:不好。足:值得。

【解析】颜回是孔子最得意的弟子。颜回充分体现了儒家安贫乐道的精神,孔子说他"一箪食,一瓢饮,在陋巷,人不堪其忧,回也不改其乐。"虽然物质生活极其匮乏,但颜回在精神上是充实的。他在追求道也即儒家的思想学说的过程中获得了快乐。在孔子看来,有志于学的人,就不应该再计较物质生活的好坏,否则不足与议。

君子怀德,小人怀土;君子怀刑,小人怀惠。

【注释】《里仁》篇。前两句的"怀",皆是"怀念"之义。后两句的"怀",皆是"关心"之义。刑:法度。惠:利益。

【解析】这里的君子小人是以人的道德高下来划分的。孔子认为的君子是符合儒家思想道德规范的人,这样的人道德高尚,行为合乎法度。君子风度是儒家的理想人格,历代儒者都以此为追求目标。小人并非品行恶劣的人,只是未曾学习儒家的思想学说,还没有达到一定的道德境界。例如,恋土思家,小恩小惠都是小人的作法,不为孔子欣赏。

不患无位,患所以立;不患莫己知,求为可知也。

【注释】《里仁》篇。患:忧虑。立:立足,指担任职务的本领。知:了解。

【解析】孔子一向主张加强自身修养。在他看来,是否有职位不是重要的,重要的是自己是否具有担当一项职务的能力。人不应该担心是否能获取官位,而要努力学习,提高修养,培养能力。他人不了解自己不要紧,重要的是自己是否有值得让别人了解的内涵。宽以待人,严于律己,善于反省自身,这是孔子一贯提倡的,也是儒家思想的可取之处。

曾子曰:"夫子之道,忠恕而已矣。"

【注释】《里仁》篇。曾子:孔子学生。夫子:此处指孔子。

【解析】曾子就是曾参,是孔子最欣赏的学生之一。他认为孔子的学说其实质就是"忠恕"。所谓忠,就是忠于自己的职守,曾子说他每天反省自己,其中一项就是"为人谋而不忠乎"。忠,后来发展为纯粹的忠君思想,为统治阶级所利用。恕,用孔子的话说就是"己所不欲,勿施于人"。凡事要替他人考虑,人同此心,心同此理,用自己的心理便可印证他人的心理,所谓推己及人就是这个道理。

君子喻于义,小人喻于利。

【注释】《里仁》篇。喻:明白,懂得。

【解析】义,本指人应该做、适宜做的事。儒家一向重视义,孔子认为君子应懂得义,也就是明白什么是自己应该做的,什么是自己不应该做的。到了孟子进一步提出了"舍生取义"的说法。他说:"鱼,我所欲也;熊掌亦我所欲也。二者不可得兼,舍鱼而取熊掌者也。生亦我所欲也;义亦我所欲也。二者不可得兼,舍生而取义者也"。孟子把"义"提到了一个更高的层次。从此,舍生取义成为中国人的传统思想。

见贤思齐焉,见不贤而内自省也。

【注释】《里仁》篇。齐:看齐,赶上。焉:指贤才。

【解析】孔子注重向他人学习,他曾说:"三人行,必有我师焉"。贤人是道德品行高尚的人,看见这样的人应该向他学习,提高自身修养,争取达到他的水平。人虽不贤,也有其存在的价值,他可以促使别人进行自我反省,检察自己是否有与他一样的缺点毛病。有则改之,无则加勉。品行高下,取决于自我主观的努力。孟子说，人人可为尧舜，就是要人通过自我努力，达到较高的精神境界。

父母在，不远游，游必有方。

【注释】《里仁》篇。在：指在世，活着的时候。游：出游。方：去处。

【解析】这句话实质上还是儒家孝悌观念的反映。守在父母身边，膝下承欢被认为是孝子之道。因此，古人父母健在时一般不轻易出门远游，即使远游也一定告诉父母要去哪里，以免父母担心牵挂。中国人一向重视孝道，认为侍奉父母是儿女应尽的职责。一旦父母亡故，即使千里万里也要回家奔丧。如果死于异乡，一定要把灵柩迁回故乡埋葬，这是中国人的传统习俗。

父母之年，不可不知也。一则以喜，一则以惧。

【注释】《里仁》篇。以：因为。惧：与"喜"对举，忧伤之义。

【解析】父母年庚几何，子女必须牢记在心。在儒家看来，父母含辛茹苦把子女养育成人，子女要时刻把父母记挂在心，以孝顺父母为最大乐事。父母年岁日长，子女有喜有忧。喜的是父母虽年寿渐高，但仍然身体健康，自己可以多尽一份孝心。忧的是父母年纪越来越大，身体渐衰，人活百岁，终有一死，子女尚未报答父母养育之恩，因此有忧惧之心。不论喜忧，其实都是子女孝心的表现。

君子欲讷于言而敏于行。

【注释】《里仁》篇。欲：应该。讷（nè）：迟钝。敏：快捷。讷于言：指少说话。敏于行：指多做事。

【解析】这也是孔子对于君子的一条要求。君子不必善于言谈，重要的是在行为上合乎标准。孔子一贯反对花言巧语，他曾说："巧言令色，鲜矣仁。"也就是说言辞华美、面容诡诇的人很少是仁义的。是不是真正的君子，不在于他的言辞如何，关键是看他的行为是否符合君子的标准，这才是最重要的。

子游曰："事君数，斯辱矣；朋友数，斯疏矣。"

【注释】《里仁》篇。子游：孔子学生。数（shuò）：频繁，烦琐。斯：这样。疏：疏远。

【解析】事君和交友都是儒家认为的人生大事。子游这句话的意思是说事君和交友都不可过于烦琐，否则会招致怨恨。孔子主张天下有道则仕，无道则隐。君子的进退出处，都要合乎一定的要求。对君主要竭力尽忠，但不可过于迂腐，否则触怒君主，对自己不利。古人讲"君子之交淡如水"，朋友之间不可过于亲密,否则再好的朋友也会疏远。

子曰:"朽木不可雕也,粪土之墙不可杇也;于予与何诛?"

【注释】《公冶长》篇。杇(wū):同"圬"把墙抹平。予:宰予,孔子学生。诛:评论。

【解析】宰予是孔子的弟子,他白天睡觉,孔子十分气愤和失望,因此说了这一番话。孔子一生勤奋好学,看到自己的学生懒惰,他当然十分生气。"朽木不可雕也"已成为成语,广为运用。大概这个宰予也是一个善于用言词讨好别人的人,孔子说自己从前是"听其言而信其行。"现在是"听其言而观其行。"从宰予身上,他总结出了这个道理。

子贡问曰:"孔文子何以谓之'文'也?"子曰:"敏而好学,不耻下问,是以谓之'文'也。"

【注释】《公冶长》篇。孔文子:指孔圉,卫国大夫。谓:即谥。耻:以……为耻。

【解析】孔文子的谥号是"文"。谥号是封建时代大臣或有名望的人死后,由皇帝追加的封号。谥号能概括出这个人的特点。"文"的意思就是敏而好学,不耻下问。孔子认为这个字很好地概括了孔文子的特点。"敏而好学,不耻下问"包括了学和问两方面的内容。学,不但要聪明,而且要把学习当作爱好。问,要不以向不如自己的人请教为耻。这样才能在学业上有长进。

子谓子产,"有君子之道四焉:其行己也恭,其事上也敬,其养民也惠,其使民也义。"

【注释】《公冶长》篇。谓:评价。子产:公孙侨,春秋时郑国贤相,杰出的外交家、政治家。养:教化。

【解析】这里的君子是指为政的人。这四点是对为政者的具体要求。他的行为要严谨谦恭,能对自己所做的事负责;他对待上级官吏一定要恭敬;他治理人民要实行仁政;他对人民征发徭役一定要有所节制。孔子重视人的价值,有初步的民本思想。他对郑国的当政者子产给予过极高的评价。因为子产能够施行仁政,赢得了人民的爱戴,孔子推崇这种有君子之风的为政者。

子张问曰:"令尹子文三仕为令尹,无喜色;三已之,无愠色。旧令尹之政,必以告新令尹。何如?"子曰:"忠矣。"曰:"仁矣乎?"曰:"未知;焉得仁?"

【注释】《公冶长》篇。令尹:楚国对宰相的称呼。子文:即斗縠於菟(dòugòuwūtú)。已:罢免。焉:哪里,怎么。

【解析】子文曾三次被认命为令尹,又三次被罢免。身为令尹他无喜色,被罢免也不恼怒。可以看出他并未将令尹的官职放在心上，他所做的只是忠于自己的职守。孔子称赞子文，认为他符合"忠"的标准，但还不够"仁"的程度。子文这种淡泊名利的精神历代相传，宋代范仲淹"不以物喜，不以己悲"与子文的精神一脉相传。

季文子三思而后行。子闻之，曰"再，斯可矣。"

【注释】《公冶长》篇。季文子：季孙行父，鲁国大夫。三思：多次考虑。三是约数，非确数。再：两次。

【解析】中国有句古话，叫作"三思而后行"。意思是让人做事之前经过多次考虑，然后行动。这是季文子的话，孔子不完全同意，他认为考虑两次就可以了，不必考虑很多。这里的"三"和"再"都不是确指，也就是形容考虑的多少的意思。孔子不主张作过多考虑，主要是他认为做事要坚决果断，反对犹豫不决，体现了他雷厉风行的特点。

子曰："宁武子，邦有道，则知；邦无道，则愚。其知可及也，其愚不可及也。"

【注释】《公冶长》篇。宁武子：宁俞，卫国大夫。知：通"智"，聪明。愚：装傻。

【解析】孔子一生为实现自己的政治理想奔走于各诸侯国之间，虽屡遭厄运，仍坚贞不渝。出于无奈，也是出于一种愤激，他主张"邦有道，则仕；邦无道，则隐"。似乎是一种退隐避世的思想。正如他称赞宁武子，认为"邦有道，则仕"是大家都能做到的，"邦无道，则愚"不与统治者合作是不容易做到的。其实这并非孔子思想的主流，他还是以积极入世的思想为主导的。

吾党之小子狂简，斐然成章，不知所以裁之。

【注释】《公冶长》篇。党：那里。狂简：才华横溢，志向远大。斐然：有文采的样子。裁：定夺，指导。

【解析】孔子在陈国不得施展才华，抱负不能实现，思念故国。想要回去教育弟子，说出了这一番话。司马迁说："人穷则返本。"人在困穷不得志的时候都会思念故土亲朋，孔子也是如此。孔子是中国最早的教育家，他热爱自己的学生，把教书育人视为人生一大乐事。他称赞自己的弟子才华横溢，志向远大，自己要用心加以引导，使之成才。

老者安之，朋友信之，少者怀之。

【注释】《公冶长》篇。安之，信之，怀之，都是使动用法。即，使安逸，使信任,使怀念。

【解析】敬老是中华民族的传统美德,这与儒家的提倡是分不开的。礼子尊重老人,"老者安之"就是让老人过上安定享乐的生活,让他们安度晚年。孟子提出"老吾老以及人之老;幼吾幼以及人之幼",就是要在全社会推广敬老爱幼的美德。朋友交往要以诚信为准则,只有做到这一点才能互相信任使友谊巩固。对于年轻人要多加爱抚,这样有利于他们成长。

子曰:"赤之适齐也,乘肥马,衣轻裘。吾闻之也:君子周急不继富。"

【注释】《雍也》篇。适:往,到。乘肥马:指坐着肥马拉的车子,而不是骑着肥马。衣(yì):穿着。周、继,皆为接济之义。

【解析】济困扶贫是中国人的传统美德,一向为儒家所提倡。儒家并不厌弃贫困,而是把"安贫乐道"作为君子之风。颜回"一箪食,一瓢饮,在陋巷。人不堪其忧,回也不改其乐"大为孔子称赞。对于富贵,孔子主张得之有道,而且要"富而无骄",孟子主张"富贵不能淫"这都已经成为中国人的传统思想。

子曰:"贤哉,回也! 一箪食,一瓢饮,在陋巷,人不堪其忧,回也不改其乐。贤哉,回也!"

【注释】《雍也》篇。箪(dān):盛饭的竹器。堪:忍受。

【解析】颜回是孔子的得意门生。他生活极其贫困,甚至到了他人无法忍受的地步。就是在这种艰苦的生活条件下,颜回仍然勤奋好学。颜回这种安贫乐道的精神深受孔子称赞,成为儒家的一种人格理想。后世儒者在物质生活匮乏的情况下仍然追求精神生活的充实,追求人生价值的实现,都深受这种精神的影响。

力不足者,中道而废。

【注释】《雍也》篇。

【解析】曾子说:"夫子之道,一以贯之,忠恕而已矣。"所谓"忠",就是做事要忠诚,尽力而为;所谓"恕",就是"己所不欲,勿施于人",这是孔子学说的核心内容。孔子主张通过自己的主观努力,提高修养学问,人人都可以做到这一点。冉求说他不能学习孔子之道是因为力不足。孔子说:"力量不足的人,一走到一半就走不下去了。现在你给自己设了障碍"。冉求有一种心理上的障碍,只要破除了这种障碍,就能很好地学习夫子之道。

质胜文则野,文胜质则史。文质彬彬,然后君子。

【注释】《雍也》篇。质:朴实。文:文采。史:虚浮。彬彬:文雅的样子。

【解析】文、质是古代的一对审美范畴。关于文和质的关系,看法不一。孔子认为质如果胜过文,就过于朴素;文如果胜过质,就显得浮华不实。文和质互相协调,才是君子之风。质,本是东西的质地,用以形容人的内在的朴素、充实。文,本是各种颜色交错的花纹,用以形容人外在仪表、语言的华美。"文质彬彬"反映了孔子"中庸"的观点,对后世影响深远。

人之生也直,罔之生也幸而免。

【注释】《雍也》篇。罔:不正直。幸:侥幸。

【解析】孔子这句话的意思是说:"真正的人活在世上,靠的是正直;不正直的人也得以活下来,那是他侥幸地免于祸害。"仁、义、礼、智、信是孔子提出的道德准则,他认为只有用这五种道德准则来规范自己的行为,才算是真正意义上的人。孔子所说的正直的人,也就是符合这五种要求的人,这样的人才能在社会上生存下去。不正直的人之所以能生存下来,只是出于侥幸,不是长久之道。

知之者不如好之者,好之者不如乐之者。

【注释】《雍也》篇。好(hào):喜爱。乐(lè)以……为乐。

【解析】知之,好之,乐之,可以说是求学的三种境界。知之,是被动的学习,缺乏主观能动性,只是为了学习而学习。好之,是把学习当作一种个人爱好,通过自己的主观努力来获取知识。这样,人处于主动地位,而不是被动地学习知识。乐之,是学习的最佳境界。把获取知识当作人生最大乐事,求学的过程能够达到心灵上的愉悦和满足,这样的人终生求学也会毫不厌倦。这就是"乐之"的精神境界。

中人以上,可以语上也;中人以下,不可以语上也。

【注释】《雍也》篇。中人:指智力中等之人。语(yù):谈论,告诉。上:指高深的学问。

【解析】孔子认为人人都可以通过学习来提高自己的修养学问。但他同时又承认人的天资并不相同,智力有高有低,这是符合实际的。他认为智力在中等以上的人,才可以给他讲高深的知识学问。智力在中等以下的人,不能给他讲过于高深的知识学问。孔子主张"因材施教",这一观点是他因材施教的教育思想的产物。

务民之义,敬鬼神而远之,可谓知矣。

【注释】《雍也》篇。务:教育,引导。知:通"智",明智。

【解析】这句话意思是说,当政者要多替人民着想,为人民办事,对于鬼神要敬而远之。从中可以看出孔子最重视的是百姓,认为让百姓过上安居乐业的生活是统治者应该做的事。孔子周游列国所推行的政治思想也就是为了实现他社会稳定、百姓安乐的社会理想。孔子实质上并不相信鬼神,但他不否定鬼神的存在。《论语》说:"子不语'怪、力、乱、神。'"他对鬼神的态度就是敬而远之。这种思想明显超出了他同时代的人。

知者乐水,仁者乐山;知者动,仁者静;知者乐,仁者寿。

【注释】《雍也》篇。知者:即智者,聪明的人。乐:喜欢。

【解析】知者和仁者代表的是儒家的人格理想。儒家喜好山水,崇尚蕴含于自然之中的审美情趣。水有流动的特点,山有静止的特点。水代表了动,其实质是变化,对于人来说就是要通权达变;山代表了静,其实质是安定,对于人来说就是要稳定沉着。仁者和智者既喜好山水,又具有山水的内涵,这种以山水特点为象征的精神内涵使他们安乐而且长寿。

君子博学于文,约之以礼,亦可以弗畔矣夫!

【注释】《雍世》篇。约之以礼:即以礼约之。约:约束。畔:通"叛"。

【解析】文,本是丝织品上的花纹。引申为外在的文采,大概指人的语言,仪表等。孔子认为文和质应该并重,说:"文质彬彬,然后君子。"如果没有文采,虎豹的皮和犬羊的皮也就没有区别了。人也是如此,缺乏文采,无法显示出他的君子风度。人应广泛学习,使自己语言不俗,仪表得体。要做到这一点,又必须用"礼"来约束,使自己的语言、行为、仪表合乎礼仪规范。

中庸之为德也,其至矣乎? 民鲜久矣。

【注释】《雍也》篇。至:最高境界,尽善尽美。鲜:缺乏。

【解析】中庸之道是儒家思想的核心内容之一。它的内涵是不偏不倚,认为过犹不及,实质上是以适中为原则。儒家用这种原则来规范人的思想行为,对中国人的民族性格产生了巨大而深远的影响。中国人的性格历来比较温和,具有极强的忍耐力,在任何艰苦的环境下,中国人都可以生存下去,使中华文明绵延不绝,其有中庸思想的功劳。但是中国人安于现状、容易满足等不足之处也是这种思想的体现。

夫仁者,己欲立而立人,己欲达而达人。

【注释】《雍也》篇。立:站得住,成功。达:行得通,顺昌。

【解析】对于仁者,孔子有过多种描述。"己欲立而立人,己欲达而达人。"

意思是说,如果自己想要获取成功,就先让别人获取成功;如果自己想要通达,就先让别人通达。孔子认为每个人都应该多替他人着想。自己不想要的东西,就该考虑到别人也不想要;自己不想做的事,就该考虑到别人也不想做,也就是要善于"推己及人"。人同此心,心同此理,把他人放在第一位,才是最重要的。

述而不作,信而好古,窃比于我老彭。

【注释】《述而》篇。述:阐述,讲述。古:指古代文化。

【解析】"阐述而不创作,相信而且喜好古代文化,我私下里和老彭相比。"这里的老彭,可能是一位古人,也可能是孔子的朋友。孔子认为只有先代圣王才能创作,一般人只能是阐述而非创作。孔子遵循这一原则,他整理了《诗经》,又对记述鲁国历史的《春秋》进行了加工。这些都是"述"而非"作"。中国历代都有人积极从事古代文化的加工整理,与孔子"述而不作"的思想不无关系。

学而不厌,诲人不倦。

【注释】《述而》篇。厌:满足。

【解析】孔子一生致力于学习。有人说圣人之所以知识广博,是因为他生而知之。但是孔子自己说他"我非生而知之。"他的知识学问都是后天学习得来的。孔子说:"知之者不如好知者,好知者不如乐知者。"他本身就是一个乐知者,体现了"学而不厌"的精神。孔子是中国最早的伟大教育家,他因材施教,创立了一套独特的教育方法。他热爱学生、"诲人不倦",为社会培养了大批优秀人才。

德之不修,学之不讲,闻义不能徙,不善不能改,是吾忧也。

【注释】《述而》篇。徙:追求。

【解析】孔子这句话是说:"品德不修养,学问不讲习,听到义却不去追求,有错误不能改正,这些都是我所忧虑的呀!"孔子一向严于律己,在各个方面对自己要求严格,唯恐稍有疏忽。他把培养品德和讲习学问视为人生最重要的事情。知道什么是自己应该做的事,就应该努力去做。做错了不要紧,关键是要勇于改正错误。孔子严于律己的精神为后世树立了良好风范。

志于道,据于德,依于仁,游于艺。

【注释】《述而》篇。艺:全面的修养,一说指礼、乐、射、御、书、数六艺。

【解析】孔子所说的"道"是指儒家的知识学问,品德修养。他认为年轻人应有志于学道,提高品德修养,让自己的思想和行为都符合"仁"的要求。孔子特别强调要"游于艺"。所谓"艺",就是通常所说的"六艺",一般指礼、乐、射、御、书、数。六艺包括的内容很广泛,儒家提倡学习六艺,旨在培养人多方面的才能。由此可见,儒家也并不要人读死书,他们也重视人的全面发展。

不愤不启,不悱不发。举一隅不以三隅反,则不复也。

【注释】《述而》篇。愤、悱(fěi)对举,指有所思、有所言而不得。启、发对举,指疏通愤、悱的具体做法。这两句是说,人们没有不通之处,便不会产生求教的动机。隅(yú):角落,地方。反:反照,对应。复:再。

【解析】学习的时候对某一问题感到不理解,心中憋闷,这样能促使人积极思考,把不理解的东西弄懂。老师不可能把每个问题都讲到,善于学习的人要能够举一反三,触类旁通。孔子认为没有这种才能的人是无法搞好学习的。

用之则行,舍之则藏。

【注释】《述而》篇。行:做。

【解析】这是孔子对颜渊说的话:"得到任用就推行自己的主张,不被任用就隐居避世。"孔子一生东奔西走,周游列国,积极推行自己的政治主张,虽屡遭厄运仍九死不悔。但当时社会礼崩乐坏,各国君主都务求用武力使国家强大,彼此之间征伐不断,社会动荡。孔子"远人不服,则修之德以来之"的主张无法施行。他激愤地说:"邦有道,则仕;邦无道,则隐",流露出无可奈何的消极情绪。

富而可求也,虽执鞭之士,吾亦为之。如不可求,从吾所好。

【注释】《述而》篇。执鞭之士:指拿鞭维持秩序的下等人。所好:所喜欢的。

【解析】在一个虚伪狡诈、动荡不安的社会中,富贵只有那些趋炎附势或强权在握的人才能拥有。正道直行的人是无法求得富贵的。孔子鄙弃那种不以正道得之的富贵,说:"不义而富且贵,于我如浮云。"他认为"死生有命,富贵在天"。富贵既不是人力可求,那就不如从事自己喜欢的事情,追求理想,这样的人生一样是充实完美的。

三月不知肉味。

【注释】《述而》篇。

【解析】中国古人很早就注意到音乐具有净化心灵、陶冶情操的作用。孔子重视音乐,认为它与礼一样具有教化作用。礼乐是儒家治国安邦的重要手段。孔子曾到齐国学习音乐,他对《韶》这首乐曲最感兴趣。《韶》据说是舜时的乐曲,孔子曾说《韶》乐"尽善矣,又尽美矣",给予了极高的评价。他学习《韶》乐专心致志、心不旁骛,以至于"三月不知肉味",达到了忘我的境地。后人遂用"三月不知肉味"形容音乐的至善至美。

不义而富且贵,于我如浮云。

【注释】《述而》篇。

【解析】富贵对任何人都具有一定的诱惑力。为了求得富贵,有多少人奴颜婢膝,阿谀奉承,完全丧失了自己的人格。孔子鄙弃这样的富贵,他认为富贵如不以道义得之,那么它就没有任何价值。儒家一向反对为求取功名富贵而背离自己的道德原则,孔子一生周游奔走,屡屡断饮断炊,生活并不富裕。但他从不厌弃贫困,他主张君子要有一种安贫乐道的精神,在贫穷困乏中仍然坚持自己的理想,志于道,志于学,为后世儒生树立了典范。

发愤忘食,乐以忘忧,不知老之将至云尔。

【注释】《述而》篇。

【解析】叶公向子路打听孔子的情况,子路感觉一言难尽,遂没有回答。孔子知道后对子路说:"你为什么不对他说,孔子这个人,用起功来便忘记吃饭,快乐起来便抛弃忧愁,不晓得衰老就要到来,如此而已。"孔子这句话是他的自我写照。孔子一生致力于学习文化知识,研习礼乐,"学而不厌,诲人不倦"。对自己的事业孜孜以求,从不放松。他虽屡遭困苦,但始终保持一种乐观向上的精神,甚至忘记了自己老之将至。

三人行,必有我师焉;择其善者而从之,其不善者而改之。

【注释】《述而》篇。焉:对象。从:接受。

【解析】孔子主张向他人学习,认为三个人在一起行走,其中必定有一个在学问方面会超过自己,自己可以拜他为师,向他学习。孔子从不以向他人学习为耻,他"不耻下问",而且认为"圣人无常师",他总是随时随地向人学习。看到别人不好的地方,要思考自己有没有这方面的缺点,如果有就加以改正。孔子教育学生不要害怕改正过错,每一次改正过错都等于是一次进步,没有任何羞耻可言。

子以四教:文、行、忠、信。

【注释】《述而》篇。

【解析】孔子是中国历史上最早也是最伟大的教育家。文、行、忠、信是他教育学生的四个主要内容。文,就是古代的文献知识。《诗经》《春秋》都曾被孔子当作教材来教育学生。行,是孔子自己的行为,也就是所说的"身教"。他以身作则,对自己严格要求,一言一行,都为学生树立了良好榜样。忠,是指为人做事要竭尽全力,忠心耿耿。信,是说人要讲信用,一言既出,驷马难追。这样才能获得别人的信任。

亡而为有,虚而为盈,约而为泰,难乎有恒矣。

【注释】《述而》篇。亡(wú):没有。盈:充足。约:贫俭。泰:豪华。恒:指坚定的操守。

【解析】孔子这句话的意思是说:"本来没有却装作有;本来空虚却装作充足;本来穷困却硬充豪华,这样的人便难于坚定操守了。"孔子做事,一向讲实事求是。他教导子路:"知之为知之,不知为不知"就是很好的例子。他反对弄虚作假,华而不实的行为。没有就是没有,穷就是穷,没有什么可掩饰的。人最重要的是做到操守坚定,其他都可不予计较。

人洁己以进,与其洁也,不保其往也。

【注释】《述而》篇。洁己:使己洁,即使自己变得纯真。与(yù):赞扬,肯定。保:死记。

【解析】孔子一向主张与人为善,多承认别人的优点,人与人之间才能相处融洽。据说,有个叫互乡的地方,别人很难和那里的人交谈。孔子和那里的一个童子谈得很投机,弟子们感到疑惑。孔子说:"我们赞扬他的进步,不赞成他的退步,事情何必做得太绝?别人收拾得干干净净而来,便应该赞扬他的干净,不要死记住他的过去。"多称赞别人的优点,我们会发现人和人是很容易沟通的。

奢则不孙,俭则固。与其不孙也,宁固。

【注释】《述而》篇。孙:通"逊",骄傲,傲慢。固:固陋,寒酸。

【解析】孔子这句话是说:"奢侈豪华就显得骄傲,省俭朴素就显得寒酸。与其骄傲,不如寒酸。"孔子对当时社会权贵们豪华奢侈、铺张浪费的行为深感不满,他主张过一种勤俭朴素的生活。在他看来,贫穷能看出一个人的志向和节操,"安贫乐道"是君子最高的境界。即使拥有富贵,也应与朋友共享。子路"车马轻裘,与朋友共"的观念,深受孔子赞扬。

君子坦荡荡,小人长戚戚。

【注释】《述而》篇。戚戚:悲伤的样子,引申为局促忧愁。

【解析】在古代,君子和小人既可以指统治者和劳动人民,也可以指道德修养高的人和品行不高的人。孔子这句话里的君子小人指的是后者。儒家对于君子的要求很多,在各个方面都有其道德行为的规范,其中胸怀坦荡是一个重要方面。而小人总是斤斤计较,患得患失,以自我为中心。君子之风成为历代读书人所追求的目标。范仲淹"不以物喜,不以己悲",置个人得失于度外的宽广胸怀是君子风度的极好体现。

恭而无礼则劳,慎而无礼则葸,勇而无礼则乱,直而无礼则绞。

【注释】《泰伯》篇。劳:忙碌,劳倦。葸(xǐ):胆怯,畏惧。绞:刻薄。

【解析】孔子这句话是说:恭敬而不懂礼教就未免劳倦;谨慎而不懂礼教,就显得懦弱;胆大而不懂礼教,就容易闯祸;直爽而不懂礼教,就会尖酸刻薄。"恭、慎、勇、直"代表了四种不同性格的人,如果不懂礼教,就会造成不同的结果,可见礼教在为人处事方面的重要作用。不管是什么样的人,都必须以礼教为约束,才能在道德行为方面符合儒家规范。

鸟之将死,其鸣也哀;人之将死,其言也善。

【注释】《泰伯》篇。善:友好,和气。

【解析】这是一句中国人极为熟悉的古语。人在危难关头,生命的火焰即将熄灭的时刻,最容易流露真情。儒家早期的代表人物主张"性善论",认为人性本善。人可以通过自己的努力,回归到善的境界。善是人心的本来面目,孟子说:"人人皆可为尧舜。"就是要求人通过自己的主观努力,恢复人心的"善"。

可以托六尺之孤,可以寄百里之命,临大节而不可夺也——君子人与? 君子人也。

【注释】《泰伯》篇。托:托付。寄:寄托。百里之命:指远大的前程。与:通"欤"。

【解析】曾子这句话是说:"可以把幼小的孤儿和国家的命运都托付给他,在面临安危存亡的紧急关头意志坚定不动摇屈服,这种人是君子吗? 是君子呀!"古人最讲气节和信义。当年刘备在白帝城,临终之前把幼主刘禅托付给诸葛亮。从此诸葛亮辅佐刘禅,九出祁山,六伐中原,殚精竭虑,以求恢复汉室。他"鞠躬尽瘁,死而后已"的精神,千秋之后,仍令人仰慕不已。

士不可以不弘毅,任重而道远。仁以为己任,不亦重乎? 死而后已,不亦远乎?

【注释】《泰伯》篇。弘毅:刚强坚毅。任:使命。已:止息。

【解析】曾子这里所说的士,是指学习儒家礼乐文化的读书人。曾子对士的要求是刚强坚毅,这是士应具备的性格特点。士要把在天下推行仁德作为自己的任务,在礼崩乐坏、社会动荡、人与人之间尔虞我诈的社会,推行仁德是一件十分困难的事。孔子一生致力于推广仁义,虽屡遭困厄,仍矢志不改。曾子深受孔子影响,以推行仁德为己任,死而后已,表现出一种顽强刚毅的精神。

兴于《诗》,立于礼,成于乐。

【注释】《泰伯》篇。兴:振奋。立:站得住。成:完美。

【解析】孔子把《诗经》作为教材教育学生。他说《诗经》可以让人"多识于草木鸟兽之名"。《诗经》在内容上多是"怨而不怒",符合儒家的中庸原则。孔子说"不学《诗》无以言","不学礼无以立",人的行为只有合乎礼仪规范,才能够举止得体,得到社会的承认,在社会上站住脚。孔子对音乐的教育作用极为重视。他不但教育弟子要学习音乐,而且认为丝竹弦歌之声不绝于耳的社会才是理想的太平盛世。

民可使由之,不可使知之。

【注释】《泰伯》篇。使由之:即使之由,意思是让他们随着走。

【解析】孔子说:"老百姓,可以使他们在我们指引的道路上走,不可以使他们知道那是为什么。"孔子虽生活并不富裕,但他一直把自己视为统治阶级的一员。他反对学生做农耕之事,认为那是小人的行为。颜渊死后,他不肯卖车为颜渊发丧。因为车是大夫的标志。从统治阶级的立场出发,他认为百姓俯首帖耳即可,不必知道为什么。这是一种愚民政策。

三年学,不至于谷,不易得也。

【注释】《泰伯》篇。三年:指多年。至:想到。谷:谷禄,引申为官位。

【解析】孔子这句话是说:"学习了多年,还没有想到要做官,是难能可贵的。"孔子一生致力于学习,把学习视为自我完善的有效途径。他"发愤忘食","学而不厌",然而孔子并没有把学习作为求取官职的手段,他说:"学而优则仕",意思是"学习并且有余力才做官",并非"学习好了就可做官"。后人误解了孔子的本意。孔子这句话很好地说明了他的观点。

笃信好学,守死善道。

【注释】《泰伯》篇。笃:诚笃。善道:真理或理想。

【解析】孔子不但建立了自己的思想学说,而且还坚定地信奉它,积极地推行它,九死不悔。不论世道如何混乱,人心如何险恶,孔子都毫不犹豫,毫不退缩地坚持自己的理想。有生之年,他的思想没有被统治者采纳。然而,两千余年中,儒家思想早已渗入中国人的民族精神里,这是孔子最大的成功。

天下有道则见，无道则隐。

【注释】《泰伯》篇。道：规矩，准则。见：通"现"。隐：隐居，归隐。

【解析】孔子身处乱世，但始终坚持推行他的思想学说。他从不曾做乱世中的隐士。楚狂接舆曾经"凤歌笑孔立"，孔子要与他辩论，他却不肯相见。"有道则见，无道则隐"是孔子的愤激之词，因为他一生都是积极入世，为实现理想而奋斗的。

不在其位，不谋其政。

【注释】《泰伯》篇。

【解析】儒家讲究定名分，名正则言顺，要求社会上每个人的言行都要符合他的身份地位。身居官职，就要努力做好本职工作，尽他应尽的义务。不居官职，就不必去替做官的人考虑事情。这样才符合自己的身份。儒家认为只有"各司其职，各尽其能"才能保持正常的社会秩序。

子绝四：毋意，毋必，毋固，毋我。

【注释】《子罕》篇。绝：弃绝。毋（wù）：不。意：通"臆"，臆测。必：武断。固：固执。我：自以为是。

【解析】臆测、武断、固执、自以为是，这四种毛病孔子是基本没有的。孔子既是一个学识渊博的学者，又是一个建立并恪守自己思想的思想家，还是一个循循善诱的教育家。他严于律己，宽以责人，一言一行都可为后世典范。他克服了普通人常犯的缺点过失，使自己的品行达到了真、善、美的境界，被后世奉为圣人，垂范千秋。

吾有知乎哉？无知也。有鄙夫问于我，空空如也，我叩其两端而竭焉。

【注释】《子罕》篇。鄙夫：鄙陋无知的乡野之人。如：像……样子。叩：盘问，追问。竭：尽量，努力。

【解析】孔子说："我有知识吗？没有呀。有个种田的向我求教，我一点也不知道，我从他那个问题的头和尾去盘问，才揣测到一些意思，然后尽量地告诉他。"孔子主张"温、良、恭、俭、让"，他自己就十分谦虚，虽然知识渊博，也从不自以为是。对待别人的提问，他总是从不同的角度，循循善诱地加以解答，给人一种亲切和蔼、如沐春风的感觉。

颜渊喟然叹曰："仰之弥高，钻之弥坚。瞻之在前，忽焉在后。夫子循循然善诱人，博我以文，约我以礼，欲罢不能。"

【注释】《子罕》篇。喟（kuì）然：感叹的样子。弥：更加。坚：深奥。诱：诱导,引导。博:丰富。文:文献。约:约束,节制。

【解析】颜渊是孔子的得意门生,他对孔子崇拜备至。可以说是"高山仰止,景行行止"。他对孔子的崇拜到了无以复加的地步。孔子热爱教书育人,他对弟子循循善诱,给人一种亲切和蔼的感觉。他引导学生学习广博的文化知识,又用礼仪规范学生的行为,开创了教书育人的良好传统。

子在川上曰:"逝者如斯夫!不舍昼夜。"

【注释】《子罕》篇。川上:河边。斯:代指河水。

【解析】作为一代哲人的孔子,对于世间万物的兴衰变化极为敏感。他站在河边向着河水发出感慨:"河水就这样流走了!昼夜不停。"河水奔流,让人想到时间流逝,想到年华由盛而衰。想到世间万物的兴衰更替。孔子的感叹透露出对社会人生的深沉思考,其中蕴含的伤怀之情,成为中国文学吟咏不衰的主题。毛泽东将其引入《水调歌头·游泳》中,恰当地表达了自己的感情。

子曰:"吾未见好德如好色者也。"

【注释】《子罕》篇。

【解析】儒家承认人的本能欲望。孟子说:"食色,性也",认为男女之情是人的自然本性。然而儒家一方面承认这种自然本性,一方面又通过制定各种繁复的礼仪规范来限制人的自然本性。他们务求使人的自然本性合乎道德要求,认为只有这样才能建立和谐的人际关系和稳定的社会秩序。德,并不是自然的欲求,它是人后天学习培养起来的。相对于人的自然本能的色来说,人们更容易接受后者。因此,也就有了孔子的这句感慨。

子曰:"譬如为山,未成一篑,止,吾止也。譬如平地,虽覆一篑,进,吾往也。"

【注释】《子罕》篇。为山:堆土成山。篑:土筐。平地:填平地沟。覆:倾倒。

【解析】孔子这句话是说:"比如堆土成山,只要再加一筐土便大功告成,若不愿做下去,那是自己停止的。又比如在平地上堆土成山,纵是刚倒下了一筐土,如果决心继续下去,那是自己愿意坚持啊!"做任何事情都要发挥自己的主观能动性,只有具备强烈的主观愿望才能把事情做好。功亏一篑,也就是在关键时刻失去了信心,才会导致失败。

后生可畏,焉知来者之不如今也?

【注释】《子罕》篇。后生:即生于后,指年少的人。焉:怎么。

【解析】身为教育家的孔子十分重视年轻人。事物总是不断向前发展的，新事物迟早会取代旧事物。"日月逝于上，体貌衰于下。"人的衰老是自然法则，无法阻止。年轻人朝气蓬勃，具有旺盛的生命力，他们是未来世界的主宰。老一代人对年轻人应多予扶持培养，让他们更好地肩负起推动社会发展的重任。

三军可夺帅也，匹夫不可夺志也。

【注释】《子罕》篇。三军：指国家的全部军队。前一夺：丧失。匹夫：大丈夫。后一夺：改变。这是两个使动句，意思是可以使三军丧失主帅，但不可以轻易改变大丈夫的志向。

【解析】这句话说的是立志的重要。没有志向的人，永远都是庸庸碌碌，不会有任何作为。人必须立下志向，并且坚定不移地为实现自己的志向而奋斗。孔子所说的志，是"志于道""志于学"，也就是让人以学习儒家的礼乐文化为志。他要人立下这种志向，终身不移。

岁寒，然后知松柏之后凋也。

【注释】《子罕》篇。后：最后。凋：凋谢。

【解析】松柏代表的是一种坚定不移的品性。孔子对这种品性极为推崇，认为它是君子所应具备的。在严酷的环境，紧要的关头，更容易看出一个人的真正品质。"沧海横流，方见英雄本色。"松柏象征的是儒家坚定不移、坚韧不拔的人格精神。

知者不惑，仁者不忧，勇者不惧。

【注释】《子罕》篇。知：通"智"。

【解析】聪明人不致疑惑，仁德的人常很乐观，勇敢的人无所畏惧。孔孟学说对后世的影响极其深远，甚至深入到了平常人的生活。这条言论就成为后代效法的榜样。知者、仁者、勇者具有理想完美的人格，他们能生活得从容不迫，游刃有余，是由于他们乐观、镇定、无所畏惧。苏轼说过："古之立大志者，不惟有超世之才，亦必有坚韧不拔之志。"知者、仁者、勇者就是后世志士的理想目标。

食不厌精，脍不厌细。

【注释】《乡党》篇。厌：满足。脍：肉和鱼。

【解析】孔子原本平民出身，他却在儒家礼仪中为君子制定了一系列考究的礼节。例如饮食方面，米舂得越精越好，鱼和肉切得越细越好。此语后演变为成语,形容对饮食极其讲究。中国的饮食文化大约以此为源头并深受儒家思想影响。儒学贡献给中华民族的,已不仅仅是思想、文学、艺术等方面的影响,而是波及生活的方方面面,包括衣食住行。

食不语,寝不言。

【注释】《乡党》篇。食:吃饭。寝:睡觉。

【解析】《论语》中有一些警戒后人的句子。此处就规定吃饭的时候不交谈,睡觉的时候不说话。这些看似平常的道理广为流传,真正地深入到了人们的生活中,甚至不识字的百姓也口耳相传。《三字经》云:"食不言,寝不语。"儒家思想能在几千年的时间里占据统治地位,除了统治者的提倡外,百姓的广泛接受也是不可忽视的。孔子讲的许多深入浅出的道理渗透到了百姓的家居生活中,对他们产生了深刻的影响。

席不正,不坐。

【注释】《乡党》篇。正:指符合礼制。

【解析】儒家认为中国是礼仪之邦,很重视礼制。座席摆放的方向不符合礼制,便不就座。从现在的观念来看,这种做法有些迂腐,但在严格恪守礼仪制度的春秋时代,这却是一种君子的行为。他以"席正"来证明自己的身正。春秋时期,礼崩乐坏,孔子所追求的礼乐之邦并不存在,战乱频仍中,他的愿望只能通过微小的礼节来实现,君子的这种行为就是以自身微薄的力量维持礼法制度。

寝不尸,居不客。

【注释】《乡党》篇。此句是说睡觉时不能像死尸一样直躺,平时闲居不应像接待客人一样拘谨。

【解析】生活中总有一些温馨放松的时刻。平时闲居便不必像有客人在时那样拘谨,每天睡觉也不必直挺挺地躺着保持一定的姿势,应存一份"行到水穷处,坐看云起时"的洒脱,在呆板的生活中留给自己一方小小的空间。杜甫不是也有"漫卷诗书喜欲狂"的时刻吗?为了保持君子风度而失去了家居生活的那份从容自在的做法,连儒学家也会觉得荒唐可笑。

未能事人,焉能事鬼?

【注释】《先进》篇。事:服侍。焉:怎么。

【解析】孔子爱惜人的生命,而且不迷信鬼神。他眼里活人还没服侍好,就不能去服侍死人。马棚失火了,他回来后只问"伤人了吗?"而不问马。生命是人最可宝贵的东西,拥有它才会拥有一切。孔子重视人生命的价值,对祭祀鬼神倒很淡然。

未知生,焉知死?

【注释】《先进》篇。

【解析】不明白生的道理,怎么能懂得死的含义?面对生,死是微不足道的。只有理解了生,才能去体会死。

由也升堂矣,未入于室也。

【注释】《先进》篇。由:子由,即子路,孔子学生。升堂:指学问已入轨道。未入室:指学问还没达到很高的境界。

【解析】"堂、室"指古代宫室的前屋、后屋。这里比喻学问的不同阶段。成语"升堂入室"出于此。泛用于赞扬人在学问或技能方面有高深的造诣。《三国志·魏志·管宁传》:"游志六艺,升堂入室,究其阃(kǔn)奥。"(阃奥,比喻学问、道理的深奥处。)做学问,能"入室",便达到了最高境界。

过犹不及。

【注释】《先进》篇。过:过分。犹:如同。不及:赶不上。此句是说任何事都应持中保泰,过分和赶不上是一样的。

【解析】儒家讲求"中庸之道"。"中庸",并非不偏不倚,在中间的意思,而是指恰到好处,譬如数学中的黄金分割。"过"和"不及"都不能达到持中保泰,因而孔子认为它们在效果上是相同的。《荀子·王霸》:"过犹不及也,譬之是犹立枉木而求其影之直也。"成语"过犹不及"语出《论语》,含义与孔子原意同。

克己复礼为仁。

【注释】《颜渊》篇。克己:克制自己。复礼:回复传统礼仪,此处指回复周礼。

【解析】《左传·昭公十二年》:"仲尼曰:'古也有志:克己复礼,仁也。'"孔子此处所言"克己复礼为仁"是给前人的话赋予了新意,指的是克制自己,使言语行动都合于礼,就是仁。这是孔子给"仁"下的定义之一。

非礼勿视,非礼勿听,非礼勿言,非礼勿动。

【注释】勿:不。动:做。

【解析】凡是不合礼的事情,要不看、不听、不说、不做。

己所不欲,勿施于人。

【注释】《颜渊》篇。欲:喜欢。施:推行,强加。

【解析】自己不喜欢的东西,不要强加给别人。这是孔子的"恕"道。从我们今天来看,这已成了一句至理名言。明清封建家长专制虽遵从儒家之道,却忘记了孔子的祖训。父母把自己的意志强加给子女,造成了许多悲剧。《牡丹亭》中,杜丽娘被父亲关在闺阁中,连接近大自然的机会都没有,一旦她到了后花园,便如出笼的小鸟,在春天的感召下,萌发了春心。仁德,最根本的就是不能把自己的意志强加于人。

死生有命,富贵在天。

【注释】《颜渊》篇。命和天都指非人力所能控制的上帝的旨意。

【解析】死生是由命运安排的,富贵掌握在天手中,这些都非人力所能控制。这句话颇有宿命论色彩。后世有人以此为依据,为自己的懒惰、不肯发奋图强辩解。

四海之内,皆兄弟也。

【注释】《颜渊》篇。四海:泛指天下。

【解析】天下之大,到处都是兄弟。即是说大丈夫何患独闯天下。"海内存知己,天涯若比邻"是对此句的生发。

民无信不立。

【注释】《颜渊》篇。意思是说百姓对政府失去信心的话国家就会垮掉。

【解析】"得民心者得天下,失民心者失天下",一个国家必须有人民的信任才能稳定。人民对政府失去信心,这个国家就会自动灭亡。民是立国之本。孔子很重视人民的力量,他的政治主张就是"修己以安百姓""博施于民而能济众"。后世的志士仁人继承他的遗志,不惜牺牲生命为民请命。从古到今,博得人民的信任,让人民对政府充满信心,是一个国家的重要任务。

爱之欲其生,恶之欲其死。

【注释】《颜渊》篇。爱:喜欢。生:长寿。恶(wù):讨厌。这两句的意思是,喜欢某个人的话,甚至希望他长生不老;讨厌某个人的话,恨不得他马上就死。

【解析】爱一个人,希望他长寿;厌恶起来,恨不得他马上去死。这是人普遍的一种心态。常言道:"爱之深,恨之切。"人往往走向爱或恨两个极端。如果多一些宽容,少一些偏激;多一些豁达,少一些计较,那么这种心态就会有所改变,也不致走向极端。

居之无倦,行之以忠。

【注释】《颜渊》篇。居:在位。行:执行。

【解析】这是孔子解释如何做官:在位不要疲倦懈怠,执行政令要忠心。俗语云:"在其位,谋其政。"已经做了官,就成为民之父母,那么为民办事就应孜孜不倦,为君执行政令也要忠心耿耿。老百姓常说:"当官不为民做主,不如回家卖白薯。"人民往往对官员的期望值很高,希望能得到真正的代言人,而君主对臣子的信任度也很高,希望臣子能帮助自己治理好国家,管理好人民。官员便成了君与民之间的桥梁。

君子成人之美,不成人之恶。

【注释】《颜渊》篇。成:成全。美:好事。成:促成。恶(è):坏事。

【解析】君子成全别人的好事,而不促成别人的坏事。这是君子的一种美德。成语"成人之美"出于此,指赞助别人做成好事或实现其愿望。帮助别人完成其心愿,自己也能从中得到一种满足感。人毕竟是社会性的动物,有丰富的精神世界。若促成别人的坏事,损害了他人的利益,心中定充满了罪恶感。君子品德修养都很高尚,只做成人之美的事情。

君子之德风,小人之德草。草上之风,必偃。

【注释】《颜渊》篇。君子:指领导者。德:德行。小人:指普通百姓。偃(yǎn):倒下。

【解析】领导人的作风好比风,老百姓的作风好比草,风向哪边吹,草向哪边倒。这讲的是以身作则的原则。领导人首先要端正自己的德行,这样百姓效仿才会有好的榜样。"上行下效",国家总是有一种风气贯穿始终,上层统治阶级的作风喜好,直接影响下层人民的日常生活。杨贵妃喜吃荔枝,路上便多了许多驿站。

齐景公问政于孔子。孔子对曰:"君君、臣臣、父父、子子。"

【注释】《颜渊》篇。君:像个国君。臣:像个臣子。父:像个父亲。子:像个儿子。

【解析】"礼"的实质就是"君君、臣臣、父父、子子"。儒家的伦理观要求:"长幼有序","君臣有义"处于各个位置的人,都要尽到自己的本分。国君要有国君的样子,臣子要守臣子的本分,父亲要尽父亲的职责,儿子要有儿子规矩。这样才能保证国家的安定团结。

樊迟问仁。子曰:"爱人"。问知。子曰:"知人。"

【注释】爱人:对人慈爱。知人:了解他人。

【解析】儒家学说是以仁德为本,强调后天修养的道德伦理学说。"仁爱之心"就是要求人的扩充爱己、爱亲(宗法血亲)之心,爱及他人。孟子说:"无恻隐之心,非人也"。"恻隐之心"就是"老吾老以及人之老,幼吾幼以及人之幼"的"推己及人"之爱心。它已成了判别"人"与"非人"的标志。同时孔子以是否善于鉴别人物作为"知"的标准。"仁"和"智"是儒家"四德"的内容,后来成了封建制度强有力的精神武器。

子贡问友。子曰:"忠告而善道之,不可则止,毋自辱焉。"

【注释】《颜渊》篇。友:怎样交友,怎样对待朋友。善道:耐心地开导、引导。止:罢了。

【解析】孔子谈如何对待朋友:"忠心地劝告他,好好地引导他,他不听从,也就罢了,不要自找侮辱。"与人交友要保持平等,保持各自独立的人格,可以给他提出好的意见、建议、忠告,但却不能把自己的意志强加给他。当然要得到朋友的尊重信赖,我们自己首先要自尊自爱。刘熙载《古桐书屋札记》中总结:"仁者自爱,有礼者自敬,而爱人、敬人恒因之。"

君子以文会友,以友辅仁。

【注释】《颜渊》篇。以文会友:靠文章学问好来聚集朋友。以友辅仁:靠友情培养仁德。

【解析】志趣爱好相投的朋友待在一起,可以互相促进。君子靠文章学问好来聚集朋友,又靠友情培养仁德。古往今来,文坛上有许多"以文会友"的例子早已传为佳话。李白与杜甫这两位中国最伟大的诗人同生活于盛唐时代,他们的友谊在共同的志趣上形成、发展,留下了许多互相唱和的壮美诗篇。

名不正,则言不顺;言不顺,则事不成;事不成,则礼乐不兴;礼乐不兴,则刑罚不中;刑罚不中,则民无所错手足。

【注释】《子路》篇。名不正:用词不当。言不顺:言语不能顺理成章。事不成:事业不会成功。礼乐不兴:礼乐制度不能举办起来。刑罚不中:刑罚不得当。错:通"措",放置。

【解析】孔子由名分上的用词不当,谈及有关伦理和政治的问题。君子用词不当,言语不能顺理成章,可能会导致国家礼乐制度的破坏和刑罚不得当。成语"名正言顺"出于此处,"名正"转义为"名义正当",指做事理由正当而充分,含有理直气壮的意思。

上好礼,则民莫敢不敬;上好义,则民莫敢不服;上好信,则民莫敢不用情。

【注释】《子路》篇。好(hào):推崇,崇尚。服:服从。不用情:不说真话。

【解析】统治阶级的尚好,直接影响人民的思想行为,可以利用这一点治理国家。统治者讲究礼节,百姓就没有人敢不尊敬;统治者行为正当,百姓就没有人敢不服从;统治者诚恳信实,百姓就没有人敢不说真话。孔子的一些政治思想后来成了统治阶级的统治术,帮助统治阶级治理国家、管理人民。这种思想上的统治比武力征伐效果更明显。

其身正,不令而行;其身不正,虽令不从。

【注释】《子路》篇。其:代指领导者。身正:行为、品行端正。令:命令。行:贯彻。从:听从。

【解析】领导者本身行为正当,不发命令,事情也行得通;领导者本身行为不正当,纵使三令五申,百姓也不会听从。俗语道:"上梁不正下梁歪。"生活中许多时候身教胜于言教。《史记·李将军列传》:"谚曰:'桃李不言,下自成蹊,'此言虽小,可喻大矣。"后世定义"师范","学高为师,身正为范"。榜样的力量是无穷的,身教在实践中更容易发人深省。

苟正其身矣,于从政乎何有? 不能正其身,如正人何?

【注释】《子路》篇。正其身:端正自己。从政:管理政务。如正人何:即如何正人,意思是怎么能够端正别人呢?

【解析】这是孔子的政治观和人生观。端正了自己,治理国政就没有什么困难,连本身都不能端正,怎么能够端正别人? 成语"以身作则"说的就是这个意思。儒家学说重视"修己",强调"行有不得,反求诸己",即事情没有办成,要从自己身上找原因。刘熙载《古桐书屋札记》中说:"以古正我,以人正我,尤须我之自正。"

如其善而莫之违也,不亦善乎? 如不善而莫之违也,不几乎一言而丧邦乎?

【注释】《子路》篇。善:正确。违:违抗,违背。善:好。几:接近。丧邦:丧失国家。

【解析】孔子与定公讨论一言可以兴邦或丧邦的问题。他认为:假如说的话正确而没有人反抗,可以兴盛国家;假如说的话不正确也没有人反抗,就接近一句话可以丧失国家了。孔子、孟子都看到了人民的力量,孔子说"民无信而不立",孟子提倡"仁政"。百姓对政府的信任和拥护是一个国家得以存在的基础。如果人民不关心政府,漠然置之,那么这个国家也快灭亡了。

欲速,则不达;见小利,则大事不成。

【注释】《子路》篇。欲速:想要快。不达:不能实现。

【解析】事物都有其发生、发展的客观规律。想要加快速度,超出了客观规律的范围,反而达不到目的,甚至可能适得其反。寓言故事"揠苗助长"讲的就是这个道理:宋国有个人嫌庄稼长得慢,把苗一棵棵往上拔,他自认为帮助苗生长了,可实际上苗都枯死了。违背事物发展的客观规律,强求速成,不但达不到预期效果,可能还会事与愿违。成语"欲速则不达"出于此处。

居处恭,执事敬,与人忠。

【注释】《子路》篇。居:平时。恭:端庄。执:做。敬:认真。忠:诚心。

【解析】孔子曾把"仁"定义为"爱人"。此处又做了进一步的解释。平日容貌态度端正庄严,工作严肃认真,为别人忠心诚意,这几种品德是"仁"的具体内涵。士人们以此为立身行事的标准。儒家的"忠恕"观念是"仁"的两个方面,具体到平时的行为就是以上几种品德。"仁学"实质上就是"人学",孔子向人们传授的是如何做人的道理。

狂者进取,狷者有所不为也。

【注释】《子路》篇。狂者:激进者。狷者:直筒子脾气的人。有所不为:指不做坏事。

【解析】激进者一意向前,狷介者不肯做坏事,在孔子看来,激进、狷介都不是坏的品德。"激进"是积极向前,进取不辍,而"狷介"是指光明磊落,胸襟开阔。因为"中庸"难于达到,所以"狂者""狷者"的行为也还是可取的。儒家讲求"恰到好处",对与之交往的人也要求言行合乎中庸,"狂者""狷者"都是退而求其次的办法。

君子和而不同,小人同而不和。

【注释】《子路》篇。和:坚持正确立场。同:一味盲从。

【解析】"和"是儒家人格理想之一。它体现在人际关系上是人与人之和,体现在人格理想上是自身心和志平,神闲意定。"和"文化是由"礼"派生出来的。"同",也是春秋时代常用术语,"礼"约束"同",从而达到"和"。君子把一切做得恰到好处,以坚持自己的正确立场,抵制别人的错误观点、意见,因此君子并不盲从附和。"和同观念"体现了孔子对真理不懈的追求。

君子易事而难说也。

【注释】《子路》篇。易事:即事易,工作容易。难说(yuè):即说难,讨人欢喜难。

【解析】在君子手下工作容易,讨他的欢喜却难。君子为人正直,他按各人的才能大小分配工作,不接纳以不正当的方式讨他喜欢的人。

小人难事而易说也。

【注释】难事:即事难,工作很难。易说:容易讨人欢喜。

【解析】在小人手下工作很难,讨他的欢喜却容易,小人根据自己的喜好给人安排工作。

君子泰而不骄,小人骄而不泰。

【注释】《子路》篇。泰:安详舒泰。骄:盛气凌人。

【解析】孔子说过:"君子坦荡荡,小人长戚戚。"因而君子安详舒泰而不盛气凌人;小人盛气凌人而不安详舒泰。君子心胸宽广,处世从容大度,不计较得失,表现出的神态很平和,容易让人亲近,人们自然会肃然起敬。小人矜己傲物,唯恐失去尊严,表情很冷漠,希望给人以威压感,人们只会远远避开。孔子自己给人的印象是平易近人、和蔼可亲的,这体现了他的平民意识。

刚、毅、木、讷近仁。

【注释】《子路》篇。刚:坚强。毅:果断。木:质朴。讷:说话谨慎。

【解析】这是孔子提出的接近仁德的四种品德:刚强、果决、质朴、言语谨慎。《论语》中孔子总结了人的种种美德,为后世树立了道德标准。由于汉儒、宋儒的繁文缛节、迂腐不化,人们总把孔子也归入道貌岸然的假道学之列。事实上,孔子的人生哲学来自于他对现实生活的体悟,他总结出的人生哲理也有很强的现实性。汉儒宋儒囿于书本和礼法制度,并未实践孔子思想。

邦有道,谷;邦无道,谷,耻也。

【注释】《宪问》篇。邦:国家。有道:指政治清明。谷:原指粮食,引申为做官领俸禄。

【解析】此条是孔子解释何为"耻辱"。国家政治清明,做官领薪俸;国家政治黑暗,做官领薪俸,这就是耻辱。《论语·泰伯》:"邦有道,贫且贱焉,耻也;邦无道,富且贵焉,耻也"与此条互相发明。儒家积极入仕精神对后世文人影响深远,但其倡导的是济世报国思想,实现的是齐家治国平天下的愿望,并不主张做官为己谋福利,因而孔子认为政治黑暗,官员得俸禄是耻辱。

士而怀居,不足以为士矣。

【注释】《宪问》篇。士:读书人。一说指有志之人,亦通。怀:贪恋。居:安适。

【解析】读书人留恋安逸，便不配做读书人了。儒家学派认为读书是"修己"的过程，而"修己"的目的是"安人""安百姓"。所以读书人并不是要满足自身道德上的涵养，而是要实现广义的社会进步。《左传·僖公二十三年》记载晋文公流亡到齐国，有妻妾，有家财，便贪图安逸，不肯继续前进，他的妻子姜氏告诫他："行也！怀与安，实败名。"

爱之，能勿劳乎？忠焉，能勿诲乎？

【注释】《宪问》篇。劳：磨炼。诲：教导。

【解析】爱他，就对他进行磨炼；忠于他，就要对他进行教导。俗语道："良药苦口利于病，忠言逆耳利于行。"爱一个人或忠于一个人，就要对他负责，竭心尽力地帮助他，如果把爱变成溺爱，把忠变成愚忠，那就只能是害了他。清代有"木鱼石"的传说，雍正帝为了磨炼皇子的意志，让他切身体验民间疾苦，就派他去寻找根本不存在的"木鱼石"。途中经历的一切，让小皇子明白了该如何做个好皇帝。

贫而无怨难，富而无骄易。

【注释】《宪问》篇。

【解析】这是孔子对贫富的认识。贫穷却没有怨恨，很难；富贵却不骄傲，倒容易做到。谚语云："贫不忧愁富不骄"，又云："贵易交，富易妻"同讲的是人变富贵后和在贫穷时不同的生活态度。贫穷时不忧愁，富贵后不骄傲，能正视生活的不同阶段，这是一种达观的态度。但也有人一旦富贵了就抛弃老朋友和休弃患难与共的妻子，另外结交地位相称的新朋友和重娶门户相当的妻子。因而又有"贫贱之知不可忘，糟糠之妻不下堂"的古训。

见利思义，见危授命，久要不忘平生之言，亦可以为成人矣。

【注释】《宪问》篇。见：看见。义：道义。见：遇见。授：付出。要：通"约"，贫困。生：平时，先前。成人：完美之人。

【解析】孔子解释他称道的完美之人：看见利益就能想起该得不该得，遇到危险便肯付出生命，经过长久穷困的日子都不忘记平日的诺言。这是实际生活中的完人。孔子还有理想中的完美之人：智慧像臧武仲，清心寡欲像孟公绰，勇敢像卞庄子，多才多艺像冉求，再用礼乐来成就他的文采。以上两种人的形象相结合，也就是孔子心目中真正的完人。

其言之不怍，则为之也难。

【注释】《宪问》篇。言：说话。怍（zuò）：惭愧。为：实行。

【解析】哪个人大言不惭,他要办成事就不容易。孔子往往用一两句话就总结出一条人生哲理。说大话的人,也许并不能干实事,现实生活中,我们常会遇到这种情况。孔子在两千多年前,对此种行为就有所认识,他是在告诫后人,要多采取行动,而少说空话。谚语云:"牛皮不是吹的,泰山不是垒的",这是对孔子的话最好的注释,通俗地讲"说时容易做时难"的道理人人都明白。

君子上达,小人下达。

【注释】《宪问》篇。上:指仁义。下:指财利。达:通达。上达、下达的正常语序应为达于上、达于下。

【解析】君子通达于仁义,小人通达于财利。这是儒家思想中的义利之辩。《孟子·告子上》:"生亦我所欲也,义亦我所欲也;二者不可得兼,舍生而取义者也。"孔孟都主张义高于利,为了追求理想的道德,君子可以放弃包括生命在内的一切东西。孔子自己为了实现其政治理想就一生奔波游说。孟子也尽一切力量游说统治者接受其"仁政王道"思想。

古之学者为己,今之学者为人。

【注释】《宪问》篇。为己:为切实充实提高自己。为人:为在他人面前装点门面。

【解析】古代的学者踏踏实实做学问,为的是充实提高自己,当今的学者做学问,为的是在他人面前露脸。这是做学问的两种截然不同的态度。从中可以看到当今学者心性浮躁。"淡泊以明志,宁静以致远",做学问就是在潜移默化中使自己得以升华,其过程漫长而艰难,必须耐得住寂寞。如果为了博得一时的称赞而做学问,那么所学到的知识必然不扎实,基础不牢固。

君子耻其言而过其行。

【注释】《宪问》篇。耻其言:以多说为耻。过其行:以少做为过。

【解析】孔子认为君子应少说话多干事。"默而识之",就要求君子默默记住所学的知识。人的生命是有限的,喋喋不休会浪费许多时间,少说话就可以节约时间,同时不容易惹出是非,俗语云:"祸从口出"。话说得少了,办事效率自然会高,多干事就有了可能。孔子以此条约束君子的行为,促使其生命变得有价值。

不患人之不己知,患其不能也。

【注释】《宪问》篇。患:担忧。不己知:即不知己,不了解自己。不能:没有能力。

【解析】这是孔子的人生观。不着急别人不了解自己,而担心自己没有能力。俗语云:"酒香不怕巷子深。"自己有能力,就不用担心别人不了解你,"是金子,总会发光"。孔子时代,就已经很重视人的能力了。各诸侯国都争相任用贤能,士人们纷纷显示自己的才华,甚至连鸡鸣狗盗之徒都能派上用场。因而,有能力,别人自会了解你。

以直报怨,以德报德。

【注释】《宪问》篇。以:拿,用。直:公平正直。报:回答。德:恩惠。报:报答。

【解析】儒家思想讲求宽厚爱人,提倡对仇恨有豁达的态度。拿公平正直来回答怨恨,拿恩惠酬答恩惠。这与宽以待人,严于律己的修养方式是分不开的。后来的"受人滴水之恩,当以涌泉相报"也与此有密切的关系。这种豁达宽容的态度可以缓和阶级矛盾,改善人与人之间的关系,使社会保持稳定安泰的局面,对统治者是有好处的。

不怨天,不尤人,下学而上达,知我者其天乎!

【注释】《宪问》篇。尤:责备。下学:即学下,学的是平常的知识。上达:即达上,通达于仁义。

【解析】不怨恨天,不责备人,学习一些平常的知识,却通达于仁义。知道我的,只有天。孔子反对把自己的失败归结于外因,而主张责己。君子要努力"修己",通过提高自身的修养,实现社会的共同进步。成语"怨天尤人"出于此处,指遇到不顺心的事时,就怨恨天命,责怪别人。形容老是埋怨或归罪于客观理由。

贤者辟世,其次辟地,其次辟色,其次辟言。

【注释】《宪问》篇。辟:通"避"。世:乱世。地:不好的环境。色:难看的脸色。言:恶言。

【解析】这是孔子谈隐居退守。贤者逃避恶浊的社会而隐居,次一等的避不好的环境而处,再次一等的避免难看的脸色,再次一等的回避恶言恶语。孔子热心济世,"知其不可而为之",在隐者看来,他"不识时务",但他却坚韧不拔,矢志不改。他始终不肯逃避现实,即使不被任用,遭人冷落,心情恓惶,也没有避世,依然坚定地实践自己的政治理想。

君子固穷,小人穷斯滥矣。

【注释】《卫灵公》篇。固:坚守。固穷:指在困窘时仍能坚守节操。滥:无所不为。

【解析】君子在困窘时仍然能坚守自己的节操,小人一穷便无所不为了。俗语云:"人穷志不穷。"君子不会因为一时的困顿就丧失自己的人格。杜甫晚年贫困之极,住在破旧的茅屋里,却写下传世名篇《茅屋为秋风所破歌》,他大声疾呼:"安得广厦千万间,大庇天下寒士俱欢颜。"君子高洁的品质,忠贞的节操,在任何环境下,都不会改变。

邦有道,则仕;邦无道,则可卷而怀之。

【注释】《卫灵公》篇。仕:做官。卷:收拾,指收起才能。怀:收藏,指藏起才能。

【解析】孟子"达则兼济天下,穷则独善其身"的观点是对孔子此条的生发,儒家倡导积极进取精神,反对消极避世,但在理想难以实现的时候,也可采取一些缓和措施。政治清明时,出来做官,可以实现"兼济天下"的愿望;政治黑暗时,个人的力量无法挽救整个混乱的局面,就把自己的才能藏起来,坚守自己的信念,等待有利时机的到来。

可与言而不与言,失人;不可与言而与之言,失言。知者不失人,亦不失言。

【注释】《卫灵公》篇。第一、三个失:错过。第二、四个失:缺乏分寸。

【解析】可以同他谈,却不同他谈,这是错过人才;不可以同他谈,却同他谈,这是浪费言语。聪明人既不错过人才,也不浪费言语。谈话是一种艺术,谈得好,可以从中获益,谈得不好,浪费时间和精力。有远见的领导者,会用言语打动人,得到人才,而不会与无用的人闲谈,错过机会。聪明人做事有分寸,既可以恰到好处地笼络人才,又不浪费过多的言语。

志士仁人,无求生以害仁,有杀身以成仁。

【注释】《卫灵公》篇。求生:贪生。害仁:损害仁德。有:宁愿。杀身:牺牲性命。

【解析】有高尚志向和道德的人,从不贪生怕死,为了成全仁德,可以不顾自己的生命。后世屈原、岳飞、文天祥等爱国志士以自己的生命诠释了孔子的这句名言。成语"志士仁人"出于此处,现泛指爱国的愿意为革命事业出力的人。"杀身成仁"也出于此处,现指牺牲生命,以维护正义事业。

工欲善其事,必先利其器。

【注释】《卫灵公》篇。工:工匠。善其事:做好事情。利:完善。器:工具。

【解析】工匠要做好他的工作,一定要先完善他的工具。学习、打仗、治理国家也都如此。学习就要选有益的东西读,打仗要有好的武器装备,治理国家要有好的政策措施。没有精良的工具,就会影响行动的速度与质量。此语后来演变为成语,今天依然广泛使用。生产工具的改进是生产力提高的重要标志,孔子两千年前就总结出了类似规律。

人无远虑,必有近忧。

【注释】《卫灵公》篇。远:长远。近:眼前。

【解析】一个人没有长远的考虑,一定会有眼前的忧患。这是孔子的人生观,告诫人们,人生要有长远打算,否则总会有眼前的忧患。"未雨绸缪""防患于未然"都是针对此的预防措施。

躬自厚而薄责于人,则远怨矣。

【注释】《卫灵公》篇。躬自厚:即自躬厚,自己做事踏实。薄责于人:责备别人少。远:远离。

【解析】多责备自己,少责备别人,怨恨自然会远离。这是儒家道德修养的一个原则。《中庸》告诫人们:"正己而不求于人则无怨。上不怨天,下不怨人。"禅宗提出:"只见己过,不见世非",与孔子的话如出一辙。儒家主张"爱人",即宽厚慈爱地对待别人,但却要求严于律己,曾子发明了"吾日三省吾身"的修养方法,表明儒家思想重在"求己"。

群居终日,言不及义,好行小慧,难矣哉!

【注释】《卫灵公》篇。言不及义:说话没提到仁义。好行小慧:喜欢卖弄小聪明。难:指难以造就。

【解析】整天同大家待在一块,不说有道理的话,只喜欢卖弄小聪明,这种人难以造就。孔子是大教育家,他对自己的每个学生都很了解。这种混日子,耍弄小聪明的学生是他最不欣赏的,他自己的学习态度是:"发愤忘食,乐以忘忧,不知老之将至矣。"因而孔子最称赏他的弟子颜回:"有颜回者好学,不迁怒,不贰过。""回也,其心三月不违仁……"

君子疾没世而名不称焉。

【注释】《卫灵公》篇。疾:遗憾,担心。名不称:名字不被人称述。

【解析】儒家学者很重视名分,认为到死名字都不被人称述是一件很遗憾的事情。谚语云:"人过留名,雁过留声。"君子一生一世悉心以求的便是流芳百世。为名舍利,杀身成仁,舍生取义,都是为了留下一世的英名。苏轼《和子由渑池怀旧》诗中感叹道:"人生到处知何似,应似飞鸿踏雪泥,泥上偶然留指爪,鸿飞那复计东西!"

君子求诸己,小人求诸人。

【注释】《卫灵公》篇。前一个"求",指严格要求自己。后一个"求",指苛求别人。

【解析】宽于待人,严于责己,是儒家道德修养的一个原则。《大学》"君子有诸己而后求诸人,无诸己而后非诸人"把这一原则以经典的形式固定下来。朱熹在《四书章句》中重申了这一点:"有善于己,然后可以责人之善;无恶于己,然后可以正人之恶。"只有自己达到了善,才能去要求别人向善。这是教导人们不要苛求别人,而要严格要求自己。

小不忍,则乱大谋。

【注释】《卫灵公》篇。不忍:既指不能忍耐愤怒,也指不能忍耐小恩小利。乱:扰乱、败坏。谋:谋略。

【解析】"小不忍"的含义很丰富,不仅是不忍小忿怒,也包括不忍小仁小恩,没有"蝮蛇螫手,壮士断腕"的勇气,还包括吝啬财物不忍舍弃以及贪婪小利。成语"小不忍则乱大谋"出于此。制定好一个大的计划,不能因小事情而破坏其实施,这要有一定的肚量,容纳可能出现的各种过失,同时遇到困难要镇定乐观,从而保证大计划的逐步实现。

众恶之,必察焉;众好之,必察焉。

【注释】《卫灵公》篇。众:众人,大家。察:考察,省思。

【解析】大家都厌恶他,一定要去考察;大家都喜爱他,也一定要去考察。而生活中,人们往往随波逐流,很少有人省思。孔子以圣人的眼光观察到了这种情况,并主张要仔细考察。大家为什么都厌恶一个人,而都喜欢另一个人,这是值得我们思考的一个问题。我们从这两个人身上可以看到我们自己。做人,省慎思考很重要。要学会从别人身上照出自己的优缺点,这样思考加观察,就得到了走向成功的捷径。

过而不改,是谓过矣。

【注释】《卫灵公》篇。过:错误。是:这。谓:叫作。

【解析】常言道:"人非圣贤,孰能无过。"既然犯错误是不可避免的,那么就产生了我们如何对待错误的问题。孔子早在两千年前就指出了应"知错必改。"韩愈也认为:"过而改之,是不过也。"对待错误的态度比犯错误更为重要。

君子谋道不谋食。

【注释】《卫灵公》篇。谋:追求。道:仁德。一说学术,亦通。食:衣食。

【解析】君子把精力放在追求学术上,而并不倾心于衣食。生活中,我们得到了温饱,就应该追求更高的精神境界,以提高自身的修养。

君子忧道不忧贫。

【注释】《卫灵公》篇。忧:担心。道:理想。

【解析】君子有高洁的志向,他真正担心的是理想能否实现,并不计较贫富。这表明精神生活带给人的愉悦远胜于物质生活享受带给人的快乐。

君子不可小知而可大受也,小人不可大受而可小知也。

【注释】《卫灵公》篇。小知:用小事情考验。一说用小聪明拨弄,亦通。大受:用大是大非考验。一说接受重大任务,亦通。

【解析】小事情只可以委于小人,而不能用来考验君子。成语"大端大事不糊涂"即指君子可以接受重大任务,做出重大决策,而不受小的礼节的束缚。

当仁,不让于师。

【注释】《卫灵公》篇。当:面对。让:谦让。

【解析】"仁"是儒家学说的最高境界。面对"仁"这一道德标准,是没有必要谦让的,因为它是老师和学生共同追求的目标。后世"当仁不让"这个成语出自于此,只是"仁"的含义更加广泛,并不局限于孔子的道德标准。

子曰:"有教无类。"

【注释】《卫灵公》篇。教:教育。无类:不分等类(指贫富、地域等)。

【解析】孔子是我国古代的大教育家。他提出的许多教育理论流芳百世。这里提出的教育不分等类,就是一种大教育观,即所有的人都有接受教育的权利。孔子门下的弟子便是不分贫富、贵贱和地域的。

道不同,不相为谋。

【注释】《卫灵公》篇。道:主张,理想。谋:商议,交流。

【解析】各自的主张不同,不能互相商议。这是就君子而言的,君子要保持彬彬有礼的风度,豁达开朗的态度,各自的理想有所不同,就要避免交流。如果为了维护自己的主张而争执不休,就失去了君子应有的宽容。

虎兕出于柙,龟玉毁于椟中,是谁之过与?

【注释】《季氏》篇。兕(sì):犀牛。柙(xiá):木笼。椟:木盒。是:这。过:错误。与:通"欤"。

【解析】人活着是有责任的,犯了错误不能推卸责任。既然看管老虎犀牛,保管龟玉,那么它们从笼子里跑出来,或在匣子里毁坏了,你就不能不负责任。

既来之,则安之。

【注释】《季氏》篇。来:招徕。安之:使之安。

【解析】原意为既然招来他,就要让他安居乐业。后世沿用这句话,已非孔子原意。俗语道:"知足常乐,随遇而安。"我们已经来到一个地方,就要安心地待下来。也许这个地方并不如人所愿,或者它让我们大失所望,但安心地待一阵子,你就会发现它也有自己的魅力。自然法则告诉我们,人应尽一切努力适应环境并改造环境。

天下有道,则礼乐征伐自天子出;天下无道,则礼乐征伐自诸侯出。

【注释】《季氏》篇。有道:清明。礼乐:制礼作乐。征伐:战争。无道:混乱。

【解析】这是孔子考察历史得出的结论。太平盛世,权力集中在天子手中,国家事务由天子决定。混乱时代,权力再分配的斗争不断出现,制礼作乐和出兵打仗这些活动都由诸侯自己决定。这种历史演变的必然结果,两千年前的孔子已经认识到了。

益者三友,损者三友。友直,友谅,友多闻,益矣。友便辟,友善柔,友便佞,损矣。

【注释】《季氏》篇。益者:有益的。损者:有害的。三友:三种朋友。谅:宽容。便辟:奉迎拍马。善柔:口蜜腹剑。便佞:巧言谄媚。

【解析】这是孔子提出的交友原则。朋友在人的生活中是很重要的。"近朱者赤,近墨者黑。"想要了解一个人,看看他的朋友便可略知一二。真正有益的朋友,坦率、诚信、见闻广博,能在你最需要帮助的时候出现在你面前。而那些奉迎拍马、口蜜腹剑、巧言谄媚的朋友可能在事业上、生活上对你有所损害。

益者三乐,损者三乐。乐节礼乐,乐道人之善,乐多贤友,益矣。乐骄乐,乐佚游,乐晏乐,损矣。

【注释】《季氏》篇。三乐:三种快乐。节礼乐(yuè):以礼乐调节。道:称颂,宣扬。佚(yì)游:浪游不归。晏乐:饮食铺张。

【解析】这是孔子总结的快乐的原则。真正的快乐是得到礼乐的调节,宣扬别人的好处,同时交一些有益的朋友。以骄傲为快乐,以游荡忘返为快乐,或以饮食荒淫为快乐,对人的精神和身体都有损害。得到快乐幸福的生活是人生的追求,但要有度,不能以自己的身体和精神为代价,纵情欢乐,荒淫无度。

侍于君子有三愆:言未及之而言谓之躁,言及之而不言谓之隐,未见颜色而言谓之瞽。

【注释】《季氏》篇。侍:陪伴。愆(qiān):错误。躁:急躁。隐:隐瞒。瞽(gǔ):眼睛瞎。

【解析】俗话说:"伴君如伴虎。"急躁、隐瞒、"眼睛瞎"都是过失,要想不犯错误,就要学会"察言观色。"人的心情往往通过人脸部表情的变化显示出来。儒学家讲究礼仪,因而很重视人的颜面。君子的表情庄重严肃,陪伴君子就不可以乱说话,而要通过察言观色找到恰当的时机表达自己的意思。成语"察言观色"语出于此,后世扩大了它的使用范围。

君子有三戒:少之时,血气未定,戒之在色;及其壮也,血气方刚,戒之在斗;及其老也,血气既衰,戒之在得。

【注释】《季氏》篇。戒:警惕,戒备。色:美色。方刚:正盛。斗:逞强斗胜。得:贪婪。

【解析】这是君子应该戒备的三件事,也是人生三个阶段应注意的三件事。年轻时,血气未定,迷恋女色有伤身体;壮年时,血气旺盛,最容易逞强斗勇;年老了,血气已衰,贪得无厌就有损一世英明。《淮南子·诠言训》总结了一条规律:"凡人之性,少则猖狂,壮则强暴,老则好利。"如果把握住了人生这三个阶段的不同特征,那么就会满意地过好每个阶段。

君子有三畏:畏天命,畏大人,畏圣人之言。

【注释】《季氏》篇。畏:害怕。大人:位尊之人。言:思想,理论。

【解析】天命不为人所知,君子害怕;位尊之人,君子从心底敬重他们;圣人的思想言论可以指导常人的言行,君子尊重它们。孔子不是宿命论者,但他讲天命,《论语·为政》:"五十而知天命。"君子担心受到命运的摆布,而不能实现追求"仁"的理想。常人的修养不及君子,受命运摆布的可能性更大,自然就对处于高位的人和圣人的言论无形中产生畏惧。

生而知之者上也;学而知之者次也;困而学之,又其次也;困而不学,民斯为下矣。

【注释】《季氏》篇。上:上等。困:困顿,艰难。下:下等。

【解析】孔子把学习分为几个等级。生而知之者虽是最上等,却并不存在。学而知之者受到孔子的赞扬,因而他提倡教育。至于遇到困难再学,和遇到困难也不学的人,是孔子最不欣赏的。学习是一件自觉的事情,所有的人都应自觉地接受教育,但在封建时代,对百姓而言,这几乎是不可能的。孔子站在士大夫的立场上,很难理解下层百姓的疾苦。

君子有九思:视思明,听思聪,色思温,貌思恭,言思忠,事思敬,疑思问,忿思难,见得思义。

【注释】思:考虑。明:清楚。聪:明白。色:脸色,表情。温:温和。貌:容貌举止。恭:端庄。忠:忠诚老实。事:做事。敬:认真。问:请教。忿(fèn):同"愤",生气。难:后患。义:道义。

【解析】孔子提出君子的九种思虑,即是指行为上如何做一个君子。自古以来,志士仁人就不断地纠正自己的行为,向这九个方面接近,以使自己成为真正的君子。儒家学说对后世君子品行的影响十分重大。

性相近也,习相远也。

【注释】《阳货》篇。性:本性。习:风俗。

【解析】人的性情本来是相近的,因为风俗习染不同,便相距很远。《三字经》以此为开头:"性相近,习相远。"可见,后天的学习教育是很重要的。不同的环境会使天赋相近的人走上不同的发展道路。

割鸡焉用牛刀?

【注释】《阳货》篇。割:杀。焉:哪里。此句是说做小事儿不需要大动作。

【解析】俗语:"大炮轰蚊子",亦指小题大做。孔子之言后演变成"杀鸡焉用牛刀",含义并没有太多改变。孔子虽被尊为"圣人",但他并非不苟言笑,始终一本正经,他也有常人的幽默感,他的许多睿智犀利的话语成为传世经典之言。

恭则不侮,宽则得众,信则人任焉,敏则有功,惠则足以使人。

【注释】《阳货》篇。恭:庄重。宽:厚道。信:老实。任:任用。敏:勤勉。惠:慈惠。使人:使唤人。

【解析】庄重就不致遭受侮辱,宽厚就会得到大众的拥护,老实就会得到别人的任用,勤勉就会贡献大,慈惠就能够使唤人。做人的原则也不过如此,生活中能做到这几点的人却不多。快乐健康的人生,首先是要自尊,而后要宽容大度,老实厚道,当然必须勤勉,同时还要有一颗同情慈爱之心。

好仁不好学,其蔽也愚;好知不好学,其蔽也荡;好信不好学,其蔽也贼;好直不好学,其蔽也绞;好勇不好学,其蔽也乱;好刚不好学,其蔽也狂。

【注释】《阳货》篇。蔽:弊病。愚:笨拙。荡:放荡浮夸。贼:上当受骗。绞:尖刻。乱:闯祸。狂:胆大妄为。

【解析】此处孔子谈的是"不好学"的六种弊病。不好学问,就不能明白道理。即使爱仁德,也容易被人愚弄;爱要聪明,但却放荡浮夸;爱诚实,反会上当受骗,害了自己;爱直率,却因说话尖刻而刺伤人心;爱勇敢,势必会鲁莽行事,捣乱闯祸;爱刚强,表现出的却是胆大妄为。做学问,可以提高理解力,增加人的修养。文化修养达到一定程度,就会成熟稳健,而不致出现上述六种弊端。

诗,可以兴,可以观,可以群,可以怨。迩之事父,远之事君;多识于草木之名。

【注释】《阳货》篇。兴:启发思考。观:提高观察力。群:团结同志。怨:学会讽刺。迩:近,在下。事:服侍。远:在上。识:记住。

【解析】这是儒家的传统诗教。"兴、观、群、怨"是诗的四个特征。孔子认为读诗的好处是显而易见的:可以启迪人,可以提高观察力,可以团结同志,可以学会讽刺。在下,可以用其中的道理侍奉父母;在上,可以用来服侍国君,最次也可以多认识一些鸟兽草木的名称。可见,读诗是一种有效地提高自己的方式。

色厉而内荏,譬诸小人,其犹穿窬之盗也与?

【注释】《阳货》篇。厉:严厉。荏:怯弱。窬(yú):跳墙。盗:小偷。

【解析】外表严厉,内心怯弱,如果用坏人打比方,就像挖洞跳墙的小偷吧?孔子对阶级的本质认识得特别清楚,他看到了他们虚伪的外表下软弱的内心世界。君子应是表里如一的,所以用"小人"打比方极为恰当。

道听而途说,德之弃也。

【注释】《阳货》篇。道听:非正式场合听到的流言蜚语。途说:到处乱说。弃:抛弃。

【解析】听到流言蜚语就四处传播,仁德之人应抛弃这种做法。成语"道听途说"源于此。没有确实的证据就胡乱散布谣言,这是君子所耻而小人津津乐道的事情。

其未得之也,患得之。既得之,患失之。苟患失之,无所不至矣。

【注释】《阳货》篇。患得之:从上下文意思推知,当为"患不得之"。之:指官位。无所不至:即无所不为,什么事都能做得出来。

【解析】人总是在患得患失间失去自己拥有的一切。没得到的时候,担心得不到;得到了,又担心失去它;为了不失去它,就什么事情都做。这种心态孔两千年前有,现在我们每一个人依然有。这样看清自己所处的位置,弄明白自己拥有的一切,就显得至关重要。过分看重得失,会错过人生旅途中许多美好的东西。

饱食终日,无所用心。

【注释】《阳货》篇。饱食:即食饱,吃饱了饭。无所用心:即无所用力,什么事也不干。

【解析】吃饱了饭,什么事也不干,无异于行尸走肉。人是社会性的动物,除了满足自身的生理需求外,还有社会性的一面。每个人都有精神欲求,同时负有社会责任。吃饱了饭,只满足了人动物性的一面。

子贡曰:"君子亦有恶乎?"子曰:"有恶:恶称人之恶者,恶居下流而讪上者,恶勇而无礼者,恶果敢而窒者。"

【注释】《阳货》篇。恶(wù):憎恶,讨厌。称:说,传。恶(è):坏话。下流:低位。讪(shàn):讥讽,诋毁。果敢:刚愎自用。窒:固执僵化。

【解析】君子爱憎分明。这条讲的是君子憎恨的事情:憎恨一味传播别人坏处的人;憎恨在下位而毁谤上级的人;憎恨勇敢却不懂礼节的人,憎恨刚愎自用、顽固不化的人。这几种人现实生活中比比皆是,孔子对他们进行分析归类,并指出了君子的态度,我们应从中汲取经验,制定自己的爱憎标准。

唯女子与小人为难养也,近之则不孙,远之则怨。

【注释】《阳货》篇。唯:只有。养:相处。近:亲近。孙:通"逊",谦恭有礼。远:疏远。怨:报怨,怨恨。

【解析】这是孔子对人际关系的看法。女子和小人难于相处,亲近了,让他们觉得不谦恭有礼;疏远了,又让他们怨恨。事实上,其中包含了对女子的偏见。封建礼法统治下,"男女授受不亲"的理论,泯灭了男女之间的正常交往。

年四十而见恶焉,其终也已。

【注释】《阳货》篇。见恶(wù):被人讨厌。终:一生。已:完了。

【解析】四十岁,已是不惑之年,掌握了各种知识,走过了大半人生,这时候,还被人讨厌,他这一生也就完了。孔子对人生的理解,来自切身体验和细致入微的观察,因而符合生活实践,被后世广泛接受。

往者不可谏,来者犹可追。

【注释】《微子》篇。往者:过去的。谏:说,劝止。这句是说过去的已经过去,再说也没用了。来者:未来的。追:抓住。这句是说未来的还未到来,只要心里有所准备,肯定会抓住的。

【解析】往事如烟,总可以在时间的长河里随着逝去的岁月弥散殆尽,多少伤,多少痛,不必言说,自会在日后的追忆中重现。未来仿佛是一个遥远的梦想,心中无数次地设计过,瞬间便到了眼前。人不能一直生活在回忆中,那样容易苍老,而应把握现在,追寻未来。

四体不勤,五谷不分,孰为夫子?

【注释】《微子》篇。四体:四肢。勤:劳动。分:区别。孰为夫子:谁认识(你的)老师。

【解析】"四体不勤,五谷不分",现用做成语,不参加劳动,分不清五谷,形容知识分子脱离劳动人民。孟子说:"劳心者治人,劳力者治于人。"士大夫是不与农民为伍的,儒学家视体力劳动为低贱的工作,这是一种陋习。

日知其所亡,月无忘其所能,可谓好学也已矣。

【注释】《子张》篇。亡(wú):缺乏的。能:具备的。

【解析】孔子在《论语》中提出了许多学习方法,沿用至今。子夏这一则是说每天知道一些新东西,每月复习一些学过的东西,可称之为喜欢学习。他实际上是对孔子"温故而知新"观点的具体生发阐释。

博学而笃志,切问而近思,仁在其中矣。

【注释】《子张》篇。博学:广泛地学习。笃志:坚守志向。切问:恳切地发问。近思:即思近,思考目前的问题。

【解析】儒学追求仁德,很重视君子的修养问题。广泛地学习,坚守自己的志趣;恳切地发问,多考虑目前的问题,通过这种方式,不断进步,在潜移默化中接近仁德。

小人之过也必文。

【注释】《子张》篇。过:错误。文:掩饰。

【解析】小人对错误一定加以掩饰,并不如君子有知错必改的胸怀坦荡。

刘知几《史通·惑经》:"岂与夫庸儒末学,文过饰非,使夫问者缄辞杜口,怀疑不展……"成语"文过饰非"即指掩饰自己的过错。

君子有三变:望之俨然,即之也温,听其言也厉。

【注释】《子张》篇。变:姿态。俨然:庄重的样子。即:接近。温:平易亲切。厉:斩钉截铁,真实可信。

【解析】孔子说过:"文质彬彬,然后君子。"子夏进一步看到君子的三种姿态:远远望着,庄重严肃;向他靠近,温和亲切;听他的话,斩钉截铁,真实可信。

大德不逾闲,小德出入可也。

【注释】《子张》篇。大德:大是大非。逾:超出。闲:界限。小德:小事小节。出入:自由随便。

【解析】这条讲人在大是大非面前不可超出范围,但在小的礼节上可以自由随便。生活中,大多数时候,不必拘于小节,但大事不可糊涂。成语"不拘小节""大事不糊涂"与此条意近。

仕而优则学,学而优则仕。

【注释】《子张》篇。前句优:优游,空闲。此句是说做官后还有空闲的时间,就应该学习。后句优:优异,出色。此句是说学习后成绩优异方可做官。

【解析】古代,学习就是为了入仕,以实现自己济世报国的理想。既已做官,也要抽空继续学习,提高自己做官的能力。

夫子之墙数仞,不得其门而入,不见宗庙之美,百官之富。

【注释】《子张》篇。仞:七尺。此处极言其高。美:雄伟壮丽。官:本义为房舍。富:丰富多样。

【解析】孔子住宅的围墙很高,找不到大门进去,就看不到他宗庙的雄伟,房舍的丰富多样。此句以围墙房舍比喻孔子的德行。说明要真正了解孔子的贤德,就必须越过外表,深入体会他内心高洁的志向和崇高的美德。子贡曰:"仲尼,日月也,无得而逾焉。"

谨权量,审法度,修废官,四方之政行焉。兴灭国,继绝世,举逸民,天下之民归心焉。

【注释】《尧曰》篇。权:衡轻重者。量:衡体积者。法度:衡长短者。谨、审:认真检验、审核。官:工作,职事。四方:代指全国。行:通行。兴:复兴。继:承续。举逸民:提拔遗落的人才。归心:心悦诚服。

【解析】这是孔子提出的政治措施。目的是复国,使天下百姓心悦诚服地归顺。

君子惠而不费,劳而不怨,欲而不贪,泰而不骄,威而不猛。

【注释】《尧曰》篇。惠:施恩惠。费:铺张。劳:役使。欲:有所追求。贪:贪婪。泰:矜持。威:威严。猛:凶狠。

【解析】孔子政治观的"五美":君子给人民以好处,而自己却无所耗费;劳动百姓,百姓却不怨恨;自己有所追求,却不能称之为贪婪;矜持却不骄傲;威严而不凶狠。这五种美德总的来说是为民着想的。这也是孔子的政治理想。他周游列国,四处游说,就是渴望统治者能采纳他的治国方案,保境安民,实现仁德的统治。

不教而杀谓之虐;不戒视成谓之暴;慢令致期谓之贼;犹之与人也,出纳之吝谓之有司。

【注释】《尧曰》篇。第一句是说事先不教育,结果百姓因无知犯法导致杀头,这叫作虐民。第二句是说事先不申诫,百姓因不懂规矩而难以完成任务,这叫暴民。第三句是说起先懈怠,突然又限制期限,这叫贼民。出纳:偏义为"出",给人财物。吝(lìn):小气。有司:指地位卑微的管事者。

【解析】这是孔子的政治观。他希望统治者能适当地采取一些缓和政策,让人民得到一些好处。此处四种"恶政"是对统治者的残暴统治的斥责,以伸民怨。

不知命,无以为君子也;不知礼,无以立也;不知言,无以知人也。

【注释】《尧曰》篇。命:命运。立:立足。言:语言的含义。

【解析】孔子主张人主宰命运,不懂得命运,自然不能成为君子,而没有礼法,不懂规矩,也不能在社会上立足,分辨不出别人言语的含义,也根本无法了解人。

《孟　子》

　　《孟子》是记载孟子言行以及他和当时人或弟子互问互答的书,今存七篇。《孟子》的体例与《论语》相同,都分为"篇"和"章"。每篇的篇名则摘取开头几个主要的字来命名。东汉的赵岐作《孟子章句》时,又把每篇分成上下各一篇,每篇又分成若干章。

　　关于《孟子》的作者,史学界有三种说法:东汉的赵岐、宋朝编定《四书》的朱熹都认为《孟子》就是孟子自己的著作;唐朝的韩愈、张籍,宋朝的苏辙、晁公武及清朝的崔述都认为《孟子》是孟子的门人弟子万章、公孙丑等共同记述的;《史记》的作者司马迁则认为《孟子》是由孟子与他的门徒们共同编纂而成的。他在《孟子荀卿列传》中记载:"孟轲乃述唐虞三代之德,是以所如者不合,退而与万章之徒,序诗书,述仲尼之意,作孟子七篇。"这三种说法,以最后一种最为可信。

　　孟子,名轲,邹国(今山东邹县东南)人,大约生于公元前372年,死于公元前289年,比孔子晚一百多年,曾受业于孔子之孙孔伋(字子思)的弟子,大概是一名不出名的儒者,所以孟子说:"予未得为孔子徒也,予私淑诸人也。(见《孟子·离娄下》)"但由于孟子勤奋好学,终于成为孔子之后最大的儒家,被尊称为"亚圣","孔孟"并称。孔孟之道在中国流传了几千年,对中国传统思想文化起了巨大的影响作用。

　　孟子学成之后,曾出游齐、魏、滕、宋等国,到处宣扬自己的思想。但当时正值战国年间,各国为了争夺土地和人民,对外互相征伐,对内变法图强,正如司马迁在《史记·孟子荀卿列传》中说:"当是之时,秦用商君,富国强兵;楚魏用吴起,战胜弱敌;齐威宣王用孙子、田忌之徒,而诸侯东面朝齐。天下方务于合纵连横,以攻伐为贤。"而孟子却"仍述唐虞三代之德",对各国诸侯大讲"仁义"

"王道"，所以不受欢迎，不为所用。当孟子七十多岁不得已离开齐国时，仍说："予不得已也。予三宿而出昼，于予心犹以为速。王庶几改之！王如改诸，则必反予。夫出昼，而王不予追也，予然后浩然有归志。予虽然，岂舍王哉！王由足用为善，王如用予，则岂徒齐民安，天下之民举安。王庶几改之，予日望之！（见《孟子·公孙丑下》)"他在昼县住了三天，日夜盼望齐王派人来追回他，回到家乡著书立说是不得已而为之的。

　　孟子继承了孔子的学说，主张效法先王，推行仁政。要求国君"以不忍人之心，行不忍人之政"（见《孟子·公孙丑上》)。先满足老百姓最基本的物质要求，即"制民之产，必仰足以事父母，俯足以畜妻子，乐岁终身饱，凶年免于死亡"（见《孟子·梁惠王上》)。然后再"设以庠序学校以教之"（见《孟子·滕文王上》)。对人民进行孝、悌、忠、义等方面的教育，使民回到"性善"的本性上来。即"恻隐之心，人皆有之；羞恶之心，人皆有之；恭敬之心，人皆有之；是非之心，人皆有之。恻隐之心，仁也；羞恶之心，义也；恭敬之心，礼也；是非之心，智也。仁、义、礼、智，非由外铄我也，我固有之也"（见《孟子·告子上》)。

　　孟子反对战争，说"春秋无义战"（见《孟子·尽心下》)。提倡"民贵君轻"，即"民为贵，社稷次之，君为轻"（见《孟子·尽心下》)。孟子把赢得民心看成是治国的头等大事，他认为"桀纣之失天下也，失其民也；失其民者，失其心也。得天下有道：得其民，斯得天下矣；得其民有道：得其心，斯得民矣；得民心有道：所欲与之聚之，所恶勿施而也。"（见《孟子·离娄上》)孟子的这些思想，虽不合当时国君的口味，但却符合人民的愿望，有一定的进步意义。但他承袭孔子的守旧思想，主张"效法先王"反对变法，非议耕战，维护封建等级秩序，主张"劳心者治人，劳力者治于人；治于人者食人，治人者食于人"。这些思想又有其反动的一面。

　　《孟子》一书反映了战国时期的政治、经济、文化、军事情况，有非常重要的史料价值。它长于辩论，富有文采，善于运用形象化的比喻、讽刺性的寓言、严密的逻辑推理来阐明观点，折服对方。书中有许多结构完整、语言生动、气势雄宏奔放的文章，反映了我国战国时代语言艺术的新水平，对中国后世散文的发展产生了巨大的影响。《孟子》一书语言凝练，言简意赅，善于把深刻的思想凝聚在警句之中，这不仅使文章显得十分精炼，而且加深了读者的印象，并为后世留下了许多掷地有声的名言警句和成语。下面就摘取一些精华，与读者共飨。

王亦曰仁义而已矣,何必曰利!

【注释】《梁惠王上》。王:指梁惠王。利:利益。

【解析】在我国哲学史上,关于伦理问题,长期存在着"义"与"利"的争论。《易·文言》载:"利者,义之和也。"墨子也认为:"义,利也。"认为义和利是统一的。但儒家传统思想却把义和利对立起来,孔子认为:"君子喻于义,小人喻于利。"孟子更进一步说:"仁义而已矣,何必曰利。"宣传仁义,反对言利。当孟子第一次见到梁惠王时,梁惠王就问他:"老头儿,你不远千里而来,将给我国带来利益吗?"孟子就回答他说:"王何必曰利,亦有仁义而已矣。"即说王不必一定要得到什么利益,只要行使仁义就足够了。接着他又说:如果王说"怎样才有利于我的国家呢?"大夫也说"怎样才有利于我的封地呢?"那么一般老百姓也都会说:"怎样才有利于我自己呢?"这样,上下都追逐私利,国家就将陷于危难之中了。所以孟子说:"王亦曰仁义而已矣,何必曰利!"

古之人与民偕乐,故能乐也。《汤誓》曰:"时日害丧,予及女偕亡。"民欲与之偕亡,虽有台池鸟兽,岂能独乐哉?

【注释】《梁惠王上》。偕:同。时:此。害:同"曷",何时。

【解析】"与民同乐"是孟子主张实行"仁政"思想的重要观点之一。他在与梁惠王、齐宣王的谈话中,多次循循善诱地劝诫他们要与民同乐。孟子看见梁惠王时,惠王正在池塘边欣赏鸟兽。他傲慢地调侃孟子说:"有德行的人也享受这种快乐吗?"孟子就回答他说:"只有有德行的人才能真正享受到这种快乐;没有德行的人,即使拥有这一切,也不会感到快乐。"他还用古代周文王和夏桀的事例来说明这一道理:周文王能够与百姓一起快乐,所以能得到真正的快乐。而夏桀却自比太阳,只顾自己享乐,不管老百姓的死活。所以老百姓怨道:"你这个太阳呀,什么时候才能落下呢?我宁愿与你一起灭亡。"人民恨他,要与他一起灭亡,他即使拥有台池鸟兽,又怎能长久享乐呢?

王好战,请以战喻。填然鼓之,兵刃既接,弃甲曳兵而走。或百步而后止,或五十步而后止。以五十步笑百步,则何如?

【注释】《梁惠王上》。喻:比喻。填(chēn):象声词。鼓:击鼓。走:逃跑。止:停止。

【解析】"五十步笑百步"在我国是一个妇孺皆知的成语,用来形象地讽刺那些讥笑别人不高明其实自己也并没有多么高明的人。这个成语的出处就来源于孟子的这段话。梁惠王对孟子说："我对于国家,可算是尽心尽力了。河内地方遭了灾,我便把那里的百姓迁到河东,并把粮食运去救济,河东地方遭了灾也同样对待。看看邻国的国君,没有一个像我这样为百姓操心的,可我国的百姓并没有增多,邻国的百姓也并没有减少,这是为什么呢?"孟子就对梁惠王说:"王喜欢打仗,我就用打仗作个比喻吧:战鼓咚咚地敲着,士兵们挺起刀枪向前冲去,可双方刚一交兵,就有些怕死的士兵丢盔弃甲地回头逃跑。有的跑了五十步就停下来了,有的跑了一百步才停止,那些逃跑了五十步的士兵就讥笑逃跑了一百步的士兵是胆小鬼,您说这应该吗?"梁惠王回答说:"不应该,那些逃跑了五十步的士兵,虽然比逃跑一百步的士兵少跑五十步,但同样都是逃跑。"孟子就用这个形象的比喻劝诫梁惠王不要"以五十步笑百步",而应该自我反省,轻徭薄赋,不违农时,实实在在地多为老百姓做好事。

五亩之宅,树之以桑,五十者可以衣帛矣。鸡豚狗彘之畜,无失其时,七十者可以食肉矣。百亩之田,勿夺其时,数口之家可以无饥矣。谨庠序之教,申之以孝悌之义,颁白者不负戴于道路矣。七十者衣帛食肉,黎民不饥不寒,然而不王者,未之有也。

【注释】《梁惠王上》。衣(yì):穿。庠序(xiāngxù):古代的地方学校。申:一而再,再而三。这里指反复训导。颁白:须发半白。王(wàng):以仁德统一天下。

【解析】孟子提倡实行"王道仁政"的理想社会就是:在五亩大小的庭院中种植桑树,五十岁以上的人就可以穿上丝帛做的衣服;按时饲养猪鸡狗等牲畜,七十岁以上的人就可以吃上肉;一百亩耕地按时耕种收割,一家数口人就可以吃饱饭;认真地办好学校并不断地用孝悌忠义教育学生,须发斑白的老人就不会劳苦奔波于道路。这些话在孟子的文章中共出现过三次,是孟子游说诸侯,孜孜以求要达到的最高理想。孟子一方面要求要"制民之产",让人民"不饥不寒",另一方面又要求"谨庠序之教,申之以孝悌之义"。即我们现在所说的要一手抓物质文明,一手抓精神文明,二者不可偏废其一。孟子的这一思想对我们现在也深有启发。我们要建设社会主义现代化的中国,以经济建设为中心,抓好物质文明建设,提高人民生活水平是非常重要的,但同时我们也应该注意精神文明的建设。两手都要抓,而且两手都要硬。

庖有肥肉，厩有肥马，民有饥色，野有饿莩，此率兽而食人也。兽相食，且人恶之；为民父母，行政，不免于率兽而食人，恶在其为民父母也？仲尼曰："始作俑者，其无后乎！"为其象人而用之也。如之何其使斯民饥而死也？

【注释】《梁惠王上》。庖：厨房。厩(jiù)：马栏。饿莩：饿死的人。恶：厌恶。后一个恶是疑问副词，何也。仲尼：孔子之字。俑：做成人形的土偶或木偶，用来殉葬。

【解析】以政杀人，无异于刃。孔子曰："苛政猛于虎也。"孟子比之于率兽杀人。孟子与梁惠王谈话时问："用木棍打死人和用刀子杀死人，有什么区别吗？"梁惠王回答说："没有什么不同。"孟子又紧接着问："用刀子杀死人和用残酷的政治害死人，有什么区别吗？"梁惠王说："也没有什么不同。"孟子接着说："现在王的厨房里有肥肉，马栏里有肥马，可是老百姓却面有饥色，郊外野地里还横卧着饿死的人，这等于是王率领野兽来一起吃人。野兽吃人，尚且可恶，可身为老百姓的父母官却率领着野兽一起吃人，怎么能做百姓的父母官呢？孔子说：'首先开始用俑的人，一定是断子绝孙，没有后代吧！'用人形做的俑来殉葬尚且不可，又怎么能让老百姓活活饿死呢？"孟子的这一席话层层进逼，揭露了梁惠王"率兽食人"的残酷政治。后来，"率兽食人"就成为一句成语流传下来，用来形容反动统治者残酷剥削人民的暴行。孔子的"始作俑者"也成为成语，用来比喻那些恶劣风气的开创者或一件坏事的起始人。

君子之于禽兽也，见其生，不忍见其死；闻其声，不忍食其肉。是以君子远庖厨也。王说曰："《诗》云：'他人有心，予忖度之。'夫子之谓也。夫我乃行之，反而求之，不得吾心。夫子言之，于我心有戚戚焉。此心之所以合于王者，何也？"曰："有复于王者曰：'吾力足以举百钧而不足以举一羽，明足以察秋毫而不见舆薪，则王许之乎？'"曰："否。"

【注释】《梁惠王上》。远：远离。说：同"悦"，高兴，喜欢。忖度：揣想。戚戚：心动的样子。钧：古代重量单位，三十斤为钧。秋毫：鸟儿秋天生的细毛。舆薪：一车柴。

【解析】孟子散文的一个突出特点就是善用设问、反问、比喻等多种修辞方法，使说理层层深入，折服对方。这段话中，孟子就采用了设问的方法。他先问梁惠王有没有用羊换牛进行祭祀的事，然后自然引出了"君子远庖厨"的结论，接着他又设问道："假如有个人向王报告说：我的臂力能够举起三千斤，却拿不起一根羽毛；我的视力能把鸟儿在秋天生的细毛看得一清二楚，却看不见一车柴薪，那么王相信吗？"一句话把王逼进死角，说明王是不想实行仁政，并不是不能实行仁政。后来的"君子远庖厨""力举千钧""明察秋毫"等成语就来源于孟子的这段话。

挟太山以超北海，语人曰："我不能。"是诚不能也；为长者折枝，语人曰："我不能。"是不为也，非不能也。故王之不王，非挟太山以超北海之类也；王之不王，是折枝之类也。

【注释】《梁惠王上》。太山：即泰山。北海：即渤海。折枝：指弯腰行礼，即"折肢"。也有人说是折取树枝。

【解析】孟子善喻，他用"挟太山以超北海"和"为长者折枝"两个形象的比喻来说明"诚不能"和"能而不为"的区别。孟子认为，推行王道是"折枝"之类的小事，只要齐宣王尽心尽力去做，就一定能够用王道统一天下。成语"挟山超海"就来源于孟子的这个比喻，形容力大超群。

老吾老，以及人之老；幼吾幼，以及人之幼。天下可运于掌。

【注释】《梁惠王上》。

【解析】孟子主张"推恩"，即尊敬自己的长辈，并推恩到尊敬别人的长辈；爱护自己的儿女，并推恩到爱护别人的儿女。这样治理国家就容易得很。"由近及远，由己及人"的"推恩"思想是儒家重要的伦理道德之一，也是我们中华民族的传统美德。

权，然后知轻重；度，然后知长短。物皆然，心为甚。

【注释】《梁惠王上》。权：用秤量。度：用尺量。

【解析】对于世界是否可以被认识，哲学界一直存在着"可知论"和"不可知论"两个派别。"可知论"认为世界是可以被认识的，"不可知论"则认为除感觉或现象而外，什么也不能认识，事物的本质或本体无法知道。孟子认为"称一称，就知道轻重；量一量，就知道长短，世界上的万事万物都是这样的，人的心更是这样。"这种认识同我们辩证唯物主义把实践的观点作为认识论的第一的和基本的观点，从而证明世界是可以认识的观点基本相同。从这句话中，我们可以看到孟子的哲学思想闪耀着智慧的火花。

王之所大欲可知已,欲辟土地,朝秦楚,莅中国而抚四夷也。以若所为求若所欲,犹缘木而求鱼也。

【注释】《梁惠王上》。辟:开辟。朝:使动用法,使秦楚来朝晋。莅(lì):临。若:如此。

【解析】孟子的散文,文辞简练,句句铿锵有力,掷地有声。当孟子得知齐宣王的愿望就是"辟土地,朝秦楚,莅中国而抚四夷",充当霸主,统一中国时,他就斩钉截铁地说:"以您现在的行为去满足您这样的欲望,就好像爬到树上去捉鱼一样一无所获。""缘木求鱼"后来成为一个成语流传下来,用来形容那些徒劳的行为。

无恒产而有恒心者,惟士为能。若民,则无恒产,因无恒心。苟无恒心,放辟邪侈,无不为已。及陷于罪,然后从而刑之,是罔民也。

【注释】《梁惠王上》。恒:常也。若:转折连词,至于。辟:同"僻"。罔:同"网",网罗,陷害。

【解析】孟子主张"民贵君轻"。在"贵民"思想的支配下,孟子在经济上提出了要"制民之产"。他认为:"没有固定的产业而有坚定的信心,只有士人才能做到。至于一般的人民,如果没有固定的产业,便也就没有了坚定的信心。如果没有坚定的信心,就会胡作非为,什么坏事都能做得出来。等他犯了法,然后再处以刑罚,实际上是等于陷害百姓。"所以,贤明的君主要想使人民善良,就要"制民之产",使百姓"仰足以事父母,俯足以畜妻子,乐岁终身饱,凶年免于死亡"。孟子的这一经济思想与管子的"仓廪实而知礼节,民不足而可治者,自古及今,未尝闻也!"同出一辙,是我国古代经济思想中的精华。

今王鼓乐于此,百姓闻王钟鼓之声,管龠之音,举疾首蹙頞而相告曰:"吾王之好鼓乐,夫何使我至于此极也? 父子不相见,兄弟妻子离散。"今王田猎于此,百姓闻王车马之音,见羽旄之美,举疾首蹙頞而相告曰:"吾王之好田猎,夫何使我至于此极也? 父子不相见,兄弟妻子离散。"此无他,不与民同乐也。

【注释】《梁惠王下》。乐:此处语义双关,既指音乐,又指娱乐。管龠(yuè):古代的吹奏乐器,类今之箫笙。举:皆也。蹙(cù):皱着。頞(è):鼻梁。

【解析】孟子主张"与民同乐"。他在给齐宣王讲乐时先假设说:"假使王在这里奏乐,老百姓听到王击鼓鸣钟、吹奏箫笙的声音,都皱紧眉头互相议论说:'我们的国王这样爱好音乐,为什么使我们痛苦到这步田地呢? 父子不能相见,兄弟妻儿离散。'假使王在这里打猎,老百姓听到车马的声音,看到华丽的仪仗,都皱紧眉头议论说:'我们的国王这样爱好打猎,为什么使我们痛苦到这步田地呢?父子不能相见,兄弟妻儿离散。'这没有别的原因,只是因为王只图自己享乐而不与民同乐的缘故。"成语"妻离子散"就源于孟子的这段话。

乐民之乐者,民亦乐其乐;忧民之忧者,民亦忧其忧。乐以天下,忧以天下,然而不王者,未之有也。

【注释】《梁惠王下》。王(wàng):用王道统一天下。

【解析】范仲淹在《岳阳楼记》中的名句"先天下之忧而忧,后天下之乐而乐"大概就是源于孟子的这句话。孟子认为"把老百姓的快乐当作他自己的快乐,老百姓也会把他的快乐当作自己的快乐;把老百姓的忧愁当作他自己的忧愁,老百姓也会把他的忧愁当作自己的忧愁。与天下的人同乐同忧,这样的人如果还不能以王道统一天下,是从来不曾有的事。""乐以天下,忧以天下"同"达,则兼济天下;穷,则独善其身"一起构成儒家积极入世的人生准则。在这一思想激励下,一代代志士仁人前赴后继,推动了社会的进步。

孟子谓齐宣王曰:"王之臣有托其妻子于其友而之楚游者,比其反也,则冻馁其妻子,则如之何?"王曰:"弃之。"曰:"士师不能治士,则如之何?"王曰:"已之。"曰:"四境之内不治,则如之何?"王顾左右而言他。

【注释】《梁惠王下》。之:到。比(bì):及,等到。反:同"返"。馁:饥饿。

【解析】孟子善辩,尤善于掌握游说对象的心理,层层设喻,诱之入彀。孟子为了说服齐宣王实行仁政,采取迂回曲折的战术,首先问齐宣王说:"您有一个臣子把妻儿托付给朋友照顾,自己游楚国去了。等他返回来时,他的妻儿却在挨冻受饿,对待这样的朋友,您说怎么办呢?"王说:"和他绝交。"孟子又问:"司法长官不能约束他的下级,王说怎么办呢?"王说:"撤他的职!"孟子趁势又问:"国内治理得不好,那该怎么办呢?"齐宣王自知不对,只好左右张望,把话题扯到别的地方去了。

国君进贤,如不得已,将使卑逾尊,疏逾戚,可不慎与?左右皆曰贤,未可也;诸大夫皆曰贤,未可也;国人皆曰贤,然后察之;见贤也,然后用之。左右皆曰不可,勿听;诸大夫皆曰不可,勿听;国人皆曰不可,然后察之;见不可焉,然后去之。

【注释】《梁惠王下》。逾:超过。慎:谨慎。察:考察。

【解析】如何选拔任用人才，是关系到国家兴亡的关键所在。孟子认为：选拔任用人才应该谨慎小心。左右亲近的人都说好，还不行；各位大臣都说好，还不行；全国的人都说好，然后去仔细地考察，发现确实很好，才能任用。左右亲近的人都说不好，不要听；各位大臣都说不好，不要听；全国的人都说不好，然后仔细地去考察，发现确实不行，就罢免。孟子的这种选拔任用人才的标准对我们今天是也是有一定的借鉴意义的。

贼仁者谓之"贼"，贼义者谓之"残"。残贼之人谓之"一夫"。闻诛一夫纣矣，未闻弑君也。

【注释】《梁惠王下》。贼：害。残：伤。一夫：指"独夫"，众叛亲离之意。弑：诛杀。

【解析】儒家主张"君君，臣臣，父父，子子"但这些都是相对而言的。如果"君不君"，则"臣亦不臣"。"汤放桀""武王伐纣"就是最典型的例子。孟子认为：祸害仁爱的人叫作"贼"，祸害道义的人叫作"残"，残贼俱全的人叫作"一夫"。武王伐纣是诛杀独夫，而不是以臣弑君。孟子的这一思想对于推动历史的进步有伟大的意义。

以万乘之国伐万乘之国，箪食壶浆以迎于师，岂有他哉？避水火也。如水益深，如火益热，亦运而已矣。

【注释】《梁惠王下》。箪（dān）：古代盛饭的竹筐。食（shì）：饭。浆：用米熬成的酸汁，古人用以代酒。益：更加。

【解析】"箪食壶浆"和"水深火热"这两个成语都来源于孟子这段话。孟子认为：齐国以一个万乘之国而去攻打另一个万乘之国燕国，而燕国的百姓却用竹筐盛着饭，用壶盛着酒来欢迎它，并不是因为别的原因，只不过是为了逃避那种水深火热的苦日子。如果苦日子像水一样更深，像火一样更热，那么对他们来说没有什么区别了，只是统治者由燕转为齐罢了。

戒之戒之！出乎尔者，反乎尔者也。

【注释】《梁惠王下》。戒：警惕。尔，你。反，同"返"。

【解析】"出尔反尔"是我们今天常用的一个成语，用来形容某些人言行前后矛盾，反复无常，一会儿这样说，一会儿却又自己推翻，另搞一套。这句成语的来源就是孟子引用曾子的这句话。但曾子的原意是"出于你的是怎么样的态度,反回来对待你的也一定是同样的态度。"孟子在文中引用曾子的话时,就是引用的这个意思。当时,邹国和鲁国发生纠纷,邹穆公问孟子说:"这一次冲突,我的官员牺牲了三十三个人,而老百姓都没有一个为此牺牲的。杀了他们吧,又杀不了那么多;不杀吧,又十分气愤他们瞪着眼睛看着长官去死而不去救。您说我该怎么办呢?"孟子就回答道:"灾荒年岁,您的百姓年老的弃尸于山沟荒野之中,年轻力壮的四处逃荒,这样的人大概有几千吧。可您的谷仓里堆满粮食,库房里装满了财宝,这种情形,您的官员们却谁也不来报告,这是在上位的残害老百姓。曾子说'提高警惕!提高警惕!你怎样去对待人家。人家反过来就会怎么对待你'。现在老百姓可找着报复您的机会了。您不要责怪他们,只要你施行仁政,您的百姓就一定会爱护他们的上级,情愿为他们的长官牺牲生命了。"

民之憔悴于虐政,未有甚于此时者也。饥者易为食,渴者易为饮。孔子曰:"德之流行,速于置邮而传命。"当今之时,万乘之国行仁政,民之悦之,犹解倒悬也。故事半古之人,功必倍之,惟此时为然。

【注释】《公孙丑上》。甚:超过。置、邮:相当于后代的驿站传递。命:政令。倒悬:形容困苦之状。

【解析】孟子所处的战国时代,列国攻伐,强国争霸,人民生活在水深火热之中,孟子认为当时的年代正是王者实行仁政以统一全国的最好机会。他说"老百姓被暴虐的统治所折磨,从来没有比现在更厉害的。肚子饥饿的人不苟择食物,口渴难耐的人不苟择饮料。"所以,当时的王者只要行使仁政,就会得到人民的欢迎,而且会达到事半功倍的效果。孟子的这段话是我们现在所说的:"饥者易食、渴者易饮""饥不择食""解民倒悬""事半功倍""事倍功半"成语的由来。

我知言,我善养吾浩然之气。

【注释】《公孙丑上》。知言:指尽心知性。浩然:盛大流行之貌。

【解析】儒家注重自己内心的道德修养。孟子的"我善养吾浩然之气"就是一种内心的道德修养方法。在这里,"气"是指一种主观的精神状态,它"至大至刚","塞于天地之间",纯由内心"集义所生",不待外求。后世把孟子所说的"浩然之气"理解为一种最高的正气和节操。如文天祥在诗中说:"天地有正气,杂然赋流形……于人曰浩然,沛乎塞苍冥。"培养自己的"浩然之气"也是我们现在提高自己道德修养的标准之一。

宋人有闵其苗之不长而揠之者，芒芒然归，谓其人曰："今日病矣！予助苗长矣！"其子趋而往视之，苗则槁矣。天下之不助苗长者寡矣。以为无益而舍之者，不耘苗者也；助之长者，揠苗者也。非徒无益，而又害之。

【注释】《公孙丑上》。闵：同"悯"，忧愁。揠（yà）：拔。芒芒然：疲惫的样子。病：疲倦。耘：锄草。

【解析】孟子善喻，孟子散文往往用浅显易懂的比喻来说明深奥复杂的哲理。在这段话中，孟子就用宋人揠苗助长这样一个形象的比喻来说明违反事物发展的客观规律而主观地急躁冒进的害处。规律是客观的，是事物本身所固有的，人们不能创造、改变和消灭规律。宋人违反禾苗的生长规律，人为地把禾苗一棵棵地往上拔，虽然累得要死，但最后却把禾苗全都拔死了。宋人违背了事物的发展规律，必然会受到规律的惩罚。成语"揠苗助长"就是来源于孟子的这段话。在这段话中，更为难能可贵的是：孟子不但认为事物发展有客观规律，而且认为人类在规律面前并不是无能为力的，人们可以认识和利用规律。他说"以为帮助禾苗生长没有好处而放弃不干的是只种庄稼而不锄草的懒汉。"就是说人们可以根据禾苗生长的规律来帮助它更好地生长。

麒麟之于走兽，凤凰之于飞鸟，太山之于丘垤，河海之于行潦，类也。圣人之于民，亦类也。出于其类，拔乎其萃，自生民以来，未有盛于孔子也。

【注释】《公孙丑上》。垤（dié）：小土堆。行潦（lǎo）：小水流。类：同类。萃：聚，群。

【解析】孟子在这段话中把自己对圣人孔子的崇拜表达得淋漓尽致。他用"麒麟与走兽""凤凰与飞鸟""泰山与小土堆""河海与小水流"来比喻"圣人与民"的区别。他认为孔子是众民之中出类拔萃的优秀人物。成语"出类拔萃"就来源于孟子的这段话。

今国家闲暇，及是时，般乐怠敖，是自求祸也。祸福无不自己求之者。《诗》云："永言配命，自求多福。"《太甲》曰："天作孽，犹可违；自作孽，不可活。"此之谓也。

【注释】《公孙丑上》。般（pán）：乐。怠：怠惰。敖：同"遨"，出游。永：长。言：语气助词，无意。违：避。活：生。

【解析】孟子说："如今国家没有内忧外患,追求享乐,怠惰游玩,这等于是自己寻求祸害。祸害和幸福都是自己找来的。《诗经》中说:'我们永远要与天命相配,自己去追求更多的幸福。'《太甲》中也说:'天降下的灾祸还可以躲避,自作的罪孽,逃也逃不掉'正是说的这个道理。"孟子的这段话对我们今天的人来说也有深刻的警示意义。"天作孽,犹可违;自作孽,不可活"也作为一个成语流传下来。

人皆有不忍人之心,先王有不忍人之心,斯有不忍人之政矣。以不忍人之心,行不忍人之政,治天下可运之掌上。

【注释】《公孙丑上》。不忍人之心:即指同情心。不忍人之政:即指同情别人的政治。

【解析】孟子主张实行仁政。他认为:"每个人都有同情心。先王有同情心,所以他才能行使同情别人的政治。用同情心来行使同情别人的政治,治理天下就像在手掌中运转小球一样容易了。"孟子"以不忍人之心"行使的"不忍人之政",就是他提倡的"仁政"。孟子的"仁政"思想虽然不符合当时国君的口味,不受欢迎,但从某种程度上来讲却符合人民的愿望,具有历史进步意义。

恻隐之心,仁之端也;羞恶之心,义之端也;辞让之心,礼之端也;是非之心,智之端也。人之有四端也,犹其有四体也。

【注释】《公孙丑上》。恻隐:同情。端:端绪,萌芽。

【解析】仁、义、礼、智是儒家崇尚的四种伦理道德。孟子认为这四种伦理道德起源于人本身所具有的恻隐、羞恶、辞让、是非之心,这就是仁、义、礼、智的四端,它就和人体的四肢一样,是人生来就固有的。人们应该扩充这四端,就像使星星之火燃成燎原之势,使涓涓细流汇成长江大河,而不应使它自生自灭。

子路,人告之以有过,则喜。禹闻善言,则拜。大舜有大焉,善与人同,舍己从人,乐取于人以为善。自耕稼、陶、渔以至为帝,无非取于人者。取诸人以为善,是与人为善者也,故君子莫大乎与人为善。

【注释】《公孙丑上》。过:错也。有:同"又"。与:偕同之意。

【解析】对待别人所提的意见,有的人能够欣然接受,"有则改之,无则加勉";有的人却一意孤行,不撞南墙不回头。孟子在这段话中说:子路听到别人给自己提意见时,非常高兴。大禹听到了善言,就给人家敬礼。舜更是了不起,善于接受别人的优点,抛弃自己的缺点。他从种庄稼、做瓦匠、做渔夫一直到做天子,没有一处优点不是从别人那里吸取来的。吸取别人的优点来使自己行善,就是偕同别人一道行善,所以君子最高的品德就是偕同别人一起行善。子路"闻过则喜"、舜帝"与人为善"的态度在我们今天也是值得大力提倡的。"闻过则喜""与人为善"都作为成语流传下来了。我们今天所说的"与人为善",则与孟子的原意有了一定差别,变成了与人和睦相处之意。

天时不如地利,地利不如人和。

【注释】《公孙丑下》。天时:有利的时令,气候条件。地利:有利的地理条件。人和:上下团结、士气旺盛等。

【解析】孟子认为,在"天时""地利""人和"三者之间,"人和"是决定战争胜负的关键,即"天时不如地利,地利不如人和"。为了论证这一观点,他首先从进攻者的角度举例,说明"三里之城,七里之郭,环而攻之而不胜"的原因是"天时不如地利"。接着他又从防守者的角度,连用四个否定式排比句"城非不高也;池非不深也;兵革非不坚利也;米粟非不多也,委而去之"来说明"地利不如人和"。角度的转换不知不觉,足见孟子运用语言的高超能力。

得道者多助,失道者寡助。

【注释】《公孙丑下》。寡:少。

【解析】孟子认为,决定战争胜负的关键是"人和",而要想达到"人和"的境界,就必须"得道"。所谓"得道",就是要实行仁政,招揽民心,即"得道者多助,失道者寡助"。"道"之得失决定了人心的向背,自然也就决定了战争的胜负。孟子说:"寡助之至,亲戚畔之;多助之至,天下顺之。以天下之所顺,攻亲戚之所畔,故君子有不战,战必胜矣。"即只要"得道",就一定能够打胜仗。孟子的这句话已成为卓绝千古的至理名言。

古之君子,过则改之;今之君子,过则顺之。古之君子,其过也,如日月之食,民皆见之,及其更也,民皆仰之;今之君子,岂徒顺之,又从为之辞。

【注释】《公孙丑下》。顺:将错就错。仰:抬头仰望。

【解析】"古代的君子,有了错误,随时改正;今天的君子,有了错误,仍将错就错。古代的君子,他的过错就像日食月食一样,老百姓人人都能看得到,当他改正时,老百姓都人人抬头仰望;今天的君子,不但将错就错,而且还要编造出一番大道理来掩饰错误。"孟子的这一番话采用古今对比的形式,将现在君子们的丑恶言行鞭笞得淋漓尽致。

古之为市也,以其所有易其所无者,有司治之耳。有贱丈夫焉,必求龙断而登之,以左右望,而罔市利。人皆以为贱,故从而征之。征商自此贱丈夫始矣。

【注释】《公孙丑下》。易:换。龙断:同"垄断"。罔:同"网",网罗。

【解析】"垄断"一词就来源于孟子的这段话。孟子说:"古代做买卖的人,都是以货换货,有关部门只是管理而已(并不征税)。却有那么一个卑鄙的汉子,一定要找一个高坡登上去,左右张望,巴不得把所有买卖的好处都由他一人独吞,别人都觉得这个家伙卑鄙,因此向他征税。向商人征税就由此开始了。"孟子的这段原文,短短不足六十个字,却完整、生动、形象地刻画出了一个不择手段谋求垄断利益的商人的卑鄙无耻的丑恶嘴脸,并说明了向商人征税的来源。行文干净利落,可称得上是叙事文章的精品。

上有好者,下必有甚焉者矣。君子之德,风也;小人之德,草也。草尚之风,必偃。

【注释】《滕文公上》。好:喜好,爱好。甚:超过。尚:加。偃:伏。

【解析】孟子这段话的大意是:"在上位的有什么爱好,在下面的人一定爱好得更加厉害。在上位人的德行好比风,在下面人的德行好草,风向哪边吹,草就向哪边倒。"从这句话我们可以看出:居于上级人的言行是非常重要的,对于下属的言行往往有导向作用,因而做上级的人应该严于律己,给下级做出好的榜样。

是故贤君必恭俭礼下,取于民有制。阳虎曰:"为富不仁矣,为仁不富矣。"

【注释】《滕文公上》。阳虎:字货,鲁国正卿季氏的总管,事迹多见于《论语》。

【解析】孟子主张实行仁政,他认为"贤明的君主要敬业、节俭、礼遇臣下。向民征税要依照一定的制度,不能乱摊派、乱收费"。孟子还引用阳虎的话说:"要想发财就不能仁爱,要想仁爱就不能发财"。后来"为富不仁"这个词作为成语流传下来,用来形容那些靠剥削别人而发财致富的人都没有好心肠。

夏后氏五十而贡,殷人七十而助,周人百亩而彻,其实皆什一也。

【注释】《滕文公上》。贡:以某几年收成的平均数据为征收标准的定额贡纳制度。助：是借助奴隶或农奴耕种公田的一种力役制度。彻：是以十分之一的比例征收的实物租赋。

【解析】孟子"仁政"思想的重要内容之一就是要在经济上"制民之产"，而且还要求"取于民有制"。他的这段话假托古史为他的"取于民有制"寻找历史依据。他认为："古代的税收制度是：夏朝每家五十亩地而行'贡'法，商朝每家七十亩地而行'助'法，周朝每家一百亩地而行'彻'法。这三法的税率其实都是十分抽一。"孟子的这段话是否可信，还有待于考证，但它也为我们研究夏、商、周时代的税法提供了不可多得的珍贵史料。

方里而井，井九百亩，其中为公田。八家皆私百亩，同养公田。公事皆，然后敢治私事，所以别野人也。

【注释】《滕文公上》。私：动词，私养。野人：古代有国、野之分。国中为君子，乡野为野人。

【解析】孟子主张效法先王，实行仁政。他认为实行仁政一定要先从划分整理田界开始。只要田界划分公平了，人民土地的分配，官吏俸禄的制订就可以毫不费力地解决了。孟子划分田界的标准就是先王曾经实行过的井田制。即"每一方里的土地划分为一个井田，每一个井田为九百亩，当中一百亩是公田，以外八百亩分给八家作私田。这八家共同耕种公田的土地，公田耕种完毕之后，再来料理自己私田的农务，这便是区别官吏和劳动人民的办法"。孟子的这套思想从某种程度上讲是揭示出了经济基础和上层建筑的关系：要想实行先王在政治上所行的仁政，就必须先实行先王在经济上所行的井田制，就是说经济基础决定上层建筑。

劳心者治人，劳力者治于人；治于人者食人，治人者食于人，天下之通义也。

【注释】《滕文公上》。劳心者：指脑力劳动者。劳力者：指体力劳动者。食：动词，供养。

【解析】这句话反映了孟子对脑力劳动者和体力劳动者之间关系的看法。孟子认为："脑力劳动者管理统治人，体力劳动者被人管理和统治；被统治者供养统治者，统治者被人供养。这是通行天下的共同原则。"他还进一步举了尧、舜、禹的例子来说明脑力劳动者和体力劳动者的区别。如果联系《孟子》原文上下文之间的意思来看，孟子的这句话是说人类社会的分工，除了耕植、纺织、陶冶之类的体力劳动之间的分工外，另外还存在着脑力劳动者和体力劳动者之间的分工，而这种分工的不同又决定了他们在社会上地位的不同。但孟子的这句话也有其不合理的一面，即他站在统治阶级的立场上，以社会分工的必要性来论证剥削制度的合理性，为统治者剥削压迫人民寻找理论依据，所以，几千年来，一直被封建统治者奉为金科玉律。

吾闻出于幽谷迁于乔木者，未闻下乔木而入幽谷者。

【注释】《滕文公上》。

【解析】"乔迁之喜"这句成语，出自《诗经·小雅·伐木》，原文是"伐木丁丁，鸟鸣嘤嘤，出自幽谷，迁于乔木。"用来比喻人搬到好的地方去住。孟子在与楚人许行的弟子陈相谈话时说："吾闻出于幽谷迁于乔木者，未闻下乔木而入幽谷者。"即"我只听说过鸟儿飞出幽暗的山谷迁往高大的树木，还没听说过离开高大的树木又飞进幽暗的山谷的"。用来批评陈相抛弃其原师陈良而就学于楚人许行的行为。我们今天所说"人往高处走，水往低处流"就是这个意思。

夫物之不齐，物之情也。或相倍蓰，或相什百，或相千万。子比而同之，是乱天下也。

【注释】《滕文公上》。倍：一倍。蓰：五倍。比：次。

【解析】孟子认为，世界上的万事万物，都有自己的个性，即"物之不齐，物之情也。"每件事物都有自己的特殊情况，即"或相倍蓰，或相什百，或相千万。"应该注意事物的个性，具体问题具体分析。如果一味地强调事物的共性，就会扰乱天下，即"子比而同之，是乱天下也。"这与我们今天唯物辩证法中关于共性和个性的认识是基本一致的。

枉己者，未有能直人者也。

【注释】《滕文公下》。枉：使弯曲。直：使正直。

【解析】我们常说："上梁不正下梁歪。"要想教育别人行得端、立得正，自己首先就要行得端、立得正。孟子的"枉己者，未有能直人者也"的意思就是说"自身不正直的人，也不能使别人正直。"

居天下之广居，立天下之正位，行天下之大道。得志，与民由之；不得志，独行其道。富贵不能淫，贫贱不能移，威武不能屈，此之谓大丈夫矣。

【注释】《滕文公下》。广居：仁。正位：礼。大道：义。淫：荡其心。移：变其节。屈:挫其志。

【解析】战国时期,各国为了争夺土地和人口,互相征伐,天下无道。一切典章制度、道德规范都呈土崩瓦解之势。例如身为齐国君主的齐宣王在与孟子交谈时竟大言不惭地连说两句"寡人有疾,寡人好货""寡人有疾,寡人好色"。正如孟子所说:"上有好者,下必有甚焉者矣。"在这样恶劣的社会环境之中,孟子发出了他震耳发聩的正义之声:"大丈夫应住天下最宽广的住宅——仁,应站天下最正确的位置——理,应走天下最光明的大道——义。得志时,同老百姓一起这样做;不得志时,自己一个人也要这样做。富贵不能乱其心,贫贱不能变其节,威武不能挫其志。"孟子的这句话已成为千古流传的名句。他"富贵不能淫,贫贱不能移,威武不能屈"的思想已深深融入中华民族博大精深的传统美德之中。

胁肩谄笑,病于夏畦。

【注释】《滕文公下》。胁肩:耸肩缩颈的样子。谄笑:谄媚假笑。夏畦(xī):夏天在田间辛苦地劳作。

【解析】上下级之间应该坦诚相见,平等交往。下级对上级阿谀奉迎、溜须拍马是最可耻的一种行径。孟子在与他的学生公孙丑谈话时引用曾子的话说"胁肩谄笑,病于夏畦。"即"那种耸肩缩颈,谄媚假笑的卑鄙样子,对正直不阿的人来说,是比夏天在田间烈日下辛苦劳作还难受。"孟子引用曾子的这句话也是成语"胁肩谄笑"的由来。

今有人日攘其邻之鸡者,或告之曰:"是非君子之道。"曰:"请损之,月攘一鸡,以待来年,然后已。"如知其非义,斯速已矣,何待来年。

【注释】《滕文公下》。攘(ráng):偷窃。或:有人。损:减少。已:停止。

【解析】错误是人所难免的,但已经意识到了自己的错误就应该立刻改正。孟子这段话就用一个偷鸡者的故事形象地说明了这个道理。孟子说:"现在有个人每天偷邻居一只鸡。有人告诉他说:'偷鸡是不道德的行为。'他便说:'那我就先减少一些,每个月偷一只,等到明年,就洗手不干了。'如果已经知道了这种行为不合道义,就应该立刻洗手不干,为什么还要等到明年呢?"

知我者其惟《春秋》乎!罪我者其惟《春秋》乎!

【注释】《滕文公下》。知:了解。惟:只有。罪:谴责。

【解析】春秋时期,各国争霸,礼崩乐坏,世衰道微。兴起各种荒谬的学说和残暴的行为,有臣子杀死君王的,有儿子杀死父亲的。孔子面对这样一个纷乱的世道,感到非常忧虑。他为了推行仁政,拯救世人,不惜离开自己的国家,席不暇暖,风尘仆仆地奔走了十四年,到各国去游说,历经艰险,到处碰壁,但并不死心。晚年在家著书立说,撰写《春秋》,褒贬善恶。所以孔子说:"了解我的人,恐怕是通过《春秋》这部书吧!怪罪我的人,恐怕也是通过《春秋》这部书吧!"孟子在这里借用了孔子的这句话来抒发自己对当时社会的不满以及继承孔子事业的抱负。

离娄之明,公输子之巧,不以规矩,不能成方圆;师旷之聪,不以六律,不能正五音;尧舜之道,不以仁政,不能平治天下。

【注释】《离娄上》。离娄:相传为黄帝时人,目力极强,能于百步之外望见秋毫之末。公输子:名般,一作"班"。鲁国人。年岁小于孔子而长于墨子,是著名的能工巧匠。师旷:晋平公的乐师,是极有名的盲人音乐家。五音:指宫、商、角、徵、羽。

【解析】孟子主张以仁义治天下。他以"不以规矩,不能成方圆""不以六律,不能正五音"来形象地说明"不以仁政,不能平治天下"的道理。构思巧妙,对仗工整,说理透彻。后来"不以规矩,不能成方圆"这句话就作为成语流传下来。

是以惟仁者宜在高位,不仁而在高位,是播其恶于众也。上无道揆也,下无法守也;朝不信道,工不信度;君子犯义,小人犯刑,国之所存者幸也。

【注释】《离娄上》。揆:度。度:尺度。

【解析】"上梁不正下梁歪"是我们经常说的一句话,孟子的这段话就说明了这个道理。孟子认为:"只有有仁德的人才应该居于统治地位。不仁德的人如果居于统治地位,就会把他的罪恶传播给群众。在上的统治者如果不遵守道德规范,在下的群众就会不遵守法律;朝廷如果不相信道义,工匠就会不相信尺度;官吏如果触犯仁义,百姓就会触犯刑法。这样的国家如果还能存在,那可真是太侥幸了。"孟子的这段话在我们今天也有深刻的指导意义。居于高位的领导就应该努力提高自己的道德修养,以身作则,给人民做出榜样。否则,上行下效,国家就会危亡。

人有恒言,皆曰"天下国家"。天下之本在国,国之本在家,家之本在身。

【注释】《离娄上》。恒:常也。本:根本。

【解析】国家,有国才有家,有家才有国。国和家之间有着不可分割的联系。孟子说:"有句话大家都喜欢挂在口头,说'天下国家'。可见天下的基础是国,国的根本是家,而家的根本则是每个人。"现在我们常说"国家兴亡,匹夫有责"就是这个道理。

顺天者存,逆天者亡。

【注释】《离娄上》。顺:顺从。逆:违背。

【解析】孟子继承了我国古代从殷周以来就流传下来的天命观,认为"天"能致命于人,能决定人的命运。他说:"顺天者存,逆天者亡。"即顺从天的意志就能生存,违背天的意志就会灭亡。我们今天所说的成语"顺天者昌,逆天者亡"就是源于孟子的这句话。

夫人必自侮,然后人侮之;家必自毁,而后人毁之;国必自伐,而后人伐之。

【注释】《离娄上》。侮:侮辱。伐:攻打。

【解析】唯物辩证法认为:事物的内部矛盾是事物发展的根本原因,外部矛盾是事物发展的第二位的原因。即"外因是变化的条件,内因是变化的根据,外因通过内因而起作用"(《毛泽东选集》第1卷第277页)。孟子的这段话就说明了这个道理。孟子首先引用一个故事说:从前有个小孩唱道:"沧浪的水清啊,可以洗我的帽缨;沧浪的水浊啊,可以洗我的双脚。"孔子听了孩子的歌后就教育学生说:"同学们听好了,水清就洗帽缨,水浊就洗双脚,这都是由水本身决定的。"然后孟子就说:"所以人必先有自取侮辱的行为,人们才侮辱他;家必有自取毁坏的因素,别人才毁坏它;国必有自取讨伐的原因,别国才会讨伐它。"我们今天所用的成语"自取其侮"就是来源于孟子的这句话。

桀纣之失天下也,失其民也;失其民者,失其心也。得天下有道:得其民,斯得天下矣;得其民有道:得其心,斯得其民也;得其心有道:所欲与之聚之,所恶勿施,尔也。

【注释】《离娄上》。与之聚之:与,为;为其聚积。尔也:不过如此罢了。

【解析】在封建统治者眼中,通常都把国君看成尊者、贵者,把广大的民众看成卑者、贱者。但孟子却把人民看得比国君还重要。他说:"民为贵,社稷次

· 68 ·

之，君为轻。"在这句话中，孟子运用高超的写作技巧和语言艺术，先以桀纣为例，说明他们失天下是因为失去了人民，失去人民是因为失去了民心，然后又连用三个排比句说明：获得天下有道，即只要获得人民就获得了天下；获得人民有道，即只要获得了民心就获得了人民；获得民心有道，即人民所希望得到的，替他们聚集起来，人民所厌恶的，就不要加在他们头上，如此罢了。在弱肉强食的列国纷争中，孟子坚持得民心者得天下，失民心者失天下的思想是难能可贵的。他的这一思想在今天也具有重要的现实意义。

自暴者，不可与有言也；自弃者，不可与有为也。言非礼义，谓之自暴也；吾身不能居仁由义，谓之自弃也。

【注释】《离娄上》。暴：害也。

【解析】孟子认为：自己残害自己的人，不能和他谈出有价值的话；自己抛弃自己的人，不能和他做出有价值的事。开口便非议礼义，这便叫做自己残害自己；认为自己不能居仁心，不能实践道义，这便叫作自己抛弃自己。我们今天所说的成语"自暴自弃"就来源于孟子的这段话，但意思已稍有不同，用来指那些自己不求上进、自甘落后的行为。

存乎人者，莫良于眸子。眸子不能掩其恶。胸中正，则眸子了焉；胸中不正，则眸子眊焉。听其言也，观其眸子，人焉廋哉？

【注释】《离娄上》。存：察，观察。眸子：瞳仁。了：明。眊(mào)：蒙蒙，目不明之貌。廋(sōu)：躲藏。

【解析】眼睛是心灵的窗户。观察一个人，最好是去观察他的眼睛。眼睛不能掩盖一个人丑恶的灵魂。心正，眼睛就清澈明亮；心不正，眼睛就混沌不明。听一个人说话的时候，只要注意观察他的眼睛，他心中的善恶之意就没处躲藏了。

人之易其言也，无责耳矣。

【注释】《离娄上》。易：轻易。责：责备。

【解析】我们常说："言必信，行必果。"如果有人总是轻易地许诺而不去实现的话，这个人是不值得与他交往的。孟子的："人之易其言也，无责耳矣"这句话就是说："说话太随便，这个人就不值得去责备他了。"

人之患在好为人师。

【注释】《离娄上》。患：毛病。好（hào）：喜欢。

【解析】谦虚，是一个人的美德。每个人都有自己不懂的知识需要向别人请教。孔子说："三人行，必有我师焉。择其善者而从之，择其不善者而改之"（《论语·述而》）。"知之为知之，不知为不知，是知矣"（《论语·为政》）。可现实生活中就有一些人总是不懂装懂，到处逞能，所以孟子说："人之患在好为人师。"

君之视臣如手足，则臣视君如腹心；君之视臣如犬马，则臣视君如国人；君之视臣如土芥，则臣视君如寇仇。

【注释】《离娄下》。

【解析】孟子对齐宣王讲的这段话，深刻揭示了君臣之间的关系，就像物理学中力的作用与反作用一样。君对臣好，臣必十倍地加以报答、补偿，反之亦然。儒家所宣传的君君、臣臣、父父、子子，只说明了一个方面，说明了下对上的忠和孝，但如果待在上位的人不值得人去忠去孝，那么下边的臣民必然不会一味地愚忠愚孝，必要时甚至可能背叛之。现在世界均主张建立法治国家而代替承袭多少个世纪的人治。在法律面前人人平等，职位的高与低只是社会分工不同，但在做人的权利和义务上应是统一的，君和臣的关系，乃至君和民的关系也应是对等的。此处的"手足"和"腹心"被后人用来比喻弟兄的亲情及知己或自己高度信任的人。

君仁，莫不仁；君义，莫不义。

【注释】《离娄上》。

【解析】此句话实际讲得就是上行下效及榜样的作用。

孟子曰："人有不为也，而后可以有为。"

【注释】《离娄下》。

【解析】孟子此语深刻地揭示出了"不为"和"有为"两者的辩证关系，讲的就是人只有有所不为，才能有所作为。有所不为的动因或目的是为了有所为，它们既是因果关系，也是选择关系。孟子主张的"无为"而治，实际是一种相对的提法。无为而治的目的最终也是要达到有为。后人常说的为人做事有所为有所不为即源于此。

周公思兼三王，以施四事；其有不合者，仰而思之，夜以继日；幸而得之，坐以待旦。

【注释】《离娄下》。三王：指夏、商、周三代的君王。

【解析】孟子这段话的大意是说：周公想要兼学夏、商、周三代君王，来实践禹、汤、文、武的事业；如果有不合于当时情况的，便会仰着头，夜以继日地进行思考；总算找到了解决问题的办法，便会坐等天亮(以求尽快付诸实施)。读完这段话，一个勤政、务实、废寝忘食的贤明君主形象即跃然眼前。作为仁君，在其位即当谋其政，即当以天下为己任。除了要有统治(领导)艺术外，更多的还应该是勤政，不辞辛劳。今天人们常形容辛勤工作为"夜以继日""日以继夜""通宵达旦"" 废寝忘食"这些成语大概均源出于此。

孟子曰："可以取，可以无取，取伤廉；可以与，可以无与，与伤惠；可以死，可以无死，死伤勇。"

【注释】《离娄下》。伤惠，伤勇：战国之世，士多以一掷千金，轻生重谊为尚，故孟子以此语戒之。

【解析】孟子以攫取、施与、生死等，说明了明知不可为而为之的不良结果。孟子认为，有些东是可拿可不拿的，如果拿了就是对廉的损害，就变成了贪；有些东西可以施与，也是不可施与的，一但给了，便是滥用恩惠；同样处在可死可不死的境地，如果去选择死，那便是对勇敢的亵渎，是莽夫是蛮勇。所以对任何事情都应把握一个度，要按照社会的认可度去规范自己，否则就会铸成大错。在今天，孟子此语有其积极的现实意义。利用职务、地位、环境之便，把本不属于自己的东西贪婪地据为己有，把国家、集体的利益作为邀功买好的资本肆意赠送，这些都是对国家对人民根本利益的损害，是对良好社会形象的亵渎。

孟子曰："世俗所谓不孝者五：惰其四支，不顾父母之养，一不孝也；博奕好饮酒，不顾父母之养，二不孝也；好货财，私妻子，不顾父母之养，三不孝也；从耳目之欲，以为父母戮，四不孝也；好勇斗很，以危父母，五不孝也。"

【注释】《离娄下》。从：同"纵"。戮：羞辱。很：同"狠"。

【解析】仁、义、礼、忠、孝历来是儒家所倍加强调和推崇的。涉及"孝"，几千年来演绎出很多动人的故事。孟子在这段话中，列举了当时世俗所公认的五种不孝行为。四体不勤，整天游手好闲，不赡养父母，是为一不孝；每天在外吃喝玩乐而不顾及父母，是为二不孝；外贪钱财，内宠妻子儿女却不顾及父母，是为三不孝;放纵耳目之欲,使父母蒙受羞辱,是为四不孝;恃勇斗狠,滋祸闹事而危及父母,是为五不孝。看一个人的孝道如何,是衡量其品性,乃至能否成就大事的试金石。试想一个连父母都不孝顺的人,对待其他的人能尽心事之吗?

故说诗者,不以文害辞,不以辞害志。以意逆志,是为得之。

【注释】《万章上》。以文害辞:文,字;辞,语。以意逆志:逆,揣摩推测;志,本意。

【解析】孟子这句话的意思是说:解说《诗》的人,不要拘于文字而误解词句,也不要拘于词句而曲解原意。用自己切身的体会去推测《诗》的本意,这就对了。孟子的著作、言论无处不闪耀着哲理的火花。单从字面上理解这句话,不外乎是讲如何正确地解说《诗》的本意,但透过现象,不难发现其所包含的朴素的哲学思想。对待事物,绝不能简单地看其表象,更不能搞教条主义那一套,要因时因势,具体问题具体分析,做出合乎事物发展规律的正确判断。

孟子曰:"伯夷,圣之清者也;伊尹,圣之任者也;柳下惠,圣之和者也;孔子,圣之时者也。孔子之谓集大成。集大成也者,金声而玉振之也。"

【注释】《万章下》。振:收也。

【解析】孟子这段言论极其巧妙地运用了排比的手法,列举了伯夷是圣人之中清高的人;伊尹是圣人之中负责的人;柳下惠是圣人之中随和的人;孔子是圣人之中识时务的人。从表面看,伯夷、伊尹、柳下惠、孔子均属圣人。虽各有特点,但无根本的不同。但"孔子之谓集大成"一句,却说明了孔子是圣人之中的圣人,亦即他之所为圣人,是更高境界的圣人。人常云:识时务者为俊杰。孔子正是这样的识时务者,也就是说孔子能够根据事物发展的规律,正确处理矛盾的普遍性和特殊性的关系。孔子之识时务,可根据具体情况该"清"则"清",该"任"则"任",该"和"则"和"。孔子之谓集大成,也正是集中了"清""任""和"等各个方面,进而达到一种比较完备的程度和境界。"集大成"一词一直为后人所沿用。

万章问曰:"敢问友。"孟子曰:"不挟长,不挟贵,不挟兄弟而友。友也者,友其德也,不可以有挟也。"

【注释】《万章下》。挟:挟制。

【解析】此段话,通过答问的形式,反映了孟子交友的标准和对"友"的准确解释。孟子认为交友就像做人一样要有一个准则：交朋友不能倚仗自己的年纪大，不能倚恃自己的地位高，更不能倚仗自己兄弟的富贵。也就是说不能怀有居高临下之优势。反之亦然，交友不能去巴结，不能去讨好。正确的交友之道应该是彼此敬重对方的品德，所谓"意气相投"。带着功利性或者不正当的用心去交友，其友必不知心，其交也必不长久。流传久远的三国时期的刘备、关羽、张飞桃园三结义，也正是因为一个"义"字而流芳百世，传为千古佳话。

　　万章问曰："敢问交际何心也？"孟子曰："恭也。"曰："'却之为不恭'，何哉？"曰："尊者赐之，曰：'其所取之者义乎，不义乎？'而后受之，以是为不恭，故弗却也。"曰："请无以辞却之，以心却之，曰：'其取诸民之不义也'，而以他辞无受，不可乎？"曰："其交也以道，其接也以礼，斯孔子受之矣。"

　　【注释】《万章下》。尊者：地位尊贵的人。

　　【解析】在这段话中，万章和孟子一问一答，道出了如何在人际交往中对待礼物的问题。身处社会大环境，人和人之间不可能老死不相往来，尤其随着社会化进程的加快，人与人之间的关系会日益紧密，有来有往亦属正常。作为沟通彼此感情的纽带之一的礼物在其中起着微妙的作用。这就有个以什么样的心态去面对来访者所赠的礼物的问题。如果能出以公心，该收则收，该拒则拒，则是明智之举；如果出于一己之私欲，无原则地收受他人礼物，有时甚至明知不可为，抱着侥幸心理而一任为之，那么其结果就另当别论了。尤其遇到受之有愧，却之不恭之情况，更能看出一个人的品质和素质。不义之财不可取，无原则的交换不可为，这应是交际的起码准则。成语"却之不恭"即来源于孟子的这段话。

　　仕非为贫也，而有时乎为贫；娶妻非为养也，而有时乎为养。

　　【注释】《万章下》。仕：做官。养：此处指孝养父母。

　　【解析】孟子此语讲的是为官和娶妻的动因。意思是说："做官不是因为贫穷，但有时也因为贫穷。娶妻不是为着孝养父母，但有时也为着孝养父母。"本来为官者应该胸襟远大，淡泊名利，于国应力求关心黎民疾苦，为社稷而尽匹夫之责；于己应一展平生抱负，成就轰轰烈烈之人生。但这并不排除因时因势，不得已而为之的维持最起码生存权利的动因。不为五斗米折腰是一种高风亮节，但人首先考虑的是温饱生存问题，只有解决了这些才可奢求他事，所以孟子也并不否认"有时乎为贫。"同样，娶妻完婚，组织家庭是人生不可或缺的重要内容,是每个人参与经济、文化、生产等社会活动的重要保障,但这并不排除为赡养父母而娶妻这样一种最起码的动因。

水信无分于东西,无分于上下乎? 人性之善也,犹水之就下也。人无有不善,水无有不下。

【注释】《告子上》。信:诚,真的。

【解析】孟子一贯坚持"人之初,性本善",他的这一主张已收入《三字经》里,至今广为流传。上面一段话,孟子借水的习性喻人的本性,说明了人的本性是善良的这样一个道理。这段话的意思是讲:水诚然没有东流西流的定向,难道也没有向上或向下的定向吗? 人性的善良,正好比水性的向下流。人没有不善良的,水没有不向下流的。人的善良是生来俱有的,就同水往低处流是一个道理,这都是固有的本质属性。用马克思主义哲学观点讲,这就是内因,是起决定性作用的东西,是本质和主流。但这并不否认外界因素的干扰和影响。水在向下流的大方向下,由于受方方面面因素的作用,它可能往东往西,往南往北流动,人也一样,由于受外界环境的影响,有时可能犯错误,而被人们视为"坏人",甚至酿成终身的遗憾,但这并不能否认人之初始的善良。孟子的这一观点正好提醒我们每个人,要时刻注意世界观的改造,以求保持作为人的善、真、美的一面。

口之于味也,有同耆焉;耳之于声也,有同听焉;目之于色也,有同美焉。至于心,独无所同然乎? 心之所同然者何也? 谓理也、义也。

【注释】《告子上》。耆:同"嗜",指嗜好。

【解析】孟子的善喻,在其言论中处处体现。为了说明某一问题,说服对方,往往不吝口舌,引经据典,将天文地理、飞禽走兽的一些规律性的东西作为其有力的论据,借以阐述自己观点。上面这段话,就是孟子借喻每个人口、耳、目对味、声、色的共同感知,来说明人心对于理和义的相通之处。当然,由于对自然界、人类社会等诸多知识接触和掌握的程度不同,对于同一事物的认识会有偏差,比如人之对于苦味的喜爱程度就不一样,有的人喜欢,有的人不喜欢,有的人此时喜欢,彼时又不喜欢,不一而足。人之对于理和义的理解会有差异,但根本的行为准则永远不会变。

鱼,我所欲也,熊掌亦我所欲也,二者不可得兼,舍鱼而取熊掌者也。生亦我所欲也,义亦我所欲也,二者不可得兼,舍生而取义者也。生亦我所欲,所欲有甚于生者,故不为苟得也;死亦我所恶,所恶有甚于死者,故患有所不辟也。

【注释】《告子上》。舍:放弃。不为苟得:不做苟且求得生存的事。

【解析】孟子上面的一段论述,借鱼和熊掌的对比取舍,说明了舍生取义这一主题。孟子通过层层深入,处处设比的方法,生动地阐明了人之面对大是大非,甚至生死关头时的有所求,有所不求,有所舍和有所不舍的道理。"义"是儒家学说中重要的道德范畴之一。孟子认为,人对于生死的选择就像对鱼和熊掌的选择,固然求生是第一本能,但有时存在比生命更宝贵的东西,那就是"义",为此必须舍生而取义,为义即不能苟生。作为一个真正的人,绝不能贪生怕死而行不义之事。几千年来,中华民族的优秀儿女为了祖国的振兴,民族的进步,以舍生取义为座右铭,前仆后继,留下了许多脍炙人口的佳话。

一箪食,一豆羹,得之则生,弗得则死,乎尔而与之,行道之人弗受;蹴尔而与之,乞人不屑也。

【注释】《告子上》。箪(dān):盛饭的竹器。豆:盛汤的器皿。乎:同"呼"。

【解析】孟子认为羞耻之心人生来俱有,即作为一个真正的人应该有志气,有骨气。孟子这段话的意思是:一筐饭,一碗汤,得到便可活下去,得不到便会死亡。如果吃喝着给他,即使过路的饿人都不会接受;脚踏过再给人,就是要饭的也不屑一顾。这是做人最起码应具有的骨气。古往今来,"宁折不屈""不食嗟来之食"的事例为人们世代传颂,而那些阿谀奉承、有奶便是娘的种种丧失人格的表现,则历来为人们所不齿。

仁,人心也;义,人路也。舍其路而弗由,放其心而不知求,哀哉!

【注释】《告子上》。

【解析】这句话的意思是说:仁是人的心,义是人的路,放弃了那条正路而不走,丢失了善良的心而不知道找回,真可悲!孟子将"仁"和"义"比作人之心和路,回到"性善说"上,此句仍讲的是人生来所固有的本性。当然这要靠每个人自觉地保持和发扬。否则,受外界因素的影响迷失个性,误入歧途,丢掉每个人最美好的东西,其结果就十分可悲了,人以善始还要以善终。

仁之胜不仁也,犹水胜火。

【注释】《告子上》。

【解析】"仁"是孟子思想的重要内容之一,他力主仁政。孟子将"仁"和"不仁"的关系比作"水"和"火"的关系。水火不容,相生相克,但最终的结果肯定是水胜火,仁胜不仁。这完全符合事物发展的客观规律。正义必将战胜邪 恶是每个人的良好愿望,更是事物发展的最终结果。佛家所宣扬的"善有善报,恶有恶报,非是不报,时辰未到"和孟子的这一论点有相同之处,都在给人以昭示或劝诫人们要积极向上,常怀仁心,多做善事,这才是本性,这样也才能长久。

为人臣者怀利以事其君,为人子者怀利以事其父,为人弟者怀利以事其兄,是君臣、父子、兄弟终去仁义,怀利以相接,然而不亡者,未之有也。

【注释】《告子下》。终:尽。

【解析】孟子所宣扬的"仁""义""礼""孝"等是不允许带有私心杂念的,也就是不能将功利的目的夹杂其中。君臣、父子、兄弟的尊卑决定了臣对君、子对父、弟对兄的尊重应是发自内心的,臣事君、子事父、弟事兄是应尽的义务,不能怀有一己之私而去应付。否则,最终会导致"君臣、父子、兄弟终去仁"的结局。孟子用排比的手法,层层相逼,最后以否定之否定达到明确肯定的效果,读来使人耳目一新,回味无穷。

故天降大任于斯人也,必先苦其心志,劳其筋骨,饿其体肤,空乏其身。行拂乱其所为,所以动心忍性,曾益其所不能。人恒过,然后能改;困于心,衡于虑,而后征;征于色,发于声,而后喻。

【注释】《告子下》。动心忍性:震动其心,坚忍其性。曾:同"增"。恒过:常常犯错误。衡:同"横",不畅快。

【解析】孟子在说上段话之前,首先列举出虞舜、傅说、胶鬲、管仲、孙叔敖、百里奚等六位政治家在登上历史舞台,承担"大任"之前,都曾饱经忧患,走过一段艰难困苦的人生旅程,"舜发于畎亩之中,傅说举于版筑之间,胶鬲举于鱼盐之中,管夷吾举于士,孙叔敖举于海,百里奚举于市"。说明是坎坷的道路、险恶的环境使他们的精神和身体受到严峻的考验和锻炼,才使他们脱颖而出,有所作为。接着在以上事例的基础上展开议论。他认为:上天将要把一项重大任务安排在某人身上时,一定要先磨炼他的意志,锻炼他的筋骨,使他在生活实践中经受种种考验,这样才会使他的心志坚韧,才智不断增长,为他承接"大任"创造条件。然后又进一步指出:一个人常常犯错误才会接受教训加以改正;一个人身处逆境,屡屡碰壁,心意困苦,思虑阻塞,才能奋发上进,有所作为。孟子的这段话发人深省,对我们今天来说仍有重要的启发:只有在逆境中不断磨砺自己,才能坚强意志,积蓄耐力和忍性,为以后的发展打下坚实的基础。我们今天常说的"宝剑锋从磨砺出,梅花香自苦寒来"就是这个意思。

孟子曰:"人不可以无耻,无耻之耻,无耻矣。"

【注释】《尽心上》。

【解析】这句话的意思是:人不可以没有羞耻(之心),不知羞耻的那种羞耻,是真正的没有羞耻。孟子这句话,可谓抓住了人的本性。人的一生最难认识和战胜的就是自我,尤其是自己的不足和缺陷,有时虽然意识到了,但又不敢面对或不想面对,往往于己宽、于人苛。如我们能正确认识自己,特别是持积极的态度对待自己的不足,不掩疵,不护短,常怀"知耻"之心,才是积极的人生态度。否则,只能是"无耻"之人。

孟子曰:"无为其所不为,无欲其所不欲,如此而已矣。"

【注释】《尽心上》。

【解析】此句之意是:不做我不愿做的事,不要我不想要的东西,这样就行了。孟子等先贤仁人往往对社会、对人生提出较高的要求。这句话所表达的就是人生的一种崇高理想境界。但人在社会,往往身不由己,受诸多因素的影响,人的言行欲求不可能完全按照自己的主观愿望来实行。这句话可从另一角度理解,即不做我不能做的事,不要我不能要的东西。

孟子曰:"孔子登东山而小鲁,登泰山而小天下,故观于海者难为水,游于圣人之门者难为言。"

【注释】《尽心上》。东山:当即蒙山,在今山东蒙阴县南。

【解析】孟子这段话的意思是说:孔子上了东山,便觉得鲁国小了,上了泰山,便觉天下也不大了。所以对于看过海洋的人,别的水便难以吸引他了,对于曾在圣人之门学习过的人,别的议论也就难以吸引他了。孟子的这段话反映出了一个深刻的哲学内涵:即大和小这对矛盾,并不是凝固的、绝对的,而是有条件的、相对的,矛盾双方在一定的条件下可以互相转化。

孟子曰:"闻鸡而起,孳孳为善者,舜之徒也;闻鸡而起,孳孳为利者,蹠之徒也。欲知舜与蹠之分,无他,利与善之间也。"

【注释】《尽心上》。间:异也,不同也。

【解析】人生短暂,忙忙碌碌,有的人为民众疾苦而操劳,有的人为名为利而奔波,同样是付出但出发点不同,处世态度不同,会留下截然不同的人生轨迹。孟子运用对比的手法,恰到好处地勾勒出舜和蹠的为善和为利完全相悖的两种为人形象。借喻当今,有的人为了国家和人民的利益呕心沥血,鞠躬尽瘁,有的人为一己之利,费尽心机。人生观、价值观的取向不同决定了人的言行的迥异。

孟子曰:"柳下惠不以三公易其介。"

【注释】《尽心上》。介:操。

【解析】孟子这句话的意思是:柳下惠不因为有大官做便改变他的操守。孟子言论中除了治国方略外,很多的时候是说如何为君,如何为人,我们今天的一些修身处世哲学很多源于孟子的言论。比如矢志不渝,富贵不能淫,贫贱不能移等。为人处世当有准则和操守,什么事能干、该干,什么事不能干、不该干,自己应有明确的准则。在大是大非面前,在利欲诱导面前,能够保持清醒的头脑,不变操守,才能立于不败之地。

孟子曰:"诸侯之宝三:土地、人民、政事。宝珠玉者,殃必及身。"

【注释】《尽心下》。

【解析】孟子此段话的主要意思是:作为诸侯有三样宝,那就是:土地、百姓和政事。如果本末倒置,以珠宝美玉为宝,祸害就会殃及其身。孟子此语,看似浅显简单,实则有深刻的哲学内涵。为官者只要牢记自己的宗旨,时刻关心国家、集体、人民的利益,恪尽职守,就不枉一任,不虚一生。如果将为官的目的定位在捞取资本,贪图享受上,最终会为名利所累。

孟子曰:"有布缕之征,粟米之征,力役之征。君子用其一,缓其二。用其二而民有殍,用其三而父子离。"

【注释】《尽心下》。殍:饿死。

【解析】孟子一贯主张以仁爱治天下,希望轻徭薄赋,深恶横征暴敛,残害百姓。此段话之大意是:国家征收赋税有征收布帛税的、有征收谷米税的、有征发劳役(人力)税的。君子于三者之中,采用一种,其他两种即可暂时不用。如果同时用两种,老百姓就会有饿死的。如果同时用三种,便会出现父子离散的局面。要想治理好一个国家,征收一定的赋税是必不可少的,但要本着取之于民,用之于民的原则,分轻重缓急,依据具体情况而定,切实轻减百姓的负担,这样才能得到百姓的拥护,使国家长治久安。绝不能急功近利,甚至搞杀鸡取卵、竭泽而渔的短期行为。

孟子谓高子曰:"山径之蹊,间介然用之而成路;为间不用,则茅塞之矣。今茅塞于心矣。"

【注释】《尽心下》。山径之蹊:"径"同"陉",阪也,山坡也。蹊:音(xī),凡始行之以待后行之径曰蹊。介然:意志专一。为间:即"有间",为时不久之意。

【解析】孟子的话语,无不包含着深深的哲学道理。此段话的大意是:孟子对高子说道:"山坡上的小路,是因为经常走才变成了路;如果一段时间不走,它又会被茅草堵塞,现在茅草把你的心也堵塞了。"从学习和个人修养的角度来讲,每个人都要不断地学习和进行自我修养,荀子说的"学不可以已""君子博学而日参省乎己"等语都和孟子的这句话有同一意思。

孟子曰:"贤者以其昭昭使人昭昭,今以其昏昏使人昭昭。"

【注释】《尽心下》。昭:明显。

【解析】这句话的意思是"贤人(教导别人),必先使自己彻底明白了,然后才能使别人明白;现在有的人(教导别人)自己还模模糊糊,却以此去让别人明白"。这句话可给为人君、为人师、为人父(母)者以借鉴。任何事情只有自己真正明白了,方好施教于人,说服于人或规范约束于人。否则,凭着一知半解去要求别人,其结果只能更糟,不但说服不了别人,连自己都会身陷尴尬境地。

民为贵,社稷次之,君为轻。

【注释】《尽心下》。

【解析】孟子思想的重要组成部分"民贵君轻"体现在他的许多言论中。根据儒家这一思想,嗣后历朝历代的"得民心者得天下,失民心者失天下","水能载舟,亦能覆舟"等至理名言数不胜数。而且从实践看,大凡在这方面真正做到,或者做得比较好的朝代或君王必是君贤士明,国盛民强,反之则社会动荡,民不聊生。这就是一个为官为政的定位问题,目的问题,对待人民的态度问题。

孟子曰:"不仁哉梁惠王也;仁者以其所爱及其所不爱,不仁者以其所不爱及其所爱。"

【注释】《尽心下》。

【解析】孟子此话的意思是讲:"梁惠王这个人呀,太不仁义了! 仁人把他对待所喜爱者的恩德推而及于他所不爱的人,不仁者却把他加给所不喜爱者的祸害推而及于他所喜爱的人。"孟子论事时,常用正反对比的方法,将问题分析得深入浅出,交代得明明白白。通过对比,得出截然不同的两种结果,一正一反恰到好处地说明了自己的论点,供读者去判断选择。本句话中,孟子用"仁者"和"不仁者"的两种截然不同的行为表现,无可置疑地使人信服了梁惠王的"不仁"。

春秋无义战。

【注释】《尽心下》。

【解析】孟子这句话的意思是春秋时期没有正义的战争。孟子论事往往根据不同对象,采取不同的方法。有时深入浅出,不吝说教,举一反三,有时又言简意赅,一语中的。文中"春秋无义战"虽短短五言,却逼真地勾画出了春秋时期列国纷争,争王称霸,战事不断,到处大兴不义之师的时代画卷,把当时的时代特征概括得非常逼真,同时也说明了孟子对战争之厌恶。

尽信《书》,则不如无《书》。吾于《武成》,取二三策而已矣。

【注释】《尽心下》。《书》:指《尚书》。《武成》:属《尚书》篇名,所叙大略武王伐纣时的事。今日的《尚书·武成篇》是伪古文。

【解析】此句话的意思是:"完全相信《书》,不如没有《书》。我对于《武成》一篇,所选取的不过两三页而已。"孟子此语运用朴素的辩证法,说明了绝对和相对的关系。对待《尚书》以及其他一些好的事物,我们不能不信,但也不能全信,没有终极的真理。我们对待任何人和事都要客观地去认识,不能不加分析地一味迷信、崇尚,而失却自己的判断力。

梓匠轮舆能与人规矩,不能使人巧。

【注释】《尽心下》。

【解析】这句话的大意是:"木工能够把做车轮或者车厢的制作规矩准则传授给别人,却不能够使别人一定具有高明的技巧。"孟子在这里所讲的虽是一个简单的道理,却包含着深刻的哲学内涵。即指事物发展变化过程中,内因起决定性作用,就人的发展进步而言,外部条件和环境固然很重要,但起决定作用的还是自身的努力。人常言"师傅领进门,修行在个人"就是讲的这个道理。

古之为关也,将以御暴;今之为关也,将以为暴。

【注释】《尽心下》。御:抵挡。

【解析】孟子此语的意思是:"古代设立关卡是打算抵御侵略和残暴,现在设立关卡却是打算实行残暴。"任何事物,在特定的历史条件下可能有存在的必要,但随着时间的推移,彼时合理的东西在此时可能变得毫无用处,甚至还会适得其反。如果不顾现时的实际,一味照抄照搬过时的东西,不但无益,可能还大大地有害。

不信仁贤,则国空虚;无礼义,则上下乱;无政事,则财用不足。

【注释】《尽心下》。

【解析】这句话的意思是说:不信任仁德贤能的人,国家就会空虚;没有礼义,上下关系就会混乱;没有好的政治,国家的财用就会不够。孟子高屋建瓴,比较准确地说明了建设一个好的国家所应具备的条件:要会用人,要建立相应的制度,工作要到位。这三者既是递进关系,也是相辅相成的关系,任何环节缺失或做得不好都不行。要治理国家首先要会用人,要用有才能的人;但有了人还要用好的规章制度去约束、规范;有了好的制度,还要正确地,充分地去执行;只有这样,才能实现既定目标。孟子的治国方策,就今而言,仍有积极的现实意义。

言近而指远者,善言也;守约而施博者,善道也。

【注释】《尽心下》。指:同"旨"。约:简单。

【解析】孟子说:"言语浅近而意义深远的,才是善言;操守简单,效果博大的,才是善道。"那些故作深奥的语言,烦琐复杂的规定,只能给人带来麻烦,使人无所适从。我们今天听说的成语"言近旨远""守约博施"都是来源于孟子的这段话。

《大　学》

　　《大学》原本出自《礼记》，为《礼记》第42篇。

　　至宋代，朱子学兴起，朱熹认为《大学》篇是以孔子思想为基础，由曾参及其门下弟子记录而成，遂将其从《礼记》中单独抽出，编注成《大学章句》，并与《论语》《孟子》《中庸》合称《四书》，成为仕者文人的必读之作。

　　关于"大学"这一名称，有不同的理解。郑玄在注释《礼记》时说："名曰大学者，以其记博学可以为政也。"又说："论学成之事，能治其国，章（彰）明其德于天下"。由此可知，大学，简言之，即博学也。总括言之，则博学可以为政，可治其国，可彰明其美好的品德于天下，这也就是所谓"大学之道"。另一种说法是：所谓"大学"，乃指："大人之学"。这"大人"是指未来的君主，宰相之辈人物。故"大学"是指上述人物领导天下所必修之学。但不论上述哪种解释，《大学》都是在讲修身、齐家、治国、平天下的道理，并将古代儒家的政治哲学思想与学问熔于一炉而阐扬之，这是大家的共识。

　　《大学》全文颇短，仅1700余字。其内容可包括两大部分，一为大学之宗旨，后人称为"三纲领"者，即"大学之道，在明明德，在亲民，在止于至善"。这三点，是提示从政者，以此为治学的宗旨，治学的最高准则。所谓"大学之道"即指大学的宗旨或心向最高学问的道理。而"明明德""亲民""止于至善"则讲身负领导天下重任的人，其探求学问的最终目的在于能发挥自己先天美好的品德，亲近人民，革新民心，并求达到至善至美的境界。

　　然而要实现这一宗旨，则须做到八点（即八条目）：格物、致知、诚意、正心、修身、齐家、治国、平天下。这八点中，以修身为根本，亦即自天子以至庶人，皆以修身为本，其本乱而末治者否矣。这是《大学》的第二部分内容。所谓"修身"，是指自我品德的修养，从君王到普通百姓都应该把自我品德的修养放在首位,作为根本。不去抓根本的东西,即不去潜心修养自身的品德,不去正心、诚意,就谈不上齐家、治国、平天下。这是根本的道理,也是至上的智慧。《大学》将修身、齐家、治国、平天下的政治哲学与格物、致知的学问熔于一炉而阐扬之,内容博大,探究精微,实为儒家的经典之作。故颇为后世士林所重视和推崇。《大学》中仁政亲民的思想,体现着儒家的政治哲学观,也是儒家治国安民的最高理想。

此外,《大学》还讲到"生财""义利"。"生财有大道,生之者众,食之者寡;为之者疾,用之者舒,则财恒足矣。"这是对生财的根本之道的论述。关于"义利",《大学》则认为,国家求财求富,应先从仁义出发,即"以义为利"。反之,不顾仁义,以利为先,一味收敛财富,这就叫以利为利。这样国家就不能长治久安。

总之,《大学》论述"大学之道",把修身作为一切之根本,而将治国、平天下视为次末之事,其道理不无可取之处,在今天也有一定的借鉴意义。

大学之道，在明明德，在亲民，在止于至善。知止而后有定，定而后能静，静而后能安，安而后能虑，虑而后能得。物有本末，事有终始。知所先后，则近道矣。

【注释】《大学》第一章。大学：博学。道：宗旨，意义。前一个"明"是昭明、显现之义，后一个"明"是光辉、美好之义。亲：应为"新"，更新之义。也有学者认为，亲，即团结之义，可备一说。止于：处于，终止于。本末：本，原指树根；末，原指树梢。此处合指来龙去脉，表里轻重。

【解析】这是《大学》的首章。这段论述开门见山，提出"大学"的宗旨即在于"明明德""亲民""止于至善"，起统领全书的作用，成为"大学"的三纲领。

古之欲明明德于天下者，先治其国。欲治其国者，先齐其家；欲齐其家者，先修其身；欲修其身者，先正其心；欲正其心者，先诚其意；欲诚其意者，先致其知。致知在格物。

【注释】《大学》第二章。齐：管理、整治。正：端正、矫正。心：思想、意识。诚：使意念真诚。致：获取，拥有。格物：穷究挖掘事物的原理。

【解析】围绕"明明德"这一问题展开论述。明其美德，必先治理好国家；欲治理好国家，必先整治好其家；欲整治好其家，必先修养好品德；欲修养好品德，必先端正思想；欲端正思想，必先使意念真诚；欲使意念真诚，必须先获得广泛的知识。这番议论运用层递修辞方法，层层转折，层层深入，最后强调了学习、获得知识的重要性。

所谓诚其意者，毋自欺也。如恶恶臭，如好好色，此之谓自谦。

【注释】《大学》第三章。前一个"恶"读作（wù），讨厌，憎恶之义。后一个"恶"读作（è），污浊，污秽之义。臭（xiù）：气味。前一个"好"读作（hào），喜爱之义。后一个"好"读作（hǎo），美丽之义。

【解析】主要论述"意诚"。所谓"意诚"，即意念真诚，不虚伪，不自欺。这是"修身""正心"的前提。故君子必须努力使自己达到这一要求，这就是"诚其意。"

富润屋，德润身，心广体胖，故君子必诚其意。

【注释】《大学》第三章。前一个润，装饰。后一个润，滋润。胖（pán）：和乐自在的样子。

【解析】论述了"意诚"与道德的紧密联系。意念真诚在本质上是道德美好的表现。而道德可以滋润身体，使人心胸宽广，身体和乐舒坦。所以，君子一定要使意念真诚。

君子贤其贤而亲其亲,小人乐其乐而利其利。此以没世不忘也。

【注释】《大学》第四章。前一个"贤",尊重,赞美之义。后一个"贤",贤才,此指前代圣王。前一个"亲",亲近,爱戴之义。后一个"亲",亲人。前一个"乐",获取,享受之义。后一个"乐",快乐。前一个"利",得到,占有之义。后一个"利",利益。

【解析】它采用正反对举,先分后总的方法,阐释了前代圣王所以"没世不忘"的道理,条理清晰,论证有力,加强了论点的说服力。

汤之《盘铭》曰:"苟日新,日日新,又日新。"《康诰》曰:"作新民。"《诗》曰:"周虽旧邦,其命维新。"是故君子无所不用其极。

【注释】《大学》第五章。汤:商汤。盘:沐浴用的大盆。铭:铭文。这两句是说,周朝尽管是商朝先前的属国,但上天已赋予它改革更新的命运。极:尽,竭力。

【解析】围绕"大学"三纲领之一的"亲民"问题进行论述。先引汤之《盘铭》总说民众更新的必要;次引《周节》中的《康诰》,强调要把殷商遗民改造为周朝的新民;再引《诗经》名句,说明周朝上承天命,下造新民之重责;最后得出君子应为此而竭尽全力的结论。

为人君,止于仁;为人臣,止于敬;为人子,止于孝;为人父,止于慈;与国人交,止于信。

【注释】《大学》第六章。止于:终止于,指达到的境界。仁:仁爱。敬:尊敬。孝:孝顺。慈:慈爱。信:诚信。

【解析】主要论述君、臣、父、子、友各自应具备的品德,体现了儒家礼治的基本思想。为人君,应努力达到"仁"的境界;为人臣,应努力达到"敬"的境界;为人子,应努力达到"孝"的境界;为人父,应努力达到"慈"的境界;与国人交(即为人友之意),应努力达到"信"的境界。

所谓修身在正其心者,身有所忿懥,则不得其正;有所恐惧,则不得其正;有所好乐,则不得其正;有所忧患,则不得其正。心不在焉,视而不见,听而不闻,食而不知其味:此谓修身在正其心。

【注释】《大学》第八章。忿懥(fènzhì):愤怒。好(hào)乐:偏爱,癖好。焉:这里。

【解析】该章以"修身"入题,重点阐述"正心"问题。在《大学》中,"修身"乃一切之本,"自天子以至庶人,一是以修身为本"。然欲修其身,必先正其心。所谓"正心"者,即指端正思想,思想不端正,便无法修身。如果心中怀有愤怒,思想就不得端正;心中怀有恐惧,思想就不得端正;心中怀有好乐,思想就不得端正;心中怀有忧痛,思想就不得端正。若思想不得端正,便会"心不在焉,视而不见,听而不闻",甚至"食而不知其味"。故君子修身,必先正其心。

好而知其恶,恶而知其美者,天下鲜矣。

【注释】《大学》第九章。好(hào):喜欢。前一个恶(è),缺点。后一个恶(wù),讨厌。美:优点。鲜(xiǎn):少。

【解析】讲"修身"问题。喜欢一个人却了解他的缺点,厌恶一个人却知道他的优点,这是修身所应达到的一种最高境界,故天下很少有人能做到这样。实际上这里所说的最高境界,当指公正无私。公正能一视同仁,无私才会境界高远,而这当是修身的终极目标。

孝者所以事君也,弟者所以事长也,慈者所以使众也。

【注释】《大学》第十章。事:侍奉,服务。弟:通"悌",指弟对兄的尊重。长(zhǎng):官长。使:役使。众:百姓。

【解析】该章以治国入题,主要阐述"家齐"的问题。子孝、弟悌、父慈,是家齐的基本内容。只有做到这三点,方可谈治国。治国是家齐内容的延展和扩大。所以"一家仁,一国兴仁;一家让,一国兴让",未有"其家不可教而能教人者。"

君子有诸己,而后求诸人;无诸己,而后非诸人。

【注释】《大学》第十一章。前一个"诸"等于"之乎"。后一个"诸"等于"之于"。求:要求。非:责备,批评。

【解析】论"家齐"。对君子而言,先须具备某种美德,然后才能要求别人;先须没有某种缺点,然后才能批评别人。这是君子"齐其家"的一个重要内容。

所谓平天下在治其国者,上老老而民兴孝,上长长而民兴弟,上恤孤而民不倍。

【注释】《大学》第十二章。上:指国君。前一个"老"是尊敬之义,后一个"老"是指老人。兴:兴起。前一个"长(zhàng)"是敬重之义,后一个"长(zhǎng)"是指长辈。弟:通"悌"。恤(xù):体贴,关心。倍:通"背"。

【解析】主要论述"治其国"(指诸侯国)的问题。此段论述并举三种情况,着重揭示"君之所为"与"民之所兴"之间的因果关系,从而强调了国君在治其国中的表率主导作用。

道得众则得国,失众则失国。

【注释】《大学》第十四章。道:指治国安邦的道理或规律。

【解析】论治国之道。治国的道理是:得到民众就能得到国家;失去民众就会失去国家。这段论述体现了儒家一贯强调的"民本思想",与孟子所言"得道多助,失道寡助"有异曲同工之妙。

财聚则民散,财散则民聚。

【注释】《大学》第十四章。

【解析】论德与财关系的处理,属"治其国"的问题。国君只顾聚积财富,民众就会离散;把财富分给民众,民众才会凝聚。国君要谨慎于德,有了美德才能赢得人民的尊敬和信仰,才能真正拥有土地和财富,国家也才能得到大治。

好人之所恶,恶人之所好,是谓拂人之性,菑必逮夫身。

【注释】《大学》第十六章。好(hào):喜欢。恶(wù):讨厌。拂:逆。菑:同"灾"。逮:及。

【解析】论治国之道。治国之道在于得民心,以民为本。若好民众之恶(厌恶),厌恶民众之喜好;灾难必然降临其身。而那样的做法也是违背人的本性的。所谓水可载舟亦可覆舟,得到人民拥护的国家便能昌盛,不能得到人民拥护的国家便会灭亡。

君子有大道,必忠信以得之,骄泰以失之。

【注释】《大学》第十六章。泰:贪图安逸。

【解析】论治国之道。君子治国有条大道理,必须忠诚守信,才能得国;骄纵奢侈,就会失国。这里所谈的"忠信""骄泰"实质上是个修身问题。国君修身,必以忠信为本,对民众必须"言而信,信必果",若恣意"骄泰",后患无穷。

生财有大道,生之者众,食之者寡;为之者疾,用之者舒,则财恒足矣。

【注释】《大学》第十七章。大道:指普遍规律。生:生产。食:享用。为:创造。疾:快。用:消耗。舒:慢。恒:永远。

【解析】论聚积财富的道理。聚积财富有它的规律,从事生产的人多,而享用财富的人少;创造财富迅速,而使用财富缓慢,这样财富就永远充足。聚积财富自有它的方法,而不是以牺牲个人的美德为代价,不择手段地积聚财货,那样即使积累迅速,也会迅速失去的。

仁者以财发身,不仁者以身发财。

【注释】《大学》第十七章。前一个"发",是抬高之义,后一个"发",是聚积之义。

【解析】论仁德与财富的关系,属治国之道的内容。有仁德的人分散财富赢得自身的美名,不仁的人却靠出卖身体去聚积财富。这段话实质上阐述了这样一个观点,有仁德的人把声誉看得重于财富,而不仁的人把财富看得重于声誉。因而,作为国君应以仁德为先,以聚积财富次之。国君有仁德,国家就会得到治理。

《中　庸》

　　《中庸》出自《礼记》第31篇。相传《中庸》是孔子的孙子子思所作,如汉代学者郑玄在《中庸疏引》中就说:"孔子之孙子思作之,以昭明圣祖之德。"但今天不少学者认为,《中庸》大约成书于战国末期至秦汉时期,比郑玄的说法要晚许多,作者已无法考定。《中庸》在古代很早就受到重视,远在南北朝时已从《礼记》中被抽取出来,独立成书。但它正式为儒家重要的典籍,成为后世学子们必读的教科书则是在入宋以后。宋代著名理学家朱熹把《中庸》和《论语》《孟子》《大学》列在一起,并称"四书",《中庸》方成为儒家最重要的典籍之一。

　　朱熹将《中庸》分作33章。卷首一章可作全书的总纲来看。接下来32章的内容大体可分为两部分,第20章之前,具体引用孔子的话进一步揭示中庸的原理及其内涵,同时以先代圣人贤者如舜、文王、颜回等人的实例,讲述中庸道德的实践情况。第20章后,则以"诚"为基本概念,论述"诚"的含义,君子以诚为贵,以及至诚之道等问题。

　　关于该书名称的解释,郑玄说:"中庸者,以其记中和之为用也。庸,用也"(《中庸疏引》)。这里,郑玄把"中"释为"中和",把"庸"解释为"用"。其"庸"作"用"讲,本自许慎的《说文解字》。今人谷华认为:"'中'就是不偏不倚,'庸'就是恒久不变。《中庸》一书即是叙述天下正直而不变的道理"(《古书三月通·中庸》篇)。这两种观点虽不一致,但亦可谓仁智各见,基本揭示了"中庸"的内涵。所谓"中庸",《中庸》卷首一章说:"喜怒哀乐之未发,谓之中;发而皆中节,谓之和。中也者,天下之大本也;和也者,天下之达道也。致中和,天地位焉,万物育焉。"这里,是将中庸阐释为"中和"。当人的喜怒哀乐之情尚未表现出来时,谓"中"。若表现出来,符合规矩并恰到好处,就称为"和"。"中"是天下最大的根本,"和"是天下通行的道理。达到"中和",天地就各安其所,万物就得到化育。所谓喜怒哀乐之未发，是指人们在处理各种事情、各种关系时，不受任何外界情境的影响，以常情常态处理之，故称"未发"。若一旦喜怒哀乐之情表现出来，又符合做人处世的原则、标准，并且十分得体，恰到好处，这就叫作"和"。"中庸"就是讲"中和"，中庸之道即是中和之道。卷首一章还云："天命之谓性，率性之谓道，修道之谓教。"这就是说中和（中庸）之道乃是天赋予人的一种本性，人们只要遵循这本性活动，就可"达道"，而这又符合天的本质，因而中和（中庸）之道也是宇宙万物终极的原理，故"致中和"，"天地位焉，万物育焉"。卷首一章在古代哲学史上是一段有名的论述，它实际上阐述了古代哲学中"天人合一"的形而上学原理。

《中庸》一书进入汉代后，曾产生过巨大的影响。西汉时著名的儒学代表人物董仲舒，就倡导"中和之美"，并认为"德莫大于和，而道莫正于中。中者，天地之美达理也"（《春秋繁露·循天之道》）。中庸之道在汉以后我国的社会生活中也一直产生着深远的影响。不过世俗所谓之中庸，多含折中之意，与《中庸》所言之"中庸""中和"不尽相同。尤与"和"的解释"合于规矩、恰到好处"相去颇远。

天命之谓性,率性之谓道,修道之谓教。

【注释】《中庸》第一章。天命:上天的赋予。性:本性。率(shuài):遵循,顺应。道:规律,道德。教:教育,教化。

【解析】放在全书之首,其主旨阐释"性""道""教"三个基本概念。上天赋予的乃是人的本性,遵循本性的发展称为道,照道去修养就叫作教。此段论述由性而道、由道及教,虽释概念却有统领全书的作用。性为基础,道乃根本,教为道也。中庸之道既可从本性中悟得,但更多须通过教化实现。所以,对君子而言,道须臾不可离也。

喜哀乐之未发,谓之中;发而皆中节,谓之和。中也者,天下之大本也;和也者,天下之达道也。致中和,天地位焉,万物育焉。

【注释】《中庸》第一章。发:表现,显露。中:含而不露。中(zhòng)节:符合规矩。和:恰到好处。达:通行。致:达到。位:处在正确的位置。育:抚育、哺育。

【解析】着重对"中和"(即中庸)进行阐释。不受外界情境的干扰,未显露出喜怒哀乐之情,叫作"中"。喜怒哀乐之情若表现出来,但却合乎规矩,恰到好处,就叫作"和"。中是天下最大的根本,和是天下通行的道理。努力达到中和,天地就各安其所,万物就得到化育。这段论述是全书的根本之所在。所谓中和(中庸)之道,并非世俗之道,乃是一种修养很高的道德境界。故达到这一境界时,既符合天道、人性,又化育世界成万物。所以汉代学者蔡邕说"德务中庸"(《孙太丘碑》)。

天下国家可均也,爵禄可辞也,白刃可蹈也,中庸不可能也。

【注释】《中庸》第四章。均:均分,共享。辞:辞让。蹈:踏。

【解析】为孔子所言,着重表现孔子对中庸之道的态度。天下、国家可以和别人平分共治,爵位俸禄可以辞让掉,白刃也敢于踏上去,但中庸之道却不能那样放弃。这段话着重表现孔子对恪守中庸之道的坚定态度。它起于孔子对颜回能"择乎中庸"的赞赏。在孔子看来,中庸之道明天下之大道也,任何权力、荣誉、金钱、地位都可舍弃,甚至死都无所谓,唯中庸不能去也。

君子和而不流,强哉矫!中立而不倚,强哉矫!国有道,不变塞焉,强哉矫!国无道,至死不变,强哉矫!

【注释】《中庸》第五章。和:随和,和睦。流:流俗。矫:强盛。倚:偏移。塞:不通,指穷困坎坷境遇中的操守。

【解析】为孔子所言,主旨论"刚强"。君子与人和睦相处,但不迁就流俗,这才是真正的刚强啊！坚守中庸的道德永不偏移，这才是真正的刚强啊！国家有道不改变自己穷困时的操守，这才是真正的刚强啊！国家无道，宁愿死也不改变自己的道德追求，这才是真正的刚强啊！这段话源于子路问孔子什么是刚强。孔子先具体回答南、北方人各有自己的刚强内容，接下来就谈及此。从具体到抽象，从个别到一般，这是孔子这段话鲜明的特点，也就是说，孔子认为真正的刚强不是南方人的宽容，北方人的武勇，而是无论何时何地对中庸之道都能做到，坚守不移。

君子遵道而行，半途而废，吾弗能已矣。

【注释】《中庸》第六章。遵：沿着。废：停止。

【解析】为孔子所言，谈孔子对道的态度。君子依正道而行，半途而废的事，是不干的。此段文字简练，含义明确，有力地表达了孔子遵道而行的坚定不移的态度。

言顾行，行顾言，君子胡不慥慥尔！

【注释】《中庸》第七章。顾：顾及，照应。胡：何，岂不。慥慥（zào）：忠厚诚恳的样子。

【解析】为孔子所言，是孔子谈"道不远人"时的一段话。因为道不远人，所以道就存在于我们的日常生活中。故君子在平常的一言一行中都应言行相顾，表里一致，这就做到忠厚诚恳了。

素富贵，行乎富贵；素平贱，行乎贫贱；素夷狄，行乎夷狄；素患难，行乎患难；君子无入而不自得焉。

【注释】《中庸》第八章。素：本来。自得：适意。

【解析】主旨论君子之道。处在富贵的地位，就做富贵者该做的事；处在贫贱的地位，就做贫贱者该做的事；处在夷狄的地位，就做夷狄者该做的事；身处患难之中，就做患难中该做的事。君子无论到了什么地方，都能自得其乐。这段论述反映了儒家思想的另一个侧面，即淡泊洒脱，随遇而安。

君子居易以俟命，小人行险以徼幸。

【注释】《中庸》第八章。居：守着。易：平安。俟：等待。行：做。徼幸：指碰巧得到的好处。

【解析】承接上文，论君子之道。君子守着平安的境地等待命运的安排，而小人却冒险以求幸运。通过对比，使君子的风范显得更光彩照人，使小人的行径显得愈加卑劣。

大德必得其位，必得其禄，必得其名，必得其寿。故天之生物，必因其材而笃焉。

【注释】《中庸》第十一章。因：根据。材：本性，性质。笃：加强培养。

【解析】为孔子所言，主旨论"大德"与"受命"。有大德的人一定会得到地位，得到厚禄，得到名誉，得到长寿。可见天生育万物，也一定是根据万物不同的材质而分别加以培养。这是孔子由赞美舜的美德而引发的一段感慨。所谓大德，内涵甚广，也包含中庸之德。这段议论阐述了人之大德必与天之因材而笃相和谐、一致的思想，具有"天人合一"的形而上学色彩。

人道敏政，地道敏树。

【注释】《中庸》第十五章。人道：人心。敏：迅速。地道：地的性质。

【解析】为孔子所言，是孔子对鲁哀公问政的答语，有了（像文王、武王）那样的人，推行政策就很迅速；就像有了肥沃的土地，栽种的树木就会迅速生长一样。运用比喻，把为政须用贤才的道理讲得生动形象。任何国家要想达到大治，必须任用贤才，使他们能各尽其才，充分发挥他们的才能。

天下之达道五，所以行之者三。曰：君臣也，父子也，夫妇也，昆弟也，朋友之交也。五者，天下之达道也。知、仁、勇三者，天下之达德也，所以行之者一也。

【注释】《中庸》第十六章。达：通行。道：伦常。知：通"智"。

【解析】主旨论君子的修身立德。天下通行的伦常道理有五条，用来实践这些伦常道理的品德有三点。君臣、父子、夫妻、兄弟和朋友，这五条是天下通行的伦常道理。智、仁、勇这三点是天下通行的品德，是用来推行五种伦常之道的。

好学近乎知，力行近乎仁，知耻近乎勇。

【注释】《中庸》第十七章。知：通"智"。力行：努力实践。

【解析】为孔子所言，主旨论君子修身问题。好学的品格近似于智，努力实践的品格近似于仁，知道羞耻的品格近似于勇。这是孔子所阐述的关于修身的三个内容，也是孔子对智、仁、勇的一个解释。

凡事豫则立，不豫则废。

【注释】《中庸》第十九章。豫：同"预"，事前准备。立：成功。废：失败。

【解析】主旨论行道的方法。凡事预先有准备才能成功；预先没准备就要失败。这段内容运用对比的方法，使正确的做法更加显明突出，加强了论证的力量。

博学之,审问之,慎思之,明辨之,笃行之。

【注释】《中庸》第二十章。博:广泛。审:详细。笃:坚实。

【解析】本章以"诚"为中心论旨,阐释"诚"乃天道,达到诚即符合天道,也是道德的最高境界。但要达到诚,必须进行努力,本段内容即谈努力的方向。广泛地学习,以使知识渊博;详细地询问,以追根究底;慎重地思考,以穷究物理;明确地辨析,以分清善恶美丑;坚实地实行,以达到诚的最高境界。而这五点,又以"博学之"为基础,以"笃行之"为最后目的,五点内容,环环相扣,层转层深。

自诚明,谓之性;自明诚,谓之教。诚则明矣,明则诚矣。

【注释】《中庸》第二十一章。诚:笃行。明:明白事理。性:根本。明:认识,知道。教:教养。

【解析】其意讲由内心真诚达到明白事理,这是先天的本性。由认识事理而进入诚的境界,则是后天的教化。真诚就一定会使人明白事理,明白事理也一定会使人真诚。指出了诚与明的相互关系。《中庸》提到的诚不仅是人的本性的体现,而且为万物之根本,具有贯通时空的特性,永不止息。

祸福将至:善,必先知之;不善,必先知之。故至诚如神。

【注释】《中庸》第二十二章。善:好。至诚:最高的诚实。

【解析】福祸将要到来时,是好事,预先就能知道;是坏事,预先也能知道。所以说,最高的"诚"就像神一样先知先觉。至诚,是人们应努力达到的一种境界。这里的至诚之道也就是灭地之道,能得至诚之道,也即达到"天人合一"的最高境界。

诚者,物之终始,不诚无物。

【注释】《中庸》第二十三章。终始:根本。

【解析】论"诚"。在《中庸》中,除"中和"外,"诚"是另一个基本概念。不诚,则无以言道。所以这段内容讲,诚是万物的根本,没有诚就没有万物。

苟不至德,至道不凝焉。

【注释】《中庸》第二十六章。至德:最高的德行。至道:最高的理想。凝:聚集,指实现理想。

【解析】儒家学说中,至德与至道都是最高理想表现形式,但二者有先后之别,有因果之分。无至德便不会有至道,有至道必以至德为前提,其逻辑关系十分显明。

君子尊德性而道问学,致广大而尽精微,极高明而道中庸,温故而知新,敦厚以崇礼。

【注释】《中庸》第二十六章。道:从事,钻研。尽:深入。极:到达。道:遵循,恪守。知:探求。崇:推崇,崇尚。

【解析】讲君子如何达到"至德"与"至道"的问题。君子应遵循人先天的本性而行,又能积极加强后天的学习求教;既力求达到广博的程度,又能深入到事物的细微之处;既进达高明伟大的境界,又能恪守中庸之道;温习旧学问,以使探求新知识,使道德深厚,用以崇尚礼仪。这里强调了后天学习的重要性,只有通过学习获取广博知识,培养独立思维的能力,才能使道德深厚,达到"至德"与"至道"。

居上不骄,为下不倍。

【注释】《中庸》第二十六章。倍:通"背"。

【解析】谈君子的道德修身。身居高位不骄横傲慢,身处下位也不悖乱无礼。

国有道,其言足以兴;国无道,其默足以容。

【注释】《中庸》第二十六章。兴:兴旺。默:保持沉默。容:自存。

【解析】承授上文,谈君子有道德才智,于国于己皆有好处。国家有道,他的言论足以使国家兴旺;国家无道,他的沉默足以使自己自存于乱世。

愚而好自用,贱而好自专。

【注释】《中庸》第二十七章。好(hào):喜欢。自用:偏执,顽固。自专:独断专行。

【解析】为孔子所言,其主旨谈礼仪。孔子遵从周礼,反对人们各行其是,此段内容即述此意。愚蠢的人喜欢刚愎自用,卑贱的人喜欢独断专行。

君子动而世为天下道,行而世为天下法,言而世为天下则。

【注释】《中庸》第二十九章。动:指全部的作为。道:楷模,榜样。行:指具体的行为。法:法式,样板。言:指言论,思想、政策。则:准绳,纲领。

【解析】君子的一切举动世代为天下人所称道;他的一切行为世代为天下人效仿;他的一切言行世代为天下人的法则。

见而民莫不敬,言而民莫不信,行而民莫不说。

【注释】《中庸》第三十一章。见(xiàn):通"现"。说:通"悦"。

【解析】主旨论圣人之德。(圣人)一出现,民众没有不表示敬意的;(圣人)的话,民众没有不相信的;(圣人)的行为,民众没有不喜悦的。该段从"见""言""行"三个方面论述了有至德的圣人在民众中受尊敬、爱戴的情况。圣人之至德,也即儒家要求君子所具有的美德,"见""言""行"是外在表现形式,德为根本。

肫肫其仁,渊渊其渊,浩浩其天。

【注释】《中庸》第三十二章。肫肫(zhūn):诚恳的样子。渊渊:深沉的样子。浩浩:高远的样子。

【解析】主旨论天至诚至德。至诚的表现是其仁爱是多么诚恳,其深沉像渊潭一样,其高远像天空一样。至诚是人们追求的最高境界,其广博厚重可与地相配;其高大光明可与天相配,达到至诚,也就达到了古人所推崇的"天人合一"的境界。

君子内省不疚,无恶于志。

【注释】《中庸》第三十三章。内省(xǐng):自我反省。疚(jiù):痛苦。恶(è):惭愧。志:心里。

【解析】君子进行自我反省,不感到内疚,也就无愧于心。这段话着重强调君子须进行"内省",若"不疚""无恶于志",就能不断提高道德修养水平,真正步入君子之道。

《礼　记》

　　先秦古籍称"记"或"传"的均为一种特定的文体,是附属于"经"的辅助材料。它的内容或阐发经文的意义,或补充经文之未备。《礼记》也同样是附属于《礼经》——即今之《仪礼》的辅助资料。《礼记》49篇,独立成篇,是汇辑成书的"记"。

　　《礼记》既是《仪礼》的辅助资料,所以它的内容大部分与《仪礼》相配合。根据各篇具体内容,《礼记》49篇可以分为下列几类:

　　一、与《仪礼》紧密配合的。如《冠义》《昏义》《乡饮酒义》《射义》《燕义》《聘义》《祭义》《祭法》《祭统》《丧服小记》《大传》《丧大记》《奔丧》《问丧》《服问》《间传》《三年问》《丧服四制》等。这些篇目,有从篇题上就显示与《仪礼》所述的:冠、昏、乡(饮酒)、射、丧、祭、朝、聘八种礼仪相配合的,也有篇题虽不显示,但其内容可知是属于哪一种礼的,如:《檀弓上下》《曾子问》《杂记上下》等,均以阐述丧礼、丧服为主。

　　二、篇中综述各种礼制或补充《仪礼》未涉及的内容。如《曲礼上下》《文王世子》《礼运》《礼器》《郊特性》《内则》《玉藻》《深衣》《投壶》等。

　　三、与《仪记》配合不甚紧密的。如《月令》《乐记》等。这一类是极少数的。

　　《礼记》49篇不是一时一人所作。其中可考者较多是孔子再传弟子所作,约在战国前期。如:《表记》《坊记》《缁衣》。《隋书·音乐志》引沈约《奏答》:"《中庸》《表记》《坊记》《缁衣》皆取《子思子》。"可见这些为子思所作。

　　关于《礼记》的汇辑时代和汇辑者的问题,从来就有争论。据现在能看到的记载,郑玄较早提到:戴德辑《大戴礼记》,戴圣辑《礼记》。孔颖达《礼记正义》在《礼记》大题下引郑玄《六艺论》:"今《礼》行于世者,戴德、戴圣之学也。"又云:"戴德传《记》八十五篇,则《大戴礼》是也;戴圣传《记》四十九篇,则此

《礼记》是也。"但据近人考证,《礼记》绝非小戴所辑,汇辑时间大约在两汉时期。

作为阐扬儒学礼教的重要文献,《礼记》对后世影响极大。东汉郑玄曾为其作注,并与《仪礼》《周礼》合称"三礼",著《三礼目录》。唐代《礼记》被列入"九经",孔颖达作《礼记正义》,学者传习较广。而到宋代,程朱理学兴起,于是有学者抽出《礼记》中《大学》《中庸》两篇,编入"四书",并将《礼记》列为"五经"之一。元人陈澔称其为"前圣继天立极之道","后世垂世立教之书"(《礼记集说序》)。明清亦以《礼记》为世人必读之书。

《礼记》这部重要文献,记载了大量的有关先秦的典章、礼制、文物以及儒家的政治、学术思想。今天学习这部典籍,应该在扫除文字障碍的基础上,破除旧的经学观念,把它与其他古籍一样均看作记载上古文化的宝贵史料。用历史发展的观点,互相参证,从而探索我国上古文化的史实。

敖不可长,欲不可从,志不可满,乐不可极。

【注释】《曲礼上》。敖:通"傲",傲慢。从:通"纵"。傲慢之心不可滋长,欲望不可放纵,意志上不可自满,欢乐不可达到极点。

【解析】对于任何事情应适可止,要不瘟不火,不即不离,所谓多一分则太多,减一分则太少,应该恰到好处,才能达到至美。

临财勿苟得,临难勿苟免。

【注释】《曲礼上》。面对财物不随便取;面对危难,该赴难的不苟且逃避。

【解析】君子爱财,取之有道,用之有度。绝不能为了些许利益而不择手段,无谓地去牺牲自己。应该懂得有所为,亦有所不为。

坐如尸,立如齐。礼从宜,使从俗。

【注释】《曲礼上》。尸:祭祀时,代表受祭者,尸在祭祀中一直端坐着。坐的样子要像祭祀的尸一样,站立的样子要像祭祀时屈身磬折一样。礼应该顺应当前的实际情况,出使别国要服从该国的习俗。

【解析】任何新事物的产生绝非是偶然的,而是有其产生根源的,这就是它的产生是适应于当时的实际情况的。并非说存在就必然合理,但是"存在"是有其存在的土壤的。"礼"的规定与当时的社会生活有着紧密的联系,这是其存在的必然性。

夫礼者,所以定亲疏,决嫌疑,别同异,明是非也。

【注释】《曲礼上》。礼,是用来确定亲疏的标准,判断疑惑不解的问题,分辨事物的同异,明确事理的是非的。

【解析】这里夸大了礼的作用,有些偏颇。但是"礼"的制定,确实对于维护社会秩序,规范人们的行为,修正人们的语言等有重要作用。

道德仁义,非礼不成;教训正俗,非礼不备;分争辨讼,非礼不决;君臣、上下、父子、兄弟非礼不定;宦学事师,非礼不亲;班朝治军,莅官行法,非礼威严不行;祷祠祭祀,供给鬼神,非礼不诚不庄。

【注释】《曲礼上》。讼:争财曰讼。莅官:指担任各种官职。道德仁义不通过礼,不能有成效;以教育纠正习俗,要依据礼,才能完备;判断有争议的事情和财产的诉讼,如不依据礼,就不能决断;君臣之间的上下级关系,父子兄弟之间的亲属关系,不依据礼,名分就不能确定;从师学习为吏之道和学业,不依据礼,师生之间关系就不能亲密;确定朝列位置,整顿军队,担任各种官职,执行法令,不依据礼,威严就不能树立;向神求福、还愿等各种祭祀,向鬼神进献祭品,不依据礼,就心不诚、不严肃。

【解析】具体阐述了"礼"的重要作用,它既能调和人际关系,又能约束人的行为,达到教育人的目的。只有遵循礼制,明白了有所为与有所不为,才能真正与禽兽区别,具有文明人应具有的品质。

礼尚往来,往而不来,非礼也;来而不往,亦非礼也。

【注释】《曲礼上》。

【解析】"礼尚往来"是中国人一向遵从的规范,既讲施也讲报才是一个真正的人。如若人只有施出,而不求回报,那么他是虚伪的;有施有报才符合人的本性,也是人能够生存的基本规范。

人有礼则安,无礼则危。

【注释】《曲礼上》。一个人的行为合乎礼就平安,不合于礼就倾危。

【解析】"礼"是维持人们有序生活的准则,是协调各类人之间关系的一种措施。符合礼的要求,才能既不损害别人的利益,又得到自身的有序发展,自身才能平安。

富贵而知好礼,则不骄不淫;贫贱而知好礼,则志不慑。

【注释】《曲礼上》。富贵的人知道爱好礼,就不骄傲不放荡;贫贱的人懂得爱好礼,在思想上就不会畏首畏尾而迷惑于行事。

【解析】礼不仅能规范人的行为,而且能促使人的思想成熟,也能够使人明辨是非,果决地做出判断。

人生十年曰幼,学。二十曰弱,冠。三十曰壮,有室。四十曰强,而仕。五十曰艾,服官政。六十曰耆,指使。七十曰老,而传。八十、九十曰耄,七年曰悼。悼与耄,虽有罪不加刑焉。百年曰期、颐。

【注释】《曲礼上》。弱:指身体尚未强壮。冠:古代男子二十行加冠之礼。室:妻室。强:指智虑强和气力强。艾:发已苍白如艾草。耆:老。传(zhuàn)指将家务交给子孙。耄:视力、智力衰退。悼:年幼可爱。期:极。颐:养。男子到十岁称为幼,开始就学。到二十岁称为弱,举行冠礼。到三十岁称为壮,成家娶妻。到四十岁称为强,在官府中从事具体工作。到五十岁称为艾,可以为大夫作长官。到六十岁称为耆,只发号施令指派别人。七十岁称为老,将家务移交给子孙。到八十、九十岁称为耄,幼儿七岁被称为悼。凡是悼和耄,即使有罪,不加以处罚。到一百岁称为期,则事事需人奉养了。

【解析】《礼记》将人的一生大体分为以下几个时期,幼、弱、壮、强、艾、耆、老,耄。每一时期对人的发展至关重要。懂礼的人就应依据礼的规定,根据自己的智力和精力做其应做的事情,这样可落得功德圆满的结局。

为人子之礼:冬温而夏凊;昏定而晨省。在丑夷不争。

【注释】《曲礼上》。做儿子的礼节:冬天使父母温暖,夏天使父母凉快;晚上服侍父母安寝,早晨向父母问安。与平辈人相处,则不争。

【解析】孝敬父母,侍奉父母是每个人应具有的素养,但这里强调的有些过分。甚至要求人放弃社会工作,放弃为国尽忠为民出力,而早晚与父母相伴,这就有些"愚孝"了。

夫为人子者:出必告,反必面,所游必有常,所习必有业。

【注释】《曲礼上》。做儿子的礼节是出门一定要向父母禀告,从外面回来一定要与父母照面,出游有固定的地方,平时学习都有作业。

【解析】这里着重从交游和学习两方面来规范"为人子"的行为。这些措施有助于他的成长,既要善于交游,同时又不耽误学业,获得人生的全面发展。

为人子者,……不登高,不临深,不苟訾,不苟笑。

【注释】《曲礼上》。訾:毁谤,非议。做儿子的礼节,……不爬登高处,不临深渊,不随便毁谤别人,不应该发笑时不笑。

【解析】这是对"为人子"的言行提出的要求。既不能随意爬登高处,也不能面临深渊,这种行为只会使父母为其担惊害怕,使他们的心灵受到煎熬。不能随便去毁谤别人,让别人去痛苦。这些行为都不合"礼"的要求。应该做事令父母放心,同时也尽量不损害别人的利益。

凡与客入者,每门让与客。

【注释】《曲礼上》。同客人一道进门,经过每道门时都让客人先进。

【解析】敬客之道,不只在于是否能够令客人坐在首位,而在于平时的一言一行。

父召,无"诺";先生召,无"诺"。"唯"而起。

【注释】《曲礼上》。父亲召唤时,答应不用"诺";老师召唤时,答应也不用"诺";用"唯"回答,立即起立。

【解析】这里运用不同语词对不同人进行回答,说明对父亲和老师只能唯命是从,只能以"唯"作答。

父子不同席。

【注释】《曲礼上》。父亲与子女们不同席而坐。

【解析】这是一种迂腐的观点。父母子女之间本是至亲至爱,没有什么可以回避的。"父子不同席"是等级制度的一种反映。

贫者不以货财为礼,老者不以筋力为礼。

【注释】《曲礼上》。对贫穷的人,不要求奉献礼品为礼;对老年人,不要求以跪拜为礼。

【解析】"礼"的规范,不应是一种简单教条,而应能依据客观情况的不同有所变化。而"礼"的最终目的是为了规范人们的行为,使社会得到大治。

父前子名,君前臣名。

【注释】《曲礼上》。在父亲面前,作子辈的自称时用名;在国君面前,臣自称时用名。

【解析】在长辈面前,自称时只能用名,来表示对长辈的尊敬,同时显示自己的谦恭有礼。

三饭,主人延客食胾,然后辩殽。

【注释】《曲礼上》。辩:遍食。吃了三口饭后,主人带头并招呼客人吃块肉,然后将席上所有的肉食一一吃遍。

【解析】这是古代宴客时应注意的礼节,必须先吃饭,然后主人招呼客人遍尝各种肉食。这样酒过三巡,菜过五味之后,主客才在席间谈论正事。

馂余不祭,父不祭子,夫不祭妻。

【注释】《曲礼上》。馂(jùn):食人之余茶;上顿没有吃完,留到下顿吃的,也叫作馂。吃剩的菜不能用来祭奠,即使是父亲吃剩的,也不能用来祭奠儿子,丈夫吃剩的也不能用来祭奠妻子。

【解析】祭祀是一种神圣庄严的活动,它是为了表示对死者的怀念或是对神灵的敬畏而举行的一种仪式。所以,其中所用的祭品,绝不是随便的,而是经过精心选择的。

博闻强识而让,敦善行而不怠,谓之君子。

【注释】《曲礼上》。见多识广、记忆力极强而能够谦让的,修身力行而孜孜不倦的,便可称为"君子"。

【解析】"君子"不只是一种简单的称号,而有深刻的内涵。德才学识四者俱备是其基本要求。

君子戒慎,不失色于人。

【注释】《曲礼上》。君子要严肃谨慎,不要在人前有不适宜的情态。

【解析】君子的行为应该适当,不能放任自己,更不能干出一些违背"君子"称号的事情。君子应该成为人们的楷模,成为人们效仿的对象。

礼不下庶人,刑不上大夫。

【注释】《曲礼上》。不为庶人专门制定礼仪,大夫不按一般刑法议罪,而另有官刑。

【解析】这是阶级差别的一种反映。本来法律的制定要体现出其严肃性和公正性,而在这里法律只是剥削阶级维护其自身利益,镇压被剥削阶级的工具,并不能做到"王子犯法与庶民同罪"。

史载笔,士载言。

【注释】《曲礼上》。史:指太史,内史。士:指参加盟会的士。言:盟会缔约的言辞档案。如随国君参加诸侯的会盟,太史等随车带着笔等文具,士随车带着有关盟誓的档案。

【解析】史、士分工不同,因此他们所承担的职责也有所差异,内史载笔,则可以随时进行记录,而士载言则要保护好这些盟誓档案。

父之仇,弗与共戴天;兄弟之仇,不反兵;交游之仇,不同国。

【注释】《曲礼上》。对杀死父亲的仇人,不和他共存于天下,对杀死兄弟的仇人,随身带着武器准备报仇;对杀死朋友的仇人,不共处于一国之中。

【解析】《礼记》认为杀父之仇,是人的最大仇恨,是不共戴天的,应该坚决去复仇。这种思想是一种狭隘的复仇思想,应该予以批判。

入竟而问禁,入国而问俗,入门而问讳。

【注释】《曲礼上》。进入别国的国境,就要打听该国有哪些禁令,进入国都就要询问当地的风俗习惯,到别人家里去,就要询问这家的避讳。

【解析】入乡随俗,才能避免麻烦,也就能不为琐事所累而可以专心致志地去干自己的事,同时,也可以避免犯一些不该犯的错误。

君使士射,不能,则辞以疾。言曰:"某有负薪之忧。"

【注释】《曲礼下》。国君让士配对射箭,如不能射,要托词有病。回答说:

"某某人有负薪之疾。"

【解析】官家不使唤病人,因此士若不能射,要托词有病,就既可使自己免除射箭的任务,同时又符合礼的规定,也不违反君王的要求。

居丧不言乐,祭事不言凶,公庭不言妇女。

【注释】《曲礼下》。办丧事中不谈诗歌,祭祀时不谈死丧等不吉之事,在办公事之处不谈论妇女的事。

【解析】干事情应当与当时的气氛相适合,如若在一个极其严肃庄重的场合而开一些诙谐的玩笑,就会令人感到特别滑稽,也是对别人的一种蔑视和不尊重。

公事不私议。

【注释】《曲礼下》。国家的事不能在家内议论。

【解析】国家大事是关系着国计民生的,议论国家大事,应在公众场合,有尽可能多的人来参加,而不能在家内议论,应做到公私分明,才能利国利民。

君子虽贫,不粥祭器;虽寒,不衣祭服。

【注释】《曲礼下》。粥:通"鬻",卖。君子即使贫穷,也不变卖祭祀用具;即使无衣御寒,也不穿祭祀穿的衣服。

【解析】祭祀,人生之大事! 既使自己挨饿受冻也要保证祭祀活动的正常进行。它将会带给人们好运,令人活得自在、安适。

国君死社稷,大夫死众,士死制。

【注释】《曲礼下》。国君应为保卫国家而死,大夫应与士卒同存,士应死于执行国君的政令。

【解析】国君若能为保卫社稷而奋力拼搏,那么他就能得到民众的支持,有了民众的支持,即使身陷绝境,也会绝处逢生。

其在东夷、北狄、西戎、南蛮,虽大曰"子"。

【注释】《曲礼下》。东夷、北狄、西戎、南蛮边远地区诸侯国,即使国土广大,只能称"子"。

【解析】这是古代以中原为尊的思想的反映。他们认为中国是世界之中心,其他边远地区的人都是些未开化的蛮夷,这种思想一直延续到清朝鸦片战争爆发之时。

天子穆穆,诸侯皇皇,大夫济济,士跄跄,庶人僬僬。

【注释】《曲礼下》。穆穆:威仪庄盛。皇皇:显盛的样子。济济:慢走有节奏。跄跄:舒扬的样子。僬僬:行走急促的样子。天子威仪庄盛,诸侯庄重煊赫,大夫走路缓慢有节奏,士走路缓慢舒坦,平民走路急促不讲求姿势。

【解析】站有站相,走有走势。不同的人的遭遇不同,接受的教育不同,那么他们呈现出的外在情形也是不同的。有的人走路显得庄重、严肃,而有的人则轻快、矫健,这里谈到天子、诸侯、大夫、士、庶人走路的差别,有其一定的合理性,但也有点偏颇。

天子之妃曰后,诸侯曰夫人,大夫曰孺人,士曰妇人,庶人曰妻。

【注释】《曲礼下》。天子的配偶称后,诸侯的配偶称夫人,大夫的配偶称孺人,士的配偶称妇人,平民的配偶称妻。

【解析】在古代,各级人士之间有严格界限,他们的称谓区别很大,某些称谓只是某一阶层人的专称,其他阶层的人不能随便应用。

天子不言出,诸侯不生名。君子不亲恶;诸侯失地,名;灭同姓,名。

【注释】《曲礼下》。天子出奔在外,不用"出"字,诸侯活着,史册上不称他的名。君子不能原谅作恶的君主;所以,诸侯亡国,记载时就直称其名;灭亡同姓国家的诸侯,记载时也直称其名。

【解析】四海之滨,莫非王土!全国各地均是天子的辖区,所以天子出奔在外不用"出"字;而诸侯若离开国都,出奔在外,只能称其为"出"。晋公子重耳出奔在外十九年,他的流亡,则应称为"出"。

医不三世,不服其药。

【注释】《曲礼下》。医生如果不是三代行医,(病人)就不吃他的药。

【解析】学习医术,不仅需要刻苦钻研知识,学习病理,更需要积累丰富的临床经验,具有应对一切疾病的应变能力。

天子死曰"崩",诸侯曰"薨",大夫曰"卒",士曰"不禄",庶人曰"死"。在床曰"尸",在棺曰"柩"。羽鸟曰"降",四足曰"渍"。死寇曰"兵"。

【注释】《曲礼下》。天子死称为"崩",诸侯死称为"薨",大夫死称为"卒",士死称为"不禄",老百姓死称为"死"。尸体在床称为"尸",已经入棺称为"柩"。鸟类的死称为"降",兽类的死称为"渍"。与敌寇战斗而死的称为"兵"。

【解析】指出各类人之死,称谓不同,但说人死时,又插了鸟兽的死,可见天人合一思想的普遍性。但也反映出古人思想的芜杂,缺乏系统性,这与西方的思想,注重思辨性、条理性有所不同。

生曰"父"、曰"母"、曰"妻";死曰"考"、曰"妣"、曰"嫔"。

【注释】《曲礼下》。活着称"父",称"母",称"妻";死后称"考",称"妣",称"嫔"。

【解析】指出对人生与死的称谓不同,活着时称为"父""母""妻"是对于被称对象的尊敬。而死之后,称为"考""妣""嫔"是对于被称对象的功绩的肯定,并且表示对他们的怀念。

道隆则从而隆,道污则从而污。

【注释】《檀弓上》。依照礼该隆重的就随着隆重,该降等的就随着降等。

【解析】根据礼的要求,该隆重的便隆重。而对那些不符合礼的要求的,则不仅不能举行隆重地纪念,而且要受到惩罚。

孔子既得合葬于防,曰:"吾闻之:'古也墓而不坟。'今丘也,东西南北之人也,不可以弗识也。"于是封之,崇四尺。

【注释】《檀弓上》。孔子已经把父母在防地合葬,说:"我听说过:'古代只有墓,不加土起坟。'现在我是个四方奔走的人,不可以不加上标志。"因此在墓上加土,高到四尺。

【解析】"古也墓而不坟"。而孔子为了纪念父母,培土成坟,至今这种习俗在农村依然存在。

君子有终身之忧,而无一朝之患。

【注释】《檀弓上》。君子一辈子都怀有对亲人哀思的感情,但却没有一天因哀思而毁灭自己的本性。

【解析】对先人的怀念,是每个人都有的感情,但其程度有所不同,有的哀思深切,终生难忘;有的痛不欲生,却醉生梦死;而有理智的君子,既对先人终生难忘,又能不丧失其本性。

君子之爱人也以德,细人之爱人也以姑息。

【注释】《檀弓上》。一个有德行的人,他爱别人,就成全别人的美德;只有小人爱别人,才会苟且讨人喜欢。

【解析】君子能以成人之美来获得别人的欢心,他决不会为了取得别人片刻欢心而去奉承逢迎别人。只有小人、奸佞之人才不择手段让人得到片刻欢乐,但却由此失去终生的幸福、欢乐。

君子曰:"乐,乐其所自生,礼不忘其本。古之人有言曰:'狐死正丘首。'仁也。"

【注释】《檀弓上》。君子说:"音乐,表现人们发自内心的情感,礼的基本精神,就在于不忘根本。古人有句俗话说:'狐狸死了,它的头必定正好对着狐穴的方向。'这也是仁的表现。"

【解析】"狐死必首丘"而况人乎?所以有那么多流浪在外的人,到老总希望能回归故里,叶落归根,来弥补自己割舍不掉的情怀。

死而不吊者三:畏、厌、溺。

【注释】《檀弓上》。人死而不需吊丧的三种情形:受了冤屈而轻生自杀的,不当心被压死的,涉水被淹死的。

【解析】死亡是人生的终极,生命的结束。但有的人由此而得到永生,正如凤凰涅槃,在烈火中得到了新的生命,获得了自身的超越。

吾离群而索居,亦已久矣。

【注释】《檀弓上》。我离开同道好友,独自居住的时间也已经太久了。

【解析】离群索居,也许可使自己的生活得到平静,但也失去了朋友的关爱,失去了在喧嚣中求得自静的欣慰,更失去了向别人学习、获取信息的机会。

泰山其颓乎?梁木其坏乎?哲人其萎乎?

【注释】《檀弓上》。泰山要坍了吧?梁木要坏了吧?哲人要凋落了吧?

【解析】任何事物都有其产生、发展、灭亡的过程,不同的是这一过程的长短。泰山可谓高大,但也存在溃坍的一天,哲人可谓智慧超人,但其肉体也有消亡的一天。

丧礼,与其哀不足而礼有余也,不若礼不足而哀有余也;祭礼,与其敬不足而礼有余也,不若礼不足而敬有余也。

【注释】《檀弓上》。举办丧礼,与其内心缺少悲哀的感情而过分地去讲究礼仪的完备,还不如让礼仪欠缺些而使内心充满悲哀的感情;举行祭礼,与其内心缺少敬意而过分地讲求礼仪的完备,还不如让礼仪欠缺些而使内心充满敬意。

【解析】礼的制定,是为了规范人们的行为,教育人们为善。维护礼,就是要维护礼的内容,达到制定其的目的,而不是要求人们仅仅在表面上遵奉,内心却想着一些与此相反的事情。

幼名,冠字,五十以仲伯,死谥,周道也。

【注释】《檀弓上》。年幼时称呼名,二十岁行过冠礼之后就称呼字,五十岁以后就按照他的排行,称他为伯为仲,死后称谥号,这是周代的制度。

【解析】古人一生下来,就起名,而只有成人举行加冠礼之后才有字,"字"一般与他的名有关。有的名与字意思相反,如韩愈,字退之;有的名与字意思一致,如王维,字摩诘。

君子曰:"谋人之军师,败则死之;谋人之邦邑,危则亡之。"

【注释】《檀弓上》。君子说:"指挥军队打仗,如果打了败仗,就应该以身殉国。负责治理国家,如果使国家动荡不安,就应该受到贬谪,放逐外出。"

【解析】此句不免偏颇,胜败乃兵家常事,不必因某一次的失败便痛不欲生。重要的不在于你是否以身殉职,而是在于你是否能从失败中吸取教训,为下一次的作战做好准备。

骚骚尔则野,鼎鼎尔则小人。

【注释】《檀弓上》。骚骚:急迫的样子。鼎鼎:滞重不行的样子。过分急迫了,就显得粗鄙失礼;过分拖沓了,就会像不懂礼节的小人一样不太庄重。

【解析】欲速则不达,只有一步一个脚印,踏踏实实地干事,才能有所成就。但并非说不要速度,而是要在提高质量的基础上,加快速度。

丧欲速贫,死欲速朽。

【注释】《檀弓上》。仕而失去了官职,最好要尽快贫困下来;死了,最好是快点烂掉。

【解析】这是孔子针对一些事而提出的,一是孔子在宋国时,看到桓司马亲自设计石椁,匠人用了三年时间还没有磨琢成功,因此他认为,如果要像这样靡费,那还不如快点腐烂好。另一是针对南宫敬叔而言的,他失去官职之后,仍然带着财宝回朝谋求官职。

生有益于人,死不害于人。

【注释】《檀弓上》。活着的时候要多为别人做好事,死了以后也不害人。

【解析】人们活着,应不单单考虑自己的利益,还应有公众意识,兼顾到他人的利益。仅仅为自己活着的人,他的人生是有缺陷的。只有能兼顾他人利益,为别人谋福利的人,他的人生才是值得自豪的。

夫子曰:"生,于我乎馆;死,于我乎殡。"

【注释】《檀弓上》。孔子说:"活着可以在我家,就是死了也不妨殡在我家。"

【解析】此句表明孔子对朋友的态度。朋友是每个人最宝贵的财富之一,我们决不因朋友身处逆境而鄙弃他,更不能因朋友的高升而奉承他。

丧礼,哀戚之至也;节哀,顺变也。君子念始之者也。

【注释】《檀弓下》。守父母之丧期间,孝子的心情是极其悲哀的;用种种礼节来节制他的悲哀,就是使他逐渐适应这种剧变。这样做是由于君子考虑到生养他的父母的缘故。

【解析】丧礼不仅仅只是一种礼仪,一种对先人怀念的方式,同时也是调节生者哀情的手段,节哀顺变是它的真正目的。

孔子谓为刍灵者善,谓为俑者不仁,不殆于用人乎哉?

【注释】《檀弓下》。孔子认为用草扎的刍灵陪葬的人心地仁慈,而认为用木雕刻的俑陪葬的人太不仁慈了,不是更接近于用活人殉葬吗?

【解析】实际上用草扎的刍灵或是用木雕刻的俑,都是用来代替用活人做陪葬的物品,它较之以前的用活人殉葬是一种进步,也是一种文明的象征。

子思曰:"古之君子,进人以礼,退人以礼,故有旧君反服之礼也;今之君子,进人若将加诸膝,退人若将队诸渊,毋为戎首,不亦善乎! 又何反服之礼之有?"

【注释】《檀弓下》。子思说:"古代的国君,在任用臣子的时候是依礼行事的,在免去臣子官职的时候也是依礼行事的,所以才有为旧君服丧的礼节。而现在的国君,在招致人才的时候,像要把他抱到膝上似的宠爱,而罢免臣下的时候,又好像要把他推下深渊似的。像这样做,离职的臣子不带领别国的军队来攻打故国,也就不错了,又哪里还有为旧君服丧的呢?"

【解析】兔死狗烹的故事想必大家都知道,历史上的许多统治者,在他们打天下的时候,能够知人善任,能够与臣子共享甘苦,然而一旦黄袍加身,就把那些曾经为自己卖命的臣子一个一个地除掉了。

国奢,则示之以俭;国俭,则示之以礼。

【注释】《檀弓下》。在国人竞相奢侈的时候,就应表现出节俭的作风;在国人崇尚节俭的时候,就要表现出切实按照礼的规定去做的态度。

【解析】节俭是中华民族的美德,也是培养人具有良好品德的重要方面。人们常说由俭入奢易,由奢入俭难。人只有注重平时的一举一动,以俭出发,以俭为基础,然后才能合乎礼的规范。

子路曰:"伤哉贫也,生无以为养,死无以为礼也。"孔子曰:"啜菽饮水尽其欢,斯之谓孝;敛手足形,还葬而无椁,称其财,斯之谓礼。"

【注释】《檀弓下》。子路说:"贫穷真让人伤心啊!父母活着时无法供养他们;他们去世了,又没有法子举办丧事。"孔子说:"尽管是喝豆粥,饮清水,但是如果能使父母在精神上愉快满足,这就是'孝'了;他们去世后,只要有衣衾足以掩藏首足,敛毕即葬,虽然没有椁,但能根据自己的财力来办丧事,这就合乎'礼'了。"

【解析】孔子指出的"孝",对我们今天的人来说也有借鉴意义。孝敬父母,不只是一种物质上的供养,而应是根据实际出发,使父母过得舒心、惬意,能够充分享受天伦之乐。

夫子曰:"小子识之,苛政猛于虎也。"

【注释】《檀弓下》。孔子说:"你们要记着,繁重的赋税和徭役比老虎还凶恶啊!"

【解析】残酷的政治比老虎还要凶猛。这在柳宗元的《捕蛇者说》中有极为鲜明的表述。毒蛇虽毒但也没有苛政歹毒。纵观历史,每个朝代的开国之初总是能够考虑人民的利益,实行休养生息政策,而当末世时则腐败骄横,残酷掠夺人民。

丧不虑居,毁不危身。丧不虑居,为无庙也;毁不危身,为无后也。

【注释】《檀弓下》。为了办丧事不能卖掉祖居,为丧事憔悴却不能损害健康。为了办丧事不能卖掉祖居,否则先人的神灵就没有宗庙可以依托;为丧事憔悴不能损害健康,不然的话,先人就会失去继承人。

【解析】祭祀祖先是古代人的头等大事,绝不能因为操办丧事,而卖掉祖居,使先人无所依托,更不能因操办丧事而损害身体,应该节哀顺变。

齐大饥,黔敖为食于路,以待饿者而食之。有饿者,蒙袂辑屦,贸贸然来。黔敖左奉食,右执饮,曰:"嗟来食。"扬其目而视之,曰:"予惟不食嗟来之食,以至于斯也。"从而谢焉,终不食而死。

【注释】《檀弓下》。齐国发生严重的饥荒,黔敖就在路边煮饭,用来给过路的饥民充饥。有一个饥民,以袖蒙面,拖着鞋子,眼光迷迷糊糊地捱着走来。黔敖左手端着饭,右手执着汤罐,用怜悯的口气喊道:"喂!吃吧!"那个饥民抬起眼睛看看他说:"我就是因为不愿意吃这种没有好声气的饭,才到这步田地的。"黔敖听了连忙向他道歉,但他还是不肯吃,因而饿死了。

【解析】宁可饿死也决不食嗟来之食。这是人的一种骨气,也是中华民族能绵延五千年的法宝。人们活着,不应屈辱地活着,而应活得有骨气,有所作为,这才能无愧于"人"的称号。

晋献文子成室,晋大夫发焉。张老曰:"美哉轮焉! 美哉奂焉! 歌于斯,哭于斯,聚国族于斯。"

【注释】《檀弓下》。晋国国君庆贺文子新居落成,晋大夫都去送礼庆贺。张老致辞说:"这高大的屋宇多壮丽呀! 这明亮的居室多漂亮呀! 今后主人就在这里祭祀奏乐,在这里居丧哭泣,在这里和僚右宗族聚会宴饮了。"

【解析】这是成语"美轮美奂"的最早出处。它后来一般指景色壮丽,富有风采。

夫子曰:"丘闻之,亲者毋失其为亲也,故者毋失其为故也。"

【注释】《檀弓下》。孔子说:"我听说,亲人总归是亲人,老朋友也总归是老朋友。"

【解析】这是重亲谊重友道的表现,不论亲人是否活着,也不论其是否有错误,亲人总归是亲人,它决不因时间的推移而疏远淡薄。

见利不顾其君,其仁不足称也。

【注释】《檀弓下》。见到利就不顾君主了,他的仁爱不值得称许。

【解析】"仁爱"不只是一种口头的称号,而需要实实在在地行动,需要始终如一地坚持。决不能因为某些利益的诱惑而丧失其根本。

利其君不忘其身,谋其身不遗其友。

【注释】《檀弓下》。既能为国君着想,又能顾全自身的利益;既为自己打算,又不忘记朋友。

【解析】人是社会中的人,因而绝对没有完全自由的人。也就是说每个人在充分享受自己的权利的时候,只有兼顾国家、他人的利益,自己的权利才能得到尽可能大的保证。

王者之制禄爵:公、侯、伯、子、男,凡五等。诸侯之上大夫卿、下大夫、上士、中士、下士,凡五等。天子之田方千里,公、侯田方百里,伯七十里,子、男五十里。不能五十里者,不合于天子,附于诸侯,曰附庸。天子之三公之田视公、侯,天子之卿视伯,天子之大夫视子、男,天子之元士视附庸。

【注释】《王制》。天子为臣下制定俸禄和爵位,分为公、侯、伯、子、男五等。诸侯为臣属制定俸禄和爵位,也分为士大夫卿、下大夫、上士、中士、下士五等。

天子的禄田一千里见方,公、侯的禄田一百里见方,伯的禄田七十里见方,子、男的禄田五十里见方。禄田不足五十里见方的小诸侯,不朝会于天子,而附属于诸侯,叫附庸。天子的三公——太师、太傅、太保的禄田比照公、侯,天子的大夫的禄田比照专、男,天子的上士的禄田比照附庸。

【解析】公、侯、伯、子、男五种爵位,是由天子制定的。天子将爵位分为五类,而不将其分为四类成六类,可以看出古人对"五"的重视,这里是暗合金、木、水、火、土五行说的。

凡四海之内九州,州方千里。州建百里之国三十,七十里之国六十,五十里之国百有二十,凡二百一十国。

【注释】《王制》。天下一共有九个州,每个州一千里见方。每州之内分封一百里见方的大诸侯国三十个,七十里见方的中等诸侯国六十个,五十里见方的小诸侯国一百二十个,一共二百一十个诸侯国。

【解析】天子曾将天下分成九个州,后沿用习惯,即使增加了州,也仍以"九州"代称天下。"九"也由一个确数成了"约数",表示多数的意思。

天子:三公,九卿,二十七大夫,八十一元士。

【注释】《王制》。天子的官属,有三公、九卿、二十七大夫,八十一上士。

【解析】古代人崇尚"三",大多数情况以三或三的倍数来分类或计算。如天地人称为"三才",对天子要行三跪九叩大礼,三人行必有我师焉,三山五岳,等等。

凡官民材,必先论之,论辨然后使之,任事然后爵之,位定然后禄之。

【注释】《王制》。凡是选用平民中有才能的人做官,必定要先考察他,考察明白之后再试用,若能胜任其事,再授予相应的爵位,爵位既定,然后给予相应的俸禄。

【解析】这也许是聘用制的最早记载。任用有才能的人,必须经过多重审核,彻底清楚了解他的能力和知识结构,才能在实际运用中加以重视,也才能做到人尽其才,物尽其用。

爵人于朝,与士共之;刑人于市,与众弃之。

【注释】《王制》。在朝廷上铨定一个人的爵位,让朝士共同参加,以示公正无私;在闹市上处决犯人,让众人都厌弃他,以示刑法严明。

【解析】赏罚严明,公正无私,才能鼓励为善者,劝惩造恶者。让那些步入歧途的人,能够警醒,归于正途;让那些一心想去试法的人能够悬崖勒马,避免以身试法。

诸侯之于天子也,比年一小聘,三年一大聘,五年一朝。

【注释】《王制》。诸侯对天子,每年派大夫去聘问一次,每三年派卿去聘问一次,每五年诸侯亲自朝见一次。

【解析】诸侯朝见天子应该注意的礼节,应以一、三、五作为朝见的一个周期。每次派去聘问的官员职位逐渐变大;最后以诸侯亲自朝见天子为最。这种制度一者有利于天子对诸侯的了解,另也能减少祸患。

天子命之教,然后为学。小学在公宫南之左,大常在郊。天子曰辟雍,诸侯曰頖宫。

【注释】《王制》。天子命令办教育,然后才设立学校。小学设在王宫的东南,大学设在郊外。天子的大学叫辟雍,诸侯的大学叫頖宫。

【解析】这种天子、诸侯办的教育,虽然对于传递文化知识,培养贵族子弟的素质有很大的作用,但这里办的教育是比较狭隘的,它只是贵族子弟的学习乐园,而对于广大的平民、奴隶阶层来说是可望而不可即的。

天子、诸侯无事,则岁三田。一为乾豆,二为宾客,三为充君之庖。无事而不田曰不敬,田不以礼曰暴天物。

【注释】《王制》。天子、诸侯在没有战争的时候,每年畋猎三次。首先为祭祀准备供品,再次为招待宾客准备菜肴,第三是为充实天子、诸侯日常膳食所用。没有特殊的情况而不举行畋猎就是不敬;畋猎时不按规定杀戮野兽就是损害天物。

【解析】畋猎不只是天子、诸侯的一项娱乐活动,也是他们的一项任务,但是他们在畋猎时必须遵循一些规矩,决不能随意捕杀动物,而应有所选择。

国无九年之蓄曰不足,无六年之蓄曰急,无三年之蓄曰国非其国也。

【注释】《王制》。一个国家没有九年的积蓄,可以说是不富足;没有六年的积蓄,可以说是拮据;没有三年的积蓄,就不像个国家了。

【解析】储备丰足是一个国家得以生存的物质基础,而农业是一个国家的根本,所谓无粮不稳,无工不富,只有加强物资储备,才能在遇到天灾人祸时应付自如。人民有所养,国家也能在安定团结中得以发展。

凡使民,任老者之事,食壮者之食。

【注释】《王制》。凡役使人民,按老年人能担任的标准分派任务,而按青壮年的标准分发给养。

【解析】役使人民的手段有多种,有的用皮鞭棍棒监督人民,强迫人民去干活;而有的则对人民悉心照顾,使其自愿去干力所能及的事情。有所作为的君子常使用后一种方法。

无旷土,无游民,食节事时,民咸安其居,乐事劝功,尊君亲上,然后兴学。

【注释】《王制》。没有空闲的土地,没有无业的游民,人民的食用有节制,农事役事按季节进行,人民就会安居乐业,勉于功事,尊敬君长,然后办学教育他们。

【解析】民食足,然后知礼节。应该在提高人民物质生活的基础上,兴办教育,以促进其思想成熟,同时也应用礼仪来规范他们的行为。

乐正崇四术,立四教,顺先王《诗》《书》《礼》《乐》以造士。

【注释】《王制》。乐正尊崇四种教育途径,设立四门课程,即用先王传下来的《诗》《书》《礼》《乐》培养人才。

【解析】古人认为这四门课程是培养有德行君子的必备课程。《诗》《书》可以使人获得广博的知识,提高他们的素质,而《礼》《乐》能够加强他们的修养。

凡执技以事上者,祝、史、射、御、医、卜及百工。

【注释】《王制》。凡是依靠技艺为官府服务的人,有祝、史、射、御、医、卜以及各种工匠。

【解析】这反映古代社会的分工趋于精细。社会分工可以反映一个社会的进步程度。在原始社会,人们从事着简单的畜牧业、农业,随后手工业也逐渐从农业中分离出来,社会逐渐发展,由原始社会过渡到奴隶社会、封建社会、资本主义社会及社会主义社会,社会分工也越来越为精细。

凡作刑罚,轻无赦。刑者侀也,侀者成也,一成而不可变,故君子尽心焉。

【注释】《王制》。凡是被判定要受刑罚的人,罪行再轻也不能赦免。所谓刑,就是定型的意思。所谓定型,就是不可更改的意思。正因为制定之后不能更改,所以君子都尽心尽力地审理各种案件。

【解析】"侀者成也",一成而不可更改,后发展为成语"一成不变"。意思也随着发生了转变,多用来说明人们固守陈法,固守传统,不随意更改。

五十养于乡,六十养于国,七十养于学,达于诸侯。八十拜君命,一坐再至,瞽亦如之。九十使人受。

【注释】《王制》。五十岁就能参加乡里的养老宴,六十岁能参加国家在小学举行的养老宴,七十岁以上能参加大学里的养老宴。这种规定从天子到诸侯都适用。八十岁的老人拜受君命时只要跪下去叩头两次就可以了,盲人拜受君命也是这样,九十岁的老人可以让别人代拜君命。

【解析】这反映了古人"重老尚老"的思想。老人如同青年一样,也是国家的宝贵财富。他们都曾为了国家、人民奉献出自己的热血青春,同样也为后人积累了许多有益的经验。

五十不从力政,六十不与戎服,七十不与宾客之事,八十齐衰之事弗及也。

【注释】《王制》。五十岁以后不服劳役,六十岁以后不参与征战,七十岁以后不参与会见宾客,八十岁以后不祭祀,不为人服丧。

【解析】这里具体说明了"尚老重老"。这种思想只能在国家比较昌盛,君主较为开明的时代得以体现,而当政治黑暗,徭役兵役繁重的时代,出现的只能是"老翁逾墙走"的惨痛场面。

少而无父者谓之孤,老而无子者谓之独,老而无妻者谓之矜,老而无夫者谓之寡。此四者,天民之穷而无告者也,皆有常饩。喑、聋、跛、躄、断者、侏儒。百工各以其器食之。

【注释】《王制》。年幼而无父的人叫作孤,年老而无子孙的人叫作独,老而无妻的人叫做矜,老而无夫的人叫作寡。这四种人是世上生活困难而又无处告求的人,要经常发粮饷。哑巴、聋子、瘸子、不能走路的人、四肢断残的人、特别矮小的人,也在抚恤的范围内。各种工匠都凭自己制造器物的技艺而取得粮饷。

【解析】一个社会的文明程度如何,不只看它的青年人受到怎样的重用,也应看它的老年人、残疾人的生活是否得到社会的保障。重视老年人,重视那些没有保障的社会人,才能真正重视青年人。

君子耆老不徒行,庶人耆老不徒食。

【注释】《王制》。有官的老人出行必有车,不徒步行走;年老的平民吃饭必有肉。

【解析】这也是对老人重视的一种表现。使老有所终,幼有所养,有官爵的老人能够有车来接送,而年老的平民能够有肉食来享用。

轻任并,重任分,班白不提挈。

【注释】《王制》。老人挑着轻担子,年轻人应把他的担子并到自己的担子上;老少都是重担,年轻人应帮老人分担一些;不要让头发花白的老人提着东西走路。

【解析】这是尊老敬老的一种体现。社会上下应形成一种风气,使斑白者不负载于道路。今日的青年人应该想的远一些,这样做不只是为了别人,而是为了将来的自己。

六礼:冠、昏、丧、祭、乡、相见。七教:父子、兄弟、夫妇、君臣、长幼、朋友、宾客。八政:饮食、衣服、事为、异别、度、量、数、制。

【注释】《王制》。六礼,是冠礼、婚礼、丧礼、祭祀礼、乡饮酒礼和相见礼。七教,是父子、兄弟、夫妇、君臣、长幼、朋友、宾客之间的关系。八政,是饮食、衣服、工艺的法式,器物的品类,以及长度、重量的标准,数码的进位制,器用、布帛的规格。

【解析】"六礼"是礼的大原则,其中以婚礼为礼的根本,其他关系也由婚礼而得以发展,冠礼是礼的起点,丧礼则表现得最为隆重。

雷将发声,有不戒其容止者,生子不备,必有凶灾。

【注释】《月令》。将要开始打雷时,有人不注意节制房事,生下的孩子就要有生理缺陷,自身也一定有灾祸。

【解析】这是与现代"胎教"相关的最早记载。根据科学报道,酒后进行房事,或是有大震动的情况下进行房事都对胎儿有重大影响,但这里所提出的具有一定的局限性。

乐,所以修内也;礼,所以修外也。礼乐交错于中,发形于外,是故其成也怿,恭敬而温文。

【注释】《文王世子》。乐,是用来提高人的内心世界的美;礼,使人外在的表情、态度、动作合乎礼仪的规范。礼的教育由外及内,乐的教育由内及外,都交互在心中扎根,然后显示于仪表,因而他的成长不用强迫和责罚也能养成恭敬、温和、文雅的气质。

【解析】制礼作乐是古之大事,一方面可以加强人们的内心修养,提高他们的素质,另一方面还可规范他们的行为,培养良好的气质。

德,德成而教尊,教尊而官正,官正而国治,君之谓也。

【注释】《文王世子》。太子要有德行。因为有了好的德行,教育就会受到尊崇,教育受到尊崇,为官的就正直,百官正直,国家就能治理好,这是指太子将来要为国君而言的。

【解析】作君的条件是以德为先,君王有了良好的德行,具有了宽广的胸怀,才能像大海一般包容百川,才能够重视教育,尊崇教育,并以"四术"来教育官员,进而达到国家的大治。

知为人子,然后可以为人父;知为人臣,然后可以为人君;知事人,然后能使人。

【注释】《文王世子》。只有能作一个好的儿子,然后才能作一个好的父亲;知道作一个好的臣下,然后能作一个好的君主;了解如何为人服务,然后才能使唤他人。

【解析】每个人都可以担任不同的角色,在父亲面前担任的是儿子的角色,而在儿子面前担任的是父亲的角色,真正能够担任好自己的角色,必须善于从与自己相对的角色中吸取教训,善于换个角度来考虑问题。

大道之行也,天下为公。

【注释】《礼运》。大道施行的时代,天下为人们共有。

【解析】"天下为公"是古代人们所崇尚的最高理想。人们之间没有争斗,没有屠杀,有的只是人民间的友好相处,共同治理天下。但这种理想在当时状况下不可能实现,只是一种空想。

人不独亲其亲,不独子其子,使老有所终,壮有所用,幼有所长。矜寡、孤独、废疾者,皆有所养。

【注释】《礼运》。人们不仅仅敬奉自己的双亲,也不仅仅慈爱自己的子女,而是使老年人都能安度晚年,壮年人都能发挥作用,幼年人都能健康成长,鳏寡、孤独者和残疾人都能得到抚养。

【解析】这是"大同"社会下的人际关系,人们"不独亲其亲""不独子其子",而是四海之内皆兄弟,彼此之间均友好相处,和睦相待。同时使老人和孩子均能各得其所,各有所养。

今大道既隐,天下为家。各亲其亲,各子其子。货力为己。

【注释】《礼运》。如今大道已经衰微,天下为一家所占有。人们各自敬奉自己的双亲,各自慈爱自己的子女。开发货财,出力劳作,都是为自己。

【解析】这是剥削社会的典型特征。"天下为家",君王把天下当作自己的家,其他臣子百姓只是君王的雇工或奴隶,而臣子百姓也各自为政,各谋己利。

大人世及以为礼,城郭沟池以为固,礼义以为纪,以正君臣,以笃父子,以睦兄弟,以和夫妇,以设制度,以立田里,以贤勇知,以功为己。故谋用是作,而兵由此起。

【注释】《礼运》。诸侯以父子兄弟世代相传作为礼法,还修建了城郭沟池来卫护自己。把礼义作为纲纪,用以确定君臣之间的名分,加重父子之间的慈

孝,融洽兄弟之间的友情,调和夫妻之间的恩爱,设立少长贵贱之间的各项制度,划分田地和住宅,推崇勇气和智慧。建立事功都是为了自己,于是谋算欺诈兴起了,刀兵武力由此产生了。

【解析】指出"礼"的本质。它是以维护统治阶级的秩序,规范人们的行为,使人们能够遵从统治阶级的教导,进而为其服务,最终达到维护其统治的目的。

礼,必本于天,殽于地,列于鬼神,达于丧、祭、射、御、冠、昏、朝、聘。

【注释】《礼运》。礼,必定是本源于天,效法于地,参验于鬼神,贯彻于丧、祭、射、乡、冠、婚、朝、聘等各项仪式之中。

【解析】礼的制定是为统治阶级服务的,但它又是遵循天道,效法于地的。"礼"只是一种宏观的抽象的概念,它必须具体地表现于丧祭等各种礼仪规范之中。

仕于公曰臣,仕于家曰仆。

【注释】《礼运》。在国君朝廷上任职的叫作"臣",在大夫家中任职的叫作"仆"。

【解析】"臣""仆"都是为统治者效力的人员,因他们的地位较统治者而言较为低下,因此给他们命名时具有鄙视性的意味。

用人之智去其诈,用人之勇去其怒,用人之仁去其贪。

【注释】《礼运》。人君用别人的智慧,但要剔除其巧诈;别人的勇敢,但要剔除其中的怒气;用别人的仁爱,但要剔除其贪心。

【解析】一个有智慧有头脑的人,善于学习别人的长处,弥补自己的缺陷和不足,并能充分发挥自己的优势和特长,同时尽可能地掩藏自己的短处。

何谓人情?喜、怒、哀、惧、爱、恶、欲,七者弗学而能。何谓人义?父慈、子孝、兄良、弟悌、夫义、妇听、长惠、幼顺、君仁、臣忠,十者谓之人义。讲信修睦,谓之人利。争夺相杀,谓之人患。

【注释】《礼运》。什么叫作"人情"?喜、怒、哀、惧、爱、恶、欲,这七种不学就会的情感就是"人情"。什么叫作"人义"?父亲慈爱,儿子孝敬,兄长和悦,幼弟恭顺、丈夫守义,妻子顺从,长者惠下,幼者顺上,君主仁慈,臣子忠诚,这十个方面就是"人义"。讲究信用,维持和睦,这就叫作"人利"。彼此争夺,互相残杀,这就叫"人患"。

【解析】懂得"人情",通晓"人义",明白"人利",看清"人患",才能把天下治理得像一家,把国民治理得像一个人,而不是凭借主观臆想。

饮食男女,人之大欲存焉。死亡贫苦,人之大恶存焉。

【注释】《礼运》。饮食男女:指吃喝和生育。饮食男女,是人的大欲之所在;死亡贫苦,则是人的大恶之所在。

【解析】"欲"和"恶"两者是人们心理上的大端,人们总善于隐藏自己的心思,使别人不能猜透。美好和丑恶就藏在人们的心中,不能被人猜透,也决不从外貌表情中表现出来。明智的君王总能因势利导,限制人欲的极度膨胀,扬善弃恶。

人者,天地之心也,五行之端也,食味、别声、被色而生者也。

【注释】《礼运》。人是天地的心灵,是五行万物之首,品尝美味,辨别声章,被服彩色而生活着。

【解析】这里极端看重人,认为人是天地造化的功德,是阴阳相交、鬼神相合的产物,是五行的精粹之气。在此古人特别讲求立人,希望能名垂千古,功被后世。

礼必本于太一,分而为天地,转而为阴阳,变而为四时,列而为鬼神。

【注释】《礼运》。礼的依据必定本于太一,太一分化而成为天地,运转而成为阴阳,递变而成四时,陈列而显现为鬼神。

【解析】"礼"的制定本于太一,通于天道,来治理人性。"礼"的制定是君王维护其统治,加强其思想控制的必要措施。它顺势应变,具体体现在丧婚等仪式中。

大臣法,小臣廉,官职相序,君臣相正,国之肥也;天子以德为车,以乐为御,诸侯以礼相与,大夫以法相序,士以信相考,百姓以睦相守,天下之肥也。是谓大顺。

【注释】《礼运》。大臣守法,小臣廉洁,官职合理安排,君臣相互督促,这是一国的健壮;天子把德行当作车辆,把乐教当作驾驭手段,诸侯按照礼义互相交往,大夫依照法度排列次序,士人根据信用考察功绩,百姓交好,和睦生活,这就是天下的健壮。这也就是大顺的境界。

【解析】"大顺"是历代帝王所追求的最高境界。用礼来规范人们的言行,用乐提高人们的内心素养,礼乐合度出现安定团结的局面。君臣齐心协力共同治理国家,达到政通人和的目的。

先王之立礼也,有本有文。忠信,礼之本也;义理,礼之文也。无本不立,无文不行。

【注释】《礼器》。先王制定礼,既有根本原则,又有外表的文采。忠信,是礼的根本;义理,是礼的文采。没有根本,礼不能成立;没有文采,礼无法施行。

【解析】忠信和义理是礼的内容和形式。没有忠信,礼就像没有灵魂,缺乏生存的价值;没有义理,忠信就无所依托,礼也不可能施行。

大圭不琢,大羹不和。

【注释】《礼器》。上等的圭玉不加雕琢,上等的羹汤不加调料。

【解析】古代祭祀以素朴为最美。崇尚不经过任何加工的原始形态。在文学创作中也以自然本真为创作的最高追求,他们认为自然不是平淡,而是绚烂之至。

天道至教,圣人至德。

【注释】《礼器》。天道是礼教的最高法则,而圣人则具有最高的德行。

【解析】这是对于"天道""圣人"的崇信。他们认为,礼是源于天,合乎于地,并且鬼神也为之所效法,其中尤以天道为至教,而人是吸日月之精华,是宇宙之心灵,尤以圣人为最高,最具有德行。

制礼也以节事,修乐以道志。

【注释】《礼器》。制礼用来节制人们的行为,修乐则是要引导人们的情志。

【解析】乐、礼具有重要的作用,通过"礼"来规范人们的行为,使其遵循礼制;通过"乐"来陶冶人们的情操,提高人们的素养。礼乐合度使人们成为谦谦君子。

致敬不飨味,而贵气臭也。

【注释】《郊特牲》。表达最高的敬意,不必有佳美的滋味,而以食物的强烈气味为贵。

【解析】这是古人的一种习俗,祭祀时以食物的强烈气味为贵。它不必要求有佳美的滋味,不必有丰盛的祭品。

昏礼不用乐,幽明之义也。乐,阳气也。昏礼不贺,人之序也。

【注释】《郊特牲》。婚礼不用音乐,因为婚礼是属于阴的,而音乐是属于阳的。举行婚礼,亲朋好友不必相贺,因为每个人都有这一过程。

【解析】这是古人的一种认识,他们认为阴阳很难相合,就以吃饭喝酒而言,古人认为吃饭是为了扶持阴气,就不能用音乐,而喝酒则是为了增强阳气,就需用音乐,因为音乐是属于阳的。

妇事舅姑,如事父母。

【注释】《内则》。儿媳妇侍奉公婆要和侍奉父母一样。

【解析】自古而今,婆媳关系始终困扰着许多家庭。婆媳不和曾使许多家庭破裂,《孔雀东南飞》中刘兰芝、焦仲卿的爱情悲剧就是这样的一个典型。

男不言内,女不言外。

【注释】《内则》。男子在外不讲内庭的事,女子在内不讲门外的事。

【解析】这是男女不平等的一种表现。古代夫权思想特别严重,认为男主外,女主内。妇女只能在家做饭,照顾孩子,绝不允许她们越雷池一步,而男子在外则可从事各方面工作。

动则左史书之,言则右史书之。

【注释】《玉藻》。天子的一举一动都由左史记下来,他的言论都由右史记下来。

【解析】左史记事,右史记言是古代史官的职责分工,记事就要记录天子的一举一动,既有会见外交使节,进行战争等一类大事,也有朝内的分封朝臣的事情,记言要记录天子的一言一语。

君无故不杀牛,大夫无故不杀羊,士无故不杀犬豕。君子远庖厨,凡有血气之类,弗身践也。

【注释】《玉藻》。没有特别的缘故,国君不杀牛,大夫不杀羊,士不杀犬豕。君子要远离厨房,凡是有血有气的动物,决不自己动手宰杀。

【解析】"君无故不杀牛"是古代君王对农业重视的一种表现。农业是国家的根本,农业的丰收是国家从事建设的重要条件。而牛是从事农业生产的重要劳动力,是农业丰收的一个必不可少的条件。

卜人定龟,史定墨,君定体。

【注释】《玉藻》。占卜,首先由卜师选定龟甲;烧灼以后,太史根据较粗的裂纹是否顺着所画的墨线来判定吉凶。国君则观看整个兆象的形体而判定其吉凶。

【解析】占卜是古人的一件大事,进行时特别隆重。往往国君出征时或举行大型的活动时,都需占卜。占卜的整个过程非常隆重,既需仔细地选择龟壳,又要精心研究纹理,来确定凶吉。

天子搢珽,方正于天下也;诸侯荼,前诎后直,让于天子也;大夫前诎后诎,无所不让也。

【注释】《玉藻》。天子插的笏叫作珽,这是向天下人表示天子的端正方直;

诸侯插的笏叫作茶,上面的两角是圆的,下面两角是方的,这是表示诸侯让于天子;大夫的笏上下四角都是圆的,表示他必须处处退让。

【解析】通过笏板的差异,来说明地位的不同。天子的笏板方直,表示天子有所坚持,能够端正方直,而诸侯、大夫的笏板有圆的一端,即表示谦让。后多用方直表示人们坚持原则,而圆滑多指人们很少坚持原则。

君子在车,则闻鸾和之声,行则鸣佩玉,是以非辟之心无自入也。

【注释】《玉藻》。君子乘车的时候,则听到鸾铃、和铃之声;步行的时候,则听到佩玉的鸣声,因此一切邪僻的意念就无从进入君子之心了。

【解析】音乐不仅能娱人耳目,还能陶冶人的情操,提高人的素养,进而排除人的邪念。

父殁而不能读父之书,手泽存焉尔。母殁而杯圈不能饮焉,口泽之气存焉尔。

【注释】《玉藻》。父亲去世了,自己不忍心翻阅父亲的书籍,因为上面有他手汗沾润的痕迹;母亲去世了,自己不忍心使用她用过的碗杯,因为上面有她口液沾润的痕迹。

【解析】感物思怀,睹物思人,人们常能在接触先人遗留的物品时怀想起先人的功过,怀念先人。而流落在他乡的游子也会为听到家乡的一点消息,看到家乡的一个亲人激动不已。

足容重,手容恭,目容端,口容止,声容静,头容直,气容肃,立容德,色容庄,坐如尸。

【注释】《玉藻》。举足要缓慢稳重,举手高而且正,目不斜视,口不妄动,不咳嗽,不低头,屏气敛息,站立时俨然有德的气象,面容庄重矜持,坐的时候要像尸一样端正谨慎。

【解析】站有站姿,坐有坐态。对有德行的君子的言行姿态更有严格的要求,既要神态闲雅,又要在自己尊重的人面前要显得谦卑恭敬,还要在举手投足之间表现出庄重矜持,具有德的气象。

亲亲、尊尊、长长、男女之有别,人道之大者也。

【注释】《丧服小记》。敬重父母,尊崇祖先,服从兄长,男女有别,这些是人伦道义中最主要的东西。

【解析】男女有别,长幼有序是人伦道义中最重要的东西。这就要求人们既应做到尊老爱幼,抚善惩恶,又要能够分清是非,明了男女间不可改变的性别差异。

圣人南面而听天下,所且先者五,民不与焉。一曰治亲,二曰报功,三曰举贤,四曰使能,五曰存爱。

【注释】《大传》。圣人执掌政权治理天下,必须首先注意五件事,而治理人民的事还不在其中。第一是治理好自己的家族,第二是报答有功的人,第三是选拔有德行的人,第四是任用才能出众的人,第五是访察并举用有仁爱之心的人。

【解析】治理天下,不只是帝王自己一个人的事情,而是天下人的事情,所谓"天下兴亡,匹夫有责"。但是英明的帝王总能够处理好各种关系,既唯贤是举,又赏罚严明,尽可能做到上下一心,全国一致。

受立,授立,不坐。性之直者则有之矣。

【注释】《少仪》。一般都是站着接受人家之物,站着送物给人家,不坐着接受。如果是个生来身材高大的人,那就得坐着接受或呈送礼品,这也是有的。

【解析】站着接受或赠送别人礼物,是对赠送者或接受人的最大尊重。端正地站着是一种谦恭有礼的表现,既显出谦恭谨慎,又不卑不亢。

事君者量而后入,不入而后量。

【注释】《少仪》。侍奉国君的人,要先衡量一下是否可以侍奉,不要做了官后才考虑。

【解析】伴君如伴虎,陪伴君王既可直接地获得较大利益,又会随时遭到祸患。因而侍奉君王必须事先权衡利弊,决不打无备之战。

不窥密,不旁狎,不道旧故,不戏色。

【注释】《少仪》。不窥视人家隐秘之处,不随便与人亲热,不讲别人以前的过失,不要有嬉笑侮慢的神态。

【解析】与人交往应当注意几件事情,决不能因为你的好奇去追问窥视别人的隐秘,更不能随便议论别人的过失,去揭别人的隐秘,去揭别人尘封已久的伤疤。另外必须诚实平等地与人交往,君子交于心,绝不是交于利。

颂而无谄,谏而无骄。

【注释】《少仪》。国君有德应当称颂,但不能变成谄媚,国君有过应当劝谏,但不生骄慢之心。

【解析】对有德的人称赞可谓颂,而对无德人的称赞则就成为谄。颂可以鼓励后进,而谄只能迷惑人心,产生骄奢之心。

毋拔来,毋报往。

【注释】《少仪》。凡做一件事,不要仓促动手,又随意放弃。

【解析】做事情既要稳重又能够坚持不懈。决不能仓促动手,应该在有所思考的前提下去从事,但又不能随意放弃,否则即使珍宝与你仅有一纸之隔,也会失之交臂的。

士依于德,游于艺。

【注释】《少仪》。士应当以道德为归依,遨游于六艺。

【解析】思想道德是统帅,是人的灵魂。具有良好品德的人,能够真正遨游于六艺,为国为民服务,而无德的人,则只能是知识越多越反动。

执虚如执盈,入虚如有人。

【注释】《少仪》。在祭祀时,手里拿着空器皿时,要像拿着装满了东西的器皿一样谨慎,进入空房间时要像进入有人的房间一样恭敬。

【解析】祭祀是国家、个人的大事,它的顺利进行将会保佑人民幸福,国家和平安定。因此每件祭器,每件祭品都需精心挑选,而祭祀者的每一举动都必须严肃谨慎。

宾客主恭,祭祀主敬,丧事主哀,会同主诩。

【注释】《少仪》。接待宾客,主人要谦恭有礼;举行祭祀,主人要内心诚敬;丧事以内心悲哀为主;诸侯会同时要表现敏勇的精神。

【解析】环境不同,气氛不同,参与者的感情基调也会有所差异。只有适应气氛,契合环境,才能出现物我同一,相谐相称的效果。

国家靡敝,则车不雕几,甲不组滕,食器不刻镂,君子不履丝屦,马不常秣。

【注释】《少仪》。当国家在饥馑凋敝之时,车子不要雕刻、油漆,铠甲不要用丝组缘饰,日常用的食器不雕刻花纹,君子不穿丝鞋,马不经常喂谷物。

【解析】民富然后知礼节,可以想象如果一个国家民不果腹,国无三年之蓄,而去要求它的人民克己奉礼,要求它的国君讲究排场,那么这样的国家必然有内忧外患,必将濒临灭亡。

君子如欲化民成俗,其必由学乎!

【注释】《学记》。君子如果想转变民心,形成良好的风俗,恐怕一定要从教育入手。

【解析】教育是国家的大事,通过教育既能使人民拥有一技之长,又能使人民知书达礼。一个国家如果想要富强,想要立足于世界,没有先进的教育是不可能实现的。

玉不琢,不成器;人不学,不知道。

【注释】《学记》。美玉不经过雕琢,不会成为有用的器物;人不经过学习,就不会懂得道理。

【解析】没有一出生就是天才的,天才是经过勤奋学习,用99%的努力加1%的灵感造就的。

学然后知不足,教然后知困。知不足,然后能自反也;知困,然后能自强也。故曰:教学相长也。

【注释】《学记》。只有通过学习才能了解自己的不足;只有通过教别人才能知道自己哪些问题没有弄通,感到困惑。知道了自己的不足之处才能反过来要求自己加强学习;感到了困惑才能自我勉励,发奋图强。所以说,教和学是相互促进的。

【解析】"教学相长"是自古而今都被人公认的真理。教然后知困,才能更进一步发奋学习,弥补自己的缺憾,学然后知不足,了解了自身的缺陷,进而能加强学习。教与学相互促进,相互发展。

不学操缦,不能安弦;不学博依,不能安诗;不学杂服,不能安礼;不兴其艺,不能乐学。

【注释】《学记》。不练习指法,琴瑟就弹不好;不多学譬喻,诗就写不好;不学洒扫应对等细碎的事,行礼就行不好;不喜欢学习技艺,学习正业的兴趣也就高不了。

【解析】"九层之台起于垒上"。任何一门技艺的修炼都有它的基础,我们必须踏踏实实地努力拼搏,才有希望功成名就。没有基础的"空中楼阁"只能是幻想。

大学之法,禁于未发之谓豫,当其可之谓时,不陵节而施之谓孙,相观而善之谓摩。此四者,教之所由兴也。

【注释】《学记》。大学的教育方法是,在学生不正当的欲望发生之前就加以制止,这叫作防患未然;抓住最合适时机进行教育,这就叫作合乎时宜;不超越正常的顺序进行教育,这就叫作循序渐进;学生互相观摩,学习他人的长处,这就叫作切磋琢磨。这四条是教育成功的方法。

【解析】教育是一门科学,必须注意总结和探索它的方法与规律,注意吸取前人的优秀成果。《学记》中提到的教育成功的方法,对我们今天的教育仍具有现实意义。

独学而无友,则孤陋而寡闻。

【注释】《学记》。单独学习而没有朋友一起切磋琢磨,就会学识浅陋,见闻不广。

【解析】知识、思想给予了别人,自己仍留有一份。朋友一起切磋琢磨,只会增加你的知识,开拓你的思维,开阔你的视野,而不必担心会丢失知识。

君子之教喻也,道而弗牵,强而弗抑,开而弗达。

【注释】《学记》。君子教育学生的时候,只加引导,而不是拉着逼他前进;对学生多加鼓励,而不是使他沮丧压抑;讲解时在于启发,不全部讲尽。

【解析】一名优秀的教育工作者,应该是一座灯塔或是一个航标,指明了方向,让学习者自己去前进,而不是一位艄公,手把手地教弟子如何摆渡过河。

教也者,长善而救其失者也。

【注释】《学记》。所谓教育,就是培养、发扬学生的优点而挽救他们的过失。

【解析】此句指出了教育的一个目的。它可以鼓励学生发扬优势而避免过失。同时教育也可以增加学生的知识,拓展他们的视野,开启他们的思维,培养他们的创造力等。

善歌者使人继其声,善教者使人继其志。

【注释】《学记》。善于唱歌的人,能使听众跟在他后面唱起来;善于教化的人,能使别人不自觉按照他的思想做事。

【解析】本句用打比方的方法,引出教育应是能使别人继承心志的。

凡学之道,严师为难,师严然后道尊,道尊然后民知敬学。

【注释】《学记》。在学习中,最难做到的是尊敬老师。老师受到尊重,那么他所传授的道艺才能受到尊重;道艺受到尊重,人们才能把学习看得很重要。

【解析】尊师重教,是我国的传统美德。尊敬老师,才能看重他们的道艺,才能真正看重学习,重视教育也才能真正得以体现。

善学者,师逸而功倍,又从而庸之;不善学者,师勤而功半,又从而怨之。

【注释】《学记》。善于学习的人,老师很轻松而教学效果却双倍,并且把功劳归于老师;不善于学习的人,老师很辛苦而教学效果却只有一半,并且还怨恨老师。

【解析】俗话说,师傅领进门,学艺在个人。学习的真正主体是学生,学生只有善于学习,勤奋刻苦,并加以教师的从旁点拨,才能取得事半功倍的效果。

记问之学,不足以为人师,必也其听语乎。

【注释】《学记》。只会记诵书本而没有领会,这种人不能做人家的老师。做老师的一定要根据学生的问题恰当地加以解答。

【解析】这里提出了对老师的一个要求。为人师者,不能只是一知半解的,应该知其然,也知其所以然,并能根据学生的提问,抓住要害,进行恰如其分的解答。

大德不官,大道不器,大信不约,大时不齐。察此四者,可以有志于本矣。

【注释】《学记》。具有伟大德行的圣人,并不专门担任某一种官职;作为宇宙万物的大道,并不局限于一种事物;最大的诚信不需要订立盟约;天之四时虽不同,却运转不停,是最准确的守时。一个人明白了这四种情况,就有志于学之本了。

【解析】圣人之所以为圣,不仅指其具有伟大的德行,而且还有包容万物的胸怀。他们不只为某一事物而奋斗,而是志在四方。

凡音之起,由人心生也。人心之动,物使之然也。

【注释】《乐记》。大凡声音的兴起,都是从人心中发生的;而人心的活动,是由于受到外物的触发。

【解析】这是一种唯心主义的观点,声音是客观存在的,是由客观事物所引发的,绝不是由人心所生的。

礼以道其志,乐以和其声,政以一其行,刑以防其奸。

【注释】《乐记》。用礼仪来引导人们的志向,用音乐来调和人们的声音,用政令来统一人们的行动,用刑罚来防备人们的奸邪。

【解析】运用礼、乐、刑、政统一民心,走上治国的正道。用礼仪引导人们的志向,使人明白差异,辨明贵贱;用乐音来调和人们的声音,使他们具有仁的思想,同时也由此提高了内心修养。刑、政作为辅助手段来规范人们的行为,使其符合礼、乐的规定。

治世之音安以乐,其政和。乱世之音怨以怒,其政乖。亡国之音哀以思,其民困。

【注释】《乐记》。太平社会的音乐安详而欢乐,其政治便是和谐的。混乱社会的音乐怨恨而恼怒,其政治便是紊乱的。亡国的音乐衰伤而忧思,其人民的生活也是困苦的。

【解析】古人认为,音乐可以反映一个社会的兴衰成败。因此我们可以通过考察一个社会的音乐,来了解该社会的政治状况,可以说音乐是社会的一面镜子。

先王之制礼乐也,非以极口腹耳目之欲也,将以教民平好恶而反人道之正也。

【注释】《乐记》。先王制定礼乐,并非用以满足人们口腹和耳目的欲望,而是用来教导民众爱憎分明,回到做人的正道上来。

【解析】指出先王制定礼乐的真正目的在于教导民众爱憎分明,从而达到统一民心,实现国家大治的目的。

强者胁弱,众者暴寡,知者诈愚,勇者苦怯,疾病不养,老幼孤独不得其所。此大乱之道也。

【注释】《乐记》。强大的人威胁弱小的人,多数人欺凌少数人,聪明人欺骗愚钝的人,勇敢的人迫害怯懦的人,生病的人得不到照看,孤寡老幼无所依靠,这便是天下大乱的由来。

【解析】《礼记》认为,天下大乱的原因在于人对于爱好和厌恶没有节制,且又受到外物的引诱,结果是灭绝天理,放纵人欲。于是“有悖逆诈伪之心,有淫佚作乱之事。”

乐者为同,礼者为异。

【注释】《乐记》。乐的作用是调和同一,礼的作用是区别差异。

【解析】乐的作用是调和好恶感情,净化人们的心灵,使烦躁者心情得以平静。礼的作用是划分贵贱等级,使各阶层人都各有所守,绝不僭越,在接触中相互尊重。

乐胜则流,礼胜则离。

【注释】《乐记》。乐超过了限度,就会流于散漫不恭敬;礼超过了限度,就会造成隔离不亲近。

【解析】礼乐合度共同治理国家,要求做到不瘟不火,不即不离,绝不能太过,过犹不及。乐过则会流于散漫不恭敬,礼过就会隔离不亲近。

大乐必易,大礼必简。

【注释】《乐记》。盛大的音乐一定是平易的,隆重的礼仪一定是简朴的。

【解析】这也是古代以素朴为美思想的一种反映。平淡中寄寓着深刻,简朴里蕴含着隆重。所谓"大圭不琢,大羹不和"也是一个道理。

乐至则无怨,礼至则不争。

【注释】《乐记》。乐教通行,心中就没有怨恨;礼教通行,人们就不会斗争。

【解析】显示出乐、礼的重要作用,这也是将它们列为教育课程的原因。礼、乐通行,既能使人们和睦相处,消除嫌怨,又能使人们各得其所,促进社会稳定和经济的发展。

作者之谓圣,述作之谓明。

【注释】《乐记》。能创制的称之为"圣",能传授的称之为"明"。

【解析】礼乐的制定和传授并非是人人都可进行的,它要求人们必须具备一定的素养。创制者必须懂得礼乐的本质,传授者必须明白礼乐的形式。具备这样素养的人,才可称为"圣明"。

王者功成作乐,治定制礼。

【注释】《乐记》。王者大功告成才作乐,政治安定才制礼。

【解析】礼乐的制定和实施只能在和平环境中才真正有效,任何战乱和祸患不可能单纯地依靠礼乐而得以平息。礼乐只是在和平环境中国家加强统治,保持社会稳定的一种辅助手段。

仁近于乐,义近于礼。

【注释】《乐记》。

【解析】礼是为了辨明差异,跟随着神归属于天的。而仁义则是接近于乐礼,体现了乐礼的精神。

观其舞,知其德;闻其谥,知其行。

【注释】《乐记》。观察他的舞,就能知道他的品德如何;好比听到他的谥号,就能知道他的行为如何。

【解析】所谓窥一斑而知全豹,观一叶而知秋,也就是说能通过观察事物的一部分来了解整个事物。这就要求要有全豹的整体概念,要能了解秋天到来的各种迹象,并能从各种细小的变化中敏锐地嗅出它们的气息。

刚气不怒,柔气不慑。

【注释】《乐礼》。刚气坚强而不暴怒,柔气和顺而不畏缩。

【解析】刚强者绝非是没有智谋的莽汉,柔婉者绝非是畏缩不前的懦夫。刚强中有着勇敢和智慧,柔婉中具有和顺和不屈。

德者,性之端也;乐者,德之华也,金石丝竹,乐之器也。诗,言其志也;歌,咏其声也;舞,动其容也。

【注释】《乐记》。所谓德是人性的发端。而音乐,则是由德开放出来的花朵。金石丝竹,则是奏乐的工具。诗,表达人们的志向;歌,唱出人们的心声;舞,体现人们的仪容动态。

【解析】诗、乐、舞三位一体,诗言志,歌咏言,声依咏,律和声,声、律、诗、乐、舞合作共同表现深层的内涵。共同为塑造良好的德行和传情达义服务。

临事而屡断,勇也;见利而让,义也。

【注释】《乐记》。遇事能决断,就是勇;见利能谦让,就是义。

【解析】办事要果断,决不能疑惑不定。如若见到利益应有所谦让,做到取之有道,用之有度。不能唯利是图,不择手段。

歌之为言也,长言之也。说之,故言之;言之不足,故长言之;长言之不足,故嗟叹之;嗟叹之不足,故不知手之舞之,足之蹈之也。

【注释】《乐记》。唱歌其实也是一种语言,只是把语言的音调拉长罢了。心中喜悦就用语言来表达,语言不够用,就拉长其音调,拉长音调不够,就发出咏叹,咏叹不够,就不知不觉地手舞足蹈起来了。

【解析】同样体现了诗、乐、舞三位一体,用诗歌表达自己的志向,抒发自己的感情,但是言语传情达义的功能毕竟是有限的,总有言不尽意的时候,这时就会结合音乐舞蹈,共同传达它内在的韵味。

三年之丧,言而不语,对而不问。

【注释】《杂记下》。为父母守丧三年,和别人讲话时只谈自己的丧事而不论及其他,只回答别人的问话而不向别人提问。

【解析】这是一种礼的规定,认为替父母守丧三年是作为孝子应尽的职责。守丧时必须虔诚恭敬,表现出自己的哀切之思,而且这必须是发自内心的真实情感,不能有半点虚伪和做作。

君子有三患：未之闻，患弗得闻也；既闻之，患弗得学也；既学之，患弗能行也。

【注释】《杂记下》。有德行的人有三种忧虑：第一是对自己没有听说过的知识，忧虑不能听到；第二是对自己已听说过的知识，忧虑不能学会；第三是对自己已学会的知识，忧虑不能用起来。

【解析】没有远虑，必有近忧。有德行的人总能居安思危，善于弥补自己的不足。他能多方面吸取知识来充实自己，并最终利用知识来服务于社会，服务于人类。

君子有五耻：居其位，无其言，君子耻之；有其言，无其行，君子耻之；既得之而又失之，君子耻之；地有余而民不足，君子耻之；众寡均而倍焉，君子耻之。

【注释】《杂记下》。有德行的人有五种羞耻：第一是身居官职但拿不出自己的见解，会感到羞耻；第二是虽有见解却不实施，会感到羞耻；第三是已经得到的东西又失掉了，会感到羞耻；第四是所管辖的土地很多而人民逃散，地有余而民不足，会感到羞耻；第五是役用人数彼此相等，而他人的功绩倍多于自己，会感到羞耻。

【解析】能够有所耻，才能有所荣。由于对某事感到羞耻，君子会想法改变它，使其变为一种荣耀。一个没有羞耻感的人就会对一切都无所谓，有所羞耻才能激励人们奋发。

张而不弛，文武不能也；弛而不张，文武不为也；一张一弛，文武之道也。

【注释】《杂记下》。一直紧张而没有松弛，即使文王、武王也吃不消；一直松弛而没有紧张，文王、武王也不愿意这样干；有紧张又有松弛，是文王、武王治理天下的办法。

【解析】张而不弛，只能使人民疲于奔命，感到草木皆兵，只能起到暂时的效果，绝不能长久；弛而不张，又会使人民散漫，无所适从；只有一张一弛，既能调动人的积极性，又张弛有节。

乐以迎来，哀以送往。

【注释】《祭义》。人们以喜悦的心情迎接春天的到来，以哀伤的心情送别秋天归去。

【解析】喜柔条于芳春，悲落叶于劲秋。"来"暗指生命的延续，生命的蓬勃发展，代表着欢乐与浪漫；而"去"暗指生命的消失、青春的虚度，代表着离去的痛苦与悲哀。

先王之孝也,色不忘乎目,声不绝乎耳,心志嗜欲不忘乎心。

【注释】《祭义》。先王是那样的孝敬,以至于祖先的容颜时刻在眼前,祖先的声音时刻不离耳,祖先的思想爱好时刻记在心上。

【解析】孝敬父母,不只是生前尊敬父母,赡养老人安度晚年,而且还应时刻怀念起老人的一举一动、一言一行,这样可称得上至孝。

礼减而不进则销,乐盈而不反则放。

【注释】《祭义》。礼是减损的,如果不鼓励,就会渐渐消亡。乐是充盈的,如果不控制就会走向放纵。

【解析】礼是规范人们行为的法则,是引导人们走向有德的向导。乐是加强人们的内在素养的一种手段,使差别趋于和同。

孝有三,大孝尊亲,其次弗辱,其下能养。

【注释】《祭义》。孝可分为三等:上等是尊敬父母,次等是不使父母羞辱,下等是只能赡养父母。

【解析】孝敬父母是古今共有的行为。仅仅能够在物质上给父母以帮助的,只能算最下等的孝,最上等的孝则是充分尊敬父母,使他们的精神愉悦,生活充实,真正享有天伦之乐。

父母有过,谏而不逆。

【注释】《祭义》。父母有过错,婉言规劝而不违逆。

【解析】没有十全十美的人,有过错是难免的。当你面对父母的过错时,不应视而不见,唯唯诺诺,而要婉转地规劝父母,使他们真心接受并改正错误。

天之所生,地之所养,无人为大。

【注释】《祭义》。天所生,地所养的一切生物,没有比人更伟大的。

【解析】人是万物之灵长,天地之至尊。它是最伟大的生物,它既有善于思辨的大脑,又有制造工具的才能,它会役使万物为自身服务。

强不犯弱,众不暴寡。

【注释】《祭义》。

【解析】这是君子协定,决不能看见别人弱小就恃强凌弱,而应依据礼的规定办事。

善则称人,过则称己。

【注释】《祭义》。有善绩,则归功于他人;有过错,则归咎于自己。

【解析】善于自责,便能赢得别人的尊敬。能谦让,不争名利,便能与周围的人融洽相处。

上有大泽,则惠必及下。

【注释】《祭统》。上面有大恩泽,恩惠就一定会施及下面。

【解析】一人得道,鸡犬升天。常指一个人取得了很大利益,周围的人也必然跟着沾光。蒲松龄的《促织》中,描写成名敬送了一只善斗的促织,使天子大为喜悦,因此州府县衙,甚至乡村里胥都受到了奖励。

所不安于上,则不以使下;所恶于下,则不以事上。

【注释】《祭统》。上面做的事情使自己感到嫌恶的,就不要对下这样做;下面做的事情使自己感到嫌恶的,也不要对上面这样做。

【解析】己所不欲,勿施于人。不要总为了自己的私利而损害别人,甚至把自己不愿意干的事、不愿意说的话转嫁于别人,让别人代过,应该换个角度考虑,将心比心。

惠均则政行,政行则事成,事成则功立。

【注释】《祭统》。恩惠施行得公平,政令就能得到执行;政令执行,事情就能办成;事情办成就能建立功业。

【解析】施行恩惠公平合理,就会使万民拥戴。历史上许多明君能兼顾各阶层人民的利益,因此他们的政令畅通,国家强盛,如文景之治,贞观之治,康乾盛世等,反之就会众叛亲离,成为孤家寡人。

温柔敦厚,《诗》教也;疏通知远,《书》教也;广博易良,《乐》教也;洁静精微,《易》教也;恭俭庄敬,《礼》教也;属辞比事,《春秋》教也。

【注释】《经解》。如果人们温和柔顺,纯朴忠厚,那就是受了《诗》的教化。如果是开明通达,博古通今,那就是受了《书》的教化。如果是心胸舒畅,轻松和善,那就是受到了《乐》的教化。如果是清静精明,细致入微,那就是受了《易》的教化。如果是谦恭辞让,庄重严肃,那就是受了《礼》的教化。如果是善于辞令,议论是非,那就是受了《春秋》的教化。

【解析】《诗》《书》《礼》《易》《春秋》被后人合称为五经,成为后世学子的必读教材。它要求人们遵循原则,受儒家的教化,其实质是为统治者培养顺臣顺民。

身以及身,子以及子,妃以及妃。

【注释】《哀公问》。由自身要推想到百姓,由自己的儿子要推想到百姓的儿子,由自己的妻子要推想到百姓的妻子。

【解析】俗话说:将心比自心,何必问旁人。若都从自己的角度出发,为自身谋利益,并以此为借口来损害他人的利益,最终受害的还是自己。

君子言不过辞,动不过则,百姓不命而敬恭。

【注释】《哀公尚》。君子如果能不说错话,不做错事,那么民众不须命令,就会恭敬服从了。

【解析】这种观点显然有些偏颇。错误是难免的,若君子能认识错误,改正错误,仍能在民众中树立威信,百姓不命而恭敬。

敬而不中礼,谓之野;恭而不中礼,谓之给;勇而不中礼,谓之逆。

【注释】《仲尼燕居》。诚敬而不合乎礼节,就叫作粗野;恭顺而不合乎礼节,就叫作伪巧;勇敢而不合乎礼节,就叫作乖逆。

【解析】"礼"的制定是用来辨别差异,区分贵贱。孔子处处要求应以礼为规范,无论是谦敬、恭顺还是勇敢都须合乎礼,否则就会变得巧伪、虚假。在这里也体现了他的"中庸"思想。

天无私覆,地无私载,日月无私照。

【注释】《孔子闲居》。天覆盖天下没有偏私,地承受万物没有偏私,日月普照天下没有偏私。

【解析】天道有常,不为尧存,不为桀亡。上天对每一个人来说都是公平的,绝不会因为你勤奋刻苦就多给你一些时间,也不会因为他虚度光阴而少给他一些时间,成功的人善于把一当成二用。

礼以坊德,弄以坊淫,命以坊欲。

【注释】《坊记》。君子用礼来防备道德的过失,用刑罚来制裁淫邪的行为,用法令来防范人欲的泛滥。

【解析】反映了礼义刑法并重的思想,用礼加强人们的道德,使他们明白羞耻和荣耀,用刑法则制止不法行为,强制其符合礼的规定。

小人贫斯约,富斯骄;约斯盗,骄斯乱。

【注释】《坊记》。小人贫穷便感到窘迫,富裕便会有骄横之气。感到窘迫就会去盗窃,有骄横之气就要犯上作乱。

【解析】礼的制定就是为了防范小人去盗窃,去犯上作乱。用礼的规范约束人民,使人民均能安得其所,贫穷而不致窘迫,富裕而不致骄横,由此国家便能安定。

天无二日,土无二王,家无二主,尊无二上。

【注释】《坊记》。

【解析】这种宣称其实质是向民众显示君臣的区别,宣扬君王是上天之子,是上天派他来治理天下,而老百姓只能依礼办事,决不许僭越。

君子辞贵不辞贱,辞富不辞贫。

【注释】《坊记》。君子辞让显贵的人而不逃避卑贱的人,辞让富人而不逃避贫穷的人。

【解析】孔子认为,社会上作乱的事日渐减少,是因为君子能够不苟富贵,不以财富利益作为其生存准则。这种观点有些偏颇,是其从注重礼乐作用的角度加以说明的。

君子贵人而贱己,先人而后己。

【注释】《坊记》。君子尊重他人而贬低自己,让他人在前面而自己居后。

【解析】这种行为会令人民学会谦让。谦让是一种美德,人们有了谦让就能和睦相处,不会为些许小事而争论不休。但谦让也要适度,否则就是种虚伪的表现。

君子约言,小人先言。

【注释】《坊记》。君子是少说话,多干事;小人则是事还没做,就先说大话。

【解析】君子慎于言,他决不去夸耀自己,宣示自己的功德,而是通过脚踏实地地工作赢得后人的赞赏;而小人,总善于夸大其词,以华丽的言辞去蒙骗别人。

君子隐而显,不矜而庄,不厉而威,不言而信。

【注释】《表记》。一个德行高尚的人即使隐身山野,他的名声也会远扬的;不必故作矜持之态,而神色却自然庄重;不必声色严厉而威仪却自使人敬畏;不必多说话,却自然得到别人的信任。

【解析】有德行的君子,他的一举一动都体现着威严、庄重。不论其身处闹市还是远避山林,他那锐利的光芒总会辐射四方,受到人们的敬仰。

君子不失足于人,不失色于人,不失口于人。

【注释】《表记》。德行高尚的君子,对人的一举一动没有不得体的地方,对人的一颦一笑没有不合适的地方,对人的一言一行也没有失礼的地方。

【解析】君子谨言慎行,他们言行总要符合礼的规定,因而他们才能成为民众学习的榜样,才能在与民众的接触交往中影响民众。

君子慎以群祸,笃以不揜,恭以远耻。

【注释】《表记》。德行高尚的人用行为谨慎来避免祸患,用修养笃厚来解除困迫,用恭敬待人来避免耻辱。

【解析】祸患、灾难、耻辱等每个人均会遇到,有的人能防患于未然,通过加强自身的修养来避免它们,而有的人只能被动地遭遇它们,甚至没有丝毫应付它们的能力。

以德报德,则民有所劝;以怨报怨,则民有所惩。

【注释】《表记》。用恩惠来报答别人给自己的恩惠,这样人民就会有所劝勉而友好相待;用怨恨来回报别人对自己的怨恨,这样人民就会有所警戒而不敢对别人不好了。

【解析】用恩惠来报答别人给自己的恩惠,人民就会有所感动,他们会互帮互利,他们之间也能交好相处。而以怨恨回报怨恨,以其人之道还治其人之身,这样人民就能有所警醒,会弃恶向善。

以德报怨,则宽身之仁也;以怨报德,则刑戮之民也。

【注释】《表记》。孔子说:用恩惠来报答别人对自己的怨恨,那是求苟安的人;用怨恨来报答别人给自己的恩惠,那一定是应该绳之以法的人。

【解析】"以德报怨"可以有两种不同的理解,若是为了自身的利益,通过施以恩惠求得息怨,那么这样的人是苟且偷生的人。若是从爱的角度考虑,通过恩惠化解嫌怨,避免冤冤相报,这样的人也可算是仁者。

仁者安仁,智者利仁,畏罪者强仁。

【注释】《表记》。真正仁爱的人,他们的天性就是泛爱众人。而有智慧的人,他们知道行仁可以得到实际利益,那些害怕犯罪受刑罚的人,他们只是勉强去行仁。

【解析】仁的行为有三种情况,他们在仁的效果上虽然是一样的,但他们的出发点却不同,由此他们的修养也是有所差别的。想了解事件的真相,既要看重结果更应看清过程。

子曰:"恭近礼,俭近仁,信近情。

【注释】《表记》。孔子说:恭敬很接近于礼,节俭很接近于仁,信实很接近于人情。

【解析】做人如果能恭敬谦让,虽然有过错,也不会是大过错;为人恭敬就能少犯错误,近于人情,就能让人接受,就会受到信赖;日用节俭就很容易被人接受。

君子不以小言受大禄,不以大言受小禄。

【注释】《表记》。君子不会因小的建议被采纳而接受大的赏赐,也不会因大的建议被采纳而只接受小的赏赐。

【解析】君子能够根据自己的功绩高低要求得到相应的奖赏,绝不会去要求太多的好处也不舍弃自己应得的利益。反过来说,国家可以根据给予臣子俸禄的多少,要求他们承担相应的职责,由此也可避免臣子的失职。

君子之接如水,小人之接如醴。君子淡以成,小人甘以坏。

【注释】《表记》。君子之间的交往就像水一样淡薄;小人之间的交情却像甜酒那样浓厚。君子之间的交情虽然很淡薄,但却能相辅相成;小人之间的交情虽然很浓厚,但时间长了就会败坏。

【解析】君子之交淡如水,尽管交情比较淡薄,但他们是在交心,是真正地交往,他们能在实际生活中相辅相成;而小人之交虽然浓厚,但只是基于利,一旦根基溃陷,他们间的交往也烟消云散了。

口惠而实不至,怨灾及其身。

【注释】《表记》。孔子说:答应给人家好处的,却不兑现。这样做,怨恨和灾难就一定会降到你身上。

【解析】善于用口头表达感情的,且总是空口许诺别人的,只能给别人留下虚伪巧诈的印象。君子要做到一言九鼎、一诺千金,而不是信口开河,随便许诺别人。

情欲信,辞欲巧。

【注释】《表记》。感情要真实,言辞要和婉美巧。

【解析】感情应是人内心感受的真实流露,不应是虚伪做作的。言辞要和婉美巧,有德行的人善于用真情来感动别人,用委婉的言辞来说服别人,而不是用虚情假意、花言巧语去欺骗别人。

君子道人以言,而禁人以行。

【注释】《缁衣》。君子用善言教导人们,使他们忠信,用美行禁约人们,使他们做的和说的一致。

【解析】有德行的人注重言传身教,以此教导人们忠信,也要求人们言行一致,而不是只说不做,或是口是心非。

上人疑则百姓惑,下难知则君长劳。

【注释】《缁衣》。在上位的人是非不明,老百姓就会不知所从;在下位的人虚伪奸诈,君主尊长就会格外辛劳。

【解析】一个国家,一个民族如要繁盛、富强,必须有自己的脊梁,能承担振兴民族、国家的大任。

小人溺于水,君子溺于口,大人溺于民,皆在其所亵也。

【注释】《缁衣》。小人由于爱玩水常常被水淹死;君子由于喜欢议论,常常以此招致怨恨;执政的人则常常被人民所陷溺。这些都是太接近而失去戒心。

【解析】祸从口出,病从口入,人们往往由于随便议论他人,由此招致祸患,受到不应有的惩罚。

民以君为心,君以民为体。

【注释】《缁衣》。人民把君主当作心脏,君主把人民当作身体。

【解析】此句把人民和国君之间的关系比作身体和心脏间的关系。心胸开阔,身体就会舒适。心脏既因受到身体的保护而不致损害,也会因身体不健康而受到损伤。君主有了人民才得以存在,也会由于人民的叛离而灭亡。

君以民存,亦以民亡。

【注释】《缁衣》。君主因为有了人民才得以存在,但也会因为人民的叛离而灭亡。

【解析】水可载舟,亦可覆舟。人民好比水,他们既能拥护君主把国家治理好,又能背弃君主,使国家灭亡。历史上许多政权的兴衰都说明了这一点,能够看重人民的,其国家便能得到大治,而轻视人民的,其国家也由此而灭亡。

言有物而行有格也;是以生则不可夺志,死则不可夺名。

【注释】《缁衣》。说话要用事实验证,行为要合法则;所以活着的时候有坚定不移的志向,死了以后也不至于被剥夺美名。

【解析】不以规矩,不成方圆。办事必须符合一定的法则,按照礼的规定行事,不能超矩逾规、言过其实,应该"言有物",经受得起实践的考验。

轻绝贫贱而重绝富贵,则好贤不坚而恶恶不著也。

【注释】《缁衣》。随便地与贫贱而贤能的人绝交,而慎重地与富贵而邪恶的朋友绝交,这就是好贤的心不坚定,嫉恶的行为不显明。

【解析】小人交人以利,君子交人以心。能够淡泊名利与志同道合的人交往,这样的人才能有真正的朋友。

爱其死以有待也,养其身以有为也。

【注释】《儒行》。珍惜生命是为了等待发挥作用的机会;保养身体是希望有所作为。

【解析】身体是革命的本钱,虽然有的人倍受凌辱,仍然苟且地活着,他们是为了寻求机会,充分发挥自己的作用。如勾践卧薪尝胆多年就为了复兴越国,打败吴国。

儒有不宝金玉,而忠信以为宝;不祈土地,立义以为土地;不祈多积,多文以为富。

【注释】《儒行》。有的儒者不珍重金玉,而十分珍贵忠信的品德;不祈求拥有土地,而将树立德义作为安身立命的土地;不祈求聚敛财货,而以具有渊博的知识为富有。

【解析】金玉财宝生不带来,死不带去,只是身外之物,唯一宝贵的是一个人的品行、知识,只有那些具有良好的品行、丰富的知识的人,才能为后世所敬仰。

儒者可亲而不可劫也,可近而不可迫也,可杀而不可辱也。

【注释】《儒行》。有的儒者可与相亲密,但不可以威胁;可与接近,而不可以逼近;可以杀,而不可以侮辱。

【解析】士可杀而不可辱。俗话说人活一口气,树活一张皮。一个没有骨气的人,即使他的物质生活非常富有,活得非常洒脱,他的生命也是苍白的,他的生活不值得人效仿。

上答之不敢以疑,上不答不敢以诏。

【注释】《儒行》。国君采纳他的建议,则坚信不疑,竭心尽力;国君不采用他的建议,也决不去取媚于人。

【解析】为官、做人都是一个道理,要做到有骨气,为官就要竭尽全力,尽心尽职,如果国君不任用你,也决不取媚于人,如屈原"忠而见疑,信而被谤",但他绝不委曲求全。

儒有内称不辟亲,外举不辟怨。

【注释】《儒行》。有的儒者,对族内的贤者不因为避讳亲属关系而不推举;对族外的贤者,不因为此人和自己有私仇而不推荐。

【解析】唯才是举,决不因为你我有私仇就埋没你的才能,而是竭力举荐;也不因为你我有亲属关系,而为了避讳不举你。社稷之臣考虑的不是自己的利益,不是自身的荣华富贵,而是以对国家、对人民是否有利为其举荐标准。

温良者,仁之本也;敬慎者,仁之地也;宽裕者,仁之作也;孙接者,仁之能也;礼节者,仁之貌也;言谈者,仁之文也;歌乐者,仁之和也;分散者,仁之施也。儒者兼此而有之,犹且不敢言仁也。其尊让有如此者。

【注释】《儒行》。温柔善良,是儒者的根本;恭敬谨慎,是仁者的土壤;宽大包容,是仁者的行动;谦逊待人,乃仁者所能;一举一动都有礼貌,是仁者的外貌;说话谈吐高雅,是仁者的文采;吹歌弹唱,是仁者的谐和;分散钱财,赈济贫穷,是仁者的施与。儒者兼有以上的美德,仍然不敢说自己已达到仁。儒者恭敬谦让有如上所说。

【解析】这是儒家所推崇的美德,主张"仁爱"。这里"仁"的思想是一个非常宽泛的概念,既要人们具有温文尔雅的外表,又要有宽大包容、乐善好施的内心,还需有符合礼义的言行。

礼始于冠,本于昏,重于丧祭,尊于朝聘,和于射乡,比礼之大体也。

【注释】《昏义》。礼,是以冠礼为起点,以婚礼为根本,以丧祭为最隆重,以朝觐、聘问为最尊敬,以射、乡饮酒为最和睦,这就是礼的大原则。

【解析】以婚礼作为礼的根本,因为通过婚礼之后,男女之间才建立起夫妇的正常关系,后才有父子亲爱,君臣才能各安其位。

孔子射于矍相之圃,盖观者如堵墙。

【注释】《射义》。孔子演习射礼在矍相的场上,观看的人挤得像一堵墙。

【解析】举行射礼,可以用来观察美好德行。如墙的观者就是希望通过观察孔子的一举一动来了解孔子的德行,以作为他们各自行动的榜样。

好学不倦,好礼不变。

【注释】《射义》。爱好学习永不懈怠,爱好礼仪矢志不变。

【解析】只有坚持不懈,持之以恒才能有所成就。如果只是三天打鱼,两天晒网,做一天和尚撞一天钟,那将一事无成。

有行之谓有义,有义之谓勇敢。

【注释】《聘义》。有德行就是有义,有义就是勇敢。

【解析】勇敢而又坚强有力的人,在天下安定的时候,用在实施礼仪方面,那么天下就会更加和顺安定,在天下混乱的时候,用在战争中克敌制胜,那么就天下无敌。

瑕不掩瑜,瑜不掩瑕,忠也。

【注释】《聘义》。它身上的疵斑不会掩盖自身的光彩,自身的光彩也不会掩盖本身的疵斑,就像忠实正直的品性。

【解析】乌云遮不住太阳,只要你是金子,总有闪光的时候。也许小人有时会得志,会执掌大权,但总是会倒台的,如被称为九千岁的魏忠贤就是这样。

恩者,仁也;理者,义也;节者,礼也;权者,知也。仁义礼知,人道具矣。

【注释】《丧服四制》。有恩情,是仁的表现;有义理,是义的表现;有节制,是知礼的表现;有变通,是智的表现。有仁义礼智,人类的道德就都完备了。

【解析】仁义礼智是古代仁人君子为人处世的最高准则。既要做到知恩必报,普遍爱人,又要讲求义理,而且在日常行为中要受到礼的节制,符合礼的规范,还要能够有所变通,具有超凡脱俗的大的智慧。从这里我们也可看出儒家学说对个人的自身修养是有极高的要求的。

《周 易》

　　《周易》是我国现存古代最早的一部奇特的哲学著作，原名《易》。西汉初，《周易》被列为学宫的"经"书之一，学者遂尊称为《易经》，由此成为儒家重要的经典之一。

　　关于"易"的含义，《周易·系辞上》说："生生之谓易"。东汉郑玄认为："易一名而含三义，所谓易也，易简也，变易二也，不易三也"（《周易赞》）。"易简"是以一持万，执简驭繁之道；"变易"说明运动变化是一切事物的普遍规律；"不易"是说事物的相对稳定性。也有人认为，"周易"之名，正是取周室即将变易的意思，作者是为了挽救周室的危亡而编著的。

　　《周易》包括经和传两部分，经是流传至今的最古老的一部占筮之书，由阳爻（—）和阴爻（— —）构成，把三爻重叠起来，构成64卦。阴阳两爻代表着世间最基本的相互对立的存在，这反映了古人抽象思维能力在当时已达到了很高水平。对作为卦形基本构成的阳爻（—）和阴爻（— —）学者们持有不同的看法：如郭沫若、钱玄同认为"— —"为女阴形象，"—"为男根的形象，这两种符号可以看作是古代生殖崇拜的孑遗；有的学者如乌恩溥，认为"—"是太阳的象征，"— —"是月亮的形象的演变；有的学者如高亨，认为"— —"和"—"是人们卜筮的工具——竹子的象征，有节者为"— —"，无节者为"—"。《系辞上》说："易有太极，是生两仪，两仪生四象，四象生八卦，八卦定吉凶，吉凶生大业"。"太极"，即"太一"，天地阴阳未分时的混沌状态，《吕氏春秋·太乐》说："万物所出，造于太一，化于阴阳"；《淮南子·诠言训》说："洞同天地浑沌为朴，未造而成物，谓之太一"。《周易乾凿度》："《易》始于太极，太极分而为二，故生天地"。"两仪"指天地。"四象"指春、夏、秋、冬四时，明清之际的王夫之则认为："天地之四象，阴阳刚柔也；易之四象，则吉凶悔吝也"（《张子正蒙注·大易》)。《易经》以卦和爻来占卜和象征自然和社会变化的吉凶，其卦辞和爻辞则是对占卜情况的记录和总结，同时也透露了上古社会的一些情况，如祭祀、战争、生产、商旅、婚姻等，片断保存了古人的思想认识资料。

《周易》中传的部分称为《易传》，是对《周易》的解释、说明和发挥。包括《彖》上下、《象》上下、《系辞》上下、《文言》、《序卦》、《说卦》、《杂卦》10篇，也称《十翼》。《周易》丰富复杂的思想内容主要就体现在传的部分。

关于《周易》的作者，有几种不同的说法。《系辞下》说："古者伏羲氏之王天下也，仰则观象于天，俯则观法于地，观鸟兽之文，近取诸身，远取诸物，于是始作八卦，以通神明之德，以类万物之情"。伏羲，是传说中原始社会早期的人物，"三皇"（燧人、伏羲、神农）之一。伏羲治理天下，仰观上天，俯瞰大地，观察飞禽走兽，从近处取人、远处取物作象征，于是创造了八卦，用以通神明之德性，类比万物之情态。司马迁在《报任安书》中说："盖西伯拘，而演《周易》"，"西伯"即文王，相传文王囚拘于羑里的时候，推演古代的8卦为64卦，成为《周易》一书的骨干。也有人认为，《周易》的作者是西周末年的一位筮官，《周易》记录的是西周的社会生活，"反映了周民族从太王迁于岐山，中经武王克商、周公东征，到王室东迁之前这一奴隶社会由极盛而衰落的变化史迹。"另有一些学者研究认为，《周易》并非一人一时之作，其成书在战国，导源于孔子而由儒家后学写成，其中思想以儒家为主，同时也受到了道家及阴阳家的影响。

《周易》中蕴含了丰富的智慧和奥秘，自然的、社会的、人生的，无所不包。除哲学外，还涉及天文、地理、历数、乐律、兵法等。大致说来，《周易》的思想内容主要体现在以下几个方面：

一、认为世界处在不断的变化运动过程之中，并且具有永恒的规律。"日新之谓盛德，生生之谓易"（《系辞上》），"天地革而四时成"（《革卦》），社会和大自然的生机来源于不断的、不停止的变化之中；停滞不前就会死水一潭。"天地盈虚，与时消息"（《彖》），自然界和人类生活有遵循的普遍原则，因而"君子尚消盈虚，天行也"（《剥卦》），君子崇尚消亡与生息，盈满与亏虚，是尊重顺从大自然的运行规律。

二、认为天地万物及人类生活都存在着对立统一的关系："一阴一阳谓之道"（《系辞》），世间最基本的规律就体现在阴阳对立面的交互作用上。余如吉凶、得失、益损、泰否、屈伸等都是对立统一关系的具体体现。"刚柔相推，变在其中矣"（《系辞》），变化的道理，就体现在刚与柔的相互推移中。

三、任何事物都具有两重性，都存在着对立面相互转化的可能性，即"物极则反"。朱熹说:"当极盛之时,便须虑其亡,如这般处,最是。《易》之大义,大抵于盛满时致戒"(《朱子语类》)。如"亢龙有悔"(《乾卦》),龙飞到了穷极,必然要遭受挫折。"日中则昃,月盈则食"(《丰卦》),太阳到了正午就要西斜,月满中天就会亏蚀。"无平不陂,无往不复"(《泰卦》),没有平地不存在险陂的,没有去者不重回复的。"小来大往"(《泰卦》)、"大来小往"(《否卦》),皆是此理。在这样的前提下:"穷则变,变则通,通则久"(《系辞》)也就是必然的了。

《周易》在这些方面所体现出的先见之明,为中国古代辩证法思想的发展奠定了可贵的理论基础。

四、倡导积极进取的人生态度,同时又提醒个人对世界应保持高度的清醒和理性。"天行健,君子以自强不息"(《乾卦》),大自然生生不息,君子亦应刚劲强健,奋发不止。如不能为世所用,被迫遁世,那也要做到"遁世无闷,不见是而无闷"(《乾卦》),逃离尘世不感到苦闷,不被肯定不感到苦闷,这样的人才是不可动摇的。至于大获就更不应自满自傲,否则就会导致亏损:"有大者不可盈"(《序卦传》)。

五、强调道德修养,强调人格健全,特别是《易传》部分有大量的论述,这显然是儒家思想在《周易》中的集中反映。"体仁足以长人,嘉会足以合礼,利物足以和义"(《乾卦》),要求君子以"仁"为体,行为合乎"礼""义"。要"进德修业",讲求"忠信"(《乾卦》),"居上位而不骄,在下位而不忧"(同前)。"德"一词在文中多次出现:"德博而化"、"以成德为行"(《乾卦》)、"厚德载物"、"德合无量"、"至静而德方"(《坤卦》)、"以果行育德"(《蒙卦》)、"以懿文德"(《小畜卦》)、"以俭德辟难"(《否卦》)、"其德刚健而文明"(《大有卦》)、"以畜其德"(《大畜卦》)……由此看来,"德"在当时已被广泛运用,成为对君子品格、行为的最高要求。作为君子,要言行适宜,俯仰自如,外无愧于人,内有得于心。"德"的高下,事实上是衡量人的高下的重要标准。这对后来中国知识分子的人格形成产生了深远影响。无论是在中国思想史上还是在中国文化史上,《周易》都占有重要地位。

战国以后,对《周易》的研究逐渐成为一种专门的学问——"易学"。秦代焚书,却不焚易书。易学源远流长,2000多年来,形成了许多学派,著作达数百种,如象数学派、义理学派等。关于象数,《左传·僖公十五年》说:"龟,象也;筮,数也。物生而后有象,象而后有滋,滋而后有数。"杜预注:"言龟以象示,筮以数告,象数相因而生,然后有占,占所以知吉凶"。《周易》中讨论天日山泽之类为象,讨论初上九六之类为数。后世专门研究《周易》的龟筮占卜的,称象数学派。义理,指经义名理,专门研究《周易》经义名理的,称义理学派,宋人研究

《周易》即多在义理，中国古代著名的哲学家、思想家，没有不论及《周易》的，如王弼、司马光、张载、苏轼、程颐、朱熹、张栻、杨万里、王夫之等，他们从《周易》中获得了养分和启示，丰富了自己的思想和学说。

　　《周易》的版本繁多，流传下来的影响最大的是魏王弼的《周易注》，唐孔颖达的《周易正义》。宋朱熹的《周易本义》为宋以后的通行本。近人高亨研究《周易》卓有成就，著有《周易古经今注》（重订本，中华书局1984年版）、《周易大传今注》（齐鲁书社1979年版）、《周易杂论》（山东人民出版社1962年版）。

　　《周易》内容丰富、奥秘无穷。了解了《周易》，就可以了解中华文化发展的源头；了解我们的祖先在人类文明曙光初照之时，就已经具备了怎样的创造天赋和超常智慧。《周易》在中华文明发展史上所占有的重要地位，是其他任何著作都无法替代的。

潜龙勿用。

【注释】《乾卦·第一》。潜:潜伏,隐在水面下活动。勿用:指时机未到,暂时潜藏,不轻举妄动。

【解析】《周易集解》引沈骥士曰:"天地之气有升降,君子之道有骄藏,龙之为用,能飞能潜,固借龙比君子之德也。"忍耐和等待在许多时候是必要的和必需的,特别是在自我还不足够强大之时。龙之所以隐在水面下活动,是在积聚力量、等待机会。一旦时机来临,便可跃出水面,大展宏图。

君子终日乾乾,夕惕若,厉无咎。

【注释】《乾卦·第一》。君子:指有道德者。乾乾:自强不息的样子。惕:警惕。若:助词。厉:危险。无咎:免遭咎害。

【解析】君子始终自强不息,直至深夜仍警惕慎行。这样,即使面临危险也能免受咎害。孔颖达疏:"言每恒终竟此日,健健自强,勉力不有止息"。一生勤勉,一生自强不息,是人生有所成的关键。

亢龙有悔。

【注释】《乾卦·第一》。亢(kàng):极度,此处指龙飞到了极高的境地。朱熹说:"亢者,过于上而不能下之意,阳极于上,动必有悔"(《周易本义》)。悔:悔恨。

【解析】盛极必衰,是自然常理。"亢龙"飞到了穷极,势必遭受挫折,因而会有悔恨。朱熹说:"当极盛之时,便须虑其亢,如这般处,最是。《易》之大义,大抵于盛满时致戒"(《朱子语类》)。

大哉乾元!万物资始,乃统天。云行雨施,品物流形。

【注释】《乾卦·第一》。乾元:"天"的元始之德,指开创万物,充沛于天地间的阳气。朱熹说:"乾元,天德之大始"(《周易本义》)。资始:借以发生,开始。统天:统领大自然。品物流形:各类事物流布成形,这里指由于雨水的滋润,万物不断发展壮大。

【解析】孔颖达疏:"万象之物,皆资乾元而各得始生,不失其宜,所以称大也"。大自然永恒博大,生生不息。它不仅造就了一个美的世界,也造就了一个生机无限、活力无限的世界,值得生活在它怀抱中的每一个人热爱、欣赏、赞美。

天行健,君子以自强不息。

【注释】《乾卦·第一》。天行:自然界运动变化。健:刚强劲健。以:因此。

【解析】自然界运动不息,刚强劲健,君子亦应从中获得启悟,自强不息,片刻不懈怠。由此使自己常处于不败之地。

君子体仁足以长人,嘉会足以合礼,利物足以和义,贞固足以干事。

【注释】《乾卦·第一》。体仁:以仁为体。长人:做人们的尊长。嘉会:美好的会合。合礼:符合于礼。利物:施利于外物。和义:符合于义。贞固:坚持操守。干事:做事情。

【解析】君子以仁心为体,有资格做人们的尊长;寻求美好的会合,符合"礼";施利到外物,符合"义";坚守操节,可以做好事情。这都是君子的美德,是应该弘扬的。

龙德而隐者也。不易乎世,不成乎名;遁世无闷,不见是而无闷;乐则行之,忧则违之,确乎其不可拔。

【注释】《乾卦·第一》。龙德:具有龙一样的品格。隐者:隐居的人。不易:不改变。乎:于,当"被"讲。遁世:逃离世俗。无闷:不感到苦闷。不见是:不被肯定。忧:担忧,不称意。违:离开,避开。拔:动摇。

【解析】具有龙一样品格的人,不被世俗改变自己,不迷惑于已成之名;逃离世俗不感到苦闷,不被肯定不感到苦闷;好事就去实施,不好的事就远离。具有坚定不可动摇的意志,这是一个有强大精神世界者应有的德行。

庸言之信,庸行之谨;闲邪存其诚,善世而不伐,德博而化。

【注释】《乾卦·第一》。庸:平常。言之信:言而有信。行之谨:举动谨慎有节。闲:防止。善:行为美好。伐:自夸。化:感化。

【解析】平日言论要有信,平日行动要谨慎有节。要防邪存正,行为美好而不自夸,道德广博而能感化天下。这样就可以成为示范,获得别人的爱重。

君子进德修业。忠信,所以进德;修辞立其诚,所以居业也。知至至之,可与言几也;知终终之,可以存义也。是故居上位而不骄,在下位而不忧。

【注释】《乾卦·第一》。忠信:忠实诚信。修辞:修饰言辞。居业:累积功业。知至至之:知道达到目标就要努力达到目标。几:细微,征兆。知终终之:了解了事物要终了,就要终了它。存义:保留适宜之状态。

【解析】君子要进修美德、功业。忠实诚信,就可以进修美德、功业。修饰言辞出于感情的真诚。知道目标就要努力实现,这样的人可以和他讨论细微之事。了解到事物要终了就要及时终了,这种人可以和他一同保全事物发展的适宜状态。所以居处上位要不骄纵,居处下位要不忧愁。人的一生就应这样不懈地去追求真善美,不断地提高、完善自我。

进德修业,欲及时也。

【注释】《乾卦·第一》。欲:要。

【解析】时不我待,善不能一日修成。所以增进美德、营修功业,要及时,要赶早。

同声相应,同气相求。

【注释】《乾卦·第一》。应:感应。求:求合。

【解析】万物纷繁,但彼此间却存在着互相感应求合的关系。但不是同类的声音不能感应;不是同类的气息也不能求合。

水流湿,火就燥;云从龙,风从虎。

【注释】《乾卦·第一》。湿:同“隰”(xí),低湿的地方。就:接近,靠近。从:跟随。

【解析】纷繁的事物总以类聚,以类分。所以水要流向低湿之处,火要向干燥处烧;云会随龙吟而出,风会随虎啸而生。

君子以成德为行,日可见之行也。

【注释】《乾卦·第一》。成:完成。

【解析】《周易集解》引干宝说:“君子之行,动静可观,进退可度,动以成德,无所苟行也。”君子把成就道德作为自己的行动目的,每天都可以向这个目标努力靠近。

君子学以聚之,问以辩之,宽以居之,仁以行之。

【注释】《乾卦·第一》。以:凭借。辩:通“辨”,辨别。宽:指胸怀宽阔。仁:指心存仁爱。

【解析】君子凭借勤学来累积知识,凭靠发问辨别疑难,因胸怀宽阔而居于适当的位置,因心存仁爱行于天下。

君子有攸往,先迷;后得主,利。

【注释】《坤卦·第二》。攸往:所往。迷:误入歧途。

【解析】君子前行,如果抢先的话,势必会误入迷途。要是随在人后,就会有益处。凡遇事要观察慎行,不可莽撞。

万物资生,乃顺承天。坤厚载物,德合无疆。

【注释】《坤卦·第二》。资生:借以发生。坤:大地。

【解析】万物生长,是顺承了自然规律。大地深厚,普载万物,德行广阔无边。生活在天地间的人要谋求与大自然的适应和顺应,才会最终在本质上获得自然。

君子以厚德载物。

【注释】《坤卦·第二》。以:凭借。

【解析】君子本无依凭,依凭的只有德。因为有德,故可载负万物,如同宽厚的大地。

履霜,坚冰至。

【注释】《坤卦·第二》。履:踩。

【解析】小中识大,见微知著,是在与大自然的默处静观中获得的。所以踩上了微霜,就知道坚冰会随之而来。《淮南子》也说:"以小明大,见一叶落,而知岁之将暮;睹瓶中之冰,而知天下之寒。"

直、方、大,不习无不利。

【注释】《坤卦·第二》。直、方、大:正直、端方、宏大。习:学习。

【解析】人有善德、善行如正直、端方、宏大,即便不学习也未必不能获得好处。

坤至柔而动也刚,至静而德方。

【注释】《坤卦·第二》。坤:大地。方:四方。

【解析】至柔的往往是至刚的。大地至为柔顺但在变动中显出刚强,至为安静但把美德流布四方。

积善之家,必有余庆;积不善之家,必有余殃。

【注释】《坤卦·第二》。余庆:指留给子孙后辈的德泽。

【解析】积善、积不善必有后报。因此修积善行的家族,必然会留给子孙后辈许多德泽;修积不善的家族,必然会留给子孙后辈许多灾祸。

君子敬以直内,义以方外。

【注释】《坤卦·第二》。直内:使内心正直。内:内心。方外:使外物端方。

【解析】《程传》说:"君子主敬以直其内,守义以方其外。敬立而内直,义形而外方"。君子有自己的行为准则,恭敬不苟要促使内心正直,行为适宜要促使外物端方。

天地变化,草木蕃;天地闭,贤人隐。

【注释】《坤卦·第二》。蕃(fán):茂盛。闭:闭塞。

【解析】生机来源于运动变化。所以天地运转变化,连草木也会繁茂;天地闭塞停滞,明达的贤人也会隐匿踪迹。

君子黄中通理,正位居体,美在其中,而畅于四支,发于事业:美之至也。

【注释】《坤卦·第二》。黄中:黄为中和之色。通理:通达文理。正位居体:即"体居正位",身居正确的位置。四支:四肢。

【解析】君子的美质好比中和之色黄色,通达文理,身居正确的位置,美德蕴于内心,畅流于四肢,发达于事业,这是至美的事情啊!

虽盘桓,志行正也。

【注释】《屯卦·第三》。盘桓(huán):徘徊流连。

【解析】君子居行有则,即使是徘徊流连,志行也能够保持端正。

君子以果行育德。

【注释】《蒙卦·第四》。果行:果决行动。育德:培育养德。

【解析】刚毅、果决的君子品格是可以培育美德的。

君子以容民畜众。

【注释】《师卦·第七》。容:容纳。畜:聚养。

【解析】要想受人拥戴,就必须容纳别人。君子就是凭借容纳百姓来汇聚众人的。

君子以懿文德。

【注释】《小畜卦·第九》。懿(yì):德行美好,此处用作动词,犹"修美"。

【解析】君子修美文章道德,待时而发。

履道坦坦,幽人贞吉。

【注释】《履卦·第十》。履道坦坦:行于坦途,喻处境顺利。幽人:幽静安详者。贞吉:指人能守正道而不自乱则吉。

【解析】孔颖达疏:"幽人贞吉者,既无险难,故在幽隐之人,守正得吉。"小心行进在坦途上,坚守正道不自乱自然会获得吉祥。

天地交而万物通也,上下交而其志同也。

【注释】《泰卦·第十一》。

【解析】天地交合,万物通畅。上下交感,人们的志行才能协同。如果天气上升,地气下降,各自闭塞,不能相交,万物就难以生长。上下各自为政,拒绝沟通,同样难以共同成就大业。

君子道长,小人道消。

【注释】《泰卦·第十一》。

【解析】君子之道增长,小人之道消亡,是理之必然,势之必然。

君子以俭德辟难,不可荣以禄。

【注释】《否卦·第十二》。俭德:以俭为德。辟:通"避"。荣以禄:追求荣华,谋取高位。

【解析】君子自有自己的价值标准:以节俭为德,避开危难,不追求荣华,不谋取高位。

唯君子为能通天下之志。

【注释】《同人卦·第十三》。

【解析】君子以德服人,禀性高洁,因而只有君子才能会通民众的意志。

君子以类族辨物。

【注释】《同人卦·第十三》。类:辨析。族:群体。

【解析】君子善于分析群体,分析各种事物,以此审异求同。

其德刚健而文明,应乎天而时行,是以元亨。

【注释】《大有卦·第十四》。应乎:顺应。元亨:亨通。

【解析】能秉持刚健而文明的美德,顺应自然规律及时而行,前景必然亨通。

君子以遏恶扬善,顺天休命。

【注释】《大有卦·第十四》。遏:阻止。休命:美好的命令。

【解析】君子要阻止邪恶,倡扬善行,从顺"天"的意志,发出美好的命令。

天道下济而光明,地道卑而上行。

【注释】《谦卦·第十五》。下济:下降济物。卑:卑微。

【解析】天的规律是下降济物而显其光明,地的规律处在卑微而地气不断上行。高者不傲,低者不卑。

谦谦君子,用涉大川。

【注释】《谦卦·第十五》。谦谦君子:谦虚谨慎、彬彬有礼的人。用:以,可以。涉:渡。大川:大河。

【解析】谦谦君子,是可以渡过大河的。谦虚谨慎、彬彬有礼可以使人终身受益,躲避灾难。

劳谦君子,万民服也。

【注释】《谦卦·第十五》。劳谦:勤劳谦虚。

【解析】谦逊、勤劳是人最宝贵的品格,因而劳谦君子,天下百姓都会服从他。

天地以顺动,故日月不过,而四时不忒;圣人以顺动,则刑罚清而民服。

【注释】《豫卦·第十六》。顺动:沿顺物性而动。过:过失。忒(tè):差错。清:明白无误。

【解析】宋代学者程颢说:"万物皆有理,顺之则易,逆之则难"(《语录》)。因此,天地顺沿物性而动,日月移动就不会有过失,四季的更移也不会出现差错;圣人顺己情、民心而动,那么运用刑罚就会清明,百姓自然顺服。

君子以教思无穷,容保民无疆。

【注释】《临卦·第十九》。教:教导。思:思虑。容保:容纳、保护。

【解析】作为一个社会的中坚,君子要费尽思虑去教导民众,发扬无边的美德容纳民众,养育民众。

观天之神道,而四时不忒;圣人以神道设教,而天下服矣。

【注释】《观卦·第二十》。神道:奇妙的自然规律。忒(tè):差错。设教:实施教化。

【解析】大自然是奇妙的,大自然可以给我们的生活以多方面的启示。因而观察大自然的奇妙变化,就可以了解四季更移毫无差错的道理;圣人也因此仿效大自然运行的奇妙道理实施教化,于是天下百姓顺服。

观乎天文,以察时变;观乎人文,以化成天下。

【注释】《贲卦·二十二》。时变:四时变化。化成:教化促成。

【解析】我们既然生活在自然的怀抱中,就不可能不受它的影响。大自然的永恒博大同时也给予了我们无限的启悟。因而仰观天道运行规律,可以知晓四季变化;俯观人事伦理道德,可以教化天下,促成大治。

君子尚消息盈虚,天行也。

【注释】《剥卦·第二十三》。尚:崇尚。消息:消亡生息。盈虚:盈盛虚亏。天行:自然运行规律。

【解析】人是自然之子,是不能违背自然规律的。因此君子崇尚消亡生息、盈盛虚亏的转化。

硕果不食,君子得舆,小人剥庐。

【注释】《剥卦·第二十三》。不食:不曾被人摘食。得舆:得乘大车,比喻济世。剥庐:剥落屋宇,喻害民。

【解析】不同的东西被不同的人使用会产生不同的结果。君子得到硕果会救济天下;小人得到硕果会灾害天下。

君子以多识前言往行,以畜其德。

【注释】《大畜卦·第二十六》。前言往行:指前贤的言论、事迹。畜:积聚。

【解析】鉴往可以知今。所以君子多方记取前贤的言论、事迹,用以积聚美德。

天地养万物,圣人养贤及万民。

【注释】《颐卦·第二十七》。

【解析】天地养育万物,圣人养育贤才及万民。这样自然才会充满生机,国家才会兴旺发达。

行险而不失其信。

【注释】《坎卦·第二十九》。

【解析】人生艰难,难免有曲折坎坷,然而要无所畏惧,勇往直前,只有这样,才可能获得成功。

日月丽乎天,百谷草木丽乎土。

【注释】《离卦·第三十》。丽:附丽。

【解析】万物虽然纷繁,但彼此间却有着千丝万缕的联系,有相互依存的关系,就如同太阳、月亮附丽在天上,百谷草木附丽在大地上一样。

天地感而万物化生,圣人感人心而天下和平。

【注释】《咸卦·第三十一》。感:交感。化生:化育生长。

【解析】扬雄说:"物不因不生,不革不成"(《太玄·玄莹》)。因此,天地交感带来万物化育生长,圣人感化人心带来了天下和平昌盛。

君子以虚受人。

【注释】《咸卦·第三十一》。虚:谦虚宽怀。

【解析】要想获得别人的接纳,自己首先要虚怀若谷,接纳别人。

日月得天而能久照,四时变化而能久成。

【注释】《恒卦·第三十二》。

【解析】日月顺天道而运行,故能长久地照耀天下;春、夏、秋、冬四季不断更替变化,故能永久生成万物。运动变化带来了无限的生机和活力。

天地之道,恒久而不已也。

【注释】《恒卦·第三十二》。已:止。

【解析】日来月往,斗转星移,天地的运动规律是恒久不停止的。

君子以立不易方。

【注释】《恒卦·第三十二》。不易:不变。方:道,这里指正确的思想。

【解析】朱熹说:"君子立身,得其恒久之道,故不改易其方"(《周易正义》)。君子就是要树立恒久不变的正确思想。

君子以远小人,不恶而严。

【注释】《遁卦·第三十三》。

【解析】君子自有君子的准则和气度:远离小人,不显露憎恶之态而能威严。

正大而天地之情可见矣。

【注释】《大壮卦·第三十四》。正大:弘正极大。

【解析】古人认为:天地既"大"且"正",化生万物无偏私,所以说"正大"即可见"天地之情"。

君子以自昭明德。

【注释】《晋卦·第三十五》。昭：昭著。

【解析】《程传》说："君子观明出地上而益明盛之象，而以自昭其明德。去蔽致知，昭明德于己也"。君子让光辉的美德昭著于世，有去除隐蔽，求得真知的意义在内。

内难而能正其志。

【注释】《明夷卦·第三十六》。

【解析】身陷内难依旧能坚守自己的意志，这是一个人应具备的素质和品格。

正家而天下定矣。

【注释】《家人卦·第三十七》。正：端正。

【解析】"正家"与"天下定"，构成的是一种逻辑关系。只有端正了家道，天下才可能安定。

君子以言有物而行有恒 。

【注释】《家人卦·第三十七》。恒：持久。

【解析】语言空洞，言之无物与行动不能持久都是君子所摒弃的。于是言必有物，行必有恒就成了君子处世为人的准则。

君子以同而异。

【注释】《睽卦·第三十八》。

【解析】求大同，存小异，不在细枝末节上纠缠，是一种眼力，也是一种胸怀。

君子以反身修德。

【注释】《蹇卦·第三十九》。反身：反求自身。

【解析】君子严格要求自我，不苛求于外物，故能反求自身，修美道德。如孔子所言："吾日三省吾身：为人谋而不忠乎？与朋友交而不信乎？传不习乎？（《论语》）"

凡益之道，与时偕行。

【注释】《益卦·第四十二》。偕：一同。

【解析】大凡增益之道，都要顺时而施。

见善则迁,有过则改。

【注释】《益卦·第四十二》。迁:靠近。

【解析】看见善行就向往,有了过错就迅速改正,这是值得称许的美德。《贞观政要》说:"见善思齐,足以扬名不朽;闻恶能改,庶得免乎大过。(《教戒太子诸王》)"

天地相遇,品物咸章。

【注释】《姤卦·第四十四》。品物:各类事物。咸:都。章:通"彰",彰显。

【解析】天地阴阳相互遇合,万物的发展才会彰显。

君子以顺德,积小以高大。

【注释】《升卦·第四十六》。顺:顺从。小:指小善。高大:高大的事业。

【解析】道德修养是一个长时间累积的过程,不断地累积小善,这样才可能成就宏大的事业。

君子以致命遂志。

【注释】《困卦·第四十七》。致命:犹言授命,这里有"舍弃生命"之义。遂:实现。

【解析】为了正义的事业,为了远大的理想,可以不惜牺牲生命,是志士仁人最为可贵的品格。

天地革而四时成。

【注释】《革卦·第四十九》。革:改。

【解析】生机来源于不断的运动变化。四季就是在天地的运动变化中形成的。

君子以恐惧修省。

【注释】《震卦·第五十一》。修省:修身省过。

【解析】孔颖达说:"君子恒自战战兢兢,不敢懈惰;今见天之怒,畏雷之威,弥自修身,省察己过,故曰'君子以恐惧修省'。(《周易正义》)"君子之所以恐惧,不断地修身省过,是要严格要求自我,不断进步。

止而巽,动不穷也。

【注释】《渐卦·第五十三》。止:静止。巽(xùn):卦名,象征"顺从""和顺"。

【解析】只要静止不躁又谦虚和顺，行动起来就不会导致困穷。给自己留有充分自如的天地，才会有更大的回旋余地。

君子以居贤德善俗。

【注释】《渐卦·第五十三》。居：积。善俗：改变风俗。

【解析】改变环境，先要改变自我。所以君子不断积累贤德以逐渐改变风俗。

日中则昃，月盈则食。

【注释】《丰卦·第五十五》。日中：太阳升至正中。昃(zè)太阳西斜。盈：满。食：蚀，亏蚀。

【解析】盛极而衰，满则招损，这是自然常理，也是人生社会常见的现象，是不足为怪的。关键在于能把持自我，有清醒独立的意识，即使衰落，也要不失品格，不失豪壮。

刚中而柔外，说以利贞。

【注释】《兑卦·第五十八》。说：悦。利贞：利于贞正。

【解析】阳刚居于心中而外表柔和谦逊，就能够守持正固。《周易正义》说："天为刚德而有柔克，是刚而不失其说也，今'说以利贞'，是上顺乎天也；人心说于惠泽，能以惠泽悦人，是下应乎人也。"

君子以朋友讲习。

【注释】《兑卦·第五十八》。讲习：指钻研学问，讲其所未明，习其所未熟。

【解析】《礼记·学记》说："独学而无友，则孤陋寡闻。"因此，君子欣悦于良朋益友间研习学问、共同提高。

当位以节，中正以通。

【注释】《节卦·第六十》。当位：在位，任职。中正：处中守正，不偏不倚。

【解析】在位时要有所节制，居中守正，事情必将畅通。在许多时候，节制是必要的和必须的，特别是处在特殊的位置上时。

思患而豫防之。

【注释】《既济卦·第六十三》。豫：即"预"。

【解析】防患于未然，要有先见之明。因此要警醒自我，在成事之后认真思虑可能出现的祸患以事先加以防范。

君子以慎辨物居方。

【注释】《未济卦·六十四》。居方：各居其处。

【解析】《来氏易注》说："慎辨物，使物以群分；慎居方，使方以类聚，则分定不乱"。审慎分辨事物，使之各居其所，是一种眼力，也是一种能力，这样才能把事情做成、做好。

动静有常，刚柔断矣。

【注释】《系辞·上传》。常：一定的规律。断：判然分明。

【解析】动静有一定的规律，阳刚阴柔就判然分明了。

方以类聚，物以群分。

【注释】《系辞·上》。方：道。

【解析】天下人各以其道分类而聚，万物以群相区分。有类、有群，则有同有异，有聚有分。不同类的不相聚，没有群的难区分。

日月运行，一寒一暑。

【注释】《系辞·上》。

【解析】大自然博大、神奇，日月往来运行，出现寒暑的交替。寒暑的交替带来了万物的荣枯，带来了生命兴衰。

有亲则可久，有功则可大。

【注释】《系辞·上》。

【解析】有人亲近，处世就能久长，能建立功业，立身就能宏大。由此可以使我们明白相辅相成、相互依存的要义。

仰以观于天文，俯以察于地理，是故知幽明之故。

【注释】《系辞·上》。天文：指天象，如日月星辰。地理：指地形，如山川原野。幽明：幽隐和显明。故：缘由，道理。

【解析】大自然给我们的启示是丰富的，仰观日月星辰，俯瞰山川大地，都会让我们有所收获。古希腊哲人亚里士多德说："古往今来人们开始哲理探索，都应该起源于对自然万物的惊异。"

与天地相似，故不违。

【注释】《系辞·上》。相似：德合天地。不违：不违背自然规律。

【解析】人性人情与天地相合，就不会违背大自然运行的规律。不违背自然规律,我们的生活乃至生命就能长久,就有了真正意义上的依托。

知周乎万物而道济天下,故不过。

【注释】《系辞·上》。知周:知识广备。济:匡济。不过:没有偏差。

【解析】知识广备于万物而道德足以匡济天下,行动就不会有偏差。德识由此成为行动指南。

旁行而不流,乐天知命,故不忧。

【注释】《系辞·上》。旁行:遍行。不流:不放纵。

【解析】遍行而不自我放纵,乐从天道,安守命运,所以不忧愁。孔颖达说:"顺天道之常数,知性命之始终,任自然之理,故不忧也"(《周易正义》)。人人都有许多快乐,但"乐天知命"却是智者的快乐。

安土敦乎仁,故能爱。

【注释】《系辞·上》。安土:安处其环境。敦:敦厚。

【解析】朱熹说:"安土者,随遇而安也;敦乎仁者,不失其天地生物之心也。安土而敦乎仁,则无适而非仁矣,所以能也。(《朱子语类》)"安处于环境,敦厚于仁义,所以才能爱人。爱人者亦被人爱。

一阴一阳谓之道。

【注释】《系辞·上》。道:宇宙万物的本原,也指事理规律。

【解析】一阴一阳的对立统一、矛盾变化就叫作"道"。《周易·说卦》中对"道"有进一步的解释:"立天之道曰阴与阳,立地之道曰柔与刚,立人之道曰仁与义"。

富有之谓大业,日新之谓盛德。

【注释】《系辞·上》。

【解析】《周易集解》说:"物无不备,故曰'富有';变化不息,故曰'日新'"。广泛地拥有万物,叫作宏大功业;日日增新,叫作盛美德行。

二人同心,其利断金。

【注释】《系辞·上》。利:指利刃。断:割断。

【解析】这是《系辞·上》中引孔子的话。两人心意相同,志趣相投,犹如利刃可以切断金子。团结就是力量。

同心之言,其臭如兰。

【注释】《系辞·上》引孔子语。臭(xiù):通"嗅",气味。

【解析】人生难得心意相投,心意相投的语言,其气味如同兰草一样芬芳。

劳而不伐,有功而不德,厚之至也。

【注释】《系辞·上》引孔子语。劳:勤劳。伐:夸。不德:不自以为德。厚:敦厚。至:极点。

【解析】勤劳而不自夸,有功却不自以为有恩德,达到敦厚的极致。这也是老子所说的"自伐者无功,自矜者不长"。

谦也者,致恭以存其位者也。

【注释】《系辞·上》引孔子语。致:极,尽。恭:恭谨。

【解析】谦虚的含义,就是极尽恭谨以保存其地位的意思。魏征的"自满者,人损之;自谦者,人益之"(《群书治要·尚书》)正是基于此而发的。

唯深也,故能通天下之志。

【注释】《系辞·上》。深:深究事理。通:会通。

【解析】只有深究事理,才能会通天下人的心志。既通天下人的心志,那么便可以成就大业了。

唯几也,故能成天下之务。

【注释】《系辞·上》。几:细微。

【解析】探研细微,能成就天下的事务。穷幽入微,能探得对象的本质。

备物致用,立成器以为天下利。

【注释】《系辞·上》。备物:备办各种器物。致用:尽其所用。成器:工具,器物。

【解析】孔颖达说:"备天下之物,招致天下所用;建立成就天下之器,以为天下之利"。备办各种器物让人合用,创成工具给天下人带来便利,是会得到人们敬重的。

形而上者谓之道,形而下者谓之器。

【注释】《系辞·上》。形而上:无形,抽象。形而下:实在,具体。

【解析】朱熹说:"天地之间有理有气。理也者,形而上之道也,生物之本也;气也者,形而下之器也,生物之具也。(《答黄道夫》)"无形、抽象的是

"道",实在、具体的是"器"。前者更多的是指形体运动的精神因素,后者则指表现形体的物质状态。

刚柔相推,变在其中矣。

【注释】《系辞·下》。推:推移。

【解析】论气则有阴阳,论体则有刚柔。刚柔相互推移,变化的道理就都在其中了。

刚柔者,立本者也。

【注释】《系辞·下》。

【解析】刚柔相推移,阴阳相克生,是确立世界的根本。

变通者,趣时者也。

【注释】《系辞·下》。变通:事物因变化而通达。趣时:趋向适宜的时机。趣:趋向。

【解析】事物的变化通达,是趋向适宜的时机。

功业见乎变,圣人之情见乎辞。

【注释】《系辞·下》。

【解析】康有为说:"变者,天道也。(《进呈俄罗斯大彼得变政记序》)"有变化才会有生机和活力。功业的兴起体现在变化中,圣人的旨意体现在言语中。

天地之大德曰生。

【注释】《系辞·下》。生:指化生万物。

【解析】天地最宏大的德就是化生万物。化生万物之后,生机随之出现。

仰则观象于天,俯则观法于地。

【注释】《系辞·下》。象:天象,指日月星辰。法:指山川的形状。

【解析】大自然给人的启示是丰富的,多方面的。仰头可见日月星辰,俯身可见山川大地,我们的祖先就是在对大自然的细微观察中获得许多有关人生、社会的启迪的。

天下同归而殊途,一致而百虑。

【注释】《系辞·下》。殊:不同。

【解析】人生、社会虽然情态万状,纷繁不一,人的思想也丰富多彩,难以化一,但由于有共同追寻的目标,最终还是能够走上一条路,能够合并为统一的观念。

日往则月来,月往则日来,日月相推而明生焉。

【注释】《系辞·下》。往:去。推:推移。

【解析】太阳下落,月亮就会出来;月亮下落,太阳又会升起。在日落日出、月升月降中,光明便常驻人间。有光明常驻人间,我们就再也不会畏惧暗夜的漫长了。

寒往则暑来,暑往则寒来,寒暑相推而岁成焉。

【注释】《系辞·下》。岁:年岁。

【解析】寒来暑往、暑往寒来,在寒暑的推移中,就有了季节,有了年岁,也有了我们关于生命的种种感受和思索。"冬天来了,春天还会远吗"的追问便是典型的体现。

往者屈也,来者信也,屈生相感而利生焉。

【注释】《系辞·下》。屈:屈缩。信:伸展。感:感应。

【解析】"往"就是回缩,"来"就是舒展。回缩和舒展相互感应,利益就会常生。该"往"则"往",该"来"则"来",是符合自然常道的。

尺蠖之屈,以求信也;龙蛇之蛰,以存身也。

【注释】《系辞·下》。尺蠖(huò):一种可自如伸缩的昆虫幼虫。北方称"步曲",南方称"造桥虫"。信:伸展。蛰(zhé):动物冬眠,藏起来不食不动。

【解析】该回缩就回缩、该蛰伏就蛰伏,不能一味地回缩,也不能一味地蛰伏。尺蠖的回缩,是为了更大地伸展;龙蛇的蛰伏,是出于保存自我的需要。

藏器于身,待时而动。

【注释】《系辞·下》。器:才能,能力。

【解析】身怀绝技,却不轻易行动,而要等待时机。为的就是准确无误,保证行动的质量。

动而不括,是以出而有获。

【注释】《系辞·下》。括:纠结,阻塞。

【解析】行动无所滞塞,外出必有收获。

非所困而困焉,名必辱;非所据而据,身必危。

【注释】《系辞·下》。非所困:困在不适当的时间和地方。非所据:凭据不该凭据的地方。

【解析】困穷于不妥当的时候,其名必定会受损辱;凭据不该凭据的地方,其身必遭遇危险。

善不积不足以成名,恶不积不足以灭身。

【注释】《系辞·下》。

【解析】任何事情的发展变化都有一个过程,量的累积最终会导致质的改变。因而不积聚善行不足以成就美名,不积聚恶行不足以亡灭其身。

危者,安其位者也;亡者,保其存者也;乱者,有其治者也。

【注释】《系辞·下》。

【解析】欧阳修说:"忧劳可以兴国,逸豫可以亡身,自然之理也"(《五代史伶官传序》)。凡是倾危的,都曾安居其位;凡是败亡的,都曾自以为能长保生存;凡是破乱的,都曾以为万事得到治理。

安而不忘危,存而不忘亡,治而不忘乱。

【注释】《系辞·下》。

【解析】时常自我警醒是生存不可或缺的,因此安居要不忘灭亡,整治要不忘败乱。只有这样才可能常处于不败之地。

德薄而位尊,知小而谋大,力小而化重,鲜不及矣。

【注释】《系辞·下》。知:智慧。鲜:少有。及:指涉及灾祸。

【解析】要有所承载就得具有实力。如果才德浅薄而地位尊贵,智慧窄小而图谋宏大,力量弱小而身担重负,少有不涉及灾祸的。

见几而作,不俟终日。

【注释】《系辞·下》。几:细微,微小。俟(sì):等待。

【解析】发现细微的事理就立即行动,不等到一天终了。

天地细缊,万物化醇。

【注释】《系辞·下》。细缊(yīnyūn):又作"氤氲",指天地阴阳之气交感绵密之状。化:化育。醇:厚。

【解析】天地二气缠绵交密,万物化育醇厚。包括人在内的万物的生息与自然的运动变化息息相关。

安其身而后动,易其心而后语,定其交而后求。

【注释】《系辞·下》。易:平和。交:交往。

【解析】安定自身然后才行动,心平气和然后才能畅发议论,确定交往之后才能有求于人。

神也者,妙万物而为言者也。

【注释】《说卦传》。神:指大自然运化规律的神奇。妙万物:犹言"妙育万物"。

【解析】大自然的神奇妙化,在于它能奇妙地化育万物,给世界带来了勃勃生机。

动万物莫疾乎雷。

【注释】《说卦传》。

【解析】震动万物没有什么比雷更迅猛的。故以"迅雷不及掩耳"(《晋书·石勒载记上》)比喻动作或事件突然而来,不及防备。当然,如能"鼓之以雷霆,润之以风雨"(《系辞·上》),会有更好的效果。

有天地然后万物生焉。

【注释】《序卦传》。

【解析】有了天地之后,万物才开始产生。

物生必蒙。

【注释】《序卦传》。蒙:蒙昧。

【解析】事物初生时必然是蒙昧无知,但在不断壮大之后,便自然会脱出蒙昧,渐趋明智。

物不可以终通。

【注释】《序卦传》。通:通泰,通达。

【解析】任何事情都不会始终通泰。否极泰来,泰极否来,是自然常理。

物不可以终否。

【注释】《序卦传》。否(pǐ):闭塞不通。

【解析】事物不可能始终闭塞不通,通泰的到来当然需要忍耐、等待,需要怀有信念。

与人同者,物必有归。

【注释】《序卦传》。同:和同。归:归附。

【解析】与人和同,外物必然会前来归附。和同需要眼力、需要胸襟。

有大者不可盈。

【注释】《序卦传》。盈:满。

【解析】大获所有的人更不应当自满自傲。满必然要招损。

有大而能谦必豫。

【注释】《序卦传》。豫:快乐。

【解析】大获所有又能谦虚自警的人必然会得到快乐。

豫必有随。

【注释】《序卦传》。豫:快乐。随:随从。

【解析】能与人同乐的人必然有人随从。反之,只贪图个人快乐的人必然遭众人唾弃。

有事而后可大。

【注释】《序卦传》。

【解析】能整治事务的人功业才可能盛大。

物大然后可观。

【注释】《序卦传》。

【解析】事物只有形成了一定规模之后才可观。

物不可以苟合而已。

【注释】《序卦传》。苟合:随便遇合。

【解析】事物不能随便交合。随便交合只会导致败乱的后果。

致饰然后亨则尽矣。

【注释】《序卦传》。致:极力。饰:装饰。亨:通达,顺利。

【解析】“淡极始知花更艳”(《红楼梦》第三十七回)。极尽装饰之能事,亨通的路途就要穷尽了。

物不可以终尽。

【注释】《序卦传》。

【解析】穷通有通,事物不可能永远处在穷尽之中。

不养则不可动。

【注释】《序卦传》。养:颐养。

【解析】有收获就得付出辛劳,没有充足的颐养就不要轻举妄动。

物不可以久居其所。

【注释】《序卦传》。

【解析】物不可以长久地居于一处。原因在于久则生变,要学会及时隐退。

伤于外者必反其家。

【注释】《序卦传》。

【解析】在外受伤的人一定要返回家中。家毕竟是温暖的,可长久栖居。

乖必有难。

【注释】《序卦传》。乖:违背,不协调。

【解析】事物要协调顺畅,如不协调顺畅,就可能有灾难发生。

物不可以终难。

【注释】《序卦传》。

【解析】事物不可能长久地处在蹇难之中。要相信前途是光明的,道路是曲折的。

缓必有所失。

【注释】《序卦传》。缓:舒缓,宽缓。

【解析】宽缓要适度,过于宽缓就可能导致过失。

损而不已必益。

【注释】《序卦传》。损:指减损自我,施益于人。

【解析】不断减损自我,施益于人,最终必会得到补偿,得到益处。

物相遇而后聚。

【注释】《序卦传》。

【解析】只有相遇了,才可能相聚。

升而不已必困。

【注释】《序卦传》。

【解析】升降应该有度,高处不胜寒。上升不止必然要遭遇困穷。

物不可以终动。

【注释】《序卦传》。

【解析】必要的宁静是对生命的有效养护,物不可以始终处在奋动之中。

物不可以终止。

【注释】《序卦传》。

【解析】事物是会变化的,不可能长久地处在抑止之中。

进必有所归。

【注释】《序卦传》。进:渐进。

【解析】孤行独进不必畏惧,因为最终会有所归依。

得其所归者必大。

【注释】《序卦传》。

【解析】漂泊无助总是让人感伤的。得其所归者必将丰厚壮大。

穷大者必失其居。

【注释】《序卦传》。穷:穷尽。

【解析】穷尽丰大者必将丧失安居的处所,因而节制是必要的。

物不可以终离。

【注释】《序卦传》。离:离散。

【解析】物不能长久地离散。

有其信者必行之。

【注释】《序卦传》。

【解析】坚守诚信是一种品格,坚守诚信的人必定坚决地履行自己的职责。

有过物者必济。

【注释】《序卦传》。过:过越。济:成。

【解析】"行过乎恭,礼过乎俭,可以矫世厉俗,有所济也"(《周易注》)。超乎常规地恭俭,不仅可以改变世俗,也必定会有所成。

物不可穷也。

【注释】《序卦传》。穷:尽。

【解析】事物的发展是没有穷尽的,人不可以因成功而自足自满、固步自封。"物穷则乖,功极则乱"(《周易注》)。想立于不败之地,就要不断努力、不断向前。

《诗　经》

　　《诗经》是我国第一部诗歌总集,收入西周初年至春秋中叶大约五百年间的诗歌三百零五篇。这些诗歌在先秦时期只称《诗》或《诗三百》,西汉初年立于学官,被奉为经典,从此被尊为《诗经》。

　　《诗经》中的诗歌原是为观察民风与制礼作乐的目的搜集起来的。关于它们的搜集和编集成书,历史上众说纷纭。班固《汉书·艺文志》载:古设采诗之官,他们到全国各地采集民歌民谣,目的是使朝廷"观风俗,知得失"。何休《公羊传注》又载:古代人民昼耕夜绩,繁苦怨恨,"饥者歌其食,劳者歌其事"。朝廷为"观风俗",派年老无子者去民间采风,"乡移于邑,邑移于国,国以闻于天子。"班固、何休的记载都说明周代存在一种采诗制度,这就是采诗说。但民间采集而来的多是民歌,《诗经》中还有不少贵族文人的乐章,这些贵族雅乐是怎么搜集起来的呢? 这就有了献诗说。《国语·周语》记载:周天子为听政事得失,常使公卿列士献诗。类似的记载在《左传》《礼记》《汉书》等典籍里都有。《诗经》中的诗篇就是通过这种采诗与献诗的方式收集起来的。这些诗歌,有的来自乡间,有的来自城邑,有的来自宗庙,内容繁复,乐调杂汇,需要加工整理和分类编排。于是又有了删诗说。司马迁在《史记·孔子世家》中第一次提出了孔子删诗说,即《诗经》是孔子删定编集成书的。但后人对此多有怀疑。据《左传》襄公二十几年记载,吴公子季札访问鲁国,鲁国的乐工为他演奏了《诗经》的十五国风和雅颂各部分,季札叹为观止,此事被传为佳话。鲁国乐师演奏的《诗经》,其分类篇目、先后次序与今本《诗经》大体一致,说明此时《诗经》已编集成书,而此时的孔子年仅八岁,显然孔子删诗说并不可信。《诗经》的结集成书应该有一个漫长的整理过程。西周朝廷设置乐官——太师,负责音乐工作,古籍多有"太师教六诗"的记载,而且无论是采集来的诗还是献上去的诗最初都要集中在太师手里,所以太师最有可能将《诗经》编集成书。这就是周代太师编诗说。《诗经》依照音乐的不同分《风》《雅》《颂》三类。《风》即十五国风，共 160 篇，多是民歌民谣，是《诗经》的精华。《雅》分《大雅》和《小雅》，共 105 篇，是产生于西周王畿的诗歌，诗歌内容多与时政有关，作者多为王公贵族。《颂》包括《周颂》《鲁颂》和《商颂》，合称三颂，共四十篇，都是宗庙祭祀的舞曲，多歌功颂德之作，作者亦多为社会上层人物。

春秋时代，《诗经》广为流传，应用范围极广，已超出了最初采集编订的目的。首先，《诗经》被广泛用作外交辞令，在外交场合常"赋诗言志"，不谙熟《诗经》就会被人瞧不起，甚至闹出误会和笑话。故而孔子教导弟子说："不学诗无以言。"其次，随着私人讲学风气的兴起，《诗经》又被用作教科书，儒、墨等学派授徒讲习，都曾以《诗经》为教材。至今《论语》里还存有孔子解说《诗经》的十六条语录。孔子教导弟子说："小子何莫学夫诗！诗可以兴，可以观，可以群，可以怨。迩之事父，远之事君，多识于鸟兽草木之名。"这就是著名的"兴观群怨"说，可谓中国最早的较系统的文学批评，对后世文学创作和文学批评产生了巨大的影响。

《诗经》曾一度失传。秦始皇焚书坑儒，一把秦火焚毁了无数文化典籍，《诗经》也在劫难逃。但有幸的是孔门后学三千余人，贤达者七十二人，他们对《诗经》烂熟于心，口耳相传，代代沿袭，至汉初《诗经》又开始流传。汉初传授《诗经》者有四家，鲁人申培传《鲁诗》，燕人韩婴传《韩诗》，齐人辕固传《齐诗》，这三家诗当时并列于学官，用汉代通行的隶书写成，称作"今文诗"。稍后，鲁人毛亨、赵人毛苌传《毛诗》。《毛诗》传本用先秦古文字写成，称作"古文诗"。这四家诗或取姓氏或取国名简称"齐鲁韩毛"四家诗。后来三家"今文诗"先后亡佚，唯有《毛诗》流传于今。《毛诗》虽晚出，但训古多用《尔雅》，事实多本《左传》，学有渊源，汉郑玄作《毛诗笺》，唐孔颖达作《毛诗正义》，宋朱熹作《诗集传》，清陈奂作《诗毛氏传疏》，影响渐大，声誉日隆，故得流传于世。

《诗经》以强烈的现实主义精神反映了周代几百年的社会风貌，从中可以看到上古时代民族的形成与发展，国家的政事兴衰，婚丧嫁娶的礼乐制度，家庭与爱情的苦乐悲欢。其中有王公大人告祭神明的祝祷，有公卿大夫思虑政事的长吟，有小夫贱隶的生活悲叹，有少女弃妇的恋爱私情。它以生动的内容和优美的艺术形式为中国古代文学的发展开了先河。就其内容可归为以下几类。

反映劳动和生产的诗篇。《诗经》中有大量诗篇反映奴隶制时代的劳动生产情形，有终年劳动的痛苦生活，有桑间垄上的种采茝收，也有庭园场圃的春织冬筑。或痛苦呻吟，或欢快歌唱，都是劳动者的生活写照。《周南·芣苢》是一首优美的山歌，以铺陈直叙的手法叙写了一群村姑采摘车前子的劳动过程，语言朴实,感情深挚,情调欢快,有浓厚的生活气息。读之真如"恍听田家妇女,三三五五,于平原旷野,风和日丽中群歌互答,余音袅袅,若远若近,忽断忽续"(方玉润《诗经原始》)。《豳风·七月》是一首长达88句的叙事诗,是《国风》中最长的诗篇。它首创了十二月歌的形式,按时逐月写出了男女奴隶全年的农事劳动。全诗共八章,前四章描写奴隶们一年四季的农桑田猎劳动;第五章为过渡,写奴隶们冬日农闲时"穹窒熏鼠,塞向墐户"过冬的情形;后三章写奴隶们为奴隶主服各种杂役,或采集野果,或修盖宫室,或凿冰祭祀,终年在苦难辛酸中度过。《七月》是现存我国农业生产情况的最古老详细的文字记录,黍稷麻麦等多种农作物的耕种,纺织染色等各项副业生产的发展,都有颇为详细的描写,形象地证明了三千年前我国农业生产即已达到了相当高的水平,生动地反映了我国古代劳动人民的勤劳与智慧。

反映剥削和压迫的诗篇。奴隶社会是建立在奴隶主对奴隶残酷压迫和剥削的基础上的。奴隶没有人身自由,他们是奴隶主的私有物。奴隶主不仅剥夺了奴隶的全部劳动成果,同时还强迫奴隶从事各种苦役。《魏风》中的《伐檀》《硕鼠》是这方面的代表作。两篇作品均采用了重章叠句的章法形式,反复唱叹,表达了被压迫者的心声。《伐檀》是一首伐木者之歌,诗中愤骂剥削者的不劳而获,强烈反映了当时劳动人民对统治者压迫剥削行为的憎恨。"不稼不穑,胡取禾三百廛兮? 不狩不猎,胡瞻尔庭有悬貆兮? 彼君子兮,不素餐兮!"从这愤怒的质问中可隐隐感觉到奴隶的觉醒与反抗。《硕鼠》揭露统治者对人民的残酷剥削,表达了人民对美好生活的热烈向往。《诗序》说:"《硕鼠》,刺重敛也。国人刺其君重敛,蚕食于民,不修其政,贪而畏人,若大鼠也。"较准确地概括出了此诗的主旨。

反映战争、徭役的诗篇。随着奴隶制的解体,社会动荡,烽烟四起,战乱不息。劳动人民除了忍受经济上的残酷剥削外,还背负起了沉重的兵役、徭役负担。《豳风·东山》是一首强烈地反对战争和徭役的诗篇,通过一位役满归来的征人在还乡途中对家乡亲人的思念,描述了战后农村的残破景象,揭示了战争给人民带来的苦难,反映了人民对和平劳动生活的渴望。《小雅·采薇》是周宣王征伐猃狁入侵时的作品。全诗六章,前三章描述战士出征、转战疆场、饥渴劳苦、有家难归的情景,"王事靡盬,不遑启处",透出了思乡厌战之情。后几章描述戎马倥偬、浴血苦战的实况,写出了战斗的紧张、军容的强盛,暗示士气高昂,战斗胜利,字里行间透露出战士们保家卫国的豪情壮志。《采薇》真实生动地展示了在阶级矛盾和民族矛盾交织的情况下,战士们复杂矛盾的思想感情。

反映爱情和婚姻的诗篇。爱情和婚姻与时代的经济生活、政治制度、风俗习尚有密切关系。《诗经》中相当数量的诗篇反映这方面的生活。有的写邂逅定情与幽期密约，有的写热烈追求与恋爱欢乐，有的写恋爱受阻或失恋痛苦，有的写家庭美满和乐，有的写痛苦婚姻和家庭不幸，等等。《邶风·静女》写一对青年男女秘密约会，"爱而不见，搔首踟蹰"，小伙子久等姑娘不来，急得抓耳挠腮，徘徊顾望。通过一个小动作将人物焦急之情写得活灵活现。《郑风·狡童》写正在热恋中的小伙子忽然不跟女方讲话了，"彼狡童兮，不与我言兮！维子之故，使我不能餐兮！"三言两语就淋漓尽致地写出少女的怀疑痛苦和爱怜之情。《卫风·氓》是一首弃妇诗，以女主人公自述的口吻，叙述她从恋爱、结婚到受虐待，直至被遗弃的全过程。女主人公的不幸遭遇反映出男尊女卑社会制度下妇女在婚姻家庭中的悲惨处境，暴露了夫权制的罪恶本质。"于嗟女兮，无与士耽。士之耽兮，犹可说也；女之耽兮，不可说也！"这是对自身悲惨命运的经验总结，是对其他女子的告诫，也是对氓的谴责。内涵丰富，感情强烈，语言警策，尤能发人深省。此外，《周南·关雎》《秦风·蒹葭》《邶风·谷风》等均是表现婚恋内容的佳作。

反映社会黑暗腐朽的政治讽刺诗。西周后期开始，朝政日益腐败，从中央到侯国互相攻伐，争权夺位，残暴荒淫，不恤国事。这种情形引起一些士大夫的深重忧虑，于是产生了许多忧国伤时与讽刺腐败的诗篇。《齐风》中的《南山》《敝笱》《载驱》从不同角度无情揭露了齐襄公兄妹的无耻乱伦行为；《秦风·黄鸟》控诉秦国暴君以活人殉葬，残杀无辜良善的罪行。《小雅·正月》全诗13章，是一首长篇政治咏怀诗。诗人大约是西周末年一位士大夫，他目睹昏君荒淫误国，朝政昏暗，危机四伏的现状，不禁忧心如焚，写下此诗。全诗13章反复咏叹三种情思：一是叹己生不逢时；二是指斥昏君误国，小人当权；三是陈说社会极端的贫富不均。此诗陈情迫切，言词哀痛，是《诗经》中政治讽刺诗的代表作。

此外，《诗经》中还有不少古老的祭歌与颂扬祖先创业功绩的史诗。这些诗篇多出自《颂》和《大雅》，带有宗庙祭祀的意味，歌功颂德之辞居多。《大雅》中的《生民》《公刘》《绵》《皇矣》《大明》等诗歌片断地记载了周民族的历史，读过之后，周民族繁衍生息，发展成长的轨迹清晰可见。

《诗经》的思想内容是丰厚的，与此相适应，《诗经》在艺术形式方面也取得了卓越的成就。

首先，《诗经》具有强烈的现实主义精神。《诗经》中的绝大多数诗篇是奴隶制社会的生活写照，抒发的是作者对现实生活的直接感受，"饥者歌其食，劳者歌其事","爱者歌其情"。因此,它们真实深刻广泛地反映了社会现实,以绚丽的色彩描绘出一幅奴隶制时代晚景的沧桑图画。《诗经》不仅主题和题材广泛多样,深刻地反映了现实生活,而且还以惊人的艺术概括力把握和揭示出社会生活中一些本质矛盾。毫不夸张地说,它是周代社会一部形象的历史,不仅具有较高的审美价值,而且具有极高的认识价值。

其次,《诗经》成功地运用了赋比兴三种艺术表现手法。

再次,重章叠句的章法形式和四言为主的句式,也是《诗经》艺术上的显著特点。

最后,语言丰富生动,形象优美。《诗经》的语言艺术达到了很高的境界,孔子最早把它作为语言的教科书。三百篇中大约使用了近三千个单字,构成了丰富多彩的词汇。以丰富的词汇或描写,或抒情,或状物,或叙事,均得到了生动、形象、优美的效果。

《诗经》是中国文学的光辉起点,也是中国文学的第一座丰碑。它以丰厚的思想内容、高尚的审美情趣和精湛的艺术形式,长久灌溉着后代诗歌的广阔田园,其影响之巨无以比拟。

关关雎鸠,在河之洲;窈窕淑女,君子好逑。

【注释】《周南·关雎》。关关:象声词,水鸟和鸣声。雎鸠:不知为何鸟,或以为鹭类,或以为水鸟类,从诗境推断应为水鸟。河:黄河。洲:水中沙洲。窈窕:美好优雅,身材苗条。君子:在《诗经》中有两种含义,一是妻对夫的敬称;一是当时贵族男子的通称。此处当是第一种含义。逑(qiú):仇,配偶。这几句意思是:雎鸠鸟在黄河的沙洲上关关和鸣,求偶嬉戏,见到此情此景,诗人唱叹苗条贤淑的姑娘啊,正是君子的好配偶。

【解析】《关雎》是一首优美的恋歌,全诗写一个贵族青年对河边采摘荇菜的美丽姑娘爱慕、思念、追求的心理过程。开篇这四句有情有景,音节嘹亮,历代传诵。前两句成功地运用了比兴手法,描绘出一幅河水清清、沙洲映绿、水鸟和鸣的图景,为下文抒发爱情创造了情意绵绵的意境。后两句,"窈窕"状女之貌美,"淑"写女之德善,"君子"应是一位文质彬彬、儒雅倜傥的贵族青年。郎才女貌恰符合传统婚姻的审美习惯。

求之不得,寤寐思服;悠哉悠哉,辗转反侧。

【注释】《周南·关雎》。寤寐:寤,睡醒;寐,睡着。寤寐在此处犹言日夜。思服:二字同义,均是思念。一说"思"为语助词。悠:悠长忧思。辗转:转动。反侧:翻来覆去。

【解析】君子追求淑女而不得,日夜思念,忧愁忧思绵绵不绝,以至于长夜难眠,"辗转反侧"。从结构上看,"辗转反侧"是"求之不得"的必然结果;从描写内容看,是成功的心理刻画,通过"辗转反侧"的动态细节,揭示出君子思恋淑女,渴望早结伉俪的心理。孔子评曰:"《关雎》乐而不淫,哀而不伤。""乐而不淫"指表达欢乐之情不过度,"哀而不伤"指表达思念忧愁不过分流于哀伤,至"辗转反侧"的程度便适可而止。这正合于儒家中和之美的要求,此诗也因此长久被奉为贵族婚恋的典范。

陟彼高冈,我马玄黄。我姑酌彼兕觥,维以不永伤。

【注释】《周南·卷耳》。陟:登上。玄黄:玄马而黄,因病重而马毛变色。一说玄黄是指眼花,因疲惫或病痛所致。兕觥(sìgōng):野牛角做的酒杯。兕:野牛。觥:爵也。一说"觥"是青铜做成的牛形酒器,用以盛酒。永伤:永怀,长久思念。这几句写征人登上高高的山冈,马儿因病毛色变得发黄。姑且斟满牛角杯,让心儿少一些忧伤。

【解析】全诗写采摘卷耳的女子怀念征夫,因而设想他途中种种困顿的情况,以寄离思。在想象中,征人骑马登上山冈,旅途劳顿,马病极而玄黄。征人以牛角大杯斟酒自饮,以消感伤,结果只能是举杯浇愁愁更愁。诗歌妙在所写情境不是实有,全系假托虚拟,从侧面烘托渲染出思妇悠长深微的思念之情。

南有樛木,葛藟累之。乐只君子,福履绥之。

【注释】《周南·樛木》。樛(jiū):《诗集传》:"木下曲曰樛。"葛藟(lěi):二者均是连蔓而生的植物,故古人常常葛藟并称。一说"藟"属野葡萄之类。只:语助词。履:马瑞辰《通释》:"履与禄双声,故履得训禄。"绥:安也。

【解析】诗句表达了祝贺他人得到幸福的意旨。前两句采用兴的手法,南山之树弯曲秀美,野葡萄蔓将它缠绕。既起到兴起下文的作用,又与下文韵脚相协,读之朗朗上口。后两句是美好的祝愿:那快乐无忧的君子啊,福气幸运永远与你相伴,使你平安。祝贺之情谊溢于言表。

螽斯羽,诜诜兮。宜尔子孙,振振兮。

【注释】《周南·螽斯》。螽(zhōng)斯:蝗虫,比喻剥削者。一说"斯"为语助词。一说"斯"相当于"之"。羽:动词,振翅鸣叫。诜诜(shēn):同莘莘,众多貌。宜:多。振振:众盛貌。

【解析】蝗虫振翅鸣唱,成群结伴在天空飞翔。你的子孙多而又多,比蝗虫还要繁盛。诗人用蝗虫来比喻剥削者,蝗虫靠吃劳动人民所种的庄稼而生存,剥削者靠剥削劳动人民的粮食而生存,它们的本质相似。剥削者占有劳动人民生产的粮食,养活子孙,他们的子孙健康而繁多。诗句的字里行间表达了劳动人民对剥削者的憎恶。古代学者多以为此诗是歌颂贵族子孙众多,或歌颂后妃子孙众多。用蝗虫来比喻贵族,而且含有歌颂之意,于情理似不通。

桃之夭夭,灼灼其华。之子于归,宜其室家。

【注释】《周南·桃夭》。夭夭:桃含苞貌。一说形容茂盛而艳丽。灼灼:鲜明貌。归:本义是女子出嫁。此处用本义。宜:通"仪"。《尔雅》:"仪:善也。"室家:指夫妇。男子有妻为有室,妇子有夫为有家。

【解析】桃树茂盛艳丽,桃花灿若红霞。有位姑娘在出嫁,幸福美满成了家。诗的主旨是祝贺女子出嫁。这几句写得色彩鲜明,气氛热烈,堪为名句。前两句为起兴,既写出桃花灿烂的景象,又渲染出热烈喜庆的气氛,同时人面桃花相映,桃花的鲜艳正是新嫁娘美好形象的比喻。由此自然导出后两句的祝贺之词。

南有乔木,不可休思。汉有游女,不可求思。

【注释】《周南·汉广》。乔木:高大的树木。休:马瑞辰《通释》:"止息也。从人依木,或作麻。""是休即休荫之麻,本义为木之荫人,得为人所依止,后乃通以休为息耳。"思：语助词。汉：水名。游女：汉水女神。一说指出游的女子。

【解析】南方生有高耸的树木，树下少荫不得止息。汉江之上有美丽的神女，要想追求不得如意。诗歌写男子爱慕女子而苦于不可得。男子看见乔木高大美好，自然兴起了他对高洁美貌的汉水女神的爱慕，而游女的高不可求，却又像乔木高不可荫一样，使得爱而不得。从语言形式看，前后构成较工整的对句，且音韵和谐，舒展流畅。

汉之广矣，不可泳思。江之永矣，不可方思。

【注释】《周南·汉广》。泳：游泳。此指游渡而言。思：语助词。江：长江。长江在古时专称江或江水。永：水流长。方：环绕。余冠英《诗经选》："遇小水可以绕到上游浅狭处渡过去，江水太大，不能绕匝而渡。"一说方，泭(fú)也。泭同桴，即小筏子。此处用如动词，意为坐小筏子渡水。一说方作舫，即小舟。亦用如动词，意为乘坐小舟渡水。

【解析】汉江之水宽啊，难以游过。长江之水悠长啊，乘着小舟也难以绕过。以汉水不可泳、江水不可方比喻汉水游女不可求，抒发了男子求爱而不可得的怅惘情怀。诗境似写汉水江畔樵子渔哥隔岸望见美丽的游女而生爱慕之情，爱之深切，故而反复咏叹，然而游女像江汉不可泳渡一样，不可求，不可得！思慕之态跃然纸上，思慕之情真切感人。

遵彼汝坟，伐其条枚。未见君子，惄如调饥。

【注释】《周南·汝坟》。遵：循着，沿着。汝：汝水。坟：水崖，大堤。条枚：树枝树干。君子：妻称夫为君子。惄(nì)：忧愁。一说思念。调(zhōu)饥：朝饥。"调"通"朝"，即早晨。

【解析】沿着汝水堤岸走，砍伐树干和树枝。等待君子仍不见，忧思好似朝未食。诗句写妻子对远役丈夫的深情思念。前两句写思妇在汝水岸边焦急等待和寻觅的情态，但久候不至，其忧愁之情如早晨未能进食。末句的比喻形象生动，将抽象的思情写得具体可感。

鲂鱼赪尾，王室如燬。虽则如燬，父母孔迩。

【注释】《周南·汝坟》。赪(chēng)尾：赤色的鱼尾。《毛传》："赪，赤也。鱼劳则尾赤。"按，以鲂鱼之劳喻君子之劳。燬：火。孔：程度副词，甚，很。

【解析】鲂鱼劳累尾色赤，朝廷官差似烈火。虽然官差似烈火，父母在旁须奉养。以鲂鱼极度劳累而尾巴变成赤红，比喻征人劳顿疲惫已达极至；以灼人的烈火比喻朝廷官差残酷无情。语言形象，极富表现力，情感愤激，极富感召力。最后点明父母双亲需要奉养，即使官差烈如焰，猛如虎，也无暇顾及。诗句反映了当时统治阶级对人民的残害。

麟之趾,振振公子,于嗟麟兮。

【注释】《周南·麟之趾》。麟:麒麟。陆机《草木疏》:"麟,麇身、牛尾、马足、黄色、圆蹄、一角,角端有肉。音中钟吕,行中规矩。游必择地,详而后处。不履生虫,不践生草,不群居,不侣行,不入陷井,不罹罗网。王者至仁则出。"古人把麒麟看作至善至美的动物,也常把麟、凤、龟、龙称四灵,用来比喻各种好人。趾:足,指麟之蹄。振振:诚实,仁厚。于(xū)嗟:叹词。"于"通"吁"。

【解析】麒麟的蹄子不践踏虫草生物,这就好比公子的品德诚实、仁厚而温和。令人赞叹啊,神奇的麒麟。诗句盛赞麒麟之品格,暗喻公子之仁德。文辞古拙,形同口出,不假雕饰,而溢美之情强烈深厚。后人常以麟趾喻子孙的贤能。

未见君子,忧心忡忡;亦既见止,亦既觏止,我心则降。

【注释】《召南·草虫》。忡忡(chōng):忧虑不安。一说心跳。止:语助词。觏(gòu):遇见。

【解析】还未见到情人时,心中忧虑不安宁;已经远远望见他,已经渐渐接近他,内心忧虑渐消除。诗歌写女子对情人远出时的忧虑和归来相见的喜悦。诗人以草虫起兴,感物伤怀,引起对君子的忧念,并用对比手法写了情人归来时自己的欢乐。"忧心忡忡"已成为现代汉语的常用成语。

蔽芾甘棠,勿剪勿伐,召伯所茇。

【注释】《召南·甘棠》。蔽芾(fèi):《毛传》:"小貌。"《诗集传》:"盛貌。"甘棠:棠梨树,又名杜树。剪:剪其枝叶。伐:伐其条干。茇(bá):草舍。此处作住草舍解。所茇,建草舍的地方。

【解析】诗歌咏甘棠而怀召伯。召伯即姬奭,食采邑于召,故称召伯、召公。周武王时召伯执政于南国,清正廉明,政绩斐然,深受人民敬爱。此诗即表达了人民对他的怀念之情。诗句说:枝叶茂盛的甘棠树,不剪不伐保留它,召伯草屋在树下。以赞咏甘棠的方法抒发对召伯的怀念之情,表现了古代人民崇尚贤臣和周初政治清明的局面。尚其人而念其迹,咏其物而寄其情,言简意赅,感情深厚。

谁谓雀无角,何以穿我屋?谁谓女无家,何以速我狱?

【注释】《召南·行露》。角:鸟嘴。闻一多《通义》:"《说文》曰:'喝,喙也。'角即喝之本字。"女:女儿。一说同汝。速:召,致。

【解析】诗歌写一个横暴男子强娶一个已婚女子,并以诉讼相要挟,女子及其家长不屈于强暴,愤然作答:谁说雀儿无嘴角?何以穿破我家屋!谁说女儿无夫家?凭何让我进监狱!以雀子嘴尖而利穿破屋子类比男子的无理侵害,以四个反诘句发问,语气强烈,言词凿凿,掷地有声,可看出主人公不畏强暴,坚持正义,捍卫尊严的精神面貌。

羔羊之皮,素丝五绋。退食自公,委蛇委蛇。

【注释】《召南·羔羊》。素丝:白色之丝。五绋(tuó):针交织连缝的线路痕迹。退食自公:退朝而食于家中。委蛇(wēiyí):旗帜飘扬貌。《离骚》有"载云旗之委蛇"之句。此处描写士大夫摇摆而行的样子,心情舒畅,踌躇满志。故《毛诗传笺》训为"委曲自得之貌"。

【解析】诗句描写贵族士大夫安乐悠闲的生活。羔羊之皮做外衣,白色丝线来缝缀。退朝回家进午膳,步履悠闲意自得。贵族士大夫穿的是羔羊的松软之皮,吃的是山珍海味。"委蛇委蛇"是精彩的细节描写,写出退朝后的士大夫步履悠闲、摇摇摆摆之态,可窥视到他们意满志得、心情舒畅的精神状态。诗人是以赞叹的口吻叙写的,但读者不难想到《七月》《伐檀》《硕鼠》等描写奴隶艰辛生活的作品,正是奴隶们不分昼夜地劳作,才换来王公贵族安乐富贵的生活。"彼君子兮,不素餐兮"的怨愤犹在耳畔。

摽有梅,其实七兮。求我庶士,迨其吉兮。

【注释】《召南·摽摽有梅》。摽(biào):坠落。一说掷,抛。摽梅,梅熟而落,比喻女子已到结婚年龄。有:语助词。实:果实。七:十分之七。梅熟而坠落,尚有十分之七在树上。《毛诗传笺》:"梅实尚余七未落,喻始衰也。谓女二十春盛而不嫁人,至夏则衰。"庶:众。士:男子的美称,此指未婚男子。迨:及时。吉:美好的青春期。一说指吉日。

【解析】诗歌写青春女子希望及时找到如意郎君。树上梅子纷纷落,还有七成在树上。有心求我的众男士,趁我还在青春期。据《周礼》记载,周代统治者为了繁衍人口,允许青年男女自由恋爱,自由结婚,于是产生了许多自由、热烈、奔放的情歌。诗句用熟梅子无人采摘而渐渐自落,兴托女子青春成熟未被择娶而芳华渐逝,充满自怜自惜自叹之情,抒情委婉,含蓄蕴藉。后两句直抒其情,表达了渴求配偶的急切心情,感情率真大胆,热烈奔放。

嘒彼小星,三五在东。肃肃宵征,夙夜在公。

【注释】《召南·小星》。嘒(huì):光芒微弱。三五:概举天上星星之数。一说参三星,昴五星。参昴(shēnmǎo):星名。肃:同"速",急急忙忙。宵征:

夜行。凤夜:早晨和晚上。公:公事。

【解析】小小星儿发微光,三个五个亮东方。急急忙忙夜奔波,日夜不闲公事忙。诗句写小吏出官差,连夜赶路,日夜奔忙,对自己位卑职微的命运发出不平的怨言。前两句写小星星光芒微弱,寥落地点缀于东方。既是眼前实景,写出小吏夜间奔走的环境,又是比兴,象喻小吏职位如微光之星,无地位、无权势。后两句写勤于王事的情景,不平之气寓于其中。从这些诗句可看出周代官场苦乐不均,以大压小的现实。

江有汜,之子归。不我以,不我以! 其后也悔。

【注释】《召南·江有汜》。汜(sì):江水分出支流而又汇合主流。之子归:当为"之子于归",意为这个女子要出嫁。一说此人要娶亲。以:用,需要。

【解析】大江滚滚有支流,那人娶亲我犯愁。他娶别人将我弃,他娶别人将我弃! 将来必然要后悔。这是弃妇的怨词。诗人以江水分出支流借喻丈夫另有新欢,弃妇无奈之余反复感叹:"不我以,不我以!"充满悲苦怨怒之情。弃妇的不幸命运反映出古代社会妇女在婚姻家庭中的悲惨地位和男女不平等的社会现实。

野有死麕,白茅包之。有女怀春,吉士诱之。

【注释】《召南·野有死麕》。麕(jūn):獐子,似鹿而小,无角。男子爱上女子,猎取野兽馈赠女方,女方接受,便表示同意。白茅:草名,开白花。怀春:春指男女的情欲。吉士:对男子的美称,此指男猎人。

【解析】野外狩猎打死獐,柔嫩白茅把它包。娇美村姑春心动,只因猎手撩拨她。诗写青年猎人在郊外猎获了野鹿,同时也获得了爱情。从诗句的描写可以想见青年猎人的勇猛剽悍和身手不凡,也可以想见怀春少女的娇美如玉和羞怯柔婉。"怀春""诱之"表现了男女大胆热烈的爱情,不造作,不掩饰,率真自然。

舒而脱脱兮,无感我帨兮,无使尨也吠。

【注释】《召南·野有死麕》。舒而:犹舒然,缓慢。一说"舒"为语气词。脱脱(duì):舒缓貌。感(hàn):通"撼",动摇。帨(shuì):佩巾,系在腹前。尨(máng):多毛之狗,此指猎狗。

【解析】动作要慢啊话语要轻,我的围裙不能随意动,也别惊动猎狗叫出声。青年猎手猎获野鹿赠予少女,致使少女动情怀春。猎手情不能自已,进而冒失鲁莽爱恋少女。以上是少女娇羞而又含情的阻劝。短短三句写出少女羞涩而略带惊惧的心理,衬托出男子情不能自已的冒失举动,同时暗示出行爱的环境。一笔多得！

我心匪石，不可转也。我心匪席，不可卷也。

【注释】《邶风·柏舟》。匪：非。转：转动，滚动。席：草席。卷：卷曲。

【解析】诗歌写妇人被人遗弃，又被群小欺侮，但她坚持正义，不甘屈服。我的心并非顽石，不可随意转动。我的心也不是草席，不可任意卷起。诗人以石头和草席作比拟和反衬，表明自己心比石坚，不能随俗，不能屈志。诗句虽是一个妇人坚持操守、不甘屈服的抒愤之词，但由于语言凝练，比喻形象，情感真挚，因而带有较深刻的哲理意蕴，可以启示人：意志坚定，持之以恒，不随波逐流。

绿兮丝兮，女所治兮。我思古人，俾无訧兮。

【注释】《邶风·绿衣》。女：指亡妻。治：理。古人：故人，指故妻。俾（bǐ）：使。訧（yōu）：同尤，过失，罪过。

【解析】绿色的丝线啊，亡妻曾经亲手理。我日夜思念故人啊，她能时时匡正我的过失。诗人睹物伤怀，悼念亡妻，情意缠绵而深挚。妻子缝制的衣裳还穿在身上，但人已故去，可谓物是人非，感慨良多矣！妻子不仅是他生活的伴侣，而且是他人生的益友，可使他时时上进，少犯过失。诗人哀痛之深就不难想见了。

燕燕于飞，颉之颃之。之子于归，远于将之。瞻望弗及，伫立以泣。

【注释】《邶风·燕燕》。燕燕：即燕子。颉（xié）：上飞。颃（háng）：下飞。之子：指被送的女子。将：送。伫：久立等待。

【解析】双双燕子展翅飞，上下翻飞情依依。此人别离回家去，远到天边去送之。渐渐远去望不见，伫立原野泪沾衣。《诗序》说，此诗主旨是"卫庄姜送归妾也。"庄公薨，陈女戴妫归国，庄姜送之。以"燕燕于飞，颉之颃之"兴起戴妫之归，不但写出了她不愿归去而又不得不归的三步一回头、五步泣出声的悲情，而且烘托出了送行主体的哀伤。庄姜怀悲情送忠妾，送到郊野，不能尽情，不能达意，眺望不到则泪如雨下，愁苦悠悠。这大约是中国诗史上最古老的送别诗句，感情真挚而动人。

终风且曀，不日有曀。寤言不寐，愿言则嚏。

【注释】《邶风·终风》。终：终日。一说既。曀（yì）：阴而有风。寤：睡醒。寐：睡着。嚏：打喷嚏。

【解析】终日狂风天阴沉，云影蔽日天无光。辗转反侧夜不寐，情愿念他打喷嚏。诗歌写一个女子对狂暴丈夫的怨恨。狂风大作，天气阴沉，写出晦暗的气氛环境,也衬托了女子忧郁感伤的心情,并且象喻丈夫的狂暴无理。丈夫离去,女子长夜不眠,怨恨之余,又涌出割不断的依恋,无意中打了个喷嚏,女子便想:这一定是他在念叨我。这一细节成功地刻画出女子特定情境下的心理,情味深永。

死生契阔,与子成说。执子之手,与子偕老。

【注释】《邶风·击鼓》。契:合。阔:疏。死生契阔:指合离聚散。成说:成言,意即说定了。子:作者的妻子。

【解析】离合聚散大半生,海誓山盟有约定。临别紧握爱妻手,情愿白头共偕老。诗歌写卫国士兵远戍他国,久役不归,怀念妻子,故而回忆别时情景。诗句情词恳切,感人至深。士兵能否平安退役,与妻子再过男耕女织的田园生活呢?读者不得而知,士兵自己也不得而知。所以诗歌结尾时士兵感叹:可叹今朝远别离,白头到老成空语。

凯风自南,吹彼棘心。棘心夭夭,母氏劬劳。

【注释】《邶风·凯风》。凯风:和风。一说南风。南风和暖,使草木欣欣向荣。棘心:棘即酸枣,棘心指未长成的棘。夭夭:旺盛。劬(qú):劳苦。

【解析】和煦之风从南来,吹拂小枣渐渐长。枣树长得茂而嫩,母亲辛劳多慈爱。诗句咏叹母亲抚育儿子的辛酸劳苦。诗人以"凯风"喻母亲,以"棘心"喻自己;"凯风"吹拂"棘心"成长,喻母爱的温馨、博大和无私。诗人最后感叹母亲辛劳,母爱伟大,无以报答。这不禁使人想到"谁言寸草心,报得三春晖"的千古名句。

瞻彼日月,悠悠我思。道之云远,曷云能来?

【注释】《邶风·雄雉》。日月:岁月。一说太阳和月亮。悠悠:思念悠长。云:语助词。曷:疑问代词,何时。

【解析】看那太阳和月亮,悠悠相思情意长。道路迢迢多遥远,丈夫何时归故乡?诗歌写妻子怀念远役在外的丈夫。她每天观日出日落,望月升月斜,岁月如流,芳华凋零,独守深闺,人何以堪!故而情思悠悠,不可断绝。最后发出沉痛的浩叹:丈夫何时能归来!哀怨中显出几分绝望。

雍雍鸣雁,旭日始旦。士如归妻,迨冰未泮。

【注释】《邶风·匏有苦叶》。雍雍:雁声和鸣。旭日:初升的太阳。旦:早晨。归妻:娶妻。迨:及。泮(pàn):同"牉",合。

【解析】鸿雁和鸣,旭日东升。你若娶我,趁河未封。诗歌写一个姑娘在河边等待企盼对岸的情人。一个秋天的早晨,初升的红日照在济水的清波上,一个女子在岸边徘徊流连。鸿雁的鸣唱既写出了季节特征,又衬托了女子的心理。她在心里默默说,你若有心来娶我,趁着河水未结冰。古人以春秋两季为结婚正时。此时正值深秋,故而女子才显出急切心情。

谁谓荼苦,其甘如荠。宴尔新婚,如兄如弟。

【注释】《邶风·谷风》。荼(tú):苦菜。荠:荠菜。宴:乐。新婚:丈夫娶新人。如兄如弟:形容丈夫新婚之乐。

【解析】此为弃妇的怨诗,叙写了自己无辜被弃的悲惨遭遇,故夫是如此无情,自己是如此痴情。诗句说,谁说苦菜味道苦,比起我苦甜如荠。你又成婚多快乐,如胶似漆胜兄弟。苦菜虽苦,但比起弃妇的痛苦已甜如荠菜了,即"人人都道黄连苦,我比黄连苦十分"之意。以形象的比喻和强烈的对比写出自己痛苦之深重。真所谓"柔肠寸断,欲哭无泪。天荒地老,此恨何已"!

式微式微,胡不归?微君子之故,胡为乎中露!

【注释】《邶风·式微》。式:语助词。微:同"昧",昏暗。微君之故:非君之故。微,非。故,事。中露:露中。

【解析】奴隶们在野外冒霜露,踩泥水,给贵族老爷辛苦劳作,天黑尚不得回家,唱出了此怨愤之歌。天已黑啦天又黑,为何有家不得归?若非为官家去服役,为何夜行在霜露里?"式微式微"两词重叠,已带有感情色彩,"胡不归""胡为乎"的连连发问更显出行役者的满腔怨愤。

毖彼泉水,亦流于淇。有怀于卫,靡日不思。

【注释】《邶风·泉水》。毖(bì):通"泌",泉水流貌。淇:水名。靡日:无日。

【解析】诗歌写卫宣公之女许穆夫人怀念亲人、思念祖国。山泉汩汩荡清波,涓涓细流入淇河。想起卫国家乡人,日夜思念在心窝。卫国王室之女许穆夫人远嫁许国,离亲背土,因而思念家乡和亲人。诗句以泉水起兴,汩汩山泉流入淇水,日夜不辍。淇水恰是卫国的河流,此言夫人的思念如泉水悠长不绝,日夜流淌。诗句巧用比兴,极富表现力。

北风其凉,雨雪其雱。惠而好我,携乎同行。

【注释】《邶风·北风》。雨雪:落雪。雨(yù),动词,下,落。雱(páng):通"滂",雪盛貌。惠:爱。好(hào):喜欢。

【解析】北风寒冷,大雪飘扬,天寒地冻,令人心惧。面对此凄冷景象,情人说,既然爱我,那就携手同行,同舟共济。为了爱情,不畏严寒,不畏艰险,不畏任何阻力，其义可嘉，其情动人。或以为这是"刺虐"的诗，国行威虐之政，诗人号召他的朋友相携同去。诗无达诂，见仁见智，已属正常，但此诗解为爱情诗更具感染力。

静女其姝，俟我于城隅。爱而不见，搔首踟蹰。

【注释】《邶风·静女》。静：闲雅安详，文静。姝（shū）：美好。俟（sì）：等候。城隅：城上的角楼。一说城角隐蔽处。爱：薆，隐蔽。薆而，犹薆然，而、然均是词尾。搔首：以手挠头。踟蹰（chíchú）：徘徊不定。

【解析】诗句写青年男女幽会的乐趣。女孩文雅闲静，与恋人约定在城楼期会，到了城楼，姑娘故意藏匿，赴约的小伙子等候良久，急得抓耳挠头，徘徊叹气。"爱而不见"写出女子的活泼调皮，"搔首踟蹰"活画出小伙子焦急不安的心理。细节逼真，情景如画，可谓传神妙笔。

新台有泚，河水弥弥。燕婉之求，蘧篨不鲜。

【注释】《邶风·新台》。新台：卫宣公所筑台。泚（cǐ）：鲜明貌。弥弥：犹漫漫，满满，水满貌。燕婉：燕，安；婉，顺。指夫妇和好。蘧篨（qūchú）：即詹诸、居储，就是蛤蟆，用来比喻卫宣公。鲜：善。一说美。

【解析】诗刺卫宣公筑新台强占儿媳的丑事。宣公为他的儿子伋聘齐女为妻，听说她美貌，就想自己娶为妻，并在黄河上筑台迎接她。国人憎恶此事，于是作诗讥刺卫宣公。诗句说：巍峨新台多辉煌，远望黄河水茫茫。本想嫁个美少年，不意委身癞蛤蟆。用蛤蟆比喻宣公，既揭露了他的丑恶，又表现了国人对他的憎恶，收到形象深刻的艺术效果。

二子乘舟，泛泛其景。愿言思子，中心养养。

【注释】《邶风·二子乘舟》。泛泛：舟行貌。景：同"憬"，远行貌。愿：《尔雅》"思也。"言：语助词。养养：忧虑貌。

【解析】二子同去一扁舟，河里飘浮影悠悠。每每想到他们俩，心随波涛起忧愁。诗歌写孩子远行，乘舟浮于水上。父母相送，望断行舟，唯见白水茫茫。父母的依恋、惦念、盼归等种种情思尽在其中。读之不禁使人想到"儿行千里母担忧"的古语。

泛彼柏舟，在彼中河。髧彼两髦，实维我仪。

【注释】《鄘风·柏舟》。中河：河中。髧（dǎn）：发下垂貌。两髦（máo）：男子未成年时披着头发，至眉毛处分向两边梳着。一说指未成年男子头上梳的两个发辫。实：副词，确实，实在。维：为。仪：配偶。

【解析】荡着一叶柏木舟,漂流浮在河中间。齐眉剪发美少年,实是我的好伴侣。姑娘找到了心上人,母亲不允,从中阻挠,姑娘向母亲倾诉她坚贞的爱情。诗句以柏舟漂流河中,兴起少女已有心爱的对象,以柏舟之坚固,暗喻少女爱情的坚贞,形象而深刻。

鹊之彊彊,鹑之奔奔。人之无良,我以为君。

【注释】《鄘风·鹑之奔奔》。鹑(chún):鸟名,即鹌鹑。奔奔、彊彊(jiāng):《毛诗传笺》:"奔奔彊彊,言其居有常匹,飞则相随之貌。"君:君主,指卫宣公。

【解析】卫宣公对母不孝,对子不仁,纳媳为妻,不及禽兽,故国人作诗以讽之。鹌鹑结伴双双,喜鹊双双结伴。人却恶毒不善良,我们还得奉他为君王!鹌鹑、喜鹊群飞友爱,结伴相随,可见禽鸟尚有情有义,而国君宣公却无情无义,不孝不仁。诗句以鹌鹑、喜鹊结伴相随作比兴,对比反衬宣公所作所为不及禽兽。构思巧妙,讽刺强烈。

乃如之人也,怀昏姻也。大无信也,不知命也。

【注释】《鄘风·蝃蝀(dìdōng)》。昏:婚。无信:不可信。一说不守媒妁之言。不知命也:《毛诗传笺》:"不知婚姻当待父母之命。"

【解析】女子寻找自由爱情,私奔嫁人,远离父母和兄弟,意志坚定,决不回头。因而招致非议和诬谤。诗句说:像你这样的年轻人,早早怀春想嫁人。一点不守媒妁言,丝毫不遵父母命。社会习俗、传统道德对"异端"总是惊恐惧怕,坚决排斥,所以女子的行为遭到严厉的毁谤。但女子追求人性自由,挣脱传统束缚,显示出了个性独立的魅力,所以其行为弥足珍贵。

相鼠有皮,人而无仪。人而无仪,不死何为?

【注释】《鄘风·相鼠》。相(xiàng):视也。仪:礼仪。《毛传》:"无礼仪者,虽居高位,尤为暗昧之行。"

【解析】看看老鼠还有皮,可是做人无礼仪。做人如果无礼仪,不死活着有何益!从字面看,诗句是讽刺没有礼仪的无耻之人。从历史背景看,春秋时代卫国宫廷多荒淫无耻之事,丧失礼仪,诗人对此丑恶行径进行了尖锐的揭露和讽刺。诗句以"相鼠有皮"兴起下文对统治者无仪的斥责,最后诗人情不能自禁,愤怒地喊道:"你们为何还不死去!"

如切如磋,如琢如磨。瑟兮僩兮,赫兮咺兮。

【注释】《卫风·淇奥》。切、磋、琢、磨:《毛传》:"治骨曰切,象曰磋,玉曰琢,石曰磨。"瑟:庄严貌。倜(xiàn):宽大貌。赫:威严貌。咺(xuān):有威仪貌。

【解析】诗歌盛赞君子美德。卫武公作周平王卿相,年逾九旬,深自儆惕,善文章,勇纳谏。卫国人作诗颂其德,诗句说:君子儒雅文采风流,如象牙细切细磋,如美玉精雕精磨,态度庄严胸怀宽大,神情威武风度潇洒。诗句连用四个比喻将人物的外貌、品格写得玲珑剔透、洁白无瑕,接着又赞其胸怀气度超凡儒雅。词语凝练,比喻精当。"切磋""琢磨"已成为现代汉语的常用词。

考槃在涧,硕人之宽。独寐寤言,永矢弗谖

【注释】《卫风·考槃》。考槃(pán):盘桓。宽:宽缓。一说貌美。寤寐:睡着醒来。矢:誓。谖:忘。

【解析】盘桓逗留在山涧,身材高大心亦宽。独睡独醒独自语,发誓不忘远人烟。诗句咏唱隐士生活,是留恋山林的赞歌。"考槃在涧"已见留恋山林之意,"独寐寤言"更写出其闲云野鹤一般不受尘俗搅扰的生活情态。最后这位身高心宽的隐士表示永驻山林,忘记尘烟,乐此不疲。这大概是中国历史上有文字记载的最早的隐士。之后有长沮、桀溺的"耦而耕",有陶渊明悠悠忘情的田园歌,千载而下,一脉相承,不与世俗为伍,洁身自好,以求心静。此为中国历史的独特现象,也构成了中国文学史的一道独特风景。

手如柔荑,肤如凝脂,领如蝤蛴,齿如瓠犀,螓首蛾眉。巧笑倩兮,美目盼兮。

【注释】《卫风·硕人》。柔荑(tí):柔嫩的初生茅草,形容手白嫩。凝脂:凝结的油脂。因其洁白滑腻,用来形容肤色光润。领:颈。蝤蛴(qiúqí):天牛的幼虫,细长而白,这里形容脖颈长而白。瓠(hù)犀:瓠瓜的子。瓠:葫芦类。瓠中之子叫犀,因其洁白整齐,故用以形容牙齿之美。螓(qín):似蝉而小,额宽而方正。蛾眉:蚕蛾之眉,细而长曲,用以形容美人之眉。倩:笑时两颊出现的酒窝。盼:白黑分明。

【解析】这是赞美卫庄公夫人庄姜的诗。庄姜由齐嫁卫,国人盛赞其美丽。诗人采用博喻手法,连用六个比喻描绘庄姜的肖像,柔婉的白手、滋润的皮肤、白洁的颈项、瓠白的牙齿、宽正的前额、细弯的蛾眉。工笔细描,丝丝入扣,活画出一幅静态的美人图。随之,由静转动,轻巧的笑容流动在嘴上,美丽的眼睛黑白分明,眼波顾盼。眼前的美人栩栩如生,简直呼之欲出了。此诗被誉为美人赋之祖,"千古颂美人者无出其右,是为绝唱"。诗中用的词语也成为后来古诗文描写美人的常用词语,"蛾眉""凝脂"等词语迄今仍具生命力。

不见复关,泣涕涟涟。既见复关,载笑载言。

【注释】《卫风·氓》。复关:男子的居所。一说返回的关口。一说指回来的车。关,车厢也。一说是男子的名。泣涕:眼泪。涟涟:涕泪下流。

【解析】女子与男子订下"秋以为期"的婚约。分手后,女子天天登高远望,企盼情郎的到来。没有望见意中人,暗自哭泣泪涟涟。已经见到我情郎,有说有笑两相欢。"泣涕涟涟"与"载笑载言"是生动的细节描写,同时又构成鲜明的对比,准确地刻画出处于热恋中的女孩子的特定心态。

于嗟女兮,无与士耽。士之耽兮,犹可说也;女之耽兮,不可说也。

【注释】《卫风·氓》。于嗟:同吁嗟,感叹词。士:成年男子。耽:沉醉,迷恋。如耽于酒色、耽于欢乐等。一说贪乐太甚。犹:还。说:通"脱",解脱,丢开。

【解析】《氓》是弃妇的怨诗,叙写女主人公与氓恋爱、订婚、结婚,最后被遗弃的过程。诗句愤然唱道:感叹天下好女子,见了男士勿迷醉。男士沉醉于爱情,可退可脱不在乎;女子沉醉于爱情,想要解脱登天难。诗句抒情兼议论,道出一个古老的主题:痴心女子负心郎。既是自己悲剧命运的总结,又是对其他女子的告诫,还含有对氓的强烈谴责。感情饱满,内容丰厚,语言警策。

女也不爽,士贰其行。士也罔极,二三其德。

【注释】《卫风·氓》。爽:差错。贰:有二心。一说贰是忒的误字,忒就是忒,与爽义同。罔极:无常,没有定准。二三其德:即其德二三,指男子言行多变化,朝三暮四。

【解析】我做妻子无过失,是你变心改初衷。男子言行无定准,三心二意无德行。这是女子被弃归家途中的感伤和愤慨。一个勤劳善良、坚贞痴情的贤淑女子被无辜抛弃了。必须看到男子的负心背德,不仅仅是个人品德修养的问题,在古代社会的婚姻家庭中男女不平等,男权对女性可任意残害,男子休妻不仅合法,而且并不违德。弃妇今后的命运会如何呢?想想刘兰芝的命运便不难推知。诗句语言概括而精炼,用"二三"等数词直接用为动词支配宾语,极有力度和表现力。

信誓旦旦,不思其反。反是不思,亦已焉哉!

【注释】《卫风·氓》。信誓:诚实的誓言。旦旦:清楚明白。一说同怛怛,诚恳貌。反是:反,违反,反复;是,这,指誓言。已:止。焉哉:语气词,连用以加强语气。

【解析】山盟海誓在昨天,不想今日违誓言。你既变心不思从前,夫妻情缘一刀两断！男子婚前"信誓旦旦"，婚后不久便粗暴不堪。作品刻画出一个自私、冷酷、朝三暮四的负心郎形象。女主人公婚前一往情深，婚后痴情坚贞，任劳任怨，但被弃的残酷现实教育了她，使她从痴情软弱变得理智刚强，最后毅然向氓表示了决绝之情。

籊籊竹竿，以钓于淇。岂不尔思，远莫致之。

【注释】《卫风·竹竿》。籊籊(tì)：长而尖削貌。淇：水名。岂不尔思：即岂不思尔。

【解析】卫国女子远嫁他乡，思亲人，想故国，欲归不能，因而作诗以遣怀。诗句唱道：钓鱼竹竿长又尖，儿时垂钓淇水边。此情此景能不想？山高路远难归乡。思父母，念故园，乃人之常情。诗中女子远嫁异国他乡，忆起儿时的钓竿、清清的淇水、水中的鱼儿、垂钓的伙伴，于是思乡之情不能自禁，发出深情的歌咏。

谁谓河广？一苇杭之。谁谓宋远？跂予望之。

【注释】《卫风·河广》。河：黄河。广：宽广。一苇杭之：一叶苇舟就可渡过黄河。极言河之狭窄，渡河不难。跂(qì)：踮起脚尖。予：而。

【解析】宋国人寄居卫国，思乡而不得归，故作此诗。谁说黄河宽又广？一叶苇舟可渡航。谁言宋国太遥远？悬起脚跟即望见。卫国在戴公之前建都朝歌，与宋国隔黄河相望。思乡者站在河岸遥望故乡，但可望不可即。诗句妙在以夸张手法极言黄河不广，宋国不远，而思乡之情自在言外。

自伯之东，首如飞蓬。岂无膏沐？谁适为容。

【注释】《卫风·伯兮》。伯：指兄弟排行，伯为老大，此指丈夫。之：动词，去，往。蓬：草名。以飞蓬比头发散乱。膏沐：女子润发的油脂。适(dí)：即适，悦。

【解析】自从丈夫去东征，妻子鬓发散如蓬。莫非没有润发油？取悦于谁而美容。丈夫出征久未归，思妇独守深闺，情思悠悠。"首如飞蓬"形象地写出思妇鬓发散乱、无心修饰的形态。爱美之心人皆有之，但久别的生活竟使一个少妇丧失此心，可见思念之深，伤感之重。"女为悦己者容"，既然"悦己者"不在，为谁而容？所以无心修饰，也在情理之中。

其雨其雨，杲杲日出。愿言思伯，甘心首疾。

【注释】《卫风·伯兮》。杲杲(gǎo)：日出貌。一说明貌。愿言：犹愿然，沉思貌。甘心首疾：心甘情愿而头疼(为了思夫)。

【解析】快下雨呀快下雨,偏偏日出东方红。沉默少言思夫君,想得头疼也心甘。前二句用了比兴手法,盼望下雨,偏偏日出,比喻盼望夫归,偏偏不回。思妇的相思是凄苦悠长的,不仅割不断,而且不愿割断,相思之苦竟成为她空虚寂寞生活的点缀,甚至于需要。为了咀嚼思念,情愿疾首痛心。

投我以木瓜,报之以琼琚。匪报也,永以为好也。

【注释】《卫风·木瓜》。木瓜:植物名,果实椭圆。琼:赤色玉。琚(jū):佩玉。匪:非。好:爱。

【解析】恋爱中的情人互相赠答:你送我木瓜,我用美玉来报答。美玉如何能报答? 表示永远爱恋她。投桃报李,互赠信物,是古老又传统的表达爱情的方式。诗中青年男女投以木瓜,报以琼琚,正是由思慕到热恋的标志。诗句语言通俗,情感质朴,具有浓郁的民歌风味。

彼黍离离,彼稷之苗。行迈靡靡,中心摇摇。

【注释】《王风·黍离》。黍:谷子。离离:行列貌。稷:高粱。靡靡:行步缓慢貌。中心:心中。摇摇:形容心神不安。

【解析】黍子长成一行行,高粱苗儿正苗壮。走过故都步履缓,心中恍惚又凄凉。《诗序》说,周人东迁后,周大夫行至故都,见宗庙宫室已成田地,一片黍稷,故而感伤彷徨,作为此诗。诗人重游旧都,昔日繁华已成废墟,只见黍盛稷壮麦秀,满目凄然。真可谓兴衰无常,祸福无定,国运难期,物是而人非。"黍离之悲""黍离麦秀"已成后世诗文的常用典故,用以哀叹家国沦丧。

知我者谓我心忧,不知我者谓我何求? 悠悠苍天,此何人哉?

【注释】《王风·黍离》。此何人哉:此,指苍天;人,通"仁"。问苍天何仁。一说"致此颠覆者是何人乎?"

【解析】了解我的朋友说我是心里烦忧,不了解我的人以为我徘徊不定将何觅求。悠悠苍天啊,是谁颠覆了我大周! 诗人徘徊于故都,面对一片废墟,满目苍凉,发为浩叹。他为国家的盛衰兴亡而忧叹,想昔日繁华,叹今日衰败。但知音甚少,向谁倾诉? 只能面天发问,以抒郁懑。

鸡栖于埘,日之夕矣,羊牛下来。

【注释】《王风·君子于役》。埘(shí):墙壁上挖洞而成的鸡窝。

【解析】诗歌写一位山村妇女对久役不归的丈夫的深切思念。黄昏时分,她伫立门前,看到了这样的情景:鸡儿回窠上架,日头偏落西山,牛羊下山归圈。牛羊鸡禽都懂得日落而栖,丈夫却久役不归。思妇经历过无数个这样的场景,她神情戚然,心情凄然,目送牲畜一一归圈。诗句用景物描写来烘托人物内心,将日暮黄昏这一特定景象与主人公的思想情绪融为一体,情因景发,景由情生,构成一种迷离怅惘、深沉绵缈的艺术境界。

君子阳阳,左执簧,右招我由房,其乐只且!

【注释】《王风·君子阳阳》。阳阳:阳与养古声同,《尔雅》:"养,乐也。"簧:笙簧。由房:由与游古声同通用,房与放古声亦相近,由房同游放,即遨游、游戏。只、且:均为语气词。

【解析】君子走来喜洋洋,左手拿着好笙簧,右手招我去游逛,其乐融融喜欲狂。诗句写一对情人相约出游,感到其乐无穷。"君子"欣然自喜,风度翩翩,手拿乐器,招手相唤。女子感到欣喜若狂。这应是出游前的情景,青年恋人的兴奋、惊喜之情已充分展露,亲昵依恋之态已跃然纸上。可以推想:此番出游一定是风和日丽,山青水绿,笙乐悠扬,歌舞优雅。寥寥几笔将一种情境写活,给读者留下了想象的余地。

有兔爰爰,雉离于罗。

【注释】《王风·兔爰》。爰爰:缓缓,宽纵。离:通"罹",遭受。《离骚》之离即此义。

【解析】诗歌写没落贵族感叹生不逢时。兔子悠然放纵,蹦蹦跳跳;野鸡遭受灾难,陷于罗网。以兔子比喻处于低位的平民,以野鸡比喻占居高位的贵族。春秋时代社会动荡,处于大变革时期,旧贵族统治地位日渐动摇,新兴地主阶级登上历史舞台。诗中"有兔爰爰、雉离于罗"的形象比喻和描写,正揭示了这一时期两种人的两种命运,对比鲜明强烈。郭沫若《中国古代社会研究》指出:"这首诗表现一个阶级动摇的时候,在下位的兔子悠游得乐,在上位的野鸡反投了罗网。这投了罗网的野鸡便反反复复地浩叹起来:只睡觉吧,管他妈的!"郭老的解释不因袭古说,深得诗歌要旨。

彼采萧兮,一日不见,如三秋兮。

【注释】《王风·采葛》。萧:蒿的一种,即青蒿。有香气,古人采它供祭祀。三秋:余冠英《诗经选》:"通常以一秋为一年。谷熟为秋,谷类多一年一熟。古人说'今秋''来秋'就是今年、来年。在这首诗的'三秋'该长于'三月',短于'三岁',义同三季,就是九个月。又有以'三秋'专指秋季三月的,那是后代的用法。"

【解析】此为情人相思的歌谣。我那恋人采香蒿,一日未见,如隔三秋。由于相爱至深,所以相依相恋时时不忍分。虽则分开一日,但心里时间却好似三秋。诗句形象地写出处于恋爱中情人的主观感受,不仅比喻形象,而且夸张大胆。"一日不见,如隔三秋"至今仍是表达情人相思相恋的常用词语。

丘中有麻,彼留子嗟。彼留子嗟,将其来施施。

【注释】《王风·丘中有麻》。丘:山丘。麻:桑麻。留:留下。一说指刘姓。子嗟:人名,指诗中男子。彼留子嗟:是谁留下了子嗟,或那个刘子嗟。将(qiāng):请,愿,希望。施施:高兴貌。

【解析】诗歌写一个女子等待情人来相会,久候不至,便做了种种猜想。女子叹道:山丘上面生桑麻,是谁留下我子嗟,是谁留下我子嗟,愿他高兴快来吧!"丘中有麻"应指幽会的地点。女子来到长满桑麻的幽蔽山丘,这是与情人多次欢爱之处,但情郎久久不来,于是她在焦急等候中,由盼望而生思恋,由思恋而生猜疑,心理轨迹清晰可见。

将仲子兮,无逾我里,无折我树杞。

【注释】《郑风·将仲子》。将(qiāng):请,愿。仲:兄弟排行,老二。一说仲子是男子的表字。逾:越。里:余冠英《诗经选》:"五家为邻,五邻为里。里外有墙。'逾里'言越过里墙。"杞(qǐ):杞树,木质坚硬。

【解析】请求你呀仲子哥,切莫爬过我家墙,莫把杞树攀折伤。诗歌写一个女子请求情人不要接近她家,她既畏惧父母的阻挠,又畏惧诸兄的干涉,还害怕邻里的闲话。写出女子想爱,但又不敢大胆追求的心理状态。由此可知女子是一个内向、贤淑、柔弱之人,而男子却无所顾忌,敢翻墙,敢折树,敢大胆示爱。

羔裘豹饰,孔武有力。彼其之子,邦之司直。

【注释】《郑风·羔裘》。羔裘:羔皮袍子。一说士大夫的朝服。豹饰:用豹皮做衣服的边。孔:在《诗经》里多做程度副词,甚,很。司直:主持正义。司,主也。

【解析】羔羊皮袍饰豹皮,穿上勇武显威力。身穿此袍那个人,主持正义整法纪。诗人赞美古代贤臣,服饰有威仪,风纪为人师,武能安邦,文能治国。但诗人赞颂古人并非目的,借古讽今才是诗篇正义所在。所以诗歌主旨是怨刺郑国无此贤良之臣。言在此而意在彼,字面颂古,讽今之义见于言外。

宜言饮酒,与子偕老。琴瑟在御,莫不静好。

【注释】《郑风·女曰鸡鸣》。宜:《尔雅》:"肴也。"此为动词,将猎物烹调。言:语助词。御:奏。静好:安静和乐,指琴瑟之音。古语云:"妻子好合,如鼓琴瑟。"这里以琴瑟静好喻夫妻和乐。

【解析】诗歌写一对猎人夫妇相互爱悦。丈夫打来大雁和野鸡,妻子说:烹熟佳肴共饮酒,与你百年共偕老。琴瑟和乐相爱深,如此安静多美好。一边品味佳肴,共饮美酒,一边弹琴鼓瑟,畅叙衷曲。夫妻间琴瑟甚笃,伉俪情深,家庭和睦美好。以琴瑟之音协调美妙喻夫妻之间融和美好,可谓精巧。

萚兮萚兮,风其吹女。叔兮伯兮,倡予和汝。

【注释】《郑风·萚兮》。萚(tuò):脱落之木叶。女:汝,指萚。叔兮伯兮:余冠英《诗经选》:"女子呼爱人为伯或叔或叔伯。"倡:唱。一说倡导。

【解析】女子要求爱人与她共同唱歌。树叶落啊树叶落,秋风吹拂你飘落。叔啊伯啊听我说,你来领唱妹妹和。秋风吹动,树叶飘落,情郎高歌,情妹和唱。真可谓"夫唱妇随"。诗句联想奇妙,比拟恰切,格调欢快。

彼狡童兮,不与我言兮。维子之故,使我不能餐兮。

【注释】《郑风·狡童》。狡:狡猾。一说同"佼"。维:因为。

【解析】处于热恋中的小伙子突然不跟姑娘讲话了,姑娘责怨道:那个狡猾的小青年啊,不再与我言谈。就是因为你啊,使我吃不下饭。"狡童"的突然变化使姑娘食不甘味。三言两语将姑娘的疑惧、痛苦、责怨之情表现得淋漓尽致。

子惠思我,褰裳涉溱。子不我思,岂无他人?狂童之狂也且。

【注释】《郑风·褰裳》。惠:爱。褰(qiān):揭起,提起。溱(zhēn):水名。不我思:不思我。否定句中代词宾语提前。狂童之狂:余冠英《诗经选》:"'狂童之狂'就是说痴儿中之痴儿。"也且(jū):语助词。

【解析】你若真心爱着我,提起下衣淌溱河。你若变心不爱我,难道没有他人爱?你这痴儿小狂徒。这是女子戏谑情人的歌辞,充满民歌风味。从声情语气看,并无责怨、怒斥之意,而戏谑、逗趣、笑骂之情充溢于字里行间。

东门之墠,茹藘在阪。其室则迩,其人甚远。

【注释】《郑风·东门之墠》。墠(shàn):堤。一说铲地使平坦。茹藘(rúlú):茜草。阪(bǎn):坡。

【解析】东门之外地平坦,茜草长满山坡间。他家离我那么近,他人离我却很远。有人以为这是女子怨情人不来相聚的唱叹。此解似不妥。应是女子暗恋邻里青年,默默爱慕,并未点破。先写居住环境,再叹与所思之人住屋如此近,两人却很疏远。

风雨如晦,鸡鸣不已。既见君子,云胡不喜。

【注释】《郑风·风雨》。晦:昏暗。已:止。云:发语词。胡:疑问代词,何。

【解析】风雨交加晦如夜,群鸡争鸣叫不停,已经见到君子来,心中怎能不欣喜?风雨凄凄,天昏地暗,群鸡乱鸣。在此环境中,一个女子等候恋人,久等不来,她忧心如焚。当"君子"突然出现在面前时,她惊喜不已。"风雨如晦,鸡鸣不已"的环境描写对女子的心理起到了很好的烘托作用。

青青子衿,悠悠我心。纵我不往,子宁不嗣音?

【注释】《郑风·子衿》。子:诗中女子称她的情人。衿(jīn):衣领。青衿是周代学子的服装。悠悠:长远貌,形容思念之情。嗣:寄也。音:音信。

【解析】身穿"青衿"的青年啊,你牵动着我悠长的思念之心。纵然我未去找你,难道你不能带个音信?这是女子在城楼等候情人,情人久候不至的唱叹。在等待中,她内心焦急烦乱,以至于悠思与责怨交织一处,分不清是思还是怨。后曹孟德作《短歌行》,将"青青子衿,悠悠我心"的原词嵌入诗中,表达对贤才的渴求和思念,获得了婉曲传神的艺术效果。

出其东门,有女如云。虽则如云,匪我思存。缟衣綦巾,聊乐我员。

【注释】《郑风·出其东门》。如云:形容女子众多。匪:非。存:思念。缟:白色。一说未经染色的绢。缟衣是较粗贱的衣服。綦(qí):青色。一说暗绿色。巾:佩巾。聊:姑且。员:语助词。

【解析】信步走出城东门,靓丽之女多如云。虽则美女多如云,个个不让我倾心。白色衣衫青布裙,使我快乐动我情。一位男子面对美女如云的诱惑,并未心猿意马,眼花缭乱,而做到了不为所动,情感专笃。他喜欢的不是浓饰艳妆的佳人丽女,而是白衣青巾的朴素女子。可以想见,这位女子一定是"清水芙蓉,天然雕饰",所以才使男子怦然心动,一见钟情。从此也可看出男子不同凡俗的审美情趣。

有美一人,清扬婉兮。邂逅,适我愿兮。

【注释】《郑风·野有蔓草》。扬:明。婉:美好。邂逅:不期而遇。一说爱悦。适我愿:称心如意。适,使……适。

【解析】有位美丽的姑娘,眉清目秀秋波流盼。清晨意外邂逅,使我快乐如愿。一个秋天的早晨,青草迷离,露珠儿晶莹,男子与恋人邂逅。由于意外相逢,所以兴奋惊喜之情难以抑制。"清扬婉兮"是传神妙笔,刻画出女子眼目的神采,秋波流动,含情脉脉。

鸡既鸣矣,朝既盈矣。匪鸡则鸣,苍蝇之声。

【注释】《齐风·鸡鸣》。朝:朝集,朝市。一说朝会,朝堂。盈:满。匪:非。

则之。

【解析】妻子说："鸡已鸣叫，朝市里人已很多啦。"丈夫答："这不是雄鸡报晓，是苍蝇在嗡嗡闹。"诗歌写一对夫妇清晨的对话。妻子闻鸡鸣，催促丈夫起来赶早集，丈夫不想起床，故意耍赖推托。"匪鸡则鸣，苍蝇之声"的答辞幽默诙谐，极富生活气息，令人读之忍俊不禁。《毛传》《郑笺》等将诗中人物视为君子、贤妃，妻子催促丈夫起床早朝，是"卿大夫朝会于君"的诗歌。似嫌牵强。

东方之月兮，彼姝者子，在我闼兮。在我闼兮，履我发兮。

【注释】《齐风·东方之日》。姝(shū)：美好。闼(tà)：门内。发：通行，脚迹。

【解析】皓月当空在东方，那个女子真俊秀，走到我的内室来。走到我的内室来，轻手蹑脚偎依我身旁。诗歌写一对夫妇新婚燕尔，恩爱缠绵，形影不离。"东方之月"衬出幽静的气氛，"履我发兮"见出柔情蜜意。

东方未明，颠倒衣裳，颠之倒之，自公召之。

【注释】《齐风·东方未明》。衣：上衣。裳：下衣。

【解析】东方未明天不亮，上下颠倒穿衣裳。颠来倒去快穿上，公爷派人来召唤。诗歌写劳动人民当官差、服徭役、被监视，早晚不得安息的苦况。他们深夜才休息，天还未亮，公爷的监工就上门叫喊出工。"颠倒衣裳"是一个精彩的细节描写，奴隶们在情急之下，将上衣下裳颠倒穿之。公爷的淫威残酷，奴隶的惶恐着急尽在其中。

婉兮娈兮，总角丱兮。未几见兮，突而弁兮。

【注释】《齐风·甫田》。婉：美好。娈(luán)：相貌美。总角：古时男女未成年时结发成两角。丱(guàn)：两角上翘貌。弁(biàn)：冠。

【解析】少年英俊又漂亮，两只小辫头上翘。几年未见他的面，行过冠礼成青年。诗歌写一位少女思念少年，许久未见，待到重逢见面时，少年加冠戴帽已成青年。在少女的记忆中，钟爱之人头梳"总角"，顽皮可爱，与眼前出现的青年判若两人。面对此情景，少女是意外惊奇，还是依旧爱恋？

敝笱在梁，其鱼鲂鳏。齐子归止，其从如云。

【注释】《齐风·敝笱》。笱(gǒu)：竹制的捕鱼器具，鱼进去出不来。鲂(fáng)：鳊鱼。鳏：鳡鱼。其性独行，故称鳏。齐子：齐襄公妹文姜。她嫁与鲁桓公，又与齐襄公私通。

【解析】破烂鱼笱放石梁，鲂鱼鳏鱼任来往。文姜归到齐国来，齐襄如云随身旁。齐襄公之妹文姜嫁与邻国的鲁桓公，但终与其兄襄公保持淫乱关系，并致鲁桓公身亡。《齐风》中的《南山》《载驰》等多首诗歌揭露讽刺了这种荒淫无耻的秽行。诗句以比兴手法形象地写出齐襄兄妹不知廉耻、不守人伦的丑行，具有强烈的讽刺效果。

好人提提，宛然左辟，佩其象揥。维是褊心，是以为刺。

【注释】《魏风·葛屦》。提提：媞媞，细腰貌。一说瞋目而视，指态度傲慢。宛然：回转。辟：避。揥(tì)：古代一种发饰，可用来搔首。褊心：心地狭窄。

【解析】女仆为贵妇人缝制新衣，并请她试装，可贵妇人扭转腰身，以象牙首饰搔首，不予理睬。诗中写道：美人傲慢神气，故意转身不试衣，手持象钗频搔首。此人狭隘心眼儿小，有意作诗将她刺。寥寥几笔，写出贵妇人的安闲优裕，傲慢无理，以及主仆地位的差异。

十亩之间兮，桑者闲闲兮，行与子还兮。

【注释】《魏风·十亩之间》。桑者：采桑者。闲闲：宽闲。行：且。

【解析】十亩桑田杨柳青，采桑姑娘多悠闲，我将邀你同回家。此为采桑者之歌。日落西山，一天的劳动结束了，同伴相约共回家园。读者仿佛看到夕阳残照中采桑女子归来的倩影，仿佛听到她们在劳动之余欢快的歌声。

不稼不穑，胡取禾三百廛兮？不狩不猎，胡瞻尔庭有县貆兮？彼君子兮，不素餐兮！

【注释】《魏风·伐檀》。稼：耕种。穑：收获。廛(chán)：束。县：悬。素餐：不劳而食。素，白白地，空。

【解析】不春耕无秋获，凭啥取禾三百束？不拿弓不狩猎，凭啥庭院悬猪獾？那些君子老爷啊，岂不是白白吃闲饭？这是许多人耳熟能详的诗句，表达了被剥削者对贵族老爷不劳而获的愤慨与不满，具有强烈的讽刺效果。连续的质问，尖锐激烈，语含怨怒，反映出农奴的觉醒和反抗。

硕鼠硕鼠，无食我黍！三岁贯女，莫我肯顾。

【注释】《魏风·硕鼠》。硕鼠：田鼠，俗称土耗子。一说肥大的老鼠。贯：事奉。汝：你，指统治者。

【解析】大老鼠啊大老鼠，别再偷吃我禾黍。我们多年侍奉你，我们死活你不顾。诗人把奴隶主比喻成大老鼠，高叫它们不要再来吃庄稼。这个比喻非常形象，且含意深刻。奴隶主脑满肠肥，其形象与硕鼠一样令人生厌。他们不劳而获，这种本性又与老鼠只会盗粮极其相似。"三岁贯汝，莫我肯顾"，是诗人对剥削者的愤然谴责，我们终年劳动，用血汗养活你，而你竟然毫无感念之情。

深刻揭露了硕鼠的冷酷无情和忘恩负义。

蟋蟀在堂,岁聿其莫。今我不乐,日月其除。

【注释】《唐风·蟋蟀》。蟋蟀在堂:蟋蟀由野外而入堂,表示节候变化,临近岁暮,气候变寒。聿(yù):语助词。莫:暮。除:过去。

【解析】蟋蟀入堂振羽歌,岁华又至一年末。若我今朝不行乐,时光匆匆如逝波。诗人因见蟋蟀由田野进入堂屋,感觉寒气将至,岁末来临。进而感叹,时光如流,人生苦短,应及时行乐,尽情享受生活。但纵情享乐并非人生正途,所以诗人在下文警诫自己:行乐有度,不可过分。"良士",应精于正业,勤奋进取。

子有酒食,何不日鼓瑟?且以喜乐,且以永日。宛其死矣,他人入室。

【注释】《唐风·山有枢》。日:天天。宛:死貌。

【解析】你有美酒和佳肴,何不鼓瑟观歌舞?姑且借此乐逍遥,姑且借此度时光。忽然一天你夭亡,徒让他人入你屋。诗歌讽刺有钱人的贪婪吝啬。他们善于盘剥,巧于盈利,有酒有食有衣有屋,但执守钱财,贪鄙不已,是典型的守财奴的形象。

椒聊之实,蕃衍盈升。彼其之子,硕大无朋。椒聊且,远条且。

【注释】《唐风·椒聊》。椒聊:花椒成串。椒,花椒。古人以椒喻妇人子孙多。聊:聚也。蕃衍:繁衍。升:量器。无朋:无比。且:语助词。远条:香气远扬。

【解析】花椒结实一串串,花椒结籽用升量。眼前看到那妇人,丰满高大无人比。花椒一串串啊,香气飘得远。诗歌赞美妇人体态高大,善孕多子。以花椒结籽之盛为比兴,引出妇人高大丰满善育子。联想奇特,比喻新颖。结尾"椒聊且,远条且"两个三言短句再写椒之盛、椒之香,颇耐人寻味。

绸缪束薪,三星在天。今夕何夕?见此良人。子兮子兮,如此良人何?

【注释】《唐风·绸缪》。绸缪:《诗集传》:"犹缠绵也。"束薪:以薪柴紧束,喻夫妻同心,情意缠绵。三星:指参星。良人:好人。此处是夫称妻。子兮子兮:你呀你呀。诗人兴奋感动而自呼。

【解析】一捆柴禾紧紧缠,参星已悬正中天。今夕是个啥日子?得见良人前生缘。你呀你呀好福气,面对良人该怎么办?此诗反映夫妻新婚之夜的情景。夜色优美,新娘更美。面对良辰美景,赏心乐事,洞房花烛,新郎喜不自禁,不知该如何是好。以薪禾紧束比喻夫妻同心、情意缠绵,取得了形象生动的艺术效果。

有杕之杜，其叶湑湑。独行踽踽，岂无他人？

【注释】《唐风·杕杜》。杕（dì）：挺立，特立。湑湑（xǔ）：茂盛。踽踽（jǔ）：孤独，独行。

【解析】棠梨挺秀孤独生，叶子青青真茂盛。独行路上冷清清，岂无他人同路行？诗歌唱叹流浪之人的孤独郁闷。一个人长久漂泊他乡，客居异地，自然会生发出羁旅之愁、客子之思，感叹流浪的苦况。诗句道出了特定情境下的独特感受，因而容易引人共鸣。诗中棠梨挺立茂盛而又幽独的形象，正是诗人自我形象的写照。

羔裘豹祛，自我人居居。岂无他人，维子之故。

【注释】《唐风·羔裘》。祛（qū）：袖口。居居：恶也。

【解析】羔皮大衣豹皮袖，对我恶毒不怜惜。我岂不会爱他人？只因你是我故旧。诗句写一个女子谴责过去相好的忘情男子。从"羔裘豹祛"的服饰描写来看，此男子是个贵族子弟，他对过去相爱的女子凶恶无礼，可见其暴虐无情。而面对侮辱，女子却初衷未改，仍然爱恋故旧，可见其忠贞不渝。

彼君子兮，噬肯适我？中心好之，曷饮食之。

【注释】《唐风·有杕之杜》。噬（shì）：发语词。一说曷。饮食：使……饮食，使动用法。

【解析】那个谦谦君子啊，何不来到我身旁？心里既然爱恋他，何不同饮共食结成双？女子爱恋君子，不敢大胆追求表白，故而吟成此篇，表达感情。诗句准确地写出女性爱恋却又无从表白的心理。

葛生蒙楚，蔹蔓于野。予美亡此，谁与独处？

【注释】《唐风·葛生》。蒙：覆盖。楚：荆树。蔹（liǎn）：植物名，属葡萄科，蔓生。予美：妻子称她的亡夫。

【解析】葛藤缠绕柴荆树，蔹草蔓延荒野外。我的郎君辞人世，荒郊独眠谁结伴？这是妻子悼念丈夫从军阵亡的诗。她设想丈夫在荒郊草野独自长眠，无人陪伴，该多么冷清寂寞。通过悬想丈夫死后独处的悲惨境遇，将妻子的哀悼悲痛之情和盘托出，可谓妙笔！

采苓采苓，首阳之巅。人之为言，苟亦无信。

【注释】《唐风·采苓》。苓：甘草。首阳：首阳山。为言：造谣言。一说伪言,即谎言。

【解析】采甘草啊采甘草,首阳山巅采药忙。有人喜欢造谣言,切莫相信听从他。诗人告诫人们,切莫听信谎话谗言。诗句揭示的道理至今仍有警戒意义。

言念君子,温其如玉。在其板屋,乱我心曲。

【注释】《秦风·小戎》。言:语助词。君子:思妇的丈夫。板屋:木板屋。

【解析】日日想念我夫君,温和风雅如美玉。出征西戎住板房,想他使我心烦乱。闺妇思念征夫,由思念而转为赞美。"温其如玉"是赞美之辞,玉石温润而坚硬,自古就是美好品格的象征。由此比喻可知,思妇的丈夫不仅温和,而且刚毅坚强,具有军人的风骨。"在其板屋"点出出征的地点和艰苦的生活环境。"乱我心曲"的"乱"字颇具风神,刻画出思妇特定的心理感受。

蒹葭苍苍,白露为霜。所谓伊人,在水一方。

【注释】《秦风·蒹葭》。蒹:未长穗的芦苇。葭:初生的芦苇。苍苍:老青色,苍青色。一说茂盛貌。所谓:所念,所说。伊人:那人。指所爱所思念之人。一方:一边,一旁。

【解析】这是一篇优美的情歌。一个清秋的早晨,诗人来到一条小河边,面对苍茫的芦苇,追寻自己所爱之人。但无论如何寻求,所爱之人总是可望而不可即。诗句唱道:清秋芦花白茫茫,晶莹露珠凝成霜。我所追寻的意中人正在河水那一方。"蒹葭苍苍,白露为霜"用景物起兴,点出寻求伊人的时间地点,为追求意中人描写了一个晚秋清晨芦花苍苍、遍地白霜的河滨环境,以衬托下文寻求伊人之艰难,融合了诗人凄怆的情怀。《人间词话》赞曰:"《蒹葭》一篇,最得风人深致。"的确,诗句缘景生情,情景相生,意到境成,清寥空灵的深秋之景与怅惘迷茫的怀人之情浑然无间,构成全诗朦胧幽美的艺术境界,是三百篇中最优秀的抒情诗。

终南何有?有条有梅。君子至止,锦衣狐裘。颜如渥丹,其君也哉!

【注释】《秦风·终南》。终南:终南山。条:山楸。一说柚树。渥:沾润。其君也哉:《毛传》:"仪貌尊严也。"

【解析】终南山上长什么?山楸梅树草萋萋。君子君子你来此,锦绣衣衫狐皮裘。面色红润似涂丹,仪表风度很庄严。一个青年来到终南山,山里的姑娘对青年顿生爱恋,赞美不已。终南山风景优美,青青之条和红红之梅既是对姑娘姣好容貌、热烈爱情的烘染,又与青年华贵的服饰、红润的面庞、庄严的仪表构成比兴关系。

交交黄鸟,止于棘。谁从穆公?子车奄息。

【注释】《秦风·黄鸟》。交交(yǎo):鸟叫声。棘:枣树。从:跟从。此指殉葬。子车奄息:子车是姓氏,奄息是人名。

【解析】秦穆公死后,以活人殉葬,殉葬者达一百七十七人。子车氏家族的三子,皆秦之良人,俱从殉葬。国人哀之,唱为挽歌,以寄哀思。国人唱道:黄鸟鸣叫声啾啾,枣树林中来栖息。谁随穆公去殉葬?首排子车之奄息。诗句以黄鸟悲鸣起兴,表达了人民对国之良人的哀悼惋惜,对残酷的殉葬制度的憎恶,深刻揭露了统治者的罪行。

鴥彼晨风,郁彼北林。未见君子,忧心钦钦。

【注释】《秦风·晨风》。鴥(yù):疾飞貌。晨风:鸟名。郁:茂盛。北林:林名。一说北面的树林。钦钦:忧貌。

【解析】晨风鸟儿迅疾飞,北山树林郁葱葱。长久未见心上人,愁肠百结心不宁。此为女子怀念恋人之诗。朱熹说:"妇人以夫不在,而言鴥彼晨风则归于郁然之北林矣,故我未见君子而忧心钦钦也。""鴥彼晨风,郁彼北林。"为兴托之言,勾起思妇怀念征夫的心事,而使她忧心忡忡。因为晨风鸟犹能飞回山林,而服役的征夫却不能及时归家,怎不"忧心钦钦"?思妇的痛苦相思和怨恨之情是兴句的形象引起的,又通过兴句的形象反衬得更加鲜明。

岂曰无衣?与子同袍。王于兴师,修我长矛。与子同仇!

【注释】《秦风·无衣》。袍:长衣。于:语助词。兴师:出兵。

【解析】谁说没有军装穿?一件战袍你我穿。国君出兵打敌人,我们修好戈与矛。同仇敌忾赴国难。此为抵御外敌侵扰的慷慨激昂的战歌,也是鼓舞士气、振奋精神的军歌,生动地表现了战前士兵秣马厉兵的参战激情,反映了士兵间的友谊和慷慨从军的爱国精神。

我送舅氏,悠悠我思。何以赠之?琼瑰玉佩。

【注释】《秦风·渭阳》。琼:美玉。瑰:美石。

【解析】我送舅舅去远行,别情难断思悠悠。送他什么作赠别?美玉美石好佩饰。诗句表现外甥与舅父的惜别之情,送行一程程,怅别思悠悠。临别时以玉佩相赠,表现出甥舅间的深情厚谊。

子之汤兮,宛丘之上兮。洵有情兮,而无望兮。

【注释】《陈风·宛丘》。子:指诗中跳舞的女子。汤:同荡,摇摆,形容舞姿。宛丘:地名,是陈国人游观之地。一说四方高中央四下的土山。洵:实在,确实。

【解析】那女子舞姿婆娑摇荡,天天歌舞于宛丘高地上。我实在是爱恋她,只是相思无指望。一个男子深爱着一个舞女,所以首句即描写女子优美诱人的舞姿。尽管深爱,但并未吐露,只是单相思。

东门之枌,宛丘之栩。子仲之子,婆娑其下。

【注释】《陈风·东门之枌》。枌(fén):木名,即白榆。子仲之子:子仲氏之女。婆娑:舞貌。

【解析】东门生有白榆树,宛丘之上长栎树。子仲家的好姑娘,翩翩起舞在树下。良辰美景,男女青年会舞于市上,会舞于林间,彼此相悦,其乐融融,反映了陈国特有的风俗。

衡门之下,可以栖迟。泌之洋洋,可以乐饥。

【注释】《陈风·衡门》。衡门:横木为门,言其简陋。衡,横也。栖迟:淹留不走,栖息盘桓。泌:泉水名。一说泌丘下的水。洋洋:水流不止。乐饥:充饥解饿。

【解析】横木为门草舍里,可以安居可栖息。泉水清清汩汩流,乐在其中可忘饥。诗歌表现了一位出世者安贫乐道的思想。他无意于尘俗的名利富贵,安居"衡门",寄情山水,追求诗化的人生。陶渊明不为五斗米折腰,辞去彭泽县令,赋《归去来兮辞》,其中有"乃瞻衡宇,载欣载奔"之语,即暗用此典,表达了诗人离弃官场、重返田园后如释重负、欣喜若狂的心情。

东门之杨,其叶肺肺。昏以为期,明星晢晢。

【注释】《陈风·东门之杨》。杨:白杨。肺肺(pèi):风吹树叶之声。晢晢(zhé):明亮。

【解析】东门之外有白杨,风吹树叶沙沙响。与郎相约黄昏后,天上星儿闪闪亮。此为男女相恋约会之歌。"东门"点出约会地点,"黄昏"点出约会时间,不禁使人联想起"月上柳梢头,人约黄昏后"的诗境。"其叶肺肺""明星晢晢"的描写堪称生花妙笔,写出了幽会的环境气氛,烘托了恋人悠悠情思,构成清朗优美的诗歌意境。

墓门有棘,斧以斯之。夫也不良,国人知之。

【注释】《陈风·墓门》。墓门:墓道之门。一说陈国的城门。斯:砍。夫也:彼人。

【解析】墓门旁边生荆棘,手持斧头将它砍。那人凶恶不善良,人人皆知其恶行。这是人民痛恨和谴责不良统治者的诗。诗人用荆棘这样的恶树比喻多行不义的统治者，已表现出强烈的愤恨之情，进而又决定用斧头将此恶树劈倒砍碎，即将不良之人碎尸万段，可见人民对暴虐统治者恨之入骨。

月出皎兮，佼人僚兮。舒窈纠兮，劳心悄兮。

【注释】《陈风·月出》。皎：洁白光亮。佼(jiǎo)：或作"姣"，美貌。僚(liǎo)：美好貌。舒：徐缓。窈纠(yǎojiǎo)：女子行步舒缓，体态苗条。劳心：忧心。悄：忧。

【解析】皎皎明月升天空，有位佳人貌出众，姗姗步履真窈窕。想她使我心忧伤。月下有位绝世佳人，容貌美丽，身材苗条，步履优雅，风姿绰约。一位害相思的青年在月下思念此佳人。皎洁的明月与佳人的姣美相映照，同时也是引发青年相思的触发物。有了描写明月这一笔，诗歌才有了意境和韵味。

有美一人，伤如之何？寤寐无为，涕泗滂沱。

【注释】《陈风·泽陂》。伤：同"阳"。阳，女性谦称，即予。

【解析】河畔有位美青年，我恋他爱他怎么办？日思夜想不能寐，涕泪涟涟如雨下。女子在荷塘泽畔爱上一们雄伟高大的美男子，先是不知该怎么办，继而日夜相思长夜难眠，以至于相思之泪滂沱如雨。

隰有苌楚，猗傩其枝。夭之沃沃，乐子之无知。

【注释】《桧风·隰有苌楚》。隰(xí)：低洼处，低湿处。苌楚：植物名，又名杨桃、猕猴桃。猗傩(ēnuó)：婀娜。夭：少也。形容草木少而壮盛。沃沃：犹沃若，润泽貌。子：指代苌楚。

【解析】低洼地上生杨桃，枝条婀娜风中飘。繁盛茁壮光泽好，羡你无知无烦恼。诗人生当乱世，遭受愁苦，无以排解，面对草木自叹不如，竟羡草木之无知无觉，无忧无虑。天若有情天亦老，草木有情亦摧伤，但草木无情无知，故而欣然自喜，欣欣向荣，一派生机。

匪风发兮，匪车偈兮。顾瞻周道，中心怛兮。

【注释】《桧风·匪风》。匪：彼。发：象声词，状风声。偈(jié)：疾驰。周道：大路，官道。怛(dá)：悲伤。

【解析】那风狂吹呼呼响，那车飞驰奔前方。回首引领望大道，心中思乡正哀伤。诗人去国远游，途中狂风劲吹，身旁车马疾驰，风尘弥漫。他不由回头眺望来时之路，离乡越来越远，于是羁旅怀乡的愁思涌上心头。这正是"断肠人在天涯"。

彼候人兮,何戈与祋。彼其之子,三百赤芾。

【注释】《曹风·候人》。候人:整治道路及迎送宾客的小官。何:荷,肩负。祋(duì):一种兵器,即殳。之子:指朝廷的高官厚禄者。赤芾(fú):卿大夫朝服的一部分,红色熟牛皮制成。

【解析】那个迎送宾客的小候人,肩扛长戈手持杖。朝廷那些显贵们,身穿"赤芾"三百人。诗歌同情生活清贫、日夜劳作的候人,讽刺游手好闲、高官厚禄的达官贵人。小吏的清苦忙碌与显贵的富足闲散构成对比。曹国是小国,而朝中官禄显赫者竟达三百余人。他们的衣食薪俸何来?不言自明。

冽彼下泉,浸彼苞稂。忾我寤叹,念彼周京。

【注释】《曹风·下泉》。冽:寒冷。下泉:泉下流。稂(láng):莠一类的草,对禾苗有害。忾(xì):叹息。

【解析】地下泉水冷冰冰,浸泡莠草难活成。梦中醒来长叹息,怀念周朝盛世之镐京。《毛诗序》说:"《下泉》思治也,曹人疾共公侵刻下民,不得其所,忧而思明王贤伯也。"诗人生当昏暗时代,国君暴虐,侵刻下民,因而怀念西周盛世,渴望明主贤君。三国时,建安七子之一的王粲避乱赴荆州途中,赋《七哀诗》,诗歌结尾写道:"悟彼《下泉》人,喟然伤心肝。"即化用此诗为典,表达了渴望治世,思念明王贤伯的情感。

七月流火,九月授衣。一之日觱发,二之日栗烈。无衣无褐,何以卒岁?

【注释】《豳风·七月》。流火:火,星名,又名大火星。流,移动。"七月流火"是说七月以后大火星就偏西下沉了。每年夏历五月火星出现在正南方,方向最正,位置最高,以后就逐渐偏西,天气渐渐寒冷。授衣:奴隶主将裁制寒衣的差事交给女奴。授,授给;衣,做冬衣。一之日:周历正月。觱发(bìbō):象声词,大风触物声。一说风寒之状。二之日:周历二月。栗烈:凛冽,空气寒冷。褐(hè):麻织衣物,无袖。卒岁:度过这一年,即过冬。

【解析】《七月》是一首现实主义杰作,真实地描写了西周农业生产情况和奴隶悲惨的生活图景,展示了他们经济上惨遭盘剥,政治上饱受奴役的种种事实。诗歌开篇即唱道:七月火星已偏西,九月为人做寒衣。一月北风呼呼吼,二月寒气更凛冽。粗布短褐无一件,如何挨过这年关!寒气刚至,女奴即给奴隶主缝制寒衣,而广大奴隶却在寒风凛冽中辛勤劳作,无衣无褐,"无衣无褐,何以卒岁"的诘问中蕴含着诗人强烈的愤慨。

春日迟迟,采蘩祁祁。女心伤悲,殆及公子同归。

【注释】《豳风·七月》。迟迟:缓慢。指春日的白天渐渐变长了。蘩

(fán)：白蒿。用煮蘩的水浇洒蚕子，蚕就易出。一说可饲幼蚕。一说用于祭祀。祁祁：众多。殆：害怕。同归：指公子抢去，人身受到侮辱。一说被女公子带去陪嫁。

【解析】春天到来日子长，采蒿姑娘闹嚷嚷。姑娘心理暗伤悲，怕与公子一同归。诗句描写女奴的蚕桑劳动以及怕被贵族公子劫掠侮辱的悲伤心理。论者或以为"殆及公子同归"是女奴害怕被女公子带去陪嫁，反映了春秋时代的媵制，"归"的本义正好是女子出嫁的意思。无论哪种诠释均反映了春秋时代奴隶与奴隶主之间严格的人身隶属关系，广大奴隶是无人身自由的。

鸱鸮鸱鸮，既取我子，无毁我室。恩斯勤斯，鬻子之闵斯。

【注释】《豳风·鸱鸮》。鸱鸮(chīxiāo)：鸟名，即猫头鹰。室：鸟巢。恩斯勤斯：斯是语助词，恩勤犹殷勤。鬻(yù)：养育，育的借字。闵：病。

【解析】鸱鸮啊鸱鸮，你已经叼走我的雏鸟，别再毁坏我的巢。我辛勤劳碌筑起巢，为哺育雏鸟我病倒。此为禽言诗，写一只母鸟的哀诉。母鸟筑巢养雏，历尽艰辛，而其子被鸱鸮抓走，其室又面临被毁坏的危险。诗歌显然别有寄托，鸱鸮象喻横行霸道的统治者，母鸟则是穷苦无依的下层人民。诗句采用比兴手法，兼用拟人修辞，念蓄蕴藉，寄托遥深。

我徂东山，慆慆不归。我来自东，零雨其濛。

【注释】《豳风·东山》。徂(cú)：到，往。东山：诗中士兵远征之地。慆慆(tāo)：长久。零雨：小雨，细雨。其濛：蒙蒙，形容雨小的样子。

【解析】诗歌写一个应征赴战、役满归来的征人在还乡途中对家乡和亲人的想念。开篇诗人即感叹：我去出征到东山，长年累月不得还。今日得从东山归，细雨迷蒙尽缠绵。诗句描写战士归途中的情景，久役得归，正赶上蒙蒙细雨，天宇迷茫。此情此景使归途中的战士心潮起伏，浮想联翩。下文顺势写战士由此触发的种种情思。"零雨其濛"的景物描写饱念情思，景中有情，余味无穷。

仓庚于飞，熠燿其羽。之子于归，皇驳其马。

【注释】《豳风·东山》。仓庚：鸟名，即黄莺。熠燿其羽：羽毛在阳光下闪闪发光。之子：此女。指征人的妻子。于：往。归：女子出嫁。皇：黄白色。驳：赤白色。一说毛色不纯。

【解析】黄莺自在飞成双，羽毛艳丽闪光芒。姑娘过门做新娘，迎亲马儿真漂亮。诗句写久役归来的征人离家越来越近时对自己当年新婚生活的追忆。色彩鲜明吉祥，气氛喜庆热烈，可见婚礼的隆重，情感的笃深。通过想象和回忆成功地描写了征人思家心切，但又不乏担忧的心理。征人是否能与久别的妻子重逢？不予点破，尽在言外。

伐柯如何？匪斧不克。取妻如何？匪媒不得。

【注释】《豳风·伐柯》。柯：斧柄。匪：非。克：能够。

【解析】如何去砍斧头柄？没有斧头不可能。如何来娶那妻子？没有媒人不可得。诗歌写古代社会没有媒人便不得婚嫁的事实，可见媒妁之言是必经的法定程序。诗句以"伐柯如何？匪斧不克"做比兴，要想砍削斧柄，必须要用斧头，不仅增强了形象性，而且语气坚定地说明男女婚嫁必经媒人之行。"伐柯"一词成为后代诗文常用之典，或指为人行媒，或喻遵循一定的准则。

狼跋其胡，载疐其尾。公孙硕肤，赤舄几几。

【注释】《豳风·狼跋》。跋：踩踏。胡：颌下垂肉。狼老了颈下有垂肉。载：再。疐（zhì 或 tì）：同"跋"。硕肤：心广体胖。一说大肚子。赤舄（xí）：黄朱色的鞋，以金为饰。几几：盛也，以状盛服之貌。一说形容弯曲，舄的前端有弯曲的"鼻"，它是舄上最显眼的部分，诗人就以它代表舄。

【解析】老狼向前走，踩着自己的大下巴；老狼向后退，又踏着自己的长尾巴。这位公孙体宽肚子大，金饰的鞋前端长着弯鼻子。诗歌讽刺一位富贵者脑满肠肥，大腹便便，步态蠢笨，进退不便。前两句为比喻，采用的是细节描写，把老狼行走时步履艰难，身子前后一起一伏，笨拙可笑的形态活画出来，惟妙惟肖，栩栩如生。

呦呦鹿鸣，食野之苹。我有嘉宾，鼓瑟吹笙。

【注释】《小雅·鹿鸣》。呦呦（yōu）：鹿鸣声。苹：蘩蒿，俗称艾蒿。

【解析】群鹿呦呦呼伴鸣，相偕野外食蒿苹。我有贵客与嘉宾，鼓瑟吹笙将他请。这是周王宴请群臣嘉宾的乐歌，展现了君臣融和，上下一心的团结气氛。诗句以鹿鸣起兴，引起周王宴馈群臣的歌咏。鹿在当时已形成仁兽的形象，诗句使人从仁兽联想到嘉宾，从呦呦鹿鸣联想到乐乐宾语。从鹿鸣旷野到宾乐王朝，兴象与咏辞融会贯通，形象地展现了君歌臣德，臣乐君贤的祥和气氛，为君臣关系、宾主礼义提供了形象的范例。后来曹孟德作《短歌行》，将此四句嵌入诗中，一字未动，表达了对贤才的渴求与善待，达到了水乳交融，天衣无缝的境界。

妻子好合，如鼓瑟琴。兄弟既翕，和乐且湛。

【注释】《小雅·棠棣》。鼓：弹奏。以音乐配合喻夫妻和乐亲爱。翕（xī）：

聚合。湛(dān):久乐或甚乐。

【解析】夫妻情投意合,弹琴鼓瑟偕老。兄弟团结和睦,全家乐乐陶陶。此为欢宴兄弟、以笃友爱的乐歌。诗句以夫妻和乐比衬兄弟友爱和睦。"如鼓瑟琴"是形象的比喻,以琴瑟之音相谐比喻夫妻和乐、相亲相爱,恰切传神,因此千古传诵。

伐木丁丁,鸟鸣嘤嘤。出自幽谷,迁于乔木。

【注释】《小雅·伐木》。丁丁:象声词,状伐木之声。嘤嘤:鸟和鸣声。乔木:高大的树木。

【解析】砍伐树木丁丁响,林中鸟儿嘤嘤鸣。小鸟深谷飞出来,飞来聚在高树顶。此为欢宴朋友亲戚的乐歌。诗句以鸟鸣和乐喻人与人的相亲相友。后因以"乔迁"或"迁乔"贺人迁居,或指官职升迁。张籍《赠殷山人》有"满堂虚左待,众目望乔迁"的诗句。

如月之恒,如日之升,如南山之寿,不骞不崩。如松柏之茂,无不尔或承。

【注释】《小雅·天保》。恒(gèng):月上弦。骞:亏也。崩:毁坏。

【解析】您如上弦之月,您像旭日东升,您似南山永寿,永不亏损颓崩。您若松柏常青,样样都可继承。诗歌写群臣祝福君主,虽有歌功颂德之嫌,但从全诗来看,所颂之国社会安定、国家富强、百姓安居乐业,可见所颂之君是贤明的。诗句连用比喻表达祝福之意、赞美之情,喻象反映了人们共同的认识和感受,因此成为后代诗文常采用的形象。

采薇采薇,薇亦作止。曰归曰归,岁亦莫止。

【注释】《小雅·采薇》。薇:野生豌豆,嫩苗可食。亦、止:语助词。作:初生。莫:暮。

【解析】采薇菜呀采薇菜,薇菜新芽又出来。说归家呀说归家,一年岁月又将完。诗歌写出征士兵久役不归的哀叹。前两句是兴象,引发对出征时间的联想。古代征兵出征在春季,恰是薇菜初生的时节,因而士兵看到破土发芽的薇菜,自然回忆起了当年出征的情景,而眼下又该采薇了,可自己还是有家不得归。思乡之情可谓深切。

昔我往矣,杨柳依依。今我来思,雨雪霏霏。

【注释】《小雅·采薇》。昔:过去,指当初离家远征的时候。依依:杨柳随风摇曳披拂。思:语助词。雨:用如动词,降落。霏霏:大雪纷飞貌。

【解析】往昔离家出征,杨柳轻柔随风而舞。如今返回故乡,纷纷雪花满天飘飞。诗句写征人归途中抚今追昔的感伤,诗句明畅绮丽、情景相生,恰到好处地写出士兵悲喜交集之情,达到了情景交融的境界。"依依""霏霏"两组叠字不但把杨柳的婀娜多姿,大雪的飞舞飘扬描写得具体生动,而且非常形象地揭示了征人的内心世界。"杨柳依依"表现他春天出征时对故乡、亲人恋恋不舍的心情。"雨雪霏霏"使读者联想到他在征程中经受的许多磨难,并衬托出他在返家时满怀哀伤悲愤的心情。王夫之在《姜斋诗话》中评此四句诗为:"以乐景写哀,以哀景写乐,一倍增其哀乐。"

春日迟迟,卉木萋萋。仓庚喈喈,采蘩祁祁。

【注释】《小雅·出车》。迟迟:日长。卉:草的总名。萋萋:茂盛。仓庚:黄莺鸟。喈喈:鸟鸣声。祁祁:众多。

【解析】春天日子渐渐长,草儿茂盛又兴旺。黄莺和鸣声声唪,采蘩的人儿真繁忙。诗句写征人在归途中设想妻子采蘩唱歌,庆凯旋、盼夫归的情景。言辞上写妻子庆幸凯还,实际上表现征人盼望速归,曲折地抒发了征人深挚的怀归之情和对主将南仲的赞颂。王夫之盛赞诗中这几句,认为是"善于取影"的妙法:"征人归矣,度其妇方采蘩,而闻归师之凯旋,故迟迟之日,萋萋之草,鸟鸣之和,皆为助喜;而南仲之功震于闺阁。室家之欣幸,遥想其然,而征人之意得可知矣。(《诗译》卷一)"

湛湛露斯,匪阳不晞。厌厌夜饮,不醉不归。

【注释】《小雅·湛露》。湛湛(zhàn):露浓重貌。匪:非。阳:日。晞(xī):干。斯:语助词。厌厌:安也。

【解析】夜晚露水浓又寒,太阳不晒不会干。夜宴欢畅又安闲,不醉切莫把家还。此为周王宴饮诸侯的诗。《左传·文公四年》:"昔诸侯朝正于王,王宴乐之,于是乎赋《湛露》。"诗句以天子夜晚宴饮诸侯为中心,故而用夜露来比喻起兴,露必见阳而晞,兴喻饮必至醉而归,期必畅饮。君臣和乐,君厚臣敬,其乐融融。

戎车既安,如轾如轩。四牡既佶,既佶且闲。

【注释】《小雅·六月》。既:已经。轾(zhì)车子前低后高。轩:车子前高后低。"如轾如轩"描写车子行走安稳适度。佶:健壮。

【解析】战争结束兵车闲,俯仰自如驰向前。四匹雄马真威武,既是威武又安闲。诗歌描写周王室大臣尹吉甫奉命征伐猃狁,出师归来,凯旋庆功。硝烟散尽,胜利回师,由紧张而松弛,由激烈而安闲。从诗中生动的描写中可见军容的强大,士气的高昂,也透出了胜利的喜悦。

肖肖马鸣,悠悠旆旌。徒御不警,大庖不盈。

【注释】《小雅·车攻》。肖肖:萧萧,马长嘶声。悠悠:安闲貌。徒:步行之士卒。御:驾车之士卒。不警:警戒。不,句中语气词。大庖:周王的厨房。不盈:充实,充盈。不,句中语气词。

【解析】马儿萧萧长嘶鸣,旌旗悠悠随风舞。行者御者都警觉,厨房野味颇充盈。诗歌写周王东巡田猎,会合诸侯。前两句是生动的描写句,大猎后整队待命,准备返回,气氛肃然,军容整饬。"肖肖""悠悠"两组叠字或状声或状形,极其传神。后两句指明猎手警觉,猎获丰厚,大功告成。

鸿雁于飞,肃肃其羽。之子于征,劬劳于野。

【注释】《小雅·鸿雁》。肃肃:象声词,鸟飞时振动羽翅之声。之子:这些人,指被征服役者。劬:过劳。

【解析】鸿雁振翅飞翔,羽翼肃肃作响。这人服役出门去,郊野辛劳无闲暇。这是诅咒徭役的歌谣。为了统治者的需要和享乐,役人长期辛勤劳作在荒野,到头来却无安身之所。

夜如何其? 夜未央,庭燎之光,君子至止,鸾声将将。

【注释】《小雅·庭燎》。其(jī):语尾助词。未央:未尽。一说未央,未半。庭燎:庭院中照明的火炬,又叫大烛。君子:指入朝的大夫、诸侯。止:语助词。鸾:旗上的铃。将将(qiāng):锵锵,铃声。

【解析】夜色到了何时辰? 长夜漫漫天未亮,庭中火炬正辉煌。公侯快要上朝了,远处鸾铃叮当响。诗歌赞美周王勤于政事。诗人采用问答形式,点明天将亮时庭中火炬犹未灭,此时早朝的大夫已渐渐来到,马铃之声由远而近,新的一天开始了。在简洁的描写中,周王与臣子同心同德、勤政忧国的精神得到了充分的体现。

鹤鸣于九皋,声闻于野。鱼潜在渊,或在于渚。

【注释】《小雅·鹤鸣》。九皋(gāo):曲折的沼泽。九是虚数,言沼泽极其曲折。皋,沼泽。或:有时,有的。渚:河中小洲。

【解析】白鹤长鸣在深泽,声音响彻四边野。鱼儿潜伏在深渊,有时游到河洲边。诗歌讽谏招隐纳贤,劝告统治者任用在野的贤良。诗人借鹤鸣九皋,声传于外,喻贤良虽深没民间,但其美好名声传扬天下,说明贤良的高风亮节是埋没不了的。又借对人有利之鱼,或潜在渊,或在于渚,喻对治者有用之人,或隐居或显露,治者不应只见显士,忽略隐贤,应不拘所处举拔人才。《郑笺》指出:"此言鱼之性,寒则逃于渊,暖则见于渚。喻贤者世乱则隐,治平则出,在时君也。"较准确地点明了诗句的比兴含义。

乐彼之园，爰有树檀，其下维萚。

【注释】《小雅·鹤鸣》。园：花园，喻指国家。爰：语助词。树檀：檀树，喻指贤人。维：是。萚(tuò)：枯落的树叶，喻指小人。

【解析】园中风光多优美，园中檀树高参天，树下恶木叶落满。诗歌讽谏招隐纳贤，劝告王朝最高统治者应任用在野贤人。此三句借怡人的园林，既有芬芳的檀香又有衰败的落叶，喻统治者喜悦的群臣既有贤栋也有朽臣奸佞，提醒统治者不能忘记用贤除奸。

它山之石，可以攻玉。

【注释】《小雅·鹤鸣》。它山：喻异国。攻：错也。攻玉，磨治美玉。

【解析】诗句借它山之石虽然缺乏外美，却可以为错，可以磨出美玉，来比喻异国的疏陋而有特长的贤良，你虽然不喜欢不习惯其外表，然而他却有独特的内在美质。只要发挥其专长，便可以取长补短，存善去恶，建立美好的政治。诗句比喻形象，哲理深刻，令人寻味不尽。今天，"它山之石，可以攻玉"已成为表示虚心向别人学习借鉴的成语。

祈父，予王之爪牙。胡转予于恤，靡所止居？

【注释】《小雅·祈父》。祈父(fǔ)：即圻父，官名，是职掌封圻兵甲的司马。爪牙：虎士，对武臣的比喻。由于词义的演变，现多用作贬义。恤：忧。

【解析】大司马啊大司马，我是王室的爪牙。为何使我常忧患，背井离家难安居？武士久役不归，怒火中烧，故而斥责司马征调失常。开篇直呼"祈父"，已见怨怒之烈，结句以诘问收束，意味深长。

皎皎白驹，食我场苗。絷之维之，以永今朝。

【注释】《小雅·白驹》。皎皎：洁白。此指马皮洁白光亮。絷(zhí)：绊马两足。维：拴。永：长。

【解析】皎洁小白马，食我园中苗。用绳拴系它，快乐在今朝。此为留客惜别之诗。诗人以白驹喻贵宾，希望他吃自己场圃中的青苗，表现出慷慨的待客之情。"絷之维之"，连用两个动词，挽留之义深切。"以永今朝"，也是留客之词，客人多留一刻，这欢乐的早晨就多延长一刻。

黄鸟黄鸟，无集于榖，无啄我粟。此邦之人，不我肯榖。

【注释】《小雅·黄鸟》。黄鸟：喻剥削者。榖(gǔ)：树名，即楮木。榖

(gǔ):善也。一说驯养。

【解析】黄鸟啊黄鸟,不要栖落楮树上,不要啄吃我米粮。此邦之人不道义,对待我们不善良。诗歌写寄居异国他乡之人遭受冷遇、欺凌和剥削,因而怀念故土,思念亲人。诗人以黄鸟起兴,告诫黄鸟不要贪吃自己的米粮,以此斥责剥削者的贪婪无道。诵读此诗句不禁使人联想到"硕鼠硕鼠,无食我黍"的沉痛感叹。

秩秩斯干,幽幽南山。如竹苞矣,如松茂矣。

【注释】《小雅·斯干》。秩秩:水流貌。斯:这,此。干:涧。幽幽:深远貌。南山:终南山。苞:草木茂盛。

【解析】流水清清此溪涧,深远幽幽终南山,绿竹青翠好景致,苍松茂盛满山峦。诗歌写公族王侯祝贺宫室落成。此四句总述宫室位于面山临水的松竹幽美的胜地,并用松竹茂盛比喻兄弟相好,烘托王族团结兴旺。

尔羊来思,其角濈濈。尔牛来思,其角湿湿。

【注释】《小雅·无羊》。思:语助词。濈濈(jí):一作戢戢,众多聚集貌。湿湿(qì):牲畜耳朵摇动。

【解析】此为描写畜牧业振兴、牛羊旺盛的诗,抒发了作者的颂赞之情。诗句唱道:你的羊群回来时,犄角攒动满山沟。你的牛群回来时,摇动耳朵慢悠悠。羊角"濈濈",既状出羊群拥集、羊角丛立的情貌,也显示了羊群的驯服和健壮;牛角"湿湿",描写牛反刍时耳朵摇动的形态,极其生动传神,同时也传达出牛群健壮的神气。诗人抓住牛羊旺盛的种种情景,进行形象描绘,描绘出畜牧兴旺的风趣画面。

节彼南山,维石岩岩,赫赫师尹,民具尔瞻。

【注释】《小雅·节南山》。节:高峻貌。岩岩:山石堆积貌。赫赫:势位显要。师:官名,太师。师尹指太师尹氏。具:俱。瞻:视。

【解析】这是怨刺执政者的诗。周幽王任用尹氏为太师,尹氏执政不平,贻祸人民,周大夫家父作诗控诉。诗句唱叹道:高峻奇险终南山,大石堆积成山峦。威势显赫尹太师,国人仰视把你看。诗人用终南山高峻奇险,岩石垒垒,令万目仰望,比喻师尹位高权重,万民仰望。形象的比喻突出了师尹是关系国家安危、民生嘉忧的要人。

瞻彼中林,侯薪侯蒸。民今方殆,视天梦梦。

【注释】《小雅·正月》。中林:林中。侯薪侯蒸:《郑笺》:"侯,维也。林中大木之处,而维有薪蒸尔,喻朝廷宜有贤者而但聚小人。"薪:粗柴。蒸:细柴。
方:且,将。殆:危。天:老天,喻指君王。梦梦:昏暗不明。

【解析】此为大夫忧国忧民、愤世疾邪的诗。诗人叹道:看那眼前大树林,荆棘柴草遍地生。百姓正处险境中,抬头望天乱昏昏。林中本该有良材大木,却只有粗细柴薪,兴托暗喻朝中本该有贤臣栋梁,却充满奸邪小人。百姓正处于水深火热中,而苍天无目,君王不明。

谓天盖高?不敢不局。谓地盖厚?不敢不蹐。

【注释】《小雅·正月》。局:曲也。蹐(jí):小步走。

【解析】说那青天实在高,深怀敬畏不敢不弯腰。说那大地颇深厚,行路不敢不蹐步。诗句写人民生当乱世的危惧不安。《郑笺》说:"局蹐者,天高而有雷霆,地厚而有陷沦也。此民疾苦王政上下皆可畏怖之言也。"所言极是。虽说天高地厚,但人们的感觉是顶上如有雷霆重压,脚下时时面临沦陷,刻刻危惧,不得舒展。

日月告凶,不用其行。四国无政,不用其良。

【注释】《小雅·十月之交》。告凶:《郑笺》:"告凶,告天下以凶亡之征也。"行(háng):道。度。

【解析】诗歌揭露周幽王的昏庸无道,招致天灾人祸。诗句说:日月之蚀是凶兆,不合法度离常道。四方之国无善政,那是不肯用贤良。用日蚀月蚀等自然灾异象征"四国无政,不用其良"的黑暗政治,痛斥当权者给人民造成的巨大灾害,致使天怒人怨。

浩浩昊天,不骏其德。降丧饥馑,斩伐四国。

【注释】《小雅·雨无正》。浩浩:广大。骏:长。饥馑:谷不熟称饥,菜不熟称馑。四国:天下四方。

【解析】浩浩广大之皇天,你的恩德不长远。降下死亡和饥馑,四方之国动刀兵。西周末年,幽王昏暴,小人误国,诗人作诗讽刺此黑暗政治。《郑笺》指出:"此言王不能继长昊天之德,至使昊天下此死丧饥馑之灾,而天下诸侯于是更相侵伐。"诗句借怨天而怨愤天子,呼告与控拆相结合,以见其对幽王久忧难救的痛愤之情。

不敢暴虎,不敢冯河。人知其一,莫知其他。

【注释】《小雅·小旻》。暴虎:空手搏虎。暴,搏。冯(píng)河:无舟渡河,徒步渡河。

【解析】不敢徒手搏猛虎,不敢徒步渡河流。人们只知此一端,不知世上尽险途。诗歌讽刺周幽王弃良用邪,国事危急。人们只知暴虎、冯河之明险,而不知国事邪僻、任用佞臣之隐险。政治暴虐将致国破身亡,这才是真正的大险。后以"暴虎冯河"比喻勇猛果敢,成为常用的成语。《论语·述而》:"暴虎冯河,死而无悔者,吾不与也。必也临事而惧,好谋而成者也。"

战战兢兢,如临深渊,如履薄冰。

【注释】《小雅·小旻》。《诗集传》解此三句为:"战战,恐也。兢兢,戒也。临深渊,恐坠也。如履薄冰,恐陷也。"

【解析】战战兢兢心恐惧,如临深渊怕坠入,如履薄冰怕陷没。诗人揭露周幽王偏信佞臣,谋策邪僻,圣智被斥而致政治暴虐,国家危亡。这三句描写邪政导致的恶果和危局竟令人战战兢兢,心怀惴恐,无所适从。暗期君王临崖勒马,改邪归正,挽救败局。比喻形象生动,含蓄蕴藉,"战战兢兢"遂成常用的成语。

弁彼鸒斯,归飞提提。民莫不穀,我独于罹。

【注释】《小雅·小弁》。弁(pán):乐也。鸒(yù):鸟名,亦名鸦乌、寒鸦。斯:语助词。提提(shí):群飞安闲之貌。穀:善。罹:忧。

【解析】看那乌鸦真快乐,安闲成群飞回窠。人们生活都美好,我却独自把祸遭。周幽王听信褒姒谗言而废逐太子宜臼,诗人作诗怨刺幽王骨肉相残的淫虐行为。《郑笺》指出:"乐乎彼鸦乌出食在野甚饱,群飞而归提提然。兴者,喻凡人之父子兄弟出入宫廷,相与饮食,亦提提然乐。伤今太子独不。"前两句用对比反衬联想,见乌鸦快乐归飞而起兴,反衬自己连飞鸟的自由快乐都没有。后两句点出作者独遭的忧患,并以悲壮的发问喊出了自己的冤屈。

蛇蛇硕言,出自口矣。巧言如簧,颜之厚矣。

【注释】《小雅·巧言》。蛇蛇(yí):轻率貌。一说浅意也。硕言:大言,大话。簧:乐器里发声的薄片。颜之厚:脸皮厚。

【解析】浅薄轻率说大话,谗臣奸佞出口狂。巧言动听舌如簧,颜面太厚不知耻。诗歌痛刺国君信谗远贤,冤及无辜,招致祸乱的错误。此四句写谗臣奸佞敢说骗人的大话,惯说骗人的大话,诡计多端,厚颜无耻。"巧言如簧"是精妙的比喻,谗佞之人善于巧言,恭维骗人的大话就像乐器里簧片发出的声音,因巧伪,使人觉得美妙动听。难怪执政者要听信谗言并觉得甜美。

他人有心，予忖度之。跃跃毚兔，遇犬获之。

【注释】《小雅·巧言》。忖度（cǔnduó）：揣度。跃跃：跳疾貌。毚（chán）兔：狡兔。

【解析】他人若有啥心事，我可揣度判断它。活蹦乱跳是狡兔，路遇猎犬捉住它。诗歌讽刺国君信谗致乱。诗句说明谗人用心虽然狡险，亦不难察获，狡兔遇犬，谗心易察，暗示他人谗情未察，不在难察而在不察。揭露了昏庸的统治者听谗信谗，明知是谗而乐之的丑态。

萋兮斐兮，成是贝锦。彼谮人者，亦已大甚。

【注释】《小雅·巷伯》。萋斐（qīfěi）：花纹错杂貌。贝锦：织成贝纹的锦。谮（zèn）：以虚伪之事诬谤他人的谗言。谮人：谗害他人的人。大甚：过甚，过分。

【解析】花纹交错颜色新，织成五彩贝纹锦。那个谗言害人者，罗织罪名太过分。诗句揭露谗人罗织罪状诬人太甚。以女工织成文彩相错如贝纹似的美锦，来比喻谗人花言巧语，罗织罪名，谗谤他人。语言形象犀利，具有强烈的讽刺力量。

习习谷风，维风及雨。将恐将惧，维予与女。将安将乐，女转弃予。

【注释】《小雅·谷风》。习习：大风之声。一说微风和煦。谷风：东风。一说谷中之风。将：且。一说语助词。

【解析】山谷飒飒起阵风，风雨交加天青青。遇到灾难恐惧日，你我二人共携手。如今日子已安乐，弃我而去理不公。此为弃妇的怨诗。从诗句看，弃妇曾与丈夫恩爱相守，患难与共，共同度过了许多艰辛的岁月，但日子好转、享受安乐的时候，丈夫却另谋新欢，负心背德。诗句的字里行间透出女子的哀怨，反映了不合理的婚姻制度下，女子在家庭中的悲剧命运。《诗经》中多以"风"比喻盛怒的男性，此诗以"习习谷风，维风及雨"比喻丈夫的残暴无情，以兴起下文，含蓄而生动。

父兮生我，母兮鞠我。拊我畜我，长我育我，顾我复我，出入腹我。欲报之德，昊天无极！

【注释】《小雅·蓼莪》。鞠：养育，抚养。拊（fú）：抚慰，抚养。复：即復，反复，指回转而反复地看。腹：怀抱。昊天罔极：《诗集传》："言父母之恩如天，欲报之以德，而其恩之大如天无穷，不知所以为报也。"

【解析】父亲给我生命，母亲把我哺育。抚爱我啊护持我，养我长大教育我，照看我啊提携我，出出进进怀抱我。想报双亲大恩德，恩情如天无以报。诗人感叹苦于兵役无法奉养父母。一连用六句铺叙父母双亲的养育教诲之恩,情辞切切,感人至深。最后点明父母恩大,无以为报,令人想起"谁言寸草心,报得三春晖"的千古名句。

维天有汉,监亦有光。跂彼织女,终日七襄。

【注释】《小雅·大东》。汉:天河。监(jiàn):鉴,视也。跂:高亨《诗经今注》:"跂,通歧,分歧。织女:织女星。织女有三颗星,联成等边三角形,三角分出,所以用跂字形容它。"七襄:七次移动位置。襄,驾。

【解析】仰望天上有银河,不能作鉴空有光。鼎足三颗织女星,一日七移空繁忙。此为东方诸侯国的臣民困于赋役而怨刺周室之作。诗歌成功地运用了比喻象征手法,天河就像镜子一样有光亮,却不能用来照人,不能照人喻指照不清人间是非,暗指上天也不公平,空有公平之名而无公平之实。织女有织名,终日忙碌却不成织物,有空名无实用,暗指不合理的事无处不存在。诗人借对天发怨,抒发了对周王朝搜刮东人的不满。

秋日凄凄,百卉具腓。乱离瘼矣,爰其适归?

【注释】《小雅·四月》。腓(féi):草木枯萎。瘼:病痛,疾苦。适归:何归。

【解析】清秋时节风凄凄,百草零落又枯萎。乱离忧伤我痛苦,究竟何处是归依?仕宦之人遭小人谗毁,被逐南迁,故有此叹。诗句以"秋日凄凄,百卉具腓"兴起,既渲染了悲凉凄苦的环境氛围,又暗喻诗人如秋日草木,横遭摧折,飘荡无所归。

溥天之下,莫非王土;率土之滨,莫非王臣。

【注释】《小雅·北山》。溥(pǔ):大。一说普。率:循,自。滨:涯,水边。

【解析】普天之下哪片地,不是国王的领土;四海之内哪个人,不是国王的臣仆。下层士子苦于行役,责怨大夫劳逸不均,故而写成此诗。既然普天之下均是王土,均为王臣,就应该有一个统一的政令,劳逸均等,而执政的大夫却极端不公平,单单使我这样奔波劳碌。

念彼共人,涕零如雨。岂不怀归?畏此罪罟。

【注释】《小雅·小明》。共人:同僚。涕:泪。零:落。罟(gǔ):网。

【解析】殷勤思念老朋友,涕泪涟涟如落雨。难道我不想还家?只怕获罪陷罗网。这是大夫自伤久役、感怀思友之诗。诗人长期行役他乡,足至荒野,历经寒暑,因而思念亲友,以至于泪如雨下,可见思情之深切。可他又无法归乡,违背官命会遭罹罪尤,陷于罗网,可见世道之不公正。

鼓钟将将,淮水汤汤,忧心且伤。淑人君子,怀允不忘。

【注释】《小雅·鼓钟》。将将(qiāng):钟声。汤汤(shāng):水大貌。允:语助词。

【解析】敲起钟来声锵锵,淮水浩荡泛波浪,我心忧愁又悲伤。想起古圣与先贤,令人怀念不能忘。按古代的礼仪,钟磬嘉美之乐不能作于野外,而应奏于宗庙之内。诗句描写统治者在浩浩荡荡的淮水之上使用宗庙之乐,鸣钟击鼓,淫乐无度。诗人对统治者背礼纵浪的生活深感痛心悲伤,因而发咏叹,思念古之循礼有德的君子先哲,思古以刺今。

倬彼甫田,岁取十千。我取其陈,食我农夫。

【注释】《小雅·甫田》。倬(zhuō):明;大。甫田:大田。一说天下田。十千:言多也。陈:旧粟。

【解析】看那大田广无边,每年收粮成千万。我拿陈年旧谷子,赐我农夫把肚填。此为周代统治者祈年、祭神的乐歌。奴隶主用农奴集体耕种大片农田,每年提取成千上万的谷物供自己享用;用陈粮旧谷食养农夫,让他们为自己好好种田。如《毛传》所言:"尊者食新,农夫食陈。"从中反映出周代社会阶级对立的情况和奴隶主榨取农奴劳动果实的罪恶。

裳裳者华,其叶湑兮。我觏之子,我心写兮。

【注释】《小雅·裳裳者华》。裳裳:堂堂。一说车上的帷裳。华:花。湑:盛貌。觏(gòu):遇见。写:泻。

【解析】堂堂花儿繁盛开,绿叶葱郁真美哉。我遇见了那个人,忧愁泻尽真开怀。此为情歌,一个妇女爱慕赞美所遇见的贵族男子。诗句以"裳裳者华,其叶湑兮"为比兴,称赞贵族男子车上帷裳花纹的漂亮,同时也暗指贵族男子仪表堂堂,风神潇洒。因此女子生出爱慕,忧心顿释,欢乐开怀。

高山仰止,景行行止。四牡骓骓,六辔如琴。觏尔新婚,以慰我心。

【注释】《小雅·车辖》。仰:仰望。止:语助词。景行:远道。行:行路。四牡:四匹雄马。觏(gòu):遇见。

【解析】高山巍峨人瞻仰,大道宽广走四方。四马迎亲跑得快,手持六辔如琴瑟。遇你拜堂成新婚,慰我心怀做新郎。此为男子新婚迎亲之诗。前两句写女子德如高山令人敬仰,行如大道令人遵循。有此佳丽为偶,诗人心花怒放,驾车奔驰前去迎亲。"六辔如琴"言六根马缰绳调和一致就如同琴瑟之音相偕动人,可谓连珠妙语。

营营青蝇,止于棘。谗人罔极,交乱四国。

【注释】《小雅·青蝇》。营营:往来貌。一说小声。棘:枣树。一说荆棘。罔极:不中正。极,中也。

【解析】青蝇飞来又飞去,飞在枣树上面停。谗人品行不中正,搅得四方乱哄哄。诗人讽刺统治者听信谗言,以致四方混乱。青蝇往来飞动,时落时起,其形象令人恶心生厌。以此兴起奸谗小人往来奔波,搬弄是非,谗言谤人,构陷忠良。

宾客醉止,载号载呶。乱我笾豆,屡舞僛僛。

【注释】《小雅·宾之初筵》。止、载:语助词。号(háo):大叫。呶(náo):叫喊,喧哗。笾(biān):一种盛物的竹器。豆:盛食物的器皿,形似高足盘,或有盖。僛僛(qí):歪斜貌。

【解析】宾客已经醉醺醺,号叫喧闹乱纷纷。打翻杯盘笾豆乱,频频起舞步态斜。此为讽刺官僚贵族饮酒失礼之诗。赴宴的宾客初临宴会文质彬彬,庄重自矜。既醉之后大号大叫,浪歌狂舞,乱翻笾豆,醉酒丑态无奇不有。诗人讽刺了宴饮醉酒的恶劣时风和贵族阶级的腐朽生活,并告诫时人:“饮酒孔嘉,维其令仪。”饮酒本来是好事,须有礼仪来维持。

此令兄弟,绰绰有裕。不令兄弟,交相为瘉。

【注释】《小雅·角弓》。令:善。绰绰:宽裕舒缓貌。裕:宽。绰绰有裕指兄弟和好,不相互排挤。瘉(yù):劳困之病。

【解析】彼此和睦之兄弟,平和谦让重情谊。相互排挤之兄弟,彼此嫉恨生劳困。诗歌反映了统治阶级内部的矛盾,诗人告诫统治者应骨肉相亲,兄弟和睦,修养自身,为民表率。“绰绰有裕”本指兄弟和好,相互谦让,不能相互排挤,现今引申为宽裕之义,成为常用之成语。

上帝甚蹈,无自暱焉。俾予靖之,后予极焉。

【注释】《小雅·菀柳》。上帝:君主。蹈:动,指变化无常。暱(nì):亲近。俾(bǐ):使。靖:谋。一说安定。极:诛。

【解析】君主喜怒常变化,不要自去亲近他。如果为他谋朝政,后必诛我用极刑。诗人讽刺喜怒变化无常、行为反复多变、性格残暴无情的君王。人臣尽忠谋事,为国分忧,反遭刑戮,可见专制暴君自古以来不乏其人,“伴君如伴虎”也非夸张之辞。

终朝采绿,不盈一匊。予发曲局,薄言归沐。

【注释】《小雅·采绿》。绿:草名,又名王刍。匊:掬,两手合捧。曲局:卷曲。薄言:语助词。

【解析】整个早晨去采绿,采绿不满两手掬。我的秀发卷又曲,赶快回家好梳洗。此为思妇之辞。丈夫外出,逾期而不归,思妇愁闷难遣,于是去山野采绿草,但思情深重,心不在焉,采摘的绿草竟不盈把,反而使秀发卷曲,红颜蒙尘,想到丈夫也许马上归来,故而急急回家沐浴梳妆。诗人抓住特定情境中的细节,将思妇深幽的心理逼真地揭示出来,读之令人掩卷遐思。

心乎爱矣,遐不谓矣? 中心藏之,何日忘之。

【注释】《小雅·隰桑》。遐不:胡不,何不。

【解析】心中爱你情不移,为何总是不敢提? 爱情深深藏心里,哪有一天能忘记! 这是女子深挚爱情的表白。她终于见到了自己钟爱的情人,心中快乐无比,但深埋心底的爱情该如何表白呢? 诗句传神地写出情窦初开的少女深深爱恋却又羞于表白的心态。

绵蛮黄鸟,止于丘阿。道之云远,我劳如何。

【注释】《小雅·绵蛮》。绵蛮:《毛传》:"小鸟貌。"阿:山坳。

【解析】娇小可爱小黄鸟,畏人常息在山坳。道路迢迢太遥远,奔波终日真疲劳。诗人地位微贱,孤苦无援,又长期行役在外,劳顿饥渴。其境遇恰如止息山坳的小黄鸟,可怜可叹。一禽一人,可谓同病相怜。

有兔斯首,炮之燔之。君子有酒,酌言献之。

【注释】《小雅·瓠叶》。有兔斯首:《郑笺》:"斯,白也。有兔白首者,兔之小者也。"炮(páo):裹烧。将狗、兔等裹上泥在火上烧,用以去毛。燔(fán):烧。言:语助词。

【解析】白首小兔肉鲜嫩,烧烤兔肉宴嘉宾。君子备下那水酒,先酌一杯敬客人。此为君子宴饮宾客之诗。烧兔肉,备水酒,物虽薄而情义重,酒食虽然不丰盛,但主人待客之情殷切,对友之义慷慨。

苕之华,其叶青青。知我如此,不如无生。

【注释】《小雅·苕之华》。苕(tiáo):植物名,又名凌霄花。华:花。

【解析】凌霄花儿开满藤,花木茂盛叶青青。早知此生这般活,不如当初不降生。诗歌反映荒年饥馑、人民困顿饥渴的情形。以凌霄花盛叶青起兴,花木荣盛对比反衬人生憔悴哀苦。联想巧妙,对比鲜明,很好地突出了主题。

何草不玄！何人不矜！哀我征夫，独为匪民！

【注释】《小雅·何草不黃》。玄：赤黑色。矜（guān）：鳏。匪民：非人。

【解析】哪种草儿不黑不枯干！哪个征夫不是鳏夫单身汉！可怜我们这些征人士兵，偏偏不把我们当人看！周王朝用兵不息，视民如草兽，征夫对兵役苦况不满，诉苦道怨。"何草不玄"一句既有环境烘托之效果，更具比兴抒情之作用。秋草枯干，秋意渐浓，使人顿生凄清悲凉之意，而草之枯朽、短命、低贱、任人践踏的遭际，正是广大士兵非人生活境遇的比况。

维师尚父，时维鹰扬。凉彼武王，肆伐大商，会朝清明。

【注释】《大雅·大明》。尚父：吕望。周文王尊称吕望为尚父。凉（liàng）：辅佐。肆：疾。会朝：一朝。

【解析】太师尚父是吕望，将士猛如鹰飞扬。辅佐武王打胜仗，疾驰合围伐殷商，一朝清明天下亮。诗歌颂扬文武二王开国灭商得天之助。此五句描写牧野大战的景况，君明、臣贤、将勇，正义之师所向披靡，一朝之间伐灭殷商，正应了"得人心者得天下"的古训。

追琢其章，金玉其相。勉勉我王，纲纪四方。

【注释】《大雅·棫朴》。追琢：《毛传》："追，雕也。金曰雕，玉曰琢。"相：质，即本质。

【解析】雕琢成章是表象，金玉之质本精良。我王勤勉不倦怠，张纲立纪教四方。诗歌赞颂周文王培育贤才，以德服人，教化四方。此四句以金玉为喻，盛赞文王不仅是金玉其外，更是金玉其中，所以才国富法立，四方归附。

刑于寡妻，至于兄弟，以御家邦。

【注释】《大雅·思齐》。刑：法。一说同型，示范，做榜样。寡妻：嫡妻，正妻。御：治。家邦：国家。

【解析】文王以法对妻子，同宗兄弟也守法，推广以治天下人。诗句赞美周文王以身作则，率先垂范，以治国安邦。当年孟子游说齐宣王行儒家仁政，就引用了这三句诗，告诫齐宣王做国君的首先要做妻子的榜样，其次再管理好兄弟家人，这样才可治理国家。这叫作由近及远的"推恩"。

诞宾之隘巷，牛羊腓字之。诞宾之平林，会伐平林。诞宾之寒冰，鸟覆翼之。

【注释】《大雅·生民》。诞：发语词。宾：置，弃置，投放。隘：狭。腓（féi）：庇护。一说避开。字：哺乳。一说爱抚，抚养。平林：平地的树林。会：

恰值,适逢。覆:遮盖。覆翼,用翅膀遮盖。

【解析】后稷被弃狭巷里,牛羊前来哺乳之。后稷被扔树林里,巧遇樵夫营救之。后稷被丢寒冰上,鸟儿展翅温暖之。诗句运用虚幻手法描写周民族的始祖后稷被弃而不死,神奇灵异无比。他自幼对农业生产颇具天赋,带领人民播种百谷,从事祭祀,为周民族的昌盛繁荣奠定了基础,因而被尊为神农。后稷的神奇形象不但体现了西周统治者巩固统治、神化祖先的意志,同时也体现了古代劳动人民的美学理想。他们要征服自然,创造美好生活,就幻想有超人的神象引导自己去实现理想。后稷这位神农形象就是古代劳动人民勤劳智慧、征服自然、创造财富的艺术概括。

戚戚兄弟,莫远具尔。或肆之筵,或授之几。

【注释】《大雅·行苇》。戚戚:相亲。尔:迩,近。筵(yán):竹席,古时席地而坐,以筵为坐具,后引申为酒席。几(jǐ):矮而小的桌子,用以陈放东西或依靠休息。

【解析】手足兄弟应友爱,切莫疏远要亲近。铺好竹席宴宾客,陈放几案敬老人。诗歌赞颂周族先王兄弟和睦,尊老敬老,仁德无边。有周一代重仁德,兴礼乐,使国家昌盛,令后代敬仰。

威仪孔时,君子有孝子。孝子不匮,永锡尔类。

【注释】《大雅·既醉》。孔:很。时:适宜。不匮:指尽子的孝心没有穷尽。匮:缺乏。锡:赐,给予。尔类:你的同类。一说类指家族。

【解析】威仪表现颇适宜,周王又是孝子孙。孝子孝心永不竭,永远赐你同类人。此为周成王祭祀之后饮宴群臣,群臣赞美之辞。诗句称赞周王有威仪,有孝心,足以齐家治国平天下。《左传》隐公元年记载了郑庄公囚母之事,在孝子颍考叔的感召下,庄公悔悟,与母和好。作者引"孝子不匮,永锡尔类"两句诗,说明孝子的孝心具有强大的影响力,会感染同样有孝心的人。

威仪抑抑,德音秩秩。无怨无恶,率由群匹。

【注释】《大雅·假乐》。抑抑:美也。秩秩:《毛传》:"有常也。"群匹:群臣。

【解析】仪表庄美风度翩,政教道德有常规。无人责怨无人恨,为政依靠众臣贤。诗歌赞颂周成王威仪端庄,能循旧章,使用贤臣,善于安民,因而受人爱戴敬仰。

于时处处,于时庐旅,于时言言,于时语语。

【注释】《大雅·公刘》。时:是也。处处:居室。庐旅:寄也。一说房舍。

【解析】于是安居乐其业,于是规划建房舍,于是谈笑又欢言,于是笑语人喧闹。此为周民族的史诗,诗歌歌咏公刘从邰迁豳建都的事迹,反映了周民族由游牧农耕向定居农业转变、由原始部落联盟向君主奴隶制国家过渡的历史。此处所摘四句描写了公刘营建都邑后,臣民拥戴、君民融和的情景,一派欢歌笑语、安居乐业的景象。

颙颙卬卬,如圭如璋,令闻令望。岂弟君子。四方为纲。

【注释】《大雅·卷阿》。颙颙(yōng):温和。一说肃敬貌。卬卬(áng):盛貌,一说气概轩昂貌。圭璋:圭同珪,珪与璋都是古代贵族朝聘、祭祀、丧葬所用的礼器,此指君子品德如珪璋一般可贵。令闻令望:好的声誉好的名望。令:善。岂弟:同恺悌(kǎitì)和乐平易。纲:法。

【解析】体貌肃敬气轩昂,品德美好如珪璋,美好名声天下扬。周王平易又快乐,四方以之为法纲。诗歌颂美周成王有威仪,有圣德,美名传扬,四方为纲。一个奴隶制家天下的贤明君主在颂声中被勾画出来,其中流溢出贤臣的忠情谀意。《诗经直解》指出:"一片承平《雅》《颂》声!诸臣媚子之辞,谄谀已甚,奴性已深。仅次于《天保》九如之颂卑贱一等。世愈降而痼愈积,奴性深入血髓,传统之久,有不可救药者,不因奴隶制度之废而废也。"

凤凰鸣矣,于彼高岗。梧桐生矣,于彼朝阳。菶菶萋萋,雍雍喈喈。

【注释】《大雅·卷阿》。菶菶(péng)萋萋:草木茂盛,此写梧桐之盛,喻君德之盛。雍雍喈喈(jiē):鸟和鸣之声,此写凤凰鸣声之和,喻民臣和协。

【解析】凤凰引颈高歌鸣,飞到那座高山冈。梧桐生长真茂盛,面向东方迎朝阳。梧桐枝叶郁葱葱,凤凰鸣声清悠悠。此为臣子颂美周成王之诗。诗句专写景物,实则比兴寄托遥深。色彩斑斓的凤凰鸣于高岗,葱茏巍峨的梧桐集于东方,桐绿凤彩相互交映,凤声、鸟声和欢歌笑语穿插其间,人悦景观,祥和温暖。梧桐生喻明君出,"菶菶萋萋"喻朝政昌盛。凤凰鸣喻贤臣进用,"雍雍喈喈"喻贤臣融和。相传凤凰品性高洁,"非梧桐不止,非练实不食,非醴泉不饮"。自凤凰鸣于岐山,周始日盛。凤凰毕集梧桐,暗喻贤臣归附明君。周成王盛世,王明臣贤的景况都在兴喻中显现出来。

民亦劳止,汔可小康。惠此中国,以绥四方。

【注释】《大雅·民劳》。劳:劳苦,劳累。汔(qì):求。中国:指京师。绥:安定。

【解析】百姓也太劳累了,祈求稍稍得安康。惠爱抚慰京师人,用来安定保四方。此为周大夫规劝讽谏之诗。厉王暴虐,听信奸邪,纵容小人,劳民祸国,诗人出于忧国忧民、忠君爱国之目的进行规谏,言辞恳切,忠言可嘉。

价人维藩,大师维垣,大邦维屏,大宗维翰。

【注释】《大雅·板》。价(jiè)人:善人。一说披甲之人,即掌军事者。维:是。大师:大众。大师维垣犹言众志成城。一说大师,三公也。大宗:《郑笺》:"王之同姓之适子也。"一说强族。

【解析】善人就是国藩篱,大众好比国墙垣,大邦犹如国屏障,王之同宗犹如国家栋梁。诗句一连用了四个比喻,形象地说明民众、诸侯、朝臣在安邦治国中的地位和作用,不仅语言形象凝练,而且题旨醒豁,足以引起为政者的警戒。

人亦有言:靡哲不愚。庶人之愚,亦职维疾。哲人之愚,亦维斯戾。

【注释】《大雅·抑》。职:主也。戾:罪也。

【解析】人们经常这样说:"哲人无不显得愚蠢。"众人的愚蠢不明,恰是他们的毛病。哲人看上去愚蠢,那是为避罪刑而装傻充愣。周大夫卫武公作此诗怨刺王室,并自我警戒。《郑笺》指出:"庶,众也。众人性无知,以愚为主,言是其常也。贤者而为愚,畏惧于罪也。"当时周厉王弭谤,用卫巫监杀敢言直谏之贤者,国中出现"道路以目"的恐怖景象,故而贤哲之人为全身远害,保持缄默,甚至伪装愚拙。可见高压政策、恐怖政治竟能使人扭曲自身,大智若愚,实则出于无奈,生当此世"难得湖涂"矣!

投我以桃,报之以李。

【注释】《大雅·抑》。投:掷。报:回报。

【解析】他人赠我以红桃,我将报之以李子。《郑笺》云:"此言善往则善来,人无行而不得其报也。"此诗句符合"来而不往非礼也"的古训。后投桃报李成为常用之成语,表示朋友间的赠答往来,有时也表示男女爱悦,传递情义。

匪手携之,言示之事。匪面命之,言提其耳。

【注释】《大雅·抑》。匪:非。

【解析】非但用手提携你,还把事情讲给你。非但当面训诫你,还提着耳朵叮嘱你。《郑笺》云:"伤王不知善否,我非但以手携掣之,亲示以其事之是非;我非但对面语之,亲提撕其耳。此言以教道之,孰不可启觉?"诗人有感于君王昏聩,不辨善恶好坏美丑,故而有些感叹,拳拳忠心可叹可嘉。"耳提面命"成为常用之成语,表示对人教诲恳切。

瞻彼中林,牲牲其鹿。朋友已谮,不胥以穀。人亦有言,进退维谷。

【注释】《大雅·桑柔》。牲牲(shēn):同莘莘,众多也。谮(jiàn):僭,不亲不信。穀:善;友好。谷:比喻困境。

【解析】看那郊外树成林,麋鹿相亲成一群。同僚朋友不信任,不相友好少诚心。有格言这样说:进退维谷路不通。诗人斥责周厉王用小人、行暴政,致使朝政黑暗、民不聊生的罪行。诗句以林中之鹿结伴成群、相亲相友为比兴,对比反衬朝中同僚相斥相违、不相友善,人不及兽。当此无道乱世,民进无明君,退遭罪役,或进或退皆为困穷之境。"进退维谷"形象地写出臣民进退两难、无所依托、茫然无措的境遇。

兢兢业业,如霆如雷。

【注释】《大雅·云汉》。兢兢:恐也。业业:危也。

【解析】兢兢业业心畏惧,如闻霹雳雷霆声。周宣王时遭受大旱,百姓死亡,国家危殆,故而祭神呼天。此二句描写大旱持久,天下困于饥馑,君臣皆心动意惧,惊恐忧惧万状,有如雷霆当头炸响。诗句言简意赅,生动传神。兢兢业业本指恐悸忧惧,后引为做事小心谨慎,勤勤恳恳。

仲山甫之德,柔嘉维则。令仪令色,小心翼翼。

【注释】《大雅·烝民》。仲山甫:周宣王时贤臣。嘉:美。令:善。翼翼:恭敬貌。

【解析】仲山甫有好品德,温和善良守法则。风度潇洒仪表美,小心谨慎意谦和。诗歌赞美周宣王任能用贤,周室中兴。此四句赞美周宣王贤臣仲山甫仪容美好,温和善良,做事小心谨慎,恭敬谦让,堪称王之肱股,国之栋梁。

既明且哲,以保其身。夙夜匪解,以事一人。

【注释】《大雅·烝民》。匪:非。解:懈,懈怠。事:事奉,臣事。

【解析】既是英明又睿智,保全一身无祸快。日夜勤王不懈怠,忠心不二事宣王。诗句赞美周宣王贤臣仲山甫明达事理,洞见时势,善于择安避危,保全自身,亦即处世圆通。不仅如此,而且仲山甫勤劳王事,夜以继日,呕心沥血,对宣王忠心耿耿,始终如一。明哲保身后来多用为贬义,意为为了个人利益患得患失,丧失原则。

江汉浮浮,武夫滔滔。匪安匪游,淮夷来求。

【注释】《大雅·江汉》。江汉:长江、汉水。浮浮:众强貌。滔滔:广大貌。王引之《述闻》以为"当作'江汉滔滔,武夫浮浮。'……滔滔、浮浮上下四字互讪。"匪：非。游：遨游。淮夷：异族。求：救。一说讨伐。

【解析】江汉之水滔滔流，武夫出征雄赳赳。不求安乐非遨游，只把淮夷去征讨。诗歌颂美周宣王兴衰拨乱，命令召穆公平定淮夷之乱。诗句以"江汉浮浮"起兴，长江汉水滚滚东流，水势滔滔，兴起王师出征士气高昂，豪迈凌厉，锐不可挡。兴句气势恢宏，境界阔大，可谓先声夺人。

哲夫成城，哲妇倾城。懿厥哲妇，为枭为鸱。

【注释】《大雅·瞻卬》。哲：智也，多谋也。城：国也。懿：叹词，通噫。厥：其。

【解析】男人明哲可建国，女人明哲可败国。感叹此妇太多谋，好象鸱鸟又如枭。诗歌怨刺周幽王宠幸褒姒，施行暴政，败乱朝纲，祸及人民。诗人认定男子聪明就可建国立业，女子聪明就会败乱国政，并唉叹嘘唏，褒姒太聪明了，以鸱鸟等恶禽类比之，憎恶之情溢于言表。客观地说，将朝纲败坏、国运衰微的根由推委于褒姒是欠公允的，反映了男权社会对女人的偏见。《郑笺》云："丈夫，阳也。阳动，故多谋虑则成国。妇人，阴也。阴静，故多谋虑乃乱国。"女人聪明多谋必然要乱国，可见女人是祸水可成定论。这种论调多么荒谬不经！可在男权为中心的社会中竟被普遍认可接受。

率时农夫，播厥百谷。骏发尔私，终三十里。亦服尔耕，十千维耦。

【注释】《周颂·噫嘻》。时：是。播：种。厥：其。骏：快。发：开发，发掘。私：民田。终：终极。耦(ǒu)：两人并肩而耕，各持一耜。

【解析】此为歌颂周王祭祀天帝，祈祷丰年，告诫农官，劝民勤耕的祭祀诗。诗句写成王秉承神旨告诫农官：你们要率领这些农夫，好好去播种那百谷庄稼；大大开发你们分管的私田，直至三十里的尽头；要好好从事你们的耕作，万夫并耕，争取丰收。诗歌体现了周朝以农为本、祈天福佑的政治思想，也反映了当时祭天祈谷的崇神礼俗。从诗中还可看到，在井田奴隶制度下，农夫大规模集体耕作的壮阔场景。诗句文字简质，场面宏阔，显示了大笔勾画的技巧。

振鹭于飞，于彼西雝。我客戾止，亦有斯容。

【注释】《周颂·振鹭》。振：群飞貌。雝：泽。容：容貌。戾：至，到。

【解析】诗歌写杞国、宋国之君来周室助祭。杞、宋乃夏、殷之后代，周天子祭祀，他们能前来助祭，说明周公、成王时天下安乐康泰，诸侯驯服，亡国之余亦能尽君臣之礼。诗人唱道：白鹭振羽翩翩飞，飞临西边水泽里。我的嘉宾来赴宴，亦似白鹭有威仪。白鹭飞临西泽是飞得其所，嘉宾前来助祭，恰合礼之规范。以美好的白鹭为比兴，含有诗人的赞美之情。

载获济济,有实其积,万亿及秭。为酒为醴,烝畀祖妣,以洽百礼。

【注释】《周颂·载芟》。济济:众多貌。实:粮食。一说满。秭:万亿。醴:甜酒。烝:进。洽:合。

【解析】收获累累众多,积谷处处堆起,聚集千亿万亿。用它酿造酒醴,进献先祖先妣,用来祭祀成百礼。这是周成王祭祀社稷的乐歌。成王继位后,严格律己,任贤除奸,垦荒耕种,祭祖祈福,造就了成康盛世,千古流芳。

获之挃挃,积之栗栗,其崇如墉,其比如栉。

【注释】《周颂·良耜》。挃(zhì):收割作物的声音。栗栗:众多。崇:高。比:排列,并列。

【解析】镰刀收获唰唰响,堆积稻谷多丰实,粮垛高得像城墙,鳞次栉比真是密。此为周王秋冬时节报祭社稷答谢神佑的乐歌。诗句歌颂丰收,描绘了当时的农业生产情况。此四句描写秋天丰收情景,语言形象,描写具体,用"挃挃"烘托出秋收时禾稼高密、不见人群,只听处处割禾声的境界,用"栗栗"写出割禾后田野禾堆累累的景象,用"其崇""其比"两个比喻句,极言打谷场谷垛之高、比列之密,这些意象的有机组合构成了一幅丰收的喜乐图。

於铄王师,遵养时晦。时纯熙矣,是用大介。

【注释】《周颂·酌》。铄(shuò):美也。遵:率。养:取。晦:昧。纯:大。熙:兴。大介:大善。一说介,甲也。

【解析】啊!武王军队真是美,循时养晦伐殷商。时局有利国运昌,戎装出动天下归。此为歌颂周武王能酌取先君之道,治国安邦,伐除无道的乐歌,塑造了一个文治武功、政绩斐然的明君形象。

振振鹭,鹭于下。鼓咽咽,醉言舞。于胥乐兮!

【注释】《鲁颂·有駜》。振振:群飞貌。鹭:指持鹭羽的舞蹈。鹭于下:舞者仿鹭蹲下。咽咽:鼓声。胥:皆。

【解析】手持鹭羽舞婆娑,好像白鹭落水旁。鼓声节奏冬冬响,饮酒醉后舞翩跹。君臣同乐乐无疆!此为鲁僖公宴饮群臣的乐歌。大臣们平日勤劳王事,日夜劳碌,闲暇时,僖公设舞乐,摆酒宴,与臣同乐同舞。君以恩惠臣,臣则尽忠事君,君臣之道俱合礼数。诗句以白鹭喻指大臣们均为洁白之士,德端品正,无瑕无疵;且以白鹭飞落类比舞蹈的优雅轻盈,实为传神妙笔。

天命玄鸟,降而生商,宅殷土芒芒。

【注释】《商颂·玄鸟》。玄鸟:候鸟;燕子。宅:居住,用作动词。芒芒:大貌。

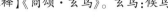

【解析】上天命令那燕子,生下商的先王契,居住在茫茫广大的殷地上。此为殷商后代祭祀先祖的乐歌。据传说,春分时节,燕子飞来,有娀国的长女简狄祈于郊禖,后怀孕生了契,契为商的先祖,尧时封于商。又据《史记》载,简狄见玄鸟"堕其卵",取来吞下,于是怀孕生契。古人常把自己先祖的出生描述得奇异无比,形同神祇,以显示其合天命、顺天意。

武王载旆,有虔秉钺。如火烈烈,则莫我敢曷。

【注释】《商颂·长发》。武王:商汤。旆:旗。有:又。虔:牢固。莫:没有谁。曷:遏。

【解析】汤武伐桀旌旗猎猎,紧握斧钺浩气冲天。将威士猛如烈火,何人胆敢来阻遏!诗句描写商汤兴正义之师伐无道夏桀,气势凶猛,锐不可当。夏桀王朝江河直下,转瞬间江山易主,换了人间。有道者兴,无道者亡,自古皆然。

挞彼殷武,奋伐荆楚。罙入其阻,裒荆之旅。

【注释】《商颂·殷武》。挞:疾。武:殷王武丁。荆:州名。楚:国名。罙(shēn):深。阻:险阻。裒(póu):俘虏。一说聚集。

【解析】高宗武丁真神勇,奋力出师伐荆楚。长驱直入敌险地,俘获楚军做俘虏。此为祭祀殷高宗武丁的乐歌。《毛诗正义》说:"《殷武》诗者,祀高宗之乐歌也。高宗前世,殷道中衰,宫室不修,荆楚背叛。高宗有德,中兴殷道,伐荆楚,修宫室。既崩之后,子孙美之,诗人追述其功而歌此诗也。"有功德的君王,臣民不会忘记。武丁乃中兴之主,百年之后,仍可在钟鼓歌乐中受到人们的敬祭。

《尚　书》

　　《尚书》之称始于汉代,在此之前称为《书》。宋代以后又有《书经》之称。

　　《尚书》是我国现存最早的以记言为主的历史文集,在汉武帝时就被定为儒家的五经之一,并被奉为五经之首。

　　《尚书》的作者已不可考。根据《尚书》的内容可以推定,它的最初作者应该是古代史官无疑。《汉书·艺文志》记载:"古之王者世有史官。君举必书,所以慎言行、昭法式也。左史记言,右史记事;事为《春秋》,言为《尚书》,帝王靡不同之。"

　　至于传世《尚书》的结集成书,历史最久、影响最大的当属孔子。孔夫子删定《尚书》并为之作序的说法自汉代产生以来,定论千年,直到宋代才开始受到强烈质疑,至今仍争论不休。

　　关于《尚书》的篇数,古籍的记载、历史的流传和今世的遗存出入很大。汉代的《纬书》说《尚书》原来有三千二百四十篇,孔子删为一百二十篇。《汉书·艺文志》和《隋书·经籍志》认为《尚书》的定本是一百篇;据《史记》记载,汉代伏生所传的今文《尚书》是二十九篇(实则二十八篇);东晋初年,豫章内史,梅赜(zé)向朝廷献上托名孔安国传的《尚书》五十八篇,其中,包括今文《尚书》三十三篇(实际是由伏生《尚书》二十八篇分解并合并齐建武年间姚方兴所献《舜典》一篇而来),另外伪造二十五篇。伏生《尚书》和梅赜的伪孔传《尚书》均流传至今。如果剔除伪托之作,今存《尚书》实际上只有二十八篇。根据这些情况,专家们推断,《纬书》所说的三千二百四十篇已无从查考,但早期即先秦时期的《尚书》绝非现存的二十八篇。因为"先秦书籍引《书》具体提到篇名的约有四十多篇,其中有三十多篇不见于今存《尚书》,可知先秦《尚书》的篇目超过了五十八篇。(《今古文尚书全译》)"

从汉代开始，今文与古文之争、真《书》与伪《书》之辨就成为《尚书》流传中的热点。

汉代最早传《书》的人是伏生。据《史记·儒林传》记载："伏生者，济南人也，故为秦博士。秦时焚书，伏生独壁藏之。其后，兵大起，流亡。汉定，伏生求其书，亡数十篇，独得二十九篇，即以教于齐、鲁之间。"伏生所传《尚书》用当时通行的隶书写成，所以叫"今文《尚书》"。

古文《尚书》相对晚出。据刘歆《移书让太常博士》说："鲁共王坏孔子宅，欲以为宫，而得古文于坏壁之中，逸《礼》有三十九篇，《书》十六篇。天汉之后，孔安国献之，遭巫蛊仓卒之难，未及施行。"晚于刘歆的班固在《汉书·艺文志》中继承了上述说法："古文《尚书》者，出孔子壁中。武帝末，鲁共王坏孔子宅，欲以广其宫，而得古文《尚书》及《礼记》《论语》《孝经》凡数十篇，皆古字也。共王往入其宅，闻鼓琴瑟钟磬之音，于是惧，乃止不坏。孔安国者，孔子后也，悉得其书，以考二十九篇，得多十六篇。安国献之。遭巫蛊事，未列于学官。"按照刘歆和班固的说法，发现于孔宅墙壁之中、用古文书写的《尚书》，应该是躲过焚书灾难的先秦《书》之遗存。但是，孔安国所献的古文《尚书》同今文《尚书》一样，在西晋永嘉之乱以后相继失传。我们现在所看到的古文《尚书》是梅赜所献托名孔安国传的五十八篇古文《尚书》。

古文《尚书》是否是伪书的问题暂且不论，它出现之后所形成的二元传承、今古之争、真伪之辨，在客观上却强有力地推动了《尚书》的流传和《书》学的研究与发展，这也是不应抹杀的。

现在公认的《尚书》，是伏生所传的二十八篇今文《尚书》。二十八篇今文《尚书》由四部分组成：《虞书》二篇、《夏书》二篇、《商书》五篇、《周书》十九篇。古文《尚书》五十八篇包括：《虞书》五篇、《夏书》四篇、《商书》十七篇、《周书》三十二篇。

关于《尚书》的体例，伪《书序》曾把五十八篇古文《尚书》分为典、谟、训、诰、誓、命六类；唐代孔颖达在《五经正义·尧典正义》中又将其分为典、谟、贡、歌、誓、诰、训、命、征、范十种。这两种体例划分方法，是针对古文《尚书》而言的。我们认为，伪《书序》所划分的典、谟、训、诰、誓、命六类，对今文《尚书》也是适宜的。

典，是典册、文献的意思。主要是对典章制度的记录；

谟，通"谋"，谋划、策略之意。主要是议论政事的记录；

训，训诫之意。主要是一些训诫辞令的记录；

诰，上告下谓之诰。一般指帝王对臣子的训令、告诫之辞；

誓，主要是君王、诸侯的誓众辞；

命，主要是君王任命官员或赏赐诸侯的册命。

《尚书》的思想内容，历来是《书》学研究的核心和重点。由于古文《尚书》被认定是伪作，所以，这里所说的思想内容，是指今文《尚书》的思想内容。

《尚书》是我国现存最早的一部历史文献汇编。它记录了距今约四千年到二千六百年间虞、夏、商、周时期，即中国古代原始社会末期和奴隶制社会时期的历史状况。涉及政治、宗教、思想、哲学、艺术、法令、天文、地理、军事等诸多领域，是考察和研究中国远古社会不可或缺的珍贵典籍。

《尚书》的核心思想是"敬天""明德""保民""慎罚"。

"敬天"思想，是原始社会末期和奴隶制社会时期神权思想的具体体现。

《尚书》的"敬天"思想即神权思想，基本上可以分为两种情况：商朝灭亡以前的"敬天"思想，强调"天"和"帝"的绝对权威，表现出对"天"和"上帝"的强烈迷信与敬畏，并把人类社会的君主天命化，赋予其代天行命的神圣职责。比如，《汤誓》说："有夏多罪，天命殛之""夏氏有罪，予畏上帝，不敢不正"；《盘庚》说："先王有服，恪谨天命""予迓续乃命于天"等。这里，"天"和"上帝"是神权的最高象征，是宇宙和人类社会的最终主宰。

商朝灭亡以后的"敬天"思想，"神"的因素有所削弱，"人"的因素相应加强，在前期"敬天"思想的基础上，加入了"明德""保民"和"慎罚"等思想。毫无疑问，这是"敬天"思想在新的社会条件下为了弥补自身理论上的不足而做出的理性化发展，是神权和人权的初步遭递。

"明德"思想是《尚书》思想内容的理论支柱之一。"明"，是彰明、弘扬之意。"德"是《尚书》所宣扬的十分重要的统治思想及其规范。它以"天命"为依托，是"天"或者"上帝"意志的体现；它以"保民"为核心目的。也就是说，它以"保民"为表，"天命"为里，是"天命"和"保民"在统治意志上的统一，是上天的意志、统治者的意志和民众意志的抽象与概括。因此，"明德"也就是"敬天""保民"。

"保民"，就是养育、扶助、爱护百姓。"保民"思想实际上是"敬天"、"明德"思想的延伸与发展，是《尚书》思想体系的立足点之一。尽管"天命"威严，不可违背，但是，人类文明发展到奴隶制社会的中后期，统治者对民众的存在、作用、力量和意志已无法忽视，仅仅"敬天"已不足以随心所欲地实现受"天"之命的长久统治。因此，出现了"天"罚"有罪"、"天"命"有德"的认识。这是"明德"思想产生的基础。然而，怎样才能达到"明德"呢？除了"敬天"之外，还必须"保民"。也就是说，要重视百姓的存在、作用、力量和意志，要养育、扶助、爱护百姓。"保民"思想的出现，是中国古代思想尤其是统治思想的一个重大进步，并且成为后世儒家"民本"思想的源头，影响十分深远。

"慎罚"，就是谨慎、认真、小心地对待或使用刑罚。《尚书》中记载的刑罚很多，如最常见的墨刑（在面额上刺字并涂上墨色）、劓（yì）刑（割鼻子）等刑罚。就这些刑罚而言，每一种都很残忍严酷，因此，如何对待犯罪的人和如何使用刑罚就成为统治者不得不认真对待的问题。一方面，对犯罪的人执行刑罚要体现上天的意志，即代天行罚；另一方面，又要有利于维护现实统治和社会秩序。因此，《尚书》提出了"慎罚"的思想。就"慎罚"思想的主体看，《尚书》主张公允并倾向宽缓。"慎罚"思想是"敬天""明德"思想的重要补充，更是"保民"思想的延伸发展和具体化。"慎罚"思想的出现，不仅是社会发展现实的经验总结和统治阶级的统治需要，也是人类文明进步的一种表现。

《尚书》的"敬天""明德""保民""慎罚"思想，作为中国原始社会向奴隶社会过渡时期尤其是奴隶社会时期政治实践的总结与政治理论的升华，对后世的影响巨大而深远。《尚书》被奉为儒家的五经之首，主要就是因为它的思想深合儒道，是儒家政治理论的肇端。

不仅《尚书》的思想对后世的影响巨大深远，《尚书》中许多记载史事、表现上述思想的言辞语句，或阐发重要的哲学主张，或包含精警的人生哲理，或记录重要的社会现实。这些言辞语句经常被人们提及，甚至是人们耳熟能详的，它们同样对后世具有广泛而深刻的影响。

帝尧曰放勋,钦明文思安安,允恭克让,光被四表,格于上下。

【注释】《尚书·尧典》。帝尧:相传是我国原始社会后期著名的氏族首领,名叫放勋,属陶唐氏,故又有唐尧之称。中国古代传说中的五帝之一。钦:郑玄注:"敬事节用谓之钦。"意思是说处事恭谨又节约用度。明:明察。郑玄注:"照临四方谓之明。"文:指有文德,尚文治。郑玄注:"经纬天地谓之文。"思:深谋远虑。郑玄注:"虑深通敏谓之思。"安安:宽和从容的样子。允:诚信。恭:恭谨。克:能够。让:推举贤良,崇尚人才。《国语·晋语》:"让:推贤也。"郑玄注:"推贤尚善曰让。"被:覆盖。四表:四方极远的地方。格:到达。上下:天地。以上五句是说:尧帝叫放勋,他处事恭谨,节约用度,明察是非,文德高尚,深谋远虑,宽厚仁和,诚信恭谨,能推贤尚才。他的光辉覆盖深远,充满天地。

【解析】尧帝是中国古代史料记载和传说中的五帝之一,是后世尤其是儒家所推崇的贤明君主的典范。他大约生活在原始社会末期由原始氏族部落社会向奴隶制国家过渡的时期。以上五句介绍了尧帝的称呼、品德、性格,赞颂了他的崇高威望和影响。从这些记载和赞美中,我们可以看出儒家所推崇的贤君明主的取向与标准。其中,"帝尧曰放勋"一句,成为后世史籍或学者考订尧帝身世的重要依据。

克明俊德,以亲九族;九族既睦,平章百姓;百姓昭明,协和万邦,黎民于变时雍。

【注释】《尚书·尧典》。克:能够。明:表彰、显明。俊德:品德高尚的人。亲:亲近和睦。九族:指亲族。既:已经。平:分辨、辨别。章:彰明。百姓:百官族姓。昭明:清楚明白。协和:协调和睦。万邦:众氏族;一说各诸侯国。黎:众。于:因此。变:变得。时:是,善。雍:和睦。以上各句是说:(尧帝)能够表彰重用品德高尚、有才能的人,用这样的做法亲和九族;九族已经和睦相亲,再分辨百官的善恶;百官善恶区分明白,再进一步协调和睦各氏族部落,众百姓因而变得善良友好。

【解析】这一段记载,重点记述了尧帝身体力行,协调和处理各阶层社会关系的治政方法和显赫成就,颂扬了尧帝的功德。这几句话在写法上也很有特色:叙事上使用递进手法,层层推进、步步深入;修辞上运用排比手法,有铺陈色彩。这在当时是难能可贵的。

乃命羲和,钦若昊天,历象日月星辰,敬授人时。

【注释】《尚书·尧典》。乃:连词,于是,就。羲和:指羲氏、和氏。相传羲氏是颛顼(zhuānxū)时司天官的重的后人,和氏是颛顼时司地官的黎的后人。钦:恭敬,恭谨。若:顺从,遵循。昊(hào):广大。历:《尔雅·释诂》:"历,数也。"即推算。象:《楚辞》王逸注:"象,法也。"即取法之意。一说观察天象。授:传授,颁布。人时:《史记》《汉书》《大传》以及郑玄注都写作"民时",唐天宝三年为避唐太宗李世民讳改为"人时",指节令气候。这几句话的意思是:(尧帝)于是命令羲氏和和氏恭敬地按照上天的意志,推算、取法日月星辰的运行规律,制定出历法,并恭谨地告知百姓节令气候。

【解析】中国历法的产生时间很早。它是否产生于尧帝治世时代,是否出自羲氏与和氏之手,尚难定论。但《尚书·尧典》的这段话以及下文对四时主要节令、一年三百六十六天并辅以闰月记年的记载言之凿凿,不仅描述明确,也比较详细。这里,我们不去讨论这个问题。其实,这几句话里所包含的其他信息同样发人深省。首先,尧帝命令羲氏与和氏按照日月星辰的自然运行规律制定历法,体现了对客观规律的初步认识和尊重,具有唯物倾向。这在神权高于一切的时代尤其珍贵。其次,历法的产生反映了当时的农业经济已经比较发达。一般说来,历法的产生不仅是人类社会生活的需要,更是社会经济发展的需要。由于四时节令同农业生产关系重大,因此,农业经济越发达,就越需要历法来指导;从另一个角度来说,历法的出现,是农业经济发展的结果。再次,这几句话也一定程度地表现了《尚书》的"保民"思想。尧帝"命羲和,钦若昊天,历象日月星辰"的根本目的就是要"敬授人时",即告诉百姓节气时令以指导他们的生产与生活。一个"敬"字,充分显示了尧帝对民众的重视。又次,作为尧帝大臣的羲、和,同神话传说中的日神羲和有着某种联系。中国远古神话传说中的羲和是太阳神(或曰太阳的母亲),掌管着太阳的出入与运行;尧帝时的羲和,是精通并掌管天文历法的官员羲氏与和氏的合称。神话传说中的羲和同现实社会中的羲和都同日月天象密切相关。或许正因为这一点,才有了羲氏、和氏的神话化或太阳神羲和的历史化、社会化、理性化。此外,"乃命羲和,钦若昊天,历象日月星辰,敬授人时"也是后人谈及天文历法时经常引据的史料论据。

汝羲暨和,期三百有六旬有六日,以闰月定四时成岁。允厘百工,庶绩咸熙。

【注释】《尚书·尧典》。汝:你,你们。羲:羲氏。暨:及。和:和氏。期(jī):一周年。三百有六旬有六日:366 天。地球绕太阳公转,一回归年的时间是 365 天 5 小时 48 分 46 秒。阳历把一年规定为 365 天,所余的时间约四年积累成一天,加在二月里;农历把一年定为 354 天或 355 天,所余的时间约三年积累成一个月,加在一年里。阳历有闰日的一年叫闰年,这一年有 366 天。农历有闰月的一年也叫闰年,这一年有 383 天或 384 天。这里尧帝说一年有 366 天,显然同阳历的闰年正相吻合。有:又。旬:十天。以:介词,用。闰月:农历三年一闰,五年两闰,十九年七闰,每逢闰年所加的一个月叫闰月。定:确定。四时:春夏秋冬四季。成:构成,组成。岁:一年。允:用。厘:治,治理。百工:百官。庶:众多。绩:事业,功业。咸:皆,全。熙:《尔雅·释诂》:"熙,兴也。"以上几句是尧帝对羲氏、和氏说的话,意思是:羲氏与和氏,一整年是366天,你们要用增加闰月的方法确定四季而构成一年,并用来规定百官的事务,就会使百业全都兴盛起来。

【解析】《尚书·尧典》的这段关于一年366天的记载,同现在世界通用的公历非常接近,比中国传统的农历354天或355天加闰月的纪年方法要精确得多。这一定程度上说明了中国古代天文学与历法学的发达,表现了中国古代人类对自然规律的客观认识,展示了中国先民的聪明和才智。不仅如此,尧帝还把历法、年时的确定,同治理国家、兴盛百业联系起来,给予了高度的重视。这说明在原始氏族社会向奴隶制社会过渡时期,人类就已经有意识地把自然规律运用于社会实践,试图利用自然规律来建立稳定的社会秩序。这种认识与实践尝试,无疑会把人类文明引向健康的发展之路。

静言庸违,象恭滔天。

【注释】《尚书·尧典》。静:通"靖",善。静言,就是美言、巧言的意思。庸:用。违:违背,行为乖邪。象:外表。恭:恭敬。滔:"慆"的假借字,轻慢的意思。天:天命,上天。一说指国君。这两句话的意思是:(共工)说话好听但背地里却违背天命行事,表面上恭敬虔诚实际上却倨傲无礼、轻慢上天。

【解析】尧帝产生退位让贤的念头后,征询大臣意见,让大臣们推荐继承帝位的人选。"静言庸违,象恭滔天"这句话是尧帝针对驩兜举荐共工时对共工的评价。这句话用对照手法对共工的人品和行为进行了一针见血的批评,感情强烈、生动形象,表现了尧帝鲜明的爱憎和识人之能。后来,人们经常用"静言庸违,象恭滔天"这句话来比喻那些花言巧语、阳奉阴违的小人。

如丧考妣

【注释】《尚书·尧典》。如:像,就像。丧(sàng):死。考:死去的父亲称为考。妣:(bǐ),死去的母亲称为妣。意思是说就像死去了父母(一样悲痛哀伤)。

【解析】"如丧考妣"是《尚书》针对尧帝死后百姓的反应所进行的描述。其上下文是:"二十有八载,帝乃殂(cú)落,百姓如丧考妣。三载,四海遏密八音,"这段记载说:尧帝在逊位二十八年之后去世,百姓就像死去了父母一样悲痛哀伤,三年内,举国上下停止演奏音乐。"如丧考妣"言简意赅,用比喻和烘托的手法把尧帝的崇高威望以及人民对他的爱戴和深切的怀念表现得淋漓尽致。后来,"如丧考妣"发展成为成语并被广泛使用。不过,从 20 世纪五六十年代开始,"如丧考妣"一词渐渐向贬义方向发展。

食哉惟时!柔远能迩,惇德允元,而难任人,蛮夷率服。

【注释】《尚书·尧典》。食:食物,粮食;一说食是饬的假借字。哉:语气词。惟:宜,须,只在。时:时令,农时。柔:安,安抚。能:善,亲善;一说顺从,郑玄注:"能,恣也。"恣是顺从的意思。迩(ěr):近,近的地方。惇(dūn):厚。允:信,诚实。元:善。而:连词。难:阻,阻隔,引申为疏远、拒绝。任:同"壬",《尔雅·释诂》:"任,佞也。"任人:奸佞邪恶之人。蛮夷:指四方边远地区的其他部落、氏族。率:都,全。服:臣服,顺从。这几句话是说:要想衣食丰足就必须顺应农时,要安抚远方的部落臣民、亲近爱护近处的氏族百姓,要优待有德的人,信任善良的人,疏远邪恶的人,边远的氏族百姓就都会臣服归顺。

【解析】这是舜帝告诫十二牧(分管十二州的地方长官)的一段话。实际上,这是舜帝在阐发自己的政治主张,教导十二牧治理天下的方法。从这段记载中我们不难看出《尚书》一以贯之的"保民"和"明德"思想。

直而温,宽而栗,刚而无虐,简而无傲。

【注释】《尚书·尧典》。直:正直。而:连词,以下三句相同。温:温和。宽:宽厚。栗:战栗,这里转指谨慎;一说庄严,指有威仪。刚:刚强。无:"毋"的通假字,不,下同。虐:暴戾。简:爽直。傲:傲慢,无礼。这几句话的意思是:(做人)要正直而温和,宽厚而谨慎,刚强而不暴虐,爽直而不傲慢。

【解析】这是舜帝任命夔(kuí)为乐官以教导青年人时说的一番话。他要求夔用音乐教化子弟,用音乐去陶冶年轻人的品性、情操,使他们能够做到正直而温和,宽厚而谨慎,刚强而不暴虐,爽直而不傲慢。这说明在很早以前,中国的先民们就注意到了音乐的教化作用,开创了寓教于乐的优良传统。同时,这种培育人才的要求对后世政治家的品行操守也有很大的影响,不少政治家所追求的"刚柔相济""威而不猛"等风范,从某种角度上说就来源于此。

诗言志,歌永言,声依永,律和声。八音克谐,无相夺伦,神人以和。

【注释】《尚书·尧典》。诗:诗歌。言:表述,表达。志:心意、情趣、怀抱,即人的思想感情。歌:歌唱,歌曲。永:"咏"的古字,咏唱。言:语言,这里是沿着"诗言志"的句义而来,指表达人的思想感情的语言。声:指声情和声调,即声情的喜怒哀乐和声调的高低缓急;一说,声指宫、商、角、徵、羽五声。依:按照,依从。永:同"咏",指咏唱的内容。律:《书经直解》:"律,乐律。是古人用以确定五声(宫、商、角、徵、羽)在歌曲中发音高低的标准。相传古人定音是以粗细相同长短不等但有一定比例的十二根竹管(律管)吹出的十二个高低不同的音作标准的。十二个音由低到高依次排列,单数为阳称六律,双数为阴称六吕。定音方式就是由十二律吕中选取一个音作为五声中某级音阶的准音。此级音高一定,其他四声即可随之而定。"和:协调,配合。声:这里指声调的高低缓急;一说指宫、商、角、徵、羽五声。八音:指金、石、丝、竹、匏、土、革、木八种材料制作的乐器所发的声音。克:能够。谐:和谐,协调。无:通"毋",不,不要。相:互相。夺:侵夺,抢占。伦:次序,规矩。神:指超自然的神。以:介词,因:因此。和:和谐,协调。这几句话的意思是:诗歌是用来表达人的思想感情的,歌曲是用来咏唱表达思想感情的语言的,声情和声调要服从咏唱的内容,乐曲的旋律要配合声情和声调。各种乐器演奏出来的声音能够和谐而不互相侵夺乱了次序,就会使神和人都感到和谐融洽。

【解析】这是舜帝任命夔(kuí)为乐官主掌天下文艺事务时,紧接"直而温,宽而栗,刚而无虐,简而无傲"之后所说的一番话。这一段关于诗歌和音乐的评论非常精彩。首先,它揭示了诗歌和音乐的社会功用——"言志""永言",即表现人的思想感情,并使神、人和谐。其次,它揭示了诗歌、语言、音乐之间的相互依存、相互补充又相互独立的微妙关系。第三,它揭示了诗歌和音乐内容与形式之间的理论关系。第四,它是进行诗歌和音乐创作的规范。第五,这段议论以对句的方式连类排比,环环相扣,语言整齐,音韵和谐,富有文采。"诗言志,歌永言,声依永,律和声。八音克谐,无相夺伦,神人以和"的精辟论述和见解,可以说是我国现存关于艺术理论方面的最早的文字材料之一,对后世的文学创作和文学理论产生了巨大而深远的影响。就文学创作尤其是诗歌创作而言,它无疑对中国诗歌现实主义创作传统的确立和发展起到了引导的作用。就文学理论或文学批评而言,自孔夫子起,中国历代文学理论或文学批评家都把"诗言志,歌永言"作为考查诗歌创作的一项重要标准,即使在今天,也有很强的现实意义。

击石拊石,百兽率舞。

【注释】《尚书·尧典》。击:敲击。石:指石制乐器,可能是石磬(qìng)。拊(fǔ):或写作"抚",轻轻敲击。百兽:代指各种鸟兽,并非仅指兽类;一说是指装扮成百兽的人。率:都,全。这两句话的意思是:有时用力敲击石磬,有时轻轻敲击石磬,让各种鸟兽都兴奋地跳起舞来。

【解析】"击石拊石,百兽率舞"节选自舜帝任命夔(kuí)为乐官主掌天下文艺事务时,夔对舜帝的回答:"於(wū),予击石拊石,百兽率舞!"夔对舜帝的回答,表现了夔对这项任命的高兴和对这项工作的信心:"好啊,我敲击起石磬,使鸟兽都能跳起舞来!"言外之意:我敲击起石磬,使鸟兽都能跳起舞来,何况人乎！我是胜任这项工作的！然而，在后人的眼中，"击石拊石，百兽率舞"所附载的信息却绝不仅此而已：一方面，"击石拊石，百兽率舞"的情景描写，说明音乐舞蹈已经成为当时人类生活的重要内容，而且具备了一定的水平；另一方面它也透露了在上古时代原始艺术往往是一种综合性的艺术形式，即音乐、舞蹈、歌唱(诗歌)三位一体，密不可分。所以，后人尤其是近、现代的学者们，在论及原始艺术形式和探讨艺术起源问题时，就经常引用"击石拊石，百兽率舞"这一史料。

允迪厥德，谟明弼谐。

【注释】《尚书·皋陶谟(gāoyáomò)》。允：信，诚实，忠实；一说相信。迪：《尔雅·释诂》："迪，道也。"借声为"蹈"，遵循的意思。厥：代词，其，代指尧帝。德：德政，德教；一说道德。谟：谋略，策略，指治国的方略。明：《尔雅·释诂》："明，成也"，指达成，实现；一说，明指英明。弼：辅弼，指大臣。谐：和谐，团结。这两句的意思是：忠诚地遵循先王的德政。治国的方略就会实现，群臣就会齐心协力。

【解析】这两句选自《皋陶谟》。有学者认为，《皋陶谟》是我国最早、最完整的会议记录，是皋陶与禹关于如何实行德政以治理国家的谈话记录。皋陶，有时写作咎繇(gāoyáo)，传说是舜帝时掌管刑法狱讼的大臣，是古代著名的贤臣之一。在《皋陶谟》中，他提出了迪德、慎身、知人、安民等政治主张。这些主张是《尚书》思想体系的重要组成部分。"允迪厥德，谟明弼谐"是皋陶对大禹说的话，明确地提出了"迪德"的政治主张，即"遵循先王的德政"，用以实现治国方略和协调、管理群臣。在皋陶看来，忠诚地遵循先王的德政(允迪厥德)，是贯彻治国方略、团结群臣(谟明弼谐)必备的前提条件，表现了皋陶对"明德"思想的继承和重视。

慎厥身，修思永。惇叙九族，庶明励翼，迩可远，在兹。

【注释】《尚书·皋陶谟》。慎：谨慎。厥：代词，其，指自身。修：治，指品德的修炼或修养。思：考虑。永：长久，长远。惇(dūn)：敦厚，亲厚。叙：通"序"，次序，即尊卑长幼之序；《今古文尚书全译》解释为"顺从"。九族：见"克明俊德，以亲九族……"条注解。庶：众。明：贤明，指贤明的人。励：努力，勉励。翼：辅佐。迩(ěr)：近。可：可以。在：在于。兹：此。这几句话的意思是：要谨慎地加强自身的修养，在修养品德的同时考虑问题要长远，要亲善地、按照尊卑长幼之序对待族人，使那些贤明的人努力辅佐你，而且由近可以及远，完全在于从这里做起。

【解析】此句阐述了管理政事(或国家)要以自身的品德修养为基础，从自己做起,推己及人、由近及远的道理,同尧帝"克明俊德,以亲九族;九族既睦,平章百姓;百姓昭明,协和万邦,黎民于变时雍"的政治态度和政治方法一脉相承,同样可以看作是后世儒家推己及人、"刑于寡妻,以御家邦"、"修身及家,平均天下"等思想的源头。

在知人,在安民。

【注释】《尚书·皋陶谟》。在:在于。知人:了解下属或他人。此句含有知人善任的意思。安民:安定百姓,也就是说使百姓安居乐业。这两句话的意思是:(理政治国)在于知人善任,在于让百姓安居乐业。

【解析】"在知人,在安民"是皋陶在同禹谈论政事、提出"允迪厥德,谟明弼谐"以及"慎厥身,修思永。惇叙九族,庶明励翼,迩可远,在兹"的政治主张和政治方法之后,进一步提出的治国方略,即"知人"和"安民"。根据上下文的思想内容推断,皋陶在这里提出的"知人",不仅仅是一般意义上的了解下属或他人,其含意还有了解下属或他人是不是"允迪厥德""慎厥身,修思永""惇叙九族"并且能"迩可远"的贤良之士。实际上,这是对《尚书》"明德"思想的具体阐释。至于"安民",则更是对《尚书》"保民"思想的直接诠释。

知人则哲,能官人;安民则惠,黎民怀之。

【注释】《尚书·皋陶谟》。知人:指了解下属或他人。则:就,就会。哲:聪明智慧,通达事理。官人:使人为官,即任用人。惠:恩德,这里指有恩德。黎民:百姓。怀:怀念,感怀。之:代词,他,指能"知人"和"安民"的人。这几句话的意思是说:能够了解下属或他人就会聪明智慧、通晓事理,就会恰当地使用他们;能够让百姓安居乐业就会具有恩德,百姓就会感怀他。

【解析】"知人则哲,能官人;安民则惠,黎民怀之"两句,以对句的方式围绕"知人"和"安民"的议题,阐述了"知人"与"哲""能官人","安民"与"惠""黎民怀之"之间的因果关系。同时,也揭示了统治者、臣属以及百姓之间相互依存、相互制约的辩证关系,从而强调了"明德"和"保民"思想的重要。

宽而栗,柔而立,愿而恭,乱而敬,扰而毅,直而温,简而廉,刚而塞,强而义。彰厥有常吉哉!

【注释】《尚书·皋陶谟》。宽而栗:王世舜《尚书译注》:"宽,宽宏大量;大凡这样的人遇事常犯毫不在乎的毛病,因而必须补之以'栗'。'栗'同'慄',严肃恭谨的意思。"柔而立:王世舜《尚书译注》:"柔,指性情温和。这种人大都有不敢坚持意见的毛病,因而必须补之以'立'。立,指有自己的主见,并能不畏强暴。"愿而恭:王世舜《尚书译注》:"愿,小心谨慎,含有怕事之意。这种人常常好同流合污，因而必须补之以'恭'。恭，庄重的意思。"乱而敬：王世舜《尚书译注》："乱，治的意思，指具有排乱解纷，治理国家的才干。这样的人常常仗恃自己的才干而办事疏忽，因此必须补之以'敬'。敬，指办事认真。"扰而毅：王世舜《尚书译注》："扰，柔顺，意指能听取别人意见。这样的人常常失之于优柔寡断，因此必须补之以'毅'。毅，果断的意思。"直而温：王世舜《尚书译注》："直，正直，正直的人，往往态度生硬，因而必须补之以'温'。温，指态度温和。"简而廉：张道勤《书经直解》："简，简率，简约。廉，方正，有廉隅。"王世舜《尚书译注》："《孔传》：'性简大而有廉隅。'简，大。廉，廉约。孙星衍说：'简大似放，而能廉约。'"江灏等《今古文尚书全译》："《孔疏》：'简者，宽大率略之名。志远者遗近，务大者轻细。'意思是直率而不拘小节，志向远大而不注意小处。廉，廉隅，指人的性格、行为不苟。"这里从张说。刚而塞：刚毅而充实。强而义：勇敢顽强而符合道义。一说，"义"是"善"的意思。彰：张道勤《书经直解》："彰，彰明，昭然显示。"厥：其。常：张道勤《书经直解》："常，恒。"《尚书易解》："常，祥也。常吉，祥善也，指九德。"这里从张说。这几句话的意思是：宽宏大量又严肃恭谨，性情温和却有主见，小心谨慎却不失庄重，具有才干但办事认真，柔和顺从但不失于果断，耿介正直却待人和气，性格坦率粗放但行为方正，性情刚正而内心充实，坚强不屈却又符合道义。昭然显示它（九德）并持之以恒，就会吉祥如意呀！

【解析】这是皋陶回答大禹时对"九德"的具体阐释。"九德"是《尚书》中反复提及并加以提倡的九种品行标准。这九种品行标准，显然比舜帝提出的"直而温，宽而栗，刚而无虐，简而无傲"的育人标准丰富了许多。从《皋陶谟》对"九德"的具体阐释看，"九德"是以性格或性情为基础去约束或指导人的行为的九种道德规范。它十分重视性格或性情的平衡发展，强调性格或性情之间的相互补充、相互制约、相互矫正，具有鲜明的中正、中庸倾向。在皋陶看来，只有这样，才能使人的良好的性格或性情升华为能够指导人的行为的道德规范。"九德"是《尚书》"明德"思想的核心内容，是《尚书》"敬天""保民""慎罚"思想的最基本的理论依托点之一。对后世政治家的治世和修身具有重大影响。

无教逸欲，有邦，兢兢业业，一日二日万几。

【注释】《尚书·皋陶谟》。无：通"毋"，不，不要。教：使，令。《释名》："效也。"《书经直解》："导引"。逸：安逸，享乐。欲：私欲，贪欲。有：据有，拥有。邦：封地，国家。有邦：代指诸侯国君主。兢兢：《书经直解》："戒慎貌。"业业：《书经直解》："危惧貌。"一日二日：《今古文尚书全译》引马融说："犹日日也。"万几（jī）：万端。这几句话的意思是：不要使（自己）贪图安逸和私欲，治理国家的人，要小心谨慎地处理政务，因为天天都有各种各样的事情发生。

【解析】这是皋陶在同大禹谈话时对统治者(有邦)提出的忠告,告诫统治者要克制自己的享乐和贪欲,以戒惧的心态处理政务、对待各种事情。实际上,就是要求统治者加强自身的意志品质和道德修养,以国家为重,居安思危。这样的思想无论在当时还是后世,对于统治者来说都不失为一剂富有成效的省身良药。其中,"兢兢业业"一词流传千古,警诫万世,至今仍是一句耳熟能详的成语。

天聪明,自我民聪明。天明畏,自我民明威。达于上下,敬哉有土。

【注释】《尚书·皋陶谟》。聪:听力好,这里指听取意见。明:眼力好,这里指观察问题。自:从,由。明畏:《今古文尚书全译》:"《蔡传》:'明者显其善,畏者威其恶。'明是表彰好人,畏是惩治坏人。"《书经直解》:"明,彰明。畏,畏惧。明畏,明其威罚令人生畏,即示惩。"明威,同"明畏"。达:通。上:指天。下:指民。敬:"警"的古字,警惕,警醒。有土:据有封地,代指诸侯。这几句话的意思是:上天听取意见、观察问题,来源于百姓的听取意见、观察问题。上天表彰好人、惩治坏人,要根据百姓的意愿进行表彰和惩治。上天和百姓的意愿是相通的。要自我警诫呀,拥有封地的君主们!

【解析】这段言论借助于远古时代统治体系的两极——上天和百姓,对统治体系的中介即代天行命治理万民的天子、君王进行告诫,强调了"敬天"和"保民"这两大思想支柱。不仅如此,它特别突出了上天和百姓意愿的一致:百姓是上天的眼睛和耳朵,上天通过百姓来考查政务,上天的旨意是百姓意愿的体现。这就把天和人合而为一,把"敬天"和"保民"融为一体。毫无疑问,这就是汉代董仲舒"天人合一"思想的肇端。

箫韶九成,凤凰来仪。

【注释】《尚书·皋陶谟》。箫韶:乐曲名,传说是舜帝创作。九成:演奏九次。成:完成,终结。凤凰:传说中的神鸟,是百鸟之王。雄曰凤,雌曰凰。来:飞来。仪:成双成对,这里指成双成对起舞。一说,凤凰,指扮演成凤凰的舞蹈者。这两句是说:"箫韶"乐曲演奏完九次之后,成双成对的凤凰飞来翩翩起舞。

【解析】"箫韶九成,凤凰来仪"表现了"箫韶"乐曲的精妙以及演奏技巧的高超。在写法上,成功地运用了侧面烘托的表现方式:"箫韶"乐曲的精妙、演奏者演奏技巧的高超均没有作正面的直接描写,而是通过"凤凰来仪"从侧面烘托出来。读者可以通过被乐声吸引而来的凤凰翩翩起舞的情景,去推测和感知"箫韶"乐曲的美妙动听。这种表现音乐的手法,达到了"听其音而知其人"的艺术境界,对后世音乐描写有大影响。此外,"凤凰来仪"一语,后来经常被文人墨客用以歌功颂德、点缀升平,成为祥瑞的代名词。

四海会同,六府孔修。

【注释】《尚书·禹贡》。四海:《尔雅·释地》:"九夷八狄七戎六蛮,谓之四海",代指全国。会同:《今古文尚书全译》:"会同京师,指各地进贡的道路都畅通无阻了。"《书经直解》:"通同划一。一指百川会同入海,水土均得平治,再则兼指四方建制、政令均整齐划一。"这里从《今古文尚书全译》。六府:《书经直解》:"按《左传》:'水、火、金、木、土、谷,谓之六府',六府为国家货财所聚处。此处指掌管中央财政税务的机构。"孔:程度副词,很,特别,非常。修:治理,整饬。孔修:治理得很好。这两句的意思是:天下的贡品汇聚京师,国家的财税管理很好。

【解析】《禹贡》记载了大禹开凿九山,疏通九泽,导引九河,安定九州的丰功伟绩。"四海会同,六府孔修"一句主要是歌颂大禹的富国之绩:天下威服,四海朝贡,财政管理斐然有序。其中,"四海会同"一句,后世常用于形容天下归心的大一统局面。

时日曷丧?予及汝皆亡!

【注释】《尚书·汤誓》。时:通"是",这个。日:太阳,借指夏天子桀(jié)。曷(hé):疑问代词,何,什么时候。丧(sàng):灭亡,消失。予:我,我们。及:同,与。汝:你,代指"日",实际是指夏天子桀。皆:都;一作"偕",一同,一起。亡:与"丧(sàng)"的意思相同。这两句的意思是:这个太阳(夏桀)何时才能灭亡?我(们)愿意同你一起消失!

【解析】这是商汤讨伐夏桀前在出师誓词中引用的一句民谣。这句民谣以借代的手法表现了人民对暴君夏桀的深恶痛绝。感情强烈,爱憎鲜明。此外,音律和谐,民歌色彩浓郁。

尔无不信,朕不食言。

【注释】《尚书·汤誓》。尔:你们。无:通"毋",不要。不信:不相信。朕:我,秦汉以后成为皇帝的专用自称。食:吞吃,吃掉。食言:收回自己的话,即言而无信。这两句的意思是:你们不要不相信,我不会言而无信。

【解析】这是商汤在出师讨伐夏桀之前,面对全军将士,在誓词中所说的一句话。其中,"食言"一语,流行千古,沿用至今,表现出极强的生命力。

若网在纲,有条而不紊。若农服田力穑,乃亦有秋。汝克黜乃心,施实德于民,至于婚友,丕乃敢大言,汝有积德。

【注释】《尚书·盘庚上》。若:像,好像。网:渔网。纲:连接网的主绳。

条:条理。紊(wěn):乱。农:指农夫。服:耕种,治理。田:土地。力:努力,勉励。穑(sè):庄稼,这里泛指农事。乃:才。亦:也。有秋:有收成,有收获。克:能,能够。黜(chù):消除,削减,降低。乃:你们(的)。心:私心。施:施与,给。实:实在,真正。德:恩惠,恩德。于:表对象的介词。至于:以至于。婚:婚姻,这里指亲族。友:朋友。丕(pī)乃:承接连词,相当于"于是""这样才"。大言:大胆地说;或曰"毫不惭愧地说"。积:积累,积聚。积德:积累的厚德。这几句话的意思是:就像网线结系在主绳上,条理分明而不混乱。就像农夫耕作土地,努力收获,才会有一个丰收的秋天。(如果)你们能够去掉你们的私心,把真正的恩惠给予百姓,并惠及(你的)亲戚朋友,于是才敢于大胆地说,你具有深厚的恩德。

【解析】这是盘庚(商朝的第二十位君王)迁都殷地之前说服百姓、训诫群臣时说的一席话。首先,盘庚用了一个"若网在纲,有条而不紊"的比喻,含蓄地批评了那些反对迁都的大臣不尊重自己的决定、目无君长的行为,强调了群臣是"网",自己是"纲"的尊卑秩序。接着,又用一个"若农服田力穑,乃亦有秋"的比喻,对那些反对迁都的大臣只知墨守成规、贪图安逸而不思开拓进取、不愿奉献的思想和行为进行了委婉的斥责。然后,直接告诫群臣:"汝克黜乃心,施实德于民,至于婚友,丕乃敢大言,汝有积德"(能够去掉你们的私心,把真正的恩惠给予百姓,并惠及〈你的〉亲戚朋友,才可以大言不惭说自己具有深厚的恩德),指出了他们品行上的缺失,驳斥了那些企图通过粉饰自己(自称有"积德")以反对迁都的臣僚。盘庚的这段训词非常精彩:看似语气委婉,态度柔和,实则立场坚定,态度鲜明,指斥尖锐。这种寓刚于柔,绵里藏针的谈话技巧,一方面体现了盘庚做为一个政治家的成熟老练和个人修养的深厚,另一方面也表现了当时的语言表达技能的成熟。指陈利害,深入浅出,富含哲理,是这段训词的又一突出特点。"若网在纲,有条而不紊",用生活中常见的物品作比,强调尊卑秩序(法度)的重要,批评一些大臣轻视君命的行为,语言虽然浅显,但寓意却很深刻。至今,"若网在纲,有条而不紊"以及由此概括而来的成语"有条不紊",依然是应用十分广泛的至理名言。"若农服田力穑,乃亦有秋"的比喻,强调了实践的重要和劳作与收获、努力与成功之间的因果关系。角度虽然不同,但说理的方法同"若网在纲,有条而不紊"却有异曲同工之妙。即使是"汝克黜乃心,施实德于民,至于婚友,丕乃敢大言,汝有积德"这些政治化程度很高的直接告诫语言,也包含了"修德重于修言""名实应该相符""正人先正己""以身作则"等生活哲理。第三,说理论事,逻辑严谨。这段训词的背景是:盘庚做出迁都的决定后,遭到了多方的反对。其中,大臣们的反对是迁都的主要阻力。在这种情况下,盘庚首先强调了尊卑秩序(法度)的重要(若网在纲,有条而不紊),含蓄地利用绝对的君权压抑反对力量。然后以"若农服田力穑,乃亦有秋"的比喻强调实践的重要。实际上是以事说理:如果不像农夫那样辛勤耕作努力收获,去开拓新的疆土,寻求新的生存天地,又怎么能摆脱异族的侵扰、使人民过上安宁兴盛的生活呢(史实证明盘庚的迁都之举是正确的)?接着,盘庚委婉地指出了大臣们反对迁都的症结所在:反对迁都,只是出于私心,并非实实在在为民着想。这段训词从三个角度说理论事,严谨充分,令人信服。第四,比喻设论,形象生动。就文学的角度而言,这段训词也颇可称道:它所运用的比喻既有以物为喻(若网在纲,有条而不紊),也有以事为喻(若农服田力穑,乃亦有秋),而且这些借以说理的喻体都是生活中常见的事物,不仅平易贴切,也很形象生动。

汝曷弗告朕而胥动以浮言,恐沈于众?若火之燎于原,不可向迩,其犹可扑灭?

【注释】《尚书·盘庚上》。汝:你们。曷(hé):何,为什么。弗:不。告:报告,告诉。朕(zhèn):我。而:转折连词,却。胥(xū):相,互相。动:煽动。以:介词,用。浮言:虚浮的言论,即不实之词、无稽之谈。恐:《今古文尚书全译》:"恐吓。"《书经直解》:"耽心。"这里从《今古文尚书全译》。沈(chén):"沉"的古字。这里是煽惑的意思。于:介词,后介动作或行为所涉及的对象。众:民众。若:像,就像。之:助词,介于主语和谓语之间,取消句子的独立性,把句子变成短语。燎:燃烧。于:介词,介指地点。原:原野。向:面对。迩(ěr):近,这里是接近的意思。其:通"岂",疑问代词,相当于"哪里""怎么"。犹:还。可:能,能够。这几句话的意思是:你们为什么不告诉我,却用不实之词相互煽动,恐吓煽惑民众呢?这就像大火在原野上燃烧,无法面对和接近,哪里还能扑灭呢?

【解析】盘庚决定迁都,触动朝野各方利益,许多臣民不愿离开故居而迁往新地,一些反对迁都的大臣趁机蛊惑煽动民众。针对这种情况,盘庚严厉地批评了众臣,并用"若火之燎于原,不可向迩,其犹可扑灭"这一贴切浅近、生动形象的比喻,指出了谣言的危害及其严重的后果。这一句富含哲理的形象比喻,后来也常常被人们赋予新义:用来表现新生事物的产生、崛起或发展势不可挡。

人惟求旧,器非求旧,惟新。

【注释】《尚书·盘庚上》。人:用人,指任用官吏。惟:只是。求:寻求。旧:时间久的,指长期作官的人或世家。这样的人或世家往往富有政治经验。器:器物。非:不,不要,不必。惟:只。新:新的器物。这三句话的意思是:用人只求旧人(有经验的人),使用器物却不要寻求旧的,只要新的。

【解析】这是盘庚引用迟任(盘庚之前的殷代贤人)说的一句话,以用人和使用器物的不同进行对比，来说明"对待不同的事物、不同的对象要有不同的要求或标准"这样的道理。有人认为盘庚意在说明"国邑圮毁，当徙新邑"，也不无道理。

无侮老成人，无弱孤有幼。

【注释】《尚书·盘庚上》。无：通"毋"，不，不要。侮：欺侮，轻慢。老成人：老年人和成年人。这里是偏义复合词，指老年人。无：通"毋"，不，不要。弱：这里是欺凌、轻视的意思。孤：孤单、孤独，这里指孤苦无依的人。有：连词，又，相当于"和"或"及"。幼：幼小的人，年轻的人。这两句话的意思是：不要欺侮、轻慢老年人，（也）不要欺凌、轻视孤苦和弱小的人。

【解析】这是盘庚告诫大臣的话（从原句"汝无侮老成人，无弱孤有幼"中截取）。这里，盘庚鲜明地提出了"尊老爱幼"的道德命题。作为人类社会最基本的道德规范之一，"尊老爱幼"常常被视为社会文明发展程度的标志之一，因此，在中国，自古至今都倍受重视，并成为中华民族的传统美德之一。

无有远迩，用罪伐厥死，用德彰厥善。

【注释】《尚书·盘庚上》。无有：没有。远迩（ěr）：远近亲疏。用（下同）：以，凭。罪：指刑罚。伐：讨伐，惩治。厥：其。死：代指恶行。德：恩惠，即分封赏赐。彰：表彰，昭示。善：指善行。这几句话的意思是：不分亲疏远近，用刑罚惩治那些有恶行的人，用恩惠表彰那些有善行的人。

【解析】自古以来，"恩威并重"就是统治者治理国家的重要手段。但是，如何使用"恩"和"威"却因人而异，尺度不一。有的统治者感情色彩强烈，行使恩德、执行刑罚有亲疏远近之分；但也有一些统治者具有清醒的政治头脑，分封赏赐、惩罚罪恶，从客观出发，以事实为依据，不论亲疏、不分远近。盘庚就是一位这样的政治家。"无有远迩，用罪伐厥死，用德彰厥善"不仅鲜明地表现了他的政治主张和治国方针，也成为后世统治者的垂范。

各恭尔事，齐乃位，度乃口。

【注释】《尚书·盘庚上》。各：各自。恭：恭谨。尔：你们。事：事务，工作。齐：整，这里是严肃认真的意思。乃：你们的。位：职务，职位，职责。度：闭。这几句话的意思是：要恭敬谨慎地对待你们的工作，严肃认真地履行你们的职责，闭上你们的嘴（不要乱说）。

【解析】盘庚所说的这几句话虽然是针对当时的情况和现象而发，但敬业、尽责以及多实干少浮言的要求，却是古今通用的道理，至今，仍具有广泛的社会意义和现实意义。

无总于货宝,生生自庸,式敷民德,永肩一心。

【注释】《尚书·盘庚下》。无:通"毋",不,不要。总:聚敛。货宝:钱财。第一个生:经营,营造。第二个生:生计,指百姓的生活。庸:功绩,功劳。式:《今古文尚书全译》:"句首语气词。"《书经直解》《尚书译注》均释为"用"。这里从《今古文尚书全译》。敷:施。德:恩德,恩惠。《尚书译注》释为"德教"。永:永远。肩:克,即能,能够。一心:同心同德。这几句话的意思是:不要聚敛钱财,要谋求百姓的生计并作为自己的功劳,把恩惠施予百姓,(上下)就能永远同心同德。

【解析】这是盘庚迁都结束之后对群臣的训诫之词。新邑初定,百业待兴,这时尤其需要君臣百姓的上下一心。因此,盘庚明确地告诫大臣们首先要为民众谋求幸福,施恩于民,而不要忙着为自己聚敛财物。只有这样,才能赢得百姓的拥护。实际上,这是盘庚对"保民"思想的具体阐述。

惟天监下民,典厥义。降年有永有不永,非天天民,民中绝命。

【注释】《尚书·高宗肜(róng)日》。惟:句首语气词。监:视,这里是考察的意思。下民:下界民众。典:《书经直解》:"主,依据。"《今古文尚书全译》:"通'腆',善。"厥:其,他,他们。义:遵循事理。降:赐予。年:年寿,寿命。永:久,指寿命长。天(yāo):夭折,这里是使动用法,使夭折、使短命的意思。中:中途。绝命:死亡。这几句话的意思是:上天考察下界百姓,主要根据他们是否遵循义理行事。上天赐给人类寿命有长有短,并不是上天有意使人夭折,而是百姓不按义理行事招致中途死亡。

【解析】高宗(商朝著名贤君,名武丁,成汤十一世孙,因任用傅说而使殷商中兴)举行祭祀之后的第二天又举行祭祀,有一只野鸡飞落鼎上鸣叫。武丁认为是不祥之兆,很害怕。贤相祖己趁机劝导,使武丁以德政治国,深得人民爱戴。这段话是祖己安慰武丁的一席话的节选,表现了浓郁的天命观,可以看出当时"天"和"天意"对人类社会生活的巨大影响。

牝鸡无晨;牝鸡之晨,惟家之索。

【注释】《尚书·牧誓》。牝(pìn)鸡:母鸡。无:不能。晨:名词动用,司晨,早晨鸣叫。之:动词,往;相当于"去""做"。《书经直解》:"犹'若',如果。"惟:句首语气词。家:家道,家业。之:动词,往,走向。索:萧条,败落。这几句话的意思是:母鸡是不能司晨的;如果母鸡去司晨,家道就会走向衰败。

【解析】殷商末年,纣(zhòu)王无道,荼(tú)毒百姓,残害忠良,宠信奸佞(nìng),眈(dān)于姐(dá)己,荒淫无度,致使民不聊生、天下鼎沸。周武王顺应民意,起兵伐商,灭亡了商朝。"牝鸡无晨;牝鸡之晨,惟家之索",是周武王率兵攻打朝歌(商的国都),在近郊牧野誓师时所引用的一句古语。一方面,武王用"牝鸡之晨"的非正常现象,形象地揭示出商纣王宠信妲己、混乱朝政、败坏朝纲的现实;另一方面又利用"牝鸡无晨;牝鸡之晨,惟家之索"这句众所周知、流传久远的俗语所特有的象征寓意,证明殷商必败,用以激励将士。时至今日,"牝鸡无晨;牝鸡之晨,惟家之索"的说法,在民间仍被使用。"牝鸡之晨"被认为是不吉利的象征。就文学的角度而言,用"牝鸡之晨"比喻和象征商纣王宠信妲己、混乱朝政、败坏朝纲的现实,不仅形象生动,而且贴切至极。

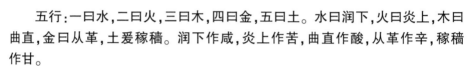

五行:一曰水,二曰火,三曰木,四曰金,五曰土。水曰润下,火曰炎上,木曰曲直,金曰从革,土爰稼穑。润下作咸,炎上作苦,曲直作酸,从革作辛,稼穑作甘。

【注释】《尚书·洪范》。润下:滋润下方,也就是向下滋润。炎上:燃烧上方,即向上燃烧。曲:弯曲。直:伸直。金:金属,这里指熔化的金属。从:顺从。革:改变,变化。爰:《史记》作"曰",属于近音借字。稼:种植。穑:收获。作:产生。以下四个"作"相同。咸:咸味。苦:苦味。酸:酸味。辛:辣,辛味,辣味。甘:甜,甜味。这几句话的意思是:五行:第一叫作水,第二叫作火,第三叫作木,第四叫作金,第五叫作土。水向下滋润,火向上燃烧,木可以弯曲可以伸直,金属可以顺从需要改变形状,土可以种植和收获庄稼。水向下滋润产生咸味,火向上燃烧产生苦味,木可以弯曲可以伸直能产生酸味,金属可以顺从需要改变形状能产生辣味,土可以种植和收获庄稼能产生甜味。

【解析】"五行"一词,最早见于《尚书·甘誓》。"五行"学说是中国古代重要的哲学理论之一,在中国思想史上曾产生过重大影响。"五行"学说把世界的万事万物概括成水、火、木、金、土五种基本元素,试图用这五种基本物质去说明世界万事万物的起源及其多样性的统一。这段关于"五行"的论述,是周武王灭商后访问箕子(商纣王的叔父,孔子所称道的"殷有三仁焉"之一),箕子向武王陈述治国方略时所讲述的内容之一(传说"五行"始见于《洛书》。伏羲时,有龙马自黄河出,背负"河图",又有神龟自洛水出,背负"洛书"。《尚书·洪范》从"初一曰五行"到"威用六极"65字据说就是神龟《洛书》,自古以来倍受重视)。箕子这段关于"五行"的论述,具体说明了"五行"的构成、名称,比较详细地揭示了"五行"的性质、特征,也一定程度地反映了"五行"的某些动态关系,朴素而唯物的倾向很鲜明。战国时期产生并盛行的"五行相生相胜"原理(相生是指五行之间互相促进、互为存在、互为转化的条件与前提,即水生木、木生火、火生土、土生金、金生水;相胜就是相克,指五行之间互相矛盾、互相排斥、互相制约的关系,即水克火、火克金、金克木、木克土、土克水等),实际上就是"五行"学说的进一步发展。尽管后世"五行"学说向唯心方向发展,但其原始的唯物论和辩证关系并没有被完全抛弃。

五事:一曰貌,二曰言,三曰视,四曰听,五曰思。貌曰恭,言曰从,视曰明,听曰聪,思曰睿。恭作肃,从作乂,明作晰,聪作谋,睿作圣。

【注释】《尚书·洪范》。五事:五件事,五种事情。貌:《书经直解》《今古文尚书全译》均作"容貌";《尚书译注》作"态度"。这里从"容貌"。言:语言,言语。视:观察。听:听闻。思:思考。恭:恭敬。从:顺,指语言入情合理。明:清楚、明白。聪:灵敏、聪敏。睿(ruì):通达。作:则,就。以下四句的"作"相同。肃:严肃。乂(yì):治,安定;一说治理。晰:有智慧。谋:善谋略。圣:圣明。这几句话的意思是:五种事情,一是容貌,二是语言,三是观察,四是听闻,五是思考。容貌要恭敬,语言要入情合理,观察要清楚明白,听闻要聪敏,思考要通达。容貌恭敬就会严肃,语言入情合理就会安定,观察清楚就会谋事不失,听闻聪敏就会富有智慧,思考通达就会圣明。

【解析】这是箕(jī)子给周武王阐述治国之道时所强调的生活中常见的五种事情。箕子以递进的方式,分三层说明了"容貌""语言""观察""听闻""思考"这五种生活中最常见的事情同人的品德、情操以及行为之间的内在联系。条理清晰,层次分明,层层深入,合情合理。由于"容貌""语言""观察""听闻""思考"这五种生活中最常见的事情,小可修身立德,大可安邦定国,所以,很受后世政治家的重视。

八政:一曰食,二曰货,三曰祀,四曰司空,五曰司徒,六曰司寇,七曰宾,八曰师。

【注释】《尚书·洪范》。政:政务。这里指管理政务的机构或官员。食:食用之事,这里指管理农业事务的机构和官员。货:财货,这里指管理财政、商品贸易事务的机构和官员。祀:祭祀,这里指管理祭祀事务的机构和官员。司空:管理居民(民间)事务的机构和官员。司徒:管理教育事务的机构和官员。司寇:管理司法事务的机构和官员。宾:管理外交、礼仪事务的机构和官员。师:管理军事事务的机构和官员,周时为"司马"。这几句话的意思是:国家有八种管理政治事务的机构及其相应的官员,第一是管理农业事务的机构和官员,第二是管理财政、商品贸易事务的机构和官员,第三是管理祭祀事务的机构和官员,第四是管理居民(民间)事务的机构和官员,第五是管理教育事务的机构和官员,第六是管理司法事务的机构和官员,第七是管理外交、礼仪事务的机构和官员,第八是管理军事事务的机构和官员。

【解析】这是箕子为周武王讲述治国方略时对古代政治体制的论述,是我国现存关于奴隶制社会政治体制最早、最完备的记录之一。对研究中国古代社会制度具有重要的价值。商、周时期的这八种管理政治事务的机构及其官员的建制对后世尤其是封建体制的建立与完善具有重大影响。

五祀：一曰岁，二曰月，三曰日，四曰星辰，五曰历数。

【注释】《尚书·洪范》。五祀：五种计时方法。岁：年。星辰：星指二十八宿，辰指十二辰。以星计时，就是根据二十八宿等星体的运行变化（在天空中的位置变化）来区分季节、记录时间的计时方法；以辰计时，是根据日月运行规律而计时的方法：日月运行的速度不同，夏历十二个月每月会合一次（均在月朔，此时太阳所在位置为会合点），十二次会合称为十二辰。历数："历"是日月周天运行的经历，"数"是指日月周天运行时间的推算。周天是 365.25 度，太阳每天运行一度，月亮每天运行约 13.3684 度。一年按 12 个月计算，余数以闰月、闰日的方式计算。

【解析】这是箕子为周武王讲述治国方略时对古代计时方法的概要介绍。以年、月、日、星辰和历数等多种方法计时，表明了中国古代天文学、数学等自然科学的发达，充分显示了中国古代人民的伟大智慧。

无偏无陂，遵王之义；无有作好，遵王之道；无有作恶，遵王之路；无偏无党，王道荡荡；无党无偏，王道平平；无反无侧，王道正直。

【注释】《尚书·洪范》。无：通"毋"，不，不要。以下各句中的"无"同此。偏：不公、不平。陂（pō）：不正，与"偏"同意，后来写作"颇"。遵：遵守、遵照。王：国君，天子。义：法，法度。有：或，有人。作：兴起，产生。好（hào）：爱好，这里指私好、私心。道：王道，指德政规范。作恶：为非作歹。路：正路，喻正确的治国之道。偏：偏狭。党：结党。荡荡：开阔辽远。平平：整饬，治理。反：违反，指违反王道。侧：倾侧，也指违法。正直：平坦正直。这几句话的意思是：不要不公正，要遵守王法；不要产生私心偏好，要遵循王道；不要为非作歹，要走正道；不要偏狭结党，王道就会宽广；不要结党营私，王道就会整饬、正常；不要违反王道法纪，王道就会平坦正直。

【解析】这段语录摘自箕子为周武王讲述的第五种治国方略——皇极（最高法则，即帝王治理国家的法度）。其核心思想是要求帝王约束和教化臣民加强品德、公德修养，遵守法纪，以确保皇权的稳固、王道的推行、国家的治理。从这段论述中我们不难看出在"天命观"居主宰地位的当时，人治、德治、法治观念的加强和所受到的重视。

三德:一曰正直,二曰刚克,三曰柔克。平康正直。强弗友刚克,燮友柔克。沈潜刚克,高明柔克。

【注释】《尚书·洪范》。三德:三种品性。正:不邪。直:不曲。刚:强硬,威厉,有"不驯服"的意思。克:胜,克制,征服。柔:温和、平缓,有"驯服"的意思。克:胜,这里是对待的意思。平:公平,公正。康:乐,善,这里指和善。强:强横,强硬。弗:不。友:亲善,亲近。刚克:"以刚克之"的省略,即用强硬的办法压服他。燮(xiè):温和,和顺。友:亲善,亲近。柔克:"以柔克之"的省略,即用温和的态度对待他。沈潜:与"高明"是对文。沈(chén):同"沉",这里是"低"的意思,与"高"相对,代指地位低下的人。潜:藏,这里是"暗"的意思,与"明"相对,指阴险狡诈的人。高:代指地位高的人。明:代指光明正派之人。这几句话的意思是:依据品性可以把人分为三种类型,一是品行端正(中正)的人,二是刚硬(不驯服)必须以刚克制的人,三是柔顺(驯服)应该以柔对待的人。公正和善地对待正直的人,对于强硬、不友善的人要用强硬的方式压制他,对于柔顺的人要用温和的方式对待他。地位低下和阴险狡诈的人要用强硬的方式压服,地位高贵和光明正派的人要用温和的方式对待。

【解析】箕子依据人的品性把人分为三种类型,并针对这三种不同品性的人,分别提出了具体的克制办法,实际上是为周武王观察和统治臣民提供理论依据和管理方法。这里,我们姑且不论箕子依据人的品性对人的分类是否科学,治理方法是否合理,但他所包含的"因人而异""有的放矢""祛邪扶正"的精神是值得借鉴的。

臣之有作福作威玉食,其害于而家,凶于而国。

【注释】《尚书·洪范》。臣:大臣。之:助词,位于主语和谓语之间,取消句子的独立性,把句子变成短语。有:具有,拥有,可翻译成"能"或"能够"。第一个作:为,造。福:福祉,幸福。第二个作:为,施。威:威罚,刑罚。玉食:美好的食物。其:副词,将。害:危害。于:对于。而:你,你的。家:这里指王室。凶:不利。这几句话的意思是:(如果)大臣们能创造幸福、施行刑罚、吃精美的食物,就会危害你的王室,对你的国家不利。

【解析】这是箕子对周武王阐述"三德"时所提出的又一个重要观点,即:大臣们不能拥有营造福祉、施行威罚、食用美食的权利。这种权利只属于帝王(惟辟作福,惟辟作威,惟辟玉食)所有。如果大臣们拥有了这样的权利,就会危及国家和帝王的统治。这种极端强化和维护最高统治者特权的思想,在今天看来实在让人无法接受!但是,箕子的观点也不是全无道理:如果处于统治阶层的大臣们擅用权势、滥施刑罚、荒淫奢侈,必然会造成许多严重的社会问题,自然要危及国家和帝王的统治。箕子提出的这番警示,不仅在当时有其现实意义,也为后世无数事实所证明。即使是在今天,也不失其警戒和借鉴作用。后来,人们从中概括出"作威作福"的成语,用来指斥"妄自尊大,滥用权势(《现代汉语词典》)"的丑恶现象,也可见其深远的影响。

三人占,则从二人之言。

【注释】《尚书·洪范》。占(zhān):占卜。则:就。从:听从,听信。言:话,指占卜的结果。这两句是说:三个人占卜,就听信其中两个人的意见。

【解析】这是箕子向周武王阐述治国方略时所谈及的第七方面内容——"稽疑"中的一句话。在上古的神权社会里,"天命观"几乎主宰着人们的一切思想与行为。大到国家行为(军国大事等)小到日常行动(如出行起居等),常常要靠卜筮来决定。遇到疑难问题就更不用说了!"三人占,则从二人之言"就是这种社会现象的一种反映。尽管用卜筮的方式决定军国大事和日常行为的做法荒诞不经、极不科学,但在神权社会里却是很正常的事情。透过"三人占,则从二人之言"这样的记载,我们不仅能够看到神权社会天命主宰的现实,它所透露出的一些其他信息也值得人们注意:其一,卜筮虽然倍受崇信,但未必完全准确、灵验。对此,当时的人们已经有所怀疑。其二,卜筮所传达的信息虽然是"上天"的"旨意",但人的因素也掺杂其中,否则,就不会出现三人占卜互有差异的情况。其三,"三人占,则从二人之言",实际上提出了"少数服从多数"的社会行为基本原则。对卜筮的有所怀疑和卜筮者个人意见的加入,可以看作是"人权"挑战"神权"、"人意"挑战"天命",社会向理性化发展的萌发与肇始,而"少数服从多数"这一决策原则的提出,意义尤为巨大深远。即使人类文明高度发达的现代,"少数服从多数"的原则也仍是社会秩序赖以存在的、不可或缺的基石之一。

汝则有大疑,谋及乃心,谋及卿士,谋及庶人,谋及卜筮。

【注释】《尚书·洪范》。汝:你,您。则:如果。大疑:重大的疑问。谋:思考,计议,商量。及:介词,同,与。乃:你。心:大脑。古人不知道人的思想意识产生于大脑,认为人的思想意识产生于"心",所以,一般用"心"代指大脑。卿:代指高级官员,即诸臣。士:处于高级官员和平民之间的阶层。庶人:平民,百姓。筮(shì):筮者,即专事卜筮的巫、祝等。这几句话的意思是:你如果遇到重大的疑难问题,要自己认真思考(同自己的大脑商量),同大臣和士人商量,同百姓商量,同巫祝商量。

【解析】箕子告诫周武王在遇到重大的疑难问题时,首先自己要认真思考并广泛征求社会各阶层的意见,最后才通过卜筮用"天意"进行验证,实际上就是要求统治者在解决重大问题、疑难问题时要集思广益,要利用集体的智慧,发挥集体的力量,不可完全听信卜筮所传达的"天命""天意"。这种"集思广益"的用事原则,在今天也不失其借鉴意义。

汝则从,龟从,筮从,卿士从,庶民从,是之谓大同。

【注释】《尚书·洪范》。汝:你。则:如果。从:赞同。龟:龟甲,这里指用龟甲占卜。古时用龟甲占吉凶祸福叫"卜"。筮(shì):用蓍(shī)草占吉凶祸福叫"筮"。卿:代指高级官员,即诸臣。士:处于高级官员和平民之间的阶层。庶民:平民,百姓。是:指示代词,这。之:语气词,无实义。谓:叫作。大同:最大的和谐。这几句话的意思是:你如果赞同,卜的结果赞同,筮的结果赞同,群臣和诸士赞同,百姓赞同,这就叫作大同。

【解析】这句话是箕子紧接"汝则有大疑,谋及乃心,谋及卿士,谋及庶人,谋及卜筮"之后所说的一席话。也就是说,如果君王能够做到"集思广益",既不主观专断,也不偏听偏信,又不盲目崇信卜筮,就能够实现"大同"(最大的和谐,完全的统一)。这里,箕子提出了一种统治阶级难以达到的社会理想。尽管这是一种近乎空想的美好愿望,但是,历代贵族统治者中有不少人把它作为自己为政的奋斗目标并为此付出了一定的努力,由此可以看出它的积极意义。

岁、月、日、时无易,百谷用成,乂用明,俊民用章,家用平康。日、月、岁、时既易,百谷用不成,乂用昏不明,俊民用微,家用不宁。

【注释】《尚书·洪范》。岁:年。时:四时,四季。无:通"毋(wù)",不。易:变,这里指异常的变化。百谷:各种农作物。用:因(以下七句中的"用"均同此)。成:成熟,收获。乂(yì)治:这里指政治。明:清明。俊民:有才能的人。章:"彰"的古字,显。这里是"得到任用"的意思。家:王室,国家。平:太平。康:安宁。既:已经。不成:不成熟,没有收获。昏:黑暗。微:低微,指不被举用。宁:安宁,平静。这几句话的意思是:年、月、日、四时不发生异常变化(即按正常规律运行),各种农作物就会因此成熟,政治就会因此清明,有才能的人因此得到任用,国家就会因此太平安宁。日、月、年、四时一旦出现异常变化,各种农作物就会因此生长不好,政治就会因此黑暗不清明,有才能的人因此不能得到任用,国家就会因此不安宁。

【解析】这是箕子为周武王讲述"庶征"(各种征兆)时说的一番话。在这里,箕子把自然现象和自然规律同人类的社会生活联系起来,用自然现象和自然规律对统治者进行警示,其根本目的在于:要求统治者顺应天意,按照自然规律安排农业生产,保持政治清明,举贤任能,以确保国家的太平安宁。说穿了就是要求统治者顺应天意,施行德政。否则,上天就会用各种非正常的自然现象进行警示和惩罚。虽然用自然现象和自然规律比附人事不是箕子的发明,但他以"庶征"一节,如此详细而具体地论述各种自然现象和自然规律同人类社会事物(诸如政治统治、人才任用、农业生产等)之间的联系,却是此前所罕见的(从现有文字记载看)。这对后世"天人感应"学说的形成和发展具有十分重大的影响。

五福:一曰寿,二曰富,三曰康宁,四曰攸好德,五曰考终命。

【注释】《尚书·洪范》。五福:五种幸福。寿:生命长久。富:财物丰隆。康:乐,快乐。宁:平安。攸(yōu):《书经直解》《尚书译注》作"所";《今古文尚书全译》:"攸好德,攸通由,遵行美德"。好(hào):喜好,爱好。《辞海》:"攸好德,谓所好者德。"考:老。终命:终结生命,死。这里指善终。这几句话的意思是:有五种幸福,一是长寿,二是富有,三是快乐平安,四是爱好修德,五是老而善终。

【解析】这是箕子对周武王阐述治国之道时所谈及的第九类事物中的一种——五福。"五福"之说,当始肇于此。箕子谈论"五福"的用意,是劝导周武王顺天意、行德政,这样才能获得上天的护佑,才能拥有"五福"。"五福"之说虽然产生得很早,但至今仍是人们的口头禅,诸如"五福临门""五福齐全""五福齐天""五福汇聚"等,是古今中国人所追求的几种美好的生活愿望。

六极:一曰凶短折,二曰疾,三曰忧,四曰贫,五曰恶,六曰弱。

【注释】《尚书·洪范》。六极:困厄。凶:未龀(chèn,小孩乳牙脱落)而卒为凶;短:未冠(男子二十岁加冠以示成年)而卒为短;折:未婚而卒为折。泛指早夭。疾:疾病。忧:忧愁。贫:贫困。恶:丑陋邪恶。弱:懦弱。

【解析】这是箕子对周武王阐述治国之道时所谈及的第九类事物中的另一种——六极(六种困厄)。同箕子谈论"五福"的用意一样,也是劝导周武王顺天意、行德政,以求得上天的护佑,否则,上天就会降下早夭、疾病、忧愁、贫困、丑恶、懦弱等六种困厄进行惩罚。"六极"同"五福"恰好相反,是古今中国人谁也不愿承受、避之犹恐不及的生活大忌。

予仁若考,能多材多艺,能事鬼神。

【注释】《尚书·金滕(téng)》。予:我,周公自指。仁:仁德,仁爱。若:顺,这里指孝顺。考:先王。能:能够,引申为"会",即具有,具备的意思。材:才干,才能。艺:技艺,技能。能:能够。事:侍奉。鬼神:这里指周的先王。这几句话是说:我(周公旦)仁德、孝顺先王,有各种才干和技艺,能侍奉鬼神(先王)。

【解析】周武王灭商后的第二年,得了重病。周公筑坛,以自己的生命为质,向周的三位先王祈祷,祈求他们保佑武王(姬发)。这是其中的一句祷词,表示自己仁爱有德,孝顺先王,多才多艺,能够很好地侍奉先王,希望不要把武王招去,而以自己代之。话虽不多,但周公的赤胆忠心、舍己为人的精神和情怀却跃然纸上。"多材多艺"(现在作"多才多艺")也成为应用十分广泛的成语。

爽邦由哲。

【注释】《尚书·大诰》。爽:明。邦:国。由:介词,凭,靠。哲:智慧,指有才智的人。爽邦由哲:国家政治清明,要靠有才智的人。

【解析】尊重人才、以人才治国的思想,是《尚书》经常提及的话题,是《尚书》"明德"思想的支柱之一,对儒家政治学说的形成与发展具有重大影响。随着时代的进步与发展,更加凸显出这一真知灼见的深邃和重要。当今世界,许多国家都把这种思想作为治国的核心方略之一。

怨不在大,亦不在小。

【注释】《尚书·康诰》。怨:怨恨,这里指民怨。亦:也。

【解析】这句话是周公告诫康叔(名封,周武王的同母弟弟)时所引用的一句民间俗语。意思是说:民怨不在于大小,关键在于是否认真对待。如果认真对待,即使民怨大也不可怕,因为可以找到化解的办法,大怨可以化小,小怨可以化无;相反,如果不认真对待,即使民怨小也很可怕,因为小怨可以转化成大怨。周公的这席话,充分显示了对民意的重视。其积极意义是值得肯定的。此外,这句话是当时流行的类似于现代成语的民间格言,口语化程度很高,同《尚书》古奥艰深、佶屈聱牙的整体语言风格大不相同。隐约可见当时口语同书面语之间的巨大差异。

人无于水监,当于民监。

【注释】《尚书·酒诰》。无:通"毋",不要。于:介词,把。监(jiàn):通"鉴",镜子。当:应当,应该。民:人。一说民众,民情。这两句是说:人不要把水当作镜子,应当把人当作镜子。

【解析】《酒诰》是周公对康叔的又一篇诰辞,核心内容是督促康叔在卫国(康叔的封地,原来是殷商故地,殷朝末年,酗酒之风盛行,因而道德堕落)实行戒酒借以整顿民风的政策。"人无于水监,当于民监"是周公引用的一句民间格言。言简义深,极富哲理:人不要把水当作镜子,应当把人当作镜子。如果以水为镜,看到的只能是自己;以人为镜则不然,通过同他人的对比,不仅能够了解到自己的长短优劣、损益得失,还为取长补短、扬长避短奠定了基础。普通人尚且如此,对于君临天下、统治万民的帝王来说就更加重要。如果君王以民为镜,从民情、民意、民声中去考察自己的政治情况,就会知得失、明向背,对调整统治政策、强化皇权是十分重要的。周公引用这句格言的目的就在于此。同"怨不在大,亦不在小"的格言一样,"人无于水监,当于民监"的格言也是来源于民间,是言浅义深、口语化程度很高的民间常用语。

我不可不监有夏,亦不可不监有殷。

【注释】《尚书·召(shào)诰》。我:我们。监(jiàn):通"鉴",镜,引申为"借鉴"或"教训"。有:前缀,表示存在,不必译出。夏:夏朝。有殷:殷朝,又称商朝或殷商。这两句是说:我们不能不借鉴夏朝,也不能不借鉴商朝。

【解析】这是召(shào)公(名奭 shì,周初名臣,因其封地在召,故称召公)告诫成王时说的一句话。就是要求成王要以夏朝和商朝为借鉴,既要借鉴夏朝、商朝之所以兴起的原因和诸位贤王的治国经验,也要借鉴夏朝、商朝之所以灭亡以及两代庸主暴君失败的教训,择其善而从之,审其恶而戒之,以确保周室的稳固持久。以史为鉴,是周初政治上取得成功的重要原因之一,也被历代开明政治家奉为圭臬(guīniè),影响是深远而巨大的。

无若火始,焰焰,厥攸灼叙,弗其绝。

【注释】《尚书·洛诰》。无:通"毋",不要。若:像。火始:火刚刚燃起。焰焰:《尚书译注》:"火苗";《今古文尚书全译》:"火微微燃烧的样子";《书经直解》:"火苗微弱的样子"。笔者以为,本句话是以火燃烧的全过程为喻进行说理,先是"火始",既而"焰焰",最后"灼叙",因此,"焰焰"当指火势旺盛的样子。厥:其,这里代指火。攸:所。灼:燃烧。叙:通"绪",本指丝的一端,这里指末尾,余绪。灼叙:燃烧的余势,余烬。弗:不,不要。其:它,指"灼叙"即火的余势。绝:断绝,熄灭。这几句话的意思是:不要像火刚刚燃起时那样气势微弱,要像火焰熊熊燃烧那样气势旺盛,它所燃烧的余势也不要让它断绝。

【解析】洛邑落成之后,周公劝导成王迁到新都主持国政,成王则希望周公治理洛邑。"无若火始,焰焰,厥攸灼叙,弗其绝"就是在这种背景下说出的。周公分别用火燃烧的初期、盛期和末期作比,鼓励周成王振奋精神,以旺盛的气势去开发新都,而且要持之以恒,坚持不懈,不要像火刚刚燃起时那样缺乏魄力。这句话运用比喻的手法表达观点、抒发感情,形象生动,富有表现力。

上帝引逸。

【注释】《尚书·多士》。上帝:天帝。引:制止。逸:淫逸,放纵。这句话是说:上天禁止过度放纵享乐。

【解析】武庚之乱被平定后,为了防止被灭亡的殷朝贵族策动遗民重新反叛,周王朝在新都洛邑附近营建成周,把殷商遗民迁徙到那里,殷商遗民多有怨恨,于是,周公就代表成王发布诰令,晓谕殷商旧臣(多士)。"上帝引逸"是诰令中分析殷商灭亡原因时引用的一句古语,意在说明周王朝灭亡殷商的合理性和必然性,同时,也不乏警诫时人之意。

君子所,其无逸。先知稼穑之艰难,乃逸,则知小人之依。

【注释】《尚书·无逸》。君子:《书经直解》:"古指大夫以上有官位的人。"所:《今古文尚书全译》:"诸家多训处所。按:所,指所居官。见《左传》昭公二十年'入复而所'注。"《书经直解》:"所,居处,立身。"这里从《今古文尚书全译》。其:语气词。一说副词,表示命令;一说,希望。无:通"毋",不,不要。逸:逸乐,享乐。先:首先。知:了解。稼穑:耕种和收获庄稼。之:结构助词,的。乃:承接连词,才,然后。则:承接连词,便,就会。小人:指种田人。之:结构助词,的。依:通"衣","衣"有"隐"的意思,即隐痛、痛苦。这几句话的意思是:身处高位的人,不要放纵逸乐。首先要了解耕种收获的艰难,然后才能享受,(这样)就会体味到种田人的痛苦。

【解析】周公还政于成王后,担心成年后的成王耽于安逸而荒废国事,就告诫成王不要贪图享乐(无逸),要知稼穑之艰难,进而引用史事,从正反两方面进行谕示,并以本朝先王的勤政方法进行训导。史官记录了周公的诰辞,名为《无逸》。此句是《无逸》的篇首之语,也是全篇的总纲。它毫无讳饰地揭示了"君子"(统治者们)和"小人"(下层民众)之间的巨大差异,表达了对下层民众的深切同情,具有明显的进步倾向,对儒家"民本"思想的形成有重要的影响,对上古思想史的研究也具有重要的参考价值。不仅如此,它的事实之冷峻、感情之强烈、对比之鲜明、语言之通俗,在《尚书》中也不多见,具有很强的思想和艺术感染力。

天不可信,我道惟宁王德延,天不庸释于文王受命。

【注释】《尚书·君奭(shì)》。不可:不能。信:信任,相信。我:我们。道:《今古文尚书全译》:"《汉石经》作迪,句中语气助词。"《书经直解》解释为"所遵循的道路"。这里从《今古文尚书全译》。惟:只有,只要。宁王:指周文王。德:德政;一说美德。延:延续,推广。庸:通"用",因此。释:舍弃。受命:所接受的天命。这几句话的意思是:上天是不可信赖的,我们只要把文王的德政发扬光大,上天就不会舍弃文王所接受的天命。

【解析】周初,武王去世,成王年幼,周公摄政,倚重召公,平定了东方各国的叛乱,辅佐成王治理国家,史称"周召共和"。东方各国的叛乱被平定后,天命说大盛。召公担心周朝君臣过于信赖天命而怠于政事,提出了"天命不可信""事在人为"的观点。此句是周公针对召公的主张所发表的见解。首先,他肯定了召公提出的"天命不可信"观点,接着指出只要认真推行文王所确立的德政,就能使王朝稳固,强调了人治的重要。"天命不可信"这一哲学命题的提出,在中国思想发展史上具有里程碑式的重要意义,它标志着"轻天命,重人事"的理性化哲学思想得到了重大的发展。其深远的影响,怎么估计都不为过!

开释无辜,亦克用劝。

【注释】《尚书·多方》。开:开脱。释:释放。无辜:无罪的人。亦:也。克:能够。用:因,因此。劝:劝勉。这两句是说:开脱释放无罪的人,也能因此达到劝勉的目的。

【解析】这是成王亲政后不久,以召公为保、周公为师再次平定奄、淮夷叛乱回到京师后,周公代表成王诰四方诸侯的诰辞中的一句话。是"慎罚"思想的一种具体体现。其中,"开释无辜"一语,至今仍经常使用。

其克诘尔戎兵,以陟禹之迹,方行天下,至于海表,罔有不服。

【注释】《尚书·立政》。其:同"期",希望。克:能,能够。诘:治理,整顿。尔:你,你的。戎:军队。兵:武器。以:连词。陟:升,登,这里是"遵循"的意思。禹之迹:大禹的足迹。这里借指大禹统一天下的做法。方:遍。至于:达到。海表:海外。罔有:没有。服:臣服,归顺。这几句话的意思是:希望能整饬你的军队,遵循大禹统一天下的做法,使你的威严遍及全国,达到海外,使国内和海外没有不臣服的。

【解析】《立政》是周公晚年对成王的诰辞,涉及官制、任人、军队建设等内容,是研究周初官制和"成康之治"的重要史料。经过周公和成王强有力地镇压,管、蔡、武庚、淮夷、奄等多次叛乱被平定,周朝天下进入稳固的发展时期。几次大规模的军事行动即平叛的成功,使周公充分认识到军队建设的重要。此句就是这一认识的总结和表现。这种以武力威服天下的思想,对春秋战国时期居主导地位的"霸道"立国思想无疑具有肇启作用和重要影响。

乃命重、黎绝地天通,罔有格降。

【注释】《尚书·吕刑》。乃:于是。命:命令。重:少昊(hào)之子,传说颛顼(zhuānxū)时司天官的大臣。黎:颛顼之子,传说颛顼时司地官的大臣。绝:阻断。地天通:地和天相互连通。罔有:惯用语,没有。格:升。这两句是说:(帝)于是命令重和黎阻断天与地的相互通连,不让人、神自由升降杂糅。

【解析】"乃命重、黎绝地天通,罔有格降"的记载,涉及到了天地分离的神话。在中国的远古神话传说中,天和地原本是一体、相互通连的,后来才互相分开。至于天和地究竟是怎样分离的,神话中却有不少主人公各异的传说,其中,流传最广、影响最大的是盘古开天辟地的神话。"重黎绝地天通"当是诸多传说中的一种。不过,《尚书·吕刑》所记载的"重黎绝地天通",显然是已经高度社会化和理性化了的天地分离神话。对此,《国语·楚语》的记载与分析更具历史化的特点:"昭王问于观射父曰:'《周书》所谓重、黎实使天地不通者,何也?若无然,民将能登天乎?'对曰:'非此之谓也。少皞(通昊)之衰也,九黎乱德,民神杂糅……夫人作享,家为巫史……烝享无度,民神同位……颛顼受之,乃命南正重司天以属神,命北正黎司地以属民,使复旧常,无相侵渎,是为绝地天通。'"这恐怕是当时最为合理的一种解释。

德威惟畏,德明惟明。

【注释】《尚书·吕刑》。德:指尧帝的德政。威:威严。惟:则。畏:畏惧,畏服。明:圣明,光明。惟:则。明:知礼,通晓事理。这两句是说:(尧帝的)德政威严,臣民就会畏服;德政圣明,民众就会通晓事理。

【解析】"周穆王初年,滥用刑罚,政乱民怨,等到吕侯为相,劝导穆王明德慎罚,制定刑律,采用中刑,国家得到治理,功绩流传后世。本篇(《吕刑》)虽然记载的是周穆王的诰辞,但却表现了吕侯的法律思想和刑法主张,所以名为《吕刑》。(《今古文尚书全译》)"它是我国现存最早的比较系统的刑律文献,具有很高的史料价值。"德威惟畏,德明惟明"是周穆王以尧帝为例来诠释其法律主张的一句话。这句话有两方面的含义值得注意:一是以德为本,二是恩威并用。这可以说是"明德""慎罚"思想的进一步发展。

伯夷降典,折民惟刑;禹平水土,主名山川;稷降播种,农殖嘉谷。

【注释】《尚书·吕刑》。伯夷:尧帝大臣,三后之一。降:颁布,下达。典:法典。折民:判断民事案件。惟:只。刑:刑法。禹:大禹,尧帝大臣,三后之一,后来承袭舜帝禅让的帝位,是夏王朝的先祖。平:治理。主:主掌,主管。名:命名。山川:山河。稷:尧帝大臣,三后之一。降:教化。农:努力,勉励。殖:种植。嘉:美,良。谷:谷物,泛指农作物。这几句话是说:伯夷制定并颁布了法典,审理民事案件只依照法律;大禹平定了洪水、治理了大地,主掌并命名了山河;后稷教化民众农事,努力种植优良的谷物。

【解析】尧帝时期,是继炎、黄文明初始之后中国古代文明继往开来的时代。不少关于文明初始的传说就源于这一阶段。这里涉及的是伯夷制定法典,大禹治水并给山川命名,后稷始播百谷的传说。后世史料典籍广泛引用,大都据以为史实,是研究中国古代文明起源与发展的重要参考资料。

典狱,非讫于威,惟讫于富。

【注释】《尚书·吕刑》。典:主掌,管理,治理。狱:刑狱。讫(qì):止,终止,停止。于:介词,在。威:威罚,这里当指严刑、酷刑。惟:具有连词作用的语气词。富:《今古文尚书全译》:"仁厚。《说文》:'厚也。'"《尚书译注》:"富,福,意言主狱不应当终于立威,而应当终于惩一劝百,为人造福。"《书经直解》:"福佑,与'威'对应为文,犹杀之言挽救。义为使之悔过自新。"这里从《今古文尚书全译》。这几句是说:管理刑狱,不要终止于严厉的刑罚,要终止于仁厚。

【解析】可以说此句是阐释《尚书》"慎罚"和"明德"思想比较典型的一句话,同"德威惟畏,德明惟明"可以互相参证。两者有异曲同工之妙。

上下比罪,无僭乱辞,勿用不行,惟察惟法,其审克之。

【注释】《尚书·吕刑》。上下:指轻重。比:对比,比照。罪:罪行,这里指判定过的罪行。勿:不,不要。僭(jiàn):越,这里指超越事实。乱:混乱,混淆。辞:供词。不行:已经不再执行的法律。惟:语气词。下一个"惟"相同。察:明辨是非。法:依法判断。其:代词,你们,指主掌刑狱的人。审:审慎,认真。克:通"刻",铭记。之:代词,指"上下比罪"一席话。这几句话是说:量刑的轻重要比照法律或已经判定过的罪行,不要超越事实、混淆供词,不要使用已经废止的法令,要明辨是非依法断案,你们要审慎对待、铭刻在心。

【解析】这段关于案件审理判定的诰辞,相当专业化。它涉及到了量刑的依据、尺度,法律的适用,断案者的司法态度、道德水平等诸多方面。它包含了"以事实为根据,以法律为准绳"的司法原则。就其理性内涵而言,不仅在当时,即使是文明高度发达的现代,这也是很先进的法制观念。由此可见,《尚书》的"慎罚"思想已经具备了不少合理成分,表现了中国古代思想发展的不断进步。

明清于单辞。民之乱,罔不中听狱之两辞。无或私家于狱之两辞。

【注释】《尚书·吕刑》。明:察明。清:分清。于:介词,对于。单辞:单方面的言辞;一说单方面没有佐证的言辞。民:指民事。之:结构助词,的。乱:治,治理。罔不:古代惯用语,没有不。中听:公正听取。狱:诉讼。之:结构助词,的。两辞:双方的讼辞。无:通"毋",不要。或:通"惑",诱惑,迷惑。私家:私利,这里指贿赂。于:介词,表对象。狱之两辞:指诉讼双方。这几句话是说:要察明分清单方面的讼辞。民事的治理,没有不公正地听取诉讼双方的讼辞的。不要被诉讼双方的贿赂所诱惑。

【解析】这里提出的是司法公正和司法廉洁问题。要求主持刑狱的官员对单方面的言辞要细审明察、分清是非曲直;案情的审理要兼听不要偏听,力求公正;要杜绝贪污受贿,因为这必然会影响司法公正。这种明确的司法要求,在今天看来也不失为进步、合理,依然具有很强的指导意义。

古人有言曰:"民讫自若,是多盘。"责人斯无难,惟受责俾如流,是惟艰哉!我心之忧,日月逾迈,若弗云来。

【注释】《尚书·秦誓》。民:人。讫(qì):尽。自若:指我行我素或随心所欲。是:这,这样。盘:辟,错误。《今古文尚书全译》引俞樾说:"盘、般通,《说文》:般,辟也。多般,犹云多辟,《诗·板》篇'民之多辟'笺曰:民之行为多为辟邪。此言民尽自顺其意,故多辟也。"《书经直解》:"盘,乐,安乐。此句犹言,人们若能始终自觉地循理顺道而行,这样必能得到许多令人快意的结果。"《尚书译注》:"盘,游乐,可引申为幸福。"这里从俞樾之说。责:责备,要求。人:他人,别人。斯:指示代词,这,这样。一说连词,则。惟:句首语气词。受:被。俾:依从,顺从。流:流水。是:指示代词,这,这样。惟:具有承接作用的语气词。忧:忧虑。逾:过。迈:行。若:连词,乃,就。一说像,就像。弗:不。来:回。这几句话是说:古人有一句格言说:"人全都随心所欲,这样就会有很多错误。"责备别人这不困难,受到别人责备依然像流水一样顺从,这样就难了!我心中的忧虑,是时光流逝,一去不返。

【解析】据《左传》记载,鲁僖公三十年,秦晋联军讨伐郑国,郑国大夫烛武(即烛之武)夜里秘密会见秦穆公,晓之以理,诱之以利,说服了秦穆公。秦穆公率军回国,并留下部分军队帮助郑国防守。秦晋联盟破裂。鲁僖公三十二年的冬天,晋文公去世,晋国内部反秦势力占据上风。鲁僖公三十三年春天,秦穆公不听蹇叔劝阻,派百里孟明视、西乞术、白乙丙率领秦国军队越过晋国远袭郑国,因郑国有备,无功而返。回师到崤山,遭到晋军伏击,全军覆没。百里孟明视、西乞术、白乙丙被俘,幸亏得到文嬴(秦穆公女儿,晋文公妻子,晋襄公母亲)的营救才逃脱回国。秦穆公深悔自己的决策错误,身着丧服到郊外迎接。《秦誓》就是穆公以自责的方式对群臣将士发布的诰辞。这段诰辞表现了秦穆公的自悔自责以及因为时间流逝、年事已高而没有多少改过机会所引发的忧虑。这段话以引用、对比和比喻等手法阐述了"行事草率,必多错误""责人易,责己难""施责易,受责难"等生活哲理,抒发了真挚、诚笃的情感。发人深省、感人至深,突出地表现了秦穆公不饰错、不隐恶,敢于自我剖析、知错就改的宽广胸怀。

如有一介臣,断断猗无他技,其心休休焉,其如有容。人之有技,若己有之。人之彦圣,其心好之,不啻若自其口出。是能容之,以保我子孙黎民,亦职有利哉!

【注释】《尚书·秦誓》。一介:一个。断断:诚实专一。《广雅·释训》:

"断断,诚也。"《公羊传》文公十二年何休注:"断断,犹专一也。"猗(yī):语气词,相当于"兮"。他:别的。技:技能。其:代词,他。心:心胸,胸怀,心地。休休:宽容。焉:句末语气助词。其:连词,相当于"乃""而"。如:能,能够。有:具有。容:指容人之量。人:别人,他人。之:结构助词,用于主、谓之间,把独立的句子变成短语。有:拥有,具有。之:代词,它,指技能。之:同"人之有技"的"之"。彦:美,这里品德美好。圣:明哲。心:内心,心中。好(hào):喜欢,爱好。之:代词,指"彦圣"。不啻(chì):不止,不仅。是:代词,这,这样。能:能够。容:容人。之:句末语气助词。以:介词,用。保:安,保护,卫护。亦:也。职:《大学》引文作"尚"。这几句话是说:如果有一个大臣,诚实专一却没有其他技能,他的胸怀宽广,而能容人。别人有能力,就像自己拥有一样。别人品德美好、聪明智慧,他的内心就喜欢它,不止像从自己的口中说出一样。这样能够容人,任用他来保护我的子孙百姓,也还是有利的呀!

【解析】这一段话表现了秦穆公善于观察、善于用人之长的冷静的政治头脑和政治胸怀,突出了他重视品德修养的用人观念。这段话语气诚恳、富有文采。

《春 秋》

　　《春秋》是儒家经典之一,与《礼记》《易经》《诗经》《尚书》合称"五经"。《春秋》是编年体史书,可以说是开后代编年史之先河。

　　据《史记·孔子世家》的说法,《春秋》是哀公十四年西狩获麟之后孔子所作。然据杨伯峻在《春秋左传注·前言》中考证,当时孔子已年过七十,且仅用两年时间,很难完成这项任务。另据其他史料分析,孔子作《春秋》不大可信。孔子自己也曾说,他是"述而不作"。真正作《春秋》的应该是鲁国历代史官,孔子大抵是删改修订过这部书。这种说法大体上是站得住脚的。

　　《春秋》作为史书,记载了鲁隐公元年(公元前722年)至鲁哀公十四年(公元前481年),共计242年的历史。其中保存了极为珍贵的史料。

　　《春秋》文字极其简短,但隐含有褒贬之意,后世称之为"春秋笔法"。

　　《春秋》成书之后,解释该书的主要有《左传》《公羊传》和《谷梁传》三部,合称"春秋三传"。后世将《春秋》奉为"经","传"是对"经"的注解。

　　作为儒家经典之一的《春秋》对后世有极为重要的影响。

条目拼音索引

A

ai

爱之欲其生,恶之欲其死。·········· 29

爱之,能勿劳乎? 忠焉,能勿诲乎? ········· 35

爱其死以有待也,养其身以有为也。········ 139

an

安土敦乎仁,故能爱。··········· 159

安而不忘危,存而不忘亡,治而不忘乱。········ 163

安其身而后动,易其心而后语,定其交而后求。····· 164

ao

敖不可长,欲不可从,志不可满,乐不可极。····· 99

B

ba

八政:一曰食,二曰货,三曰祀,四曰司空,五曰司徒,六曰司

寇,七曰宾,八曰师。·········· 243

bang

邦有道,谷;邦无道,谷,耻也。········ 34

邦有道,则仕,邦无道,则可卷而怀之。······ 38

bao

饱食终日，无所用心。 …………………………………………… 46

bei

备物致用，立成器以为天下利。 ……………………………… 160

北风其凉，雨雪其雱。惠而好我，携乎同行。 …………… 182

bi

蔽芾甘棠，勿剪勿伐，召伯所茇。 …………………………… 177

毖彼泉水，亦流于淇。有怀于卫，靡日不思。 …………… 182

彼黍离离，彼稷之苗。行迈靡靡，中心摇摇。 …………… 188

彼采萧兮，一日不见，如三秋兮。 …………………………… 189

彼狡童兮，不与我言兮。维子之故，使我不能餐兮。 …… 191

敝笱在梁，其鱼鲂鳏。齐子归止，其从如云。 …………… 193

彼君子兮，噬肯适我？中心好之，曷饮食之。 …………… 196

彼候人兮，何戈与祋。彼其之子。三百赤芾。 …………… 201

biao

摽有梅，其实七兮。求我庶士，迨其吉兮。 ……………… 178

bie

变通者，趣时者也。 …………………………………………… 161

bin

宾客主恭，祭祀主敬，丧事主哀，会同主诩。 …………… 124

宾客醉止，载号载呶。乱我笾豆，屡舞僛僛。 …………… 214

bo

博学而笃志，切问而近思，仁在其中矣。 ………………… 47

博学之，审问之，慎思之，明辨之，笃行之。 …………… 94

博闻强识而让，敦善行而不怠，谓之君子。 ……………… 102

伯夷降典，折民惟刑；禹平水土，主名山川；稷降播种，农殖嘉谷。 ……… 253

bu

不患人之不己知，患不知人也。 …………………………………… 4

不患无位,患所以立;不患莫己知,求为可知也。 …………… 11

不愤不启,不悱不发。举一隅不以三隅反,则不复也。 …………… 19

不义而富且贵,于我如浮云。 …………… 20

不在其位,不谋其政。 …………… 24

不患人之不己知,患其不能也。 …………… 36

不怨天,不尤人,下学而上达,知我者其天乎! …………… 37

不教而杀谓之虐;不戒视成谓之暴;慢令致期谓之贼;犹之

　与人也,出纳之吝谓之有司。 …………… 49

不知命,无以为君子也;不知礼,无以立也;不知言,无以知人也。 …………… 49

不信仁贤,则国空虚;无礼义,则上下乱;无政事,则财用不足。 …………… 81

卜人定龟,史定墨,君定体。 …………… 121

不窥密,不旁狎,不道旧故,不戏色。 …………… 123

不学操缦,不能安弦;不学博依,不能安诗;不学杂服,不能安

　礼;不兴其艺,不能乐学。 …………… 125

不养则不可动。 …………… 166

不见复关,泣涕涟涟。既见复关,载笑载言。 …………… 186

不稼不穑,胡取禾三百廛兮? 不狩不猎,胡瞻尔庭有县貆

　兮? 彼君子兮,不素餐兮! …………… 194

不敢暴虎,不敢冯河。人知其一,莫知其他。 …………… 209

C

cai

财聚则民散,财散则民聚。 …………… 87

采苓采苓,首阳之巅。人之为言,苟亦无信。 …………… 196

采薇采薇,薇亦作止。曰归曰归,岁亦莫止。 …………… 204

cang

藏器于身,待时而动。 …………… 162

仓庚于飞,熠燿其羽。之子于归,皇驳其马。 …………… 202

ce

恻隐之心,仁之端也;羞恶之心,义之端也;辞让之心,礼之端也;
是非之心,智之端也。人之有四端也,犹其有四体也。……… 61

chen

臣之有作福作威玉食,其害于而家,凶于而国。………………… 245

cheng

诚者,物之终始,不诚无物。…………………………………… 94

chi

尺蠖之屈,以求信也;龙蛇之蛰,以存身也。……………………… 162

鸱鸮鸱鸮,既取我子,无毁我室。恩斯勤斯,鬻子之闵斯。……… 202

chou

绸缪束薪,三星在天。今夕何夕?见此良人。子兮子兮,如
此良人何?………………………………………………… 195

chu

出其东门,有女如云。虽则如云,匪我思存。缟衣綦巾,聊乐我员。……… 192

chun

春秋无义战。…………………………………………………… 80

春日迟迟,采蘩祁祁。女心伤悲,殆及公子同归。……………… 201

春日迟迟,卉木萋萋。仓庚喈喈,采蘩祁祁。…………………… 205

ci

此令兄弟,绰绰有裕。不令兄弟,交相为瘉。…………………… 214

cun

存乎人者,莫良于眸子。眸子不能掩其恶。胸中正,则眸子了
焉;胸中不正,则眸子眊焉。听其言也,观其眸子,人焉廋哉?……… 69

D

da

大德不逾闲，小德出入可也。 …………………………………… 48

大学之道，在明明德，在亲民，在止于至善。知止而后有定，
定而后能静，静而后能安，安而后能虑，虑而后能得。物有
本末，事有终始。知所先后，则近道矣。 ………………… 84

大德必得其位，必得其禄，必得其名，必得其寿。故天之生
物，必因其材而笃焉。 …………………………………… 93

大道之行也，天下为公。 ………………………………… 117

大人世及以为礼，城郭沟池以为固，礼义以为纪，以正君臣，
以笃父子，以睦兄弟，以和夫妇，以设制度，以立田里，以
贤勇知，以功为己。故谋用是作，而兵由此起。 ……… 117

大臣法，小臣廉，官职相序，君臣相正，国之肥也；天子以德为
车，以乐为御，诸侯以礼相与，大夫以法相序，士以信相
考，百姓以睦相守，天下之肥也。是谓大顺。 ………… 119

大圭不琢，大羹不和。 …………………………………… 120

大学之法，禁于未发之谓豫，当其可之谓时，不陵节而施之谓
孙，相观而善之谓摩。此四者，教之所由兴也。 ……… 125

大德不官，大道不器，大信不约，大时不齐。察此四者，可以
有志于本矣。 …………………………………………… 127

大乐必易，大礼必简。 …………………………………… 129

大哉乾元！万物资始，乃统天。云行雨施，品物流形。 …… 146

dan

诞寘之隘巷，牛羊腓字之。诞寘之平林，会伐平林，诞寘之
寒冰，鸟覆翼之。 ……………………………………… 216

dang

当仁，不让于师。 ………………………………………… 41

当位以节，中正以通。 …………………………………… 157

dao

道之以政,齐之以刑,民免而无耻;道之以德,齐之以礼,有
　　耻且格。 ···················· 5

道不同,不相为谋。 ···················· 41

道听而途说,德之弃也。 ···················· 45

道得众则得国,失众则失国。 ···················· 87

道德仁义,非礼不成;教训正俗,非礼不备;分争辨讼,非礼不
　　决;君臣、上下、父子、兄弟非礼不定;宦学事师,非礼不亲;
　　班朝治军,莅官行法,非礼威严不行;祷祠祭祀,供给鬼神,
　　非礼不诚不庄。 ···················· 99

道隆则从而隆,道污则从而污。 ···················· 106

de

德之不修,学之不讲,闻义不能徙,不善不能改,是吾忧也。
　　···················· 18

得道者多助,失道者寡助。 ···················· 62

德,德成而教尊,教尊而官正,官正而国治,君之谓也。 ···················· 116

德者,性之端也;乐者,德之华也,金石丝竹,乐之器也。诗,
　　言其志也;歌,咏其声也;舞,动其容也。 ···················· 130

德薄而位尊,知小而谋大,力小而任重,鲜不及矣。 ···················· 163

得其所归者必大。 ···················· 167

德威惟畏,德明惟明 ···················· 253

di

帝尧曰放勋,钦明文思安安,允恭克让,光被四表,格于上下。 ···················· 228

dian

典狱,非迄于威,惟迄于富。 ···················· 254

ding

定公问:"君使臣,臣事君,如之何?"孔子对曰:"君使臣以
　　礼,臣事君以忠。" ···················· 8

dong

动则左史书之,言则右史书之。 ···················· 121

动静有常,刚柔断矣。 …………………………………… 158

动而不括,是以出而有获。 ………………………………… 162

动万物莫疾乎雷。 …………………………………………… 164

东门之墠,茹藘在阪。其室则迩,其人甚远。 ……………… 191

东方之月兮,彼姝者子,在我闼兮。在我闼兮,履我发兮。

…………………………………………………………… 193

东方未明,颠倒衣裳。颠之倒之,自公召之。 ……………… 193

东门之枌,宛丘之栩。子仲之子,婆娑其下。 ……………… 199

东门之杨,其叶肺肺。昏以为期,明星晢晢。 ……………… 199

du

笃信好学,守死善道。 ……………………………………… 23

独学而无友,则孤陋而寡闻。 ……………………………… 126

E

en

恩者,仁也;理者,义也;节者,礼也;权者,知也。仁义礼知,

人道具矣。 …………………………………………………… 141

er

二人同心,其利断金。 ……………………………………… 159

二子乘舟,泛泛其景。愿言思子,中心养养。 ……………… 183

尔羊来思,其角濈濈。尔牛来思,其角湿湿。 ……………… 208

尔无不信,朕不食言。 ……………………………………… 237

F

fa

发愤忘食,乐以忘忧,不知老之将至云尔。 ………………… 20

伐柯如何?匪斧不克。取妻如何?匪媒不得。 ……………… 203

伐木丁丁,鸟鸣嘤嘤。出自幽谷,迁于乔木。 …………………… 204

fan

樊迟问仁。子曰:"爱人。"问知。子曰:"知人。" ………………… 31

凡事豫则立,不豫则废。 ………………………………………… 93

凡与客入者,每门让与客。 ……………………………………… 101

凡四海之内九州,州方千里。州建百里之国三十,七十里之
　国六十,五十里之国百有二十,凡二百一十国。 …………… 112

凡官民材,必先论之,论辨然后使之,任事然后爵之,位定然
　后禄之。 ………………………………………………………… 112

凡使民,任老者之事,食壮者之食。 …………………………… 113

凡执技以事上者,祝、史、射、御、医、卜及百工。 ……………… 114

凡作刑罚,轻无赦。刑者侀也,侀者成也,一成而不可变,故
　君子尽心焉。 …………………………………………………… 114

凡学之道,严师为难,师严然后道尊,道尊然后民知敬学。

　　………………………………………………………………… 126

凡音之起,由人心生也。人心之动,物使之然也。 …………… 127

凡益之道,与时偕行。 …………………………………………… 155

fang

方里而井,井九百亩,其中为公田。八家皆私百亩,同养公
　田。公事毕,然后敢治私事,所以别野人也。 ……………… 64

方以类聚,物以群分。 …………………………………………… 158

魴鱼赪尾,王室如燬,虽则如燬,父母孔迩。 ………………… 176

fei

非其鬼而祭之,谄也。见义不为,无勇也。 …………………… 7

非礼勿视,非礼勿听,非礼勿言,非礼勿动。 ………………… 28

非所困而困焉,名必辱;非所据而据,身必危。 ……………… 163

匪风发兮,匪车偈兮。顾瞻周道,中心怛兮。 ………………… 200

匪手携之,言示之事。匪面命之,言提其耳。 ………………… 219

feng

风雨如晦,鸡鸣不已。既见君子,云胡不喜。 ………………… 191

凤凰鸣矣,于彼高岗。梧桐生矣,于彼朝阳。萋萋菶菶,雍雍喈喈。 ……………………………………………………… 218

fu

父在,观其志;父没,观其行;三年无改于父之道,可谓孝矣。
……………………………………………………………… 3

富与贵,是人之所欲也;不以其道得之,不处也。贫与贱,是
　人之所恶也;不以其道得之,不去也。君子去仁,恶乎成名? ………… 10

父母在,不远游,游必有方。 ………………………………… 12

父母之年,不可不知也。一则以喜,一则以惧。 …………… 12

夫仁者,己欲立而立人,己欲达而达人。 …………………… 17

富而可求也,虽执鞭之士,吾亦为之。如不可求,从吾所好。
……………………………………………………………… 19

夫子之墙数仞,不得其门而入,不见宗庙之美,非官之富。
……………………………………………………………… 48

夫物之不齐,物之情也。或相倍蓰,或相什百,或相千万。
　子比而同之,是乱天下也。 ………………………………… 65

夫人必自侮,然后人侮之;家必自毁,而后人毁之;国必自
　伐,而后人伐之。 …………………………………………… 68

富润屋,德润身,心广体胖,故君子必诚其意。 …………… 84

夫礼者,所以定亲疏,决嫌疑,别同异,明是非也。 ……… 99

富贵而知好礼,则不骄不淫;贫贱而知好礼,则志不慑。
……………………………………………………………… 100

夫为人子者:出必告,反必面,所游必有常,所习必有业。
……………………………………………………………… 101

父召,无"诺";先生召,无"诺"。"唯"而起。 …………… 101

父子不同席。 ………………………………………………… 102

父前子名,君前臣名。 ……………………………………… 102

父之仇,弗与共戴天;兄弟之仇,不反兵;交游之仇,不同国。
……………………………………………………………… 103

夫子曰:"生,于我乎馆;死,于我乎殡。" ………………… 108

夫子曰:"小子识之,苛政猛于虎也。" …………………… 110

夫子曰:"丘闻之,亲者毋失其为亲也,故者毋失其为故
　也。" ………………………………………………………… 111

妇事舅姑,如事父母。 ……………………………………… 120

父殁而不能读父之书，手泽存焉尔。母殁而杯圈不能饮焉，
　口泽之气存焉尔。 ·· 122

父母有过，谏而不逆。 ·· 132

富有之谓大业，日新之谓盛德。 ·· 159

父兮生我，母兮鞠我。拊我畜我，长我育我，顾我复我，出
　入腹我。欲报之德，昊天无极！ ·· 211

G

gang

刚、毅、木、讷近仁。 ··· 34

刚气不怒，柔气不慑。 ·· 130

刚中而柔外，说以利贞。 ·· 157

刚柔相推，变在其中矣。 ·· 161

刚柔者，立本者也。 ··· 161

gao

羔羊之皮，素丝五绝，退食自公，委蛇委蛇。 ···················· 178

羔裘豹饰，孔武有力。彼其之子，邦之司直。 ···················· 190

羔裘豹祛，自我入居居，岂无他人，维子之故。 ················ 196

高山仰止，景行行止。四牡騑騑，六辔如琴。觏尔新婚，以
　慰我心。 ··· 213

ge

割鸡焉用牛刀？ ·· 44

歌之为言也，长言之也。说之，故言之；言之不足，故长言
　之；长言之不足，故嗟叹之；嗟叹之不足，故不知手之舞
　之，足之蹈之也。 ··· 130

葛生蒙楚，蔹蔓于野。予美亡此，谁与独处？ ··················· 196

各恭尔事，齐乃位，度乃口。 ·· 240

gong

恭而无礼则劳，慎而无礼则葸，勇而无礼则乱，直而无礼则绞。 ·············· 22

工欲善其事,必先利其器。 …………………… 38

躬自厚而薄责于人,则远怨矣。 …………… 39

恭则不侮,宽则得众,信则人任焉,敏则有功,惠则足以使人。 …………… 44

公事不私议。 …………………………… 104

功业见乎变,圣人之情见乎辞。 …………… 161

gou

苟正其身矣,于从政乎何有? 不能正其身,如正人何? …………… 32

苟不至德,至道不凝焉。 …………………… 94

gu

古之学者为己,今之学者为人。 …………… 36

古之人与民偕乐,故能乐也。《汤誓》曰:"时日害丧,予及女
偕亡。"民欲与之偕亡,虽有台池鸟兽,岂能独乐哉? …………… 52

古之君之,过则改之;今之君子,过则顺之。古之君子,其过
也,如日月之食,民皆见之,及其更也,民皆仰之;今之君子,
岂徒顺之,又从为之辞。 …………………… 62

古之为市也,以其所有易其所无者,有司治之耳。有贱丈夫
焉,必求龙断而登之,以左右望,而罔市利。人皆以为贱,
故从而征之。征商自此贱丈夫始矣。 …………… 63

故说诗者,不以文害辞,不以辞害志,以意逆志,是为得之。
……………………………………… 72

故天降大任于是人也,必先苦其心志,劳其筋骨,饿其体肤,
空乏其身。行拂乱其所为,所以动心忍性,曾益其所不
能。人恒过,然后能改;困于心,衡于虑,而后征;征于色,
发于声,而后喻。 ……………………… 76

古之为关也,将以御暴;今之为关也,将以为暴。 …………… 81

古之欲明明德于天下者,先治其国。欲治其国者,先齐其
家;欲齐其家者,先修其身;欲修其身者,先正其心;欲正
其心者,先诚其意;欲诚其意者,先致其知。致知在格物。
……………………………………… 84

鼓钟将将,淮水汤汤,忧心且伤。淑人君子,怀允不忘。
……………………………………… 213

古人有言曰:"民讫自若,是多盘。"责人斯无难,惟受责俾如
流,是惟艰哉! 我心之忧,日月逾迈,若弗云来。 …………… 255

guai

乖必有难。 ··· 166

guan

观其舞,知其德;闻其谥,知其行。 ···················· 129

观天之神道,而四时不忒;圣人以神道设教,而天下服矣。

··· 152

观乎天文,以察时变;观乎人文,以化成天下。 ········· 153

关关雎鸠,在河之洲;窈窕淑女,君子好逑。 ·········· 174

guo

过犹不及。 ··· 28

过而不改,是谓过矣。 ···································· 40

国君进贤,如不得已,将使卑逾尊,疏逾戚,可不慎与?左右

皆曰贤,未可也;诸大夫皆曰贤,未可也;国人皆曰贤,然后

察之;见贤也,然后用之。左右皆曰不可,勿听;诸大夫皆

曰不可,勿听;国人皆曰不可,然后察之;见不可焉,然后去

之。 ··· 57

国有道,其言足以兴;国无道,其默足以容。 ·········· 95

国君死社稷,大夫死众,士死制。 ···················· 104

国奢,则示之以俭;国俭,则示之以礼。 ·············· 109

国无九年之蓄曰不足,无六年之蓄曰急,无三年之蓄曰国非

其国也。 ··· 113

国家靡敝,则车不雕几,甲不组縢,食器不刻镂,君子不履丝

屦,马不常秣。 ···································· 124

H

han

寒往则暑来,暑往则寒来,寒暑相推而岁成焉。 ········· 162

汉之广矣,不可泳思。江之永矣,不可方思。 ·········· 176

hao

好仁不好学,其蔽也愚;好知不好学,其蔽也荡;好信不好
　学,其蔽也贼;好直不好学,其蔽也绞;好勇不好学,其蔽
　也乱;好刚不好学,其蔽也狂。……………………………… 45

好而知其恶,恶而知其美者,天下鲜矣。…………………… 86

好人之所恶,恶人之所好,是谓拂人之性,菑必逮夫身。…… 87

好学近乎知,力行近乎仁,知耻近乎勇。…………………… 93

好学不倦,好礼不变。………………………………………… 140

好人提提,宛然左辟,佩其象揥。维是褊心,是以为刺。
　……………………………………………………………… 194

浩浩昊天,不骏其德。降丧饥馑,斩伐四国。……………… 209

he

何谓人情?喜、怒、哀、惧、爱、恶、欲,七者弗学而能。何谓
　人义?父慈、子孝、兄良、弟悌、夫义、妇听、长惠、幼顺、君
　仁、臣忠,十者谓之人义。讲信修睦,谓之人利。争夺相
　杀,谓之人患。……………………………………………… 118

鹤鸣于九皋,声闻于野。鱼潜在渊,或在于渚。…………… 206

何草不玄!何人不矜!哀我征夫,独为匪民!……………… 216

heng

衡门之下,可以栖迟。泌之洋洋,可以乐饥。……………… 199

hong

鸿雁于飞,肃肃其羽。之子于征,劬劳于野。……………… 206

hou

后生可畏,焉知来者之不如今也?…………………………… 25

hu

虎兕出于柙,龟玉毁于椟中,是谁之过与?………………… 42

huan

缓必有所失。…………………………………………………… 166

huang

黄鸟黄鸟,无集于穀,无啄我粟。此邦之人,不我肯穀。……………… 207

hui

惠均则政行,政行则事成,事成则功立。 ……………………………… 133

嘒彼小星,三五在东。肃肃宵征,夙夜在公。………………………… 178

hun

昏礼不用乐,幽明之义也。乐,阳气也。昏礼不贺,人之序

也。 ………………………………………………………………………… 120

huo

祸福将至:善,必先知之;不善,必先知之。故至诚如神。

………………………………………………………………………… 94

获之挃挃,积之栗栗,其崇如墉,其比如栉。 …………………………… 222

J

ji

季文子三思而后行。子闻之,曰:"再,斯可矣。" ………………… 14

己所不欲,勿施于人。 ……………………………………………… 29

既来之,则安之。 …………………………………………………… 42

记问之学,不足以为人师,必也其听语乎。 ……………………… 127

积善之家,必有余庆;积不善之家,必有余殃。 ………………… 149

鸡栖于埘,日之夕矣,羊牛下来。 ………………………………… 188

鸡既鸣矣,朝既盈矣。匪鸡则鸣,苍蝇之声。 ………………… 192

既明且哲,以保其身。夙夜匪解,以事一人。 ………………… 220

击石拊石,百兽率舞。 ……………………………………………… 232

jian

见贤思齐焉,见不贤而内自省也。 ………………………………… 11

见利思义,见危授命,久要不忘乎生之言,亦可以为成人矣。

.... 35

见利不顾其君,其仁不足称也。 111

见善则迁,有过则改。 156

见几而作,不俟终日。 163

蒹葭苍苍,白露为霜。所谓伊人,在水一方。 197

jiang

江有汜,之子归。不我以,不我以! 其后也悔 179

江汉浮浮,武夫滔滔。匪安匪游,淮夷来求。 220

jiao

教也者,长善而救其失者也。 126

椒聊之实,蕃衍盈升。彼其之子,硕大无朋。椒聊且,远条且。 ... 195

交交黄鸟,止于棘。谁从穆公? 子车奄息。 198

皎皎白驹,食我场苗。絷之维之,以永今朝。 207

jie

戒之戒之! 出乎尔者,反乎尔者也。 58

桀纣之失天下也,失其民也;失其民者,失其心也。得天下
　　有道:得其民,斯得天下矣;得其民有道:得其心,斯得其
　　民也;得其心有道:所欲与之聚之,所恶勿施,尔也。 68

节彼南山,维石岩岩,赫赫师尹,民具尔瞻。 208

价人维藩,大师维垣,大邦维屏,大宗维翰。 219

jin

谨权量,审法度,修废官。四方之政行焉。兴灭国,继绝世,
　　举逸民,天下之民归心焉。 48

今王鼓乐于此,百姓闻王钟鼓之声,管籥之音,举疾首蹙頞
　　而相告曰:"吾王之好鼓乐,夫何使我至于此极也? 父子
　　不相见,兄弟妻子离散。"今王田猎于此,百姓闻王车马之
　　音,见羽旄之美,举疾首蹙頞而相告曰:"吾王之好田猎,
　　夫何使我至于此极也? 父子不相见,兄弟妻子离散。"此
　　无他,不与民同乐也。 56

今国家闲暇,及是时,般乐怠教,是自求祸也。祸福无不自
　　己求之者。《诗》云:"永言配命,自求多福。"《太甲》曰:"
　　天作孽,犹可违;自作孽,不可活。"此之谓也。 …………… 60

今有人日攘其邻之鸡者,或告之曰:"是非君子之道。"曰:"
　　请损之,月攘一鸡,以待来年,然后已。"如知其非义,斯
　　速已矣,何待来年。 ……………………………………… 66

尽信《书》,则不如无《书》。吾于《武成》,取二三策而已矣。
　　………………………………………………………………… 80

晋献文子成室,晋大夫发焉。张老曰:"美哉轮焉! 美哉奂
　　焉! 歌于斯,哭于斯,聚国族于斯。" ………………… 111

今大道既隐,天下为家。各亲其亲,各子其子。货力为己。
　　………………………………………………………………… 117

进德修业,欲及时也。 ………………………………………… 148

进必有所归。 …………………………………………………… 167

jing

敬而不中礼,谓之野;恭而不中礼,谓之给;
　　勇而不中礼,谓之逆。 ……………………………………… 134

静女其姝,俟我于城隅。爱而不见,搔首踟蹰。 ………… 183

兢兢业业,如霆如雷。 ………………………………………… 220

静言庸违,象恭滔天。 ………………………………………… 230

ju

举直错诸枉,则民服;举枉错诸直,则民不服。 …………… 7

居之无倦,行之以忠。 ………………………………………… 30

居处恭,执事敬,与人忠。 …………………………………… 33

居天下之广居,立天下之正位,行天下之大道。得志,与民由
　　之;不得志,独行其道。富贵不能淫,贫贱不能移,威武不
　　能屈,此之谓大丈夫矣。 ………………………………… 65

居上不骄,为下不倍。 ………………………………………… 95

居丧不言乐,祭事不言凶,公庭不言妇女。 ……………… 104

jue

爵人于朝,与士共之;刑人于市,与众弃之。 …………… 112

jun

君子务本,本立而道生。孝悌也者,其为仁之本与! …………… 2

君子不重则不威;学则不固。主忠信。无友不如己者。过
　　则勿惮改。 ………………………………………………… 3

君子食无求饱,居无求安,敏于事而慎于言,就有道而正焉,
　　可谓好学也已。 …………………………………………… 4

君子周而不比,小人比而不周。 …………………………… 6

君子无所争。必也,射乎! 揖让而升,下而饮。其争也君子。 … 8

君子怀德,小人怀土;君子怀刑,小人怀惠。 …………… 10

君子喻于义,小人喻于利。 ………………………………… 11

君子欲讷于言而敏于行。 …………………………………… 12

君子博学于文,约之以礼,亦可以弗畔矣夫! ………… 17

君子坦荡荡,小人长戚戚。 ………………………………… 21

君子成人之美,不成人之恶。 …………………………… 30

君子之德风,小人之德草。草上之风,必偃。 ………… 30

君子以文会友,以友辅仁。 ………………………………… 31

君子和而不同,小人同而不和。 ………………………… 33

君子易事而难说也。 ………………………………………… 33

君子泰而不骄,小人骄而不泰。 ………………………… 34

君子上达,小人下达。 ……………………………………… 36

君子耻其言而过其行。 ……………………………………… 36

君子固穷,小人穷斯滥矣。 ………………………………… 37

君子疾没世而名不称焉。 …………………………………… 39

君子求诸己,小人求诸人。 ………………………………… 40

君子谋道不谋食。 …………………………………………… 41

君子忧道不忧贫 ……………………………………………… 41

君子不可小知而可大受也,小人不可大受而可小知也。 … 41

君子有三戒:少之时,血气未定,戒之在色;及其壮也,血气方
　　刚,戒之在斗;及其老也,血气既衰,戒之在得。 …… 43

君子有三畏:畏天命,畏大人,畏圣人之言。 ………… 43

君子有九思:视思明,听思聪,色思温,貌思恭,言思忠,事思
　　敬,疑思问,忿思难,见得思义。 ……………………… 44

君子有三变:望之俨然,即之也温,听其言也厉 ……… 48

君子惠而不费，劳而不怨，欲而不贪，泰而不骄，威而不猛。
　　·· 49

君子之于禽兽也，见其生，不忍见其死；闻其声，不忍食其肉。
　　是以君子远庖厨也。王说曰："《诗》云：'他人有心，予忖
　　度之。'夫子之谓也。夫我乃行之，反而求之，不得吾心。
　　夫子言之，于我心有戚戚焉。此心之所以合于王者，何
　　也？"曰："有复于王者曰：'吾力足以举百钧而不足以举一
　　羽，明足以察秋毫而不见舆薪，则王许之乎？'"曰："否。"
　　·· 54

君之视臣如手足，臣视君如腹心；君之视臣如犬马，则臣
　　视君如国人；君之视臣如土芥，则臣视君如寇仇。··········· 70
君仁，莫不仁；君义，莫不义。　··································· 70
君子贤其贤而亲其亲，小人乐其乐而利其利。此以没世不忘
　　也。·· 85
君子有诸己，而后求诸人；无诸己，而后非诸人。　·············· 86
君子有大道，必忠信以得之，骄泰以失之。　··················· 87
君子和而不流，强哉矫！中立而不倚，强哉矫！国有道，不
　　变塞焉，强哉矫！国无道，至死不变，强哉矫！··········· 91
君子遵道而行，半途而废，吾弗能已矣。　····················· 92
君子居易以俟命，小人行险以徼幸。　························· 92
君子尊德性而道问学，致广大而尽精微，极高明而道中庸，
　　温故而知新，敦厚以崇礼。　····························· 95
君子动而世为天下道，行而世为天下法，言而世为天下则。
　　·· 95

君子内省不疚，无恶于志。　····································· 96
馂余不祭，父不祭子，夫不祭妻。　····························· 102
君子戒慎，不失色于人。　······································· 103
君使士射，不能，则辞以疾。言曰："某有负薪之忧。"········· 103
君子虽贫，不粥祭器；虽寒，不衣祭服。　····················· 104
君子有终身之忧，而无一朝之患。　····························· 106
君子之爱人也以德，细人之爱人也以姑息。　··················· 106
君子曰："乐，乐其所自生，礼不忘其本。古之人有言曰：'狐
　　死正丘首。'仁也。"······································· 107
君子曰："谋人之军师，败则死之；谋人之邦邑，危则亡之。"
　　·· 108

君子耆老不徒行,庶人耆老不徒食。 ···························· 115

君子无故不杀牛,大夫无故不杀羊,士无故不杀犬豕。君子
　　远庖厨,凡有血气之类,弗身贱也。 ························ 121

君子在车,则闻鸾和之声,行则鸣佩玉,是以非辟之心无自入
　　也。 ·· 122

君子如欲化民成俗,其必由学乎! ···························· 124

君子之教喻也,道而弗牵,强而弗抑,开而弗达。 ············ 126

君子有三患:未之闻,患弗得闻也;既闻之,患弗得学也;既学
　　之,患弗能行也。 ······································· 131

君子有五耻:居其位,无其言,君子耻之;有其言,无其行,君
　　子耻之;既得之而又失之,君子耻之;地有余而民不足,君
　　子耻之;众寡均而倍焉,君子耻之。 ······················ 131

君子言不过辞,动不过则,百姓不命而敬恭。 ················ 134

君子辞贵不辞贱,辞富不辞贫。 ···························· 135

君子贵人而贱己,先人而后己。 ···························· 135

君子约言,小人先言。 ···································· 135

君子隐而显,不矜而庄,不厉而威,不言而信。 ············ 135

君子不失足于人,不失色于人,不失口于人。 ·············· 135

君子慎以群祸,笃以不揜,恭以远耻。 ···················· 136

君子不以小言受大禄,不以大言受小禄。 ·················· 137

君子之接如水,小人之接如醴。君子淡以成,小人甘以坏。

　　 ·· 137

君子道人以言,而禁人以行。 ······························ 138

君以民存,亦以民亡。 ···································· 138

君子终日乾乾,夕惕若,厉无咎。 ·························· 146

君子体仁足以长人,嘉会足以合礼,利物足以和义,贞固足
　　以干事。 ·· 147

君子进德修业。忠信,所以进德,修辞立其诚,所以居业
　　也。知至至之,可与言几也;知终终之,可以存义也。是
　　故居上位而不骄,在下位而不忧。 ······················ 147

君子以成德为行,日可见之行也。 ·························· 148

君子学以聚之,问以辩之,宽以居之,仁以行之。 ·········· 148

君子有攸往,先迷;后得主,利。 ·························· 148

君子以厚德载物。 ·· 149

君子敬以直内,义以方外。 ································ 149

君子黄中通理,正位居体,美在其中,而畅于四支,发于事

业:美之至也。 ································· 150

君子以果行育德。 ································· 150

君子以容民畜众。 ································· 150

君子以懿文德。 ································· 150

君子道长,小人道消。 ································· 151

君子以俭德辟难,不可荣以禄。 ················· 151

君子以类族辨物。 ································· 151

君子以遏恶扬善,顺天休命。 ··················· 151

君子以教思无穷,容保民无疆。 ················· 152

君子尚消息盈虚,天行也。 ····················· 153

君子以多识前言往行,以畜其德。 ·············· 153

君子以虚受人。 ································· 154

君子以立不易方。 ································· 154

君子以远小人,不恶而严。 ····················· 154

君子以自昭明德。 ································· 155

君子以言有物而行有恒。 ······················· 155

君子以同而异。 ································· 155

君子以反身修德。 ································· 155

君子以顺德,积小以高大。 ····················· 156

君子以致命遂志。 ································· 156

君子以恐惧修省。 ································· 156

君子以居贤德善俗。 ··························· 157

君子以朋友讲习。 ································· 157

君子以慎辨物居方。 ··························· 158

君子阳阳,左执簧,右招我由房,其乐只且! ····· 189

君子所,其无逸。先知稼穑之艰难,乃逸,则知小人之依。

································· 251

K

kai

凯风自南,吹彼棘心。棘心夭夭,母氏劬劳。 ····· 181

开释无辜,亦克用劝。 ……………………………………… 252

kang

亢龙有悔。 ………………………………………………… 146

kao

考槃在涧,硕人之宽。独寐寤言,永矢弗谖。 ………… 185

ke

可以托六尺之孤,可以寄百里之命,临大节而不可夺也——
　　君子人与? 君子人也。 ………………………………… 22

克己复礼为仁 ……………………………………………… 28

可与言而不与言,失人;不可与言而与之言,失言。知者不失
　　人,亦不失言。 ………………………………………… 38

克明俊德,以亲九族;九族既睦,平章百姓;百姓昭明,协和万
　　邦,黎民于变时雍。 …………………………………… 228

kong

孔子谓季氏,"八佾舞于庭,是可忍也,孰不可忍也?" ……… 7

孔子既得合葬于防,曰:"吾闻之:'古也墓而不坟。'今丘也,
　　东西南北之人也,不可以弗识也。"于是封之,崇四尺。
　　………………………………………………………… 106

孔子谓为刍灵者善,谓为俑者不仁,不殆于用人乎哉? … 109

孔子射于矍相之圃,盖观者如堵墙。 …………………… 140

kou

口之于味也,有同耆焉;耳之于声也,有同听焉;目之于色
　　也,有同美焉。至于心,独无所同然乎? 心之所同然者何
　　也? 谓理也、义也。 …………………………………… 74

口惠而实不至,怨灾及其身。 …………………………… 137

kuan

宽而栗,柔而立,愿而恭,乱而敬,扰而毅,直而温,简而廉,
　　刚而塞,强而义。彰厥有常吉哉! …………………… 234

kuang

狂者进取,狷者有所不为也。⋯⋯⋯⋯⋯⋯⋯⋯⋯⋯⋯⋯ 33

kun

坤至柔而动也刚,至静而德方。⋯⋯⋯⋯⋯⋯⋯⋯⋯⋯ 149

L

lang

狼跋其胡,载疐其尾。公孙硕肤,赤舄几几。⋯⋯⋯⋯ 203

lao

老者安之,朋友信之,少者怀之。⋯⋯⋯⋯⋯⋯⋯⋯⋯ 14

老吾老,以及人之老;幼吾幼,以及人之幼。天下可运于掌。

⋯⋯⋯⋯⋯⋯⋯⋯⋯⋯⋯⋯⋯⋯⋯⋯⋯⋯⋯⋯⋯⋯⋯⋯⋯⋯⋯ 55

劳心者治人,劳力者治于人;治于人者食人,治人者食于人,

天下之通义也。⋯⋯⋯⋯⋯⋯⋯⋯⋯⋯⋯⋯⋯⋯⋯⋯⋯ 64

劳谦君子,万民服也。⋯⋯⋯⋯⋯⋯⋯⋯⋯⋯⋯⋯⋯⋯ 152

劳而不伐,有功而不德,厚之至也。⋯⋯⋯⋯⋯⋯⋯⋯ 160

le

乐民之乐者,民亦乐其乐;忧民之忧者,民亦忧其忧。乐以天

下,忧以天下,然而不王者,未之有也。⋯⋯⋯⋯⋯⋯ 57

乐以迎来,哀以送往。⋯⋯⋯⋯⋯⋯⋯⋯⋯⋯⋯⋯⋯⋯ 131

乐彼之园,爰有树檀,其下维萚。⋯⋯⋯⋯⋯⋯⋯⋯⋯ 207

lei

雷将发声,有不戒其容止者,生子不备,必有凶灾。⋯⋯ 116

li

礼之用,和为贵。⋯⋯⋯⋯⋯⋯⋯⋯⋯⋯⋯⋯⋯⋯⋯⋯⋯ 3

礼,与其奢也,宁俭;丧,与其易也,宁戚。⋯⋯⋯⋯⋯⋯ 8

力不足者,中道而废。 ·· 15

离娄之明,公输子之巧,不以规矩,不能成方圆;师旷之聪,
　　不以六律,不能正五音;尧舜之道,不以仁政,不能平治天
　　下。 ··· 67

礼尚往来,往而不来,非礼也;来而不往,亦非礼也。 ········· 100

礼不下庶人,刑不上大夫。 ··································· 103

利其君不忘其身,谋其身不遗其友。 ······················· 111

礼,必本于天,殽于地,列于鬼神,达于丧、祭、射、御、冠、昏、
　　朝、聘。 ··· 118

礼必本于太一,分而为天地,转而为阴阳,变而为四时,列而
　　为鬼神。 ··· 119

礼以道其志,乐以和其声,政以一其行,刑以防其奸。 ······· 127

礼减而不进则销,乐盈而不反则放。 ······················· 132

礼以坊德,乐以坊淫,命以坊欲。 ··························· 134

礼始于冠,本于昏,重于丧祭,尊于朝聘,和于射乡,比礼之
　　大体也。 ··· 140

lie

冽彼下泉,浸彼苞稂。忾我寤叹,念彼周京。 ··············· 201

lin

临财勿苟得,临难勿苟免。 ································· 99

临事而屡断,勇也;见利而让,义也。 ····················· 130

麟之趾,振振公子,于嗟麟兮。 ····························· 177

liu

六礼:冠、昏、丧、祭、乡、相见。七教:父子、兄弟、夫妇、君
　　臣、长幼、朋友、宾客。八政:饮食、衣服、事为、异别、度、
　　量、数、制。 ··· 116

六极:一曰凶短折,二曰疾,三曰忧,四曰贫,五曰恶,六曰弱。 ··········· 248

long

龙德而隐者也。不易乎世,不成乎名;遁世无闷,不见是而无
　　闷;乐则行之,忧则违之,确乎其不可拔。 ··············· 147

lǚ

履霜，坚冰至。 ……………………………………………… 149

履道坦坦，幽人贞吉。 …………………………………… 150

绿兮丝兮，女所治兮。我思古人，俾无讹兮。 ……… 180

M

meng

孟子谓齐宣王曰："王之臣有托其妻子于其友而之楚游者，
比其反也，则冻馁其妻子，则如之何？"王曰："弃之。"曰：
"士师不能治士，则如之何？"王曰："已之。"曰："四境之内
不治，则如之何？"王顾左右而言他。 …………………… 57

孟子曰："人有不为也，而后可以有为。" ………………… 70

孟子曰："可以取，可以无取，取伤廉；可以与，可以无与，与伤
惠；可以死，可以无死，死伤勇。" ……………………… 71

孟子曰："世俗所谓不孝者五：惰其四支，不顾父母之养，一
不孝也；博奕好饮酒，不顾父母之养，二不孝也；好货财，
私妻子，不顾父母之养，三不孝也；从耳目之欲，以为父母
戮，四不孝也；好勇斗很，以危父母，五不孝也。" ……… 71

孟子曰："伯夷，圣之清者也；伊尹，圣之任者也；柳下惠，圣
之和者也；孔子，圣之时者也。孔子之谓集大成。集大成
也者，金声而玉振之也。" ……………………………… 72

孟子曰："人不可以无耻，无耻之耻，无耻矣。" ………… 77

孟子曰："无为其所不为，无欲其所不欲，如此而已矣。" … 77

孟子曰："孔子登东山而小鲁，登泰山而小天下，故观于海者
难为水，游于圣人之门者难为言。" …………………… 77

孟子曰："闻鸡而起，孳孳为善者，舜之徒也；闻鸡而起，孳孳
为利者，跖之徒也。欲知舜与跖之分，无他，利与善之间
也。" ……………………………………………………… 78

孟子曰："柳下惠不以三公易其介。" …………………… 78

孟子曰："诸侯之宝三：土地、人民、政事。宝珠玉者，殃必及
身。" ……………………………………………………… 78

孟子曰:"有布缕之征,粟米之征,力役之征。君子用其一,
  缓其二。用其二而民有殍,用其三而父子离。" ········· 78
孟子谓高子曰:"山径之蹊,间介然用之而成路;为间不用,
  则茅塞之矣。今茅塞于心矣。" ················· 79
孟子曰:"贤者以其昭昭使人昭昭,今以其昏昏使人昭昭。"
  ································· 79
孟子曰:"不仁哉梁惠王也;仁者以其所爱及其所不爱,不仁
  者以其所不爱及其所爱。" ··············· 80

mian

绵蛮黄鸟,止于丘阿。道之云远,我劳如何。 ········ 215

min

民可使由之,不可使知之。 ················· 23
民无信不立。 ······················· 29
民之憔悴于虐政,未有甚于此时者也。饥者易为食,渴者易
  为饮。孔子曰:"德之流行,速于置邮而传命。"当今之时,
  万乘之国行仁政,民之悦之,犹解倒悬也。故事半古之
  人,功必倍之,惟此时为然。 ··············· 59
民为贵,社稷次之,君为轻。 ················ 79
民以君为心,君以民为体。 ················· 138
民亦劳止,汔可小康,惠此中国,以绥四方。 ········ 218

ming

名不正,则言不顺;言不顺,则不事成;事不成,则礼乐不兴;
  礼乐不兴,则刑罚不中;刑罚不中,则民无所错手足。 ·· 31
明清于单辞。民之乱,罔不中听狱之两辞。无或私家于狱
  之两辞。 ······················· 254

mu

墓门有棘,斧以斯之。夫也不良,国人知之。 ········ 199

N

nai

乃如之人也，怀昏姻也。大无信也，不知命也。 …………………… 184

乃命羲和，钦若昊天，历象日月星辰，敬授人时。 …………………… 228

乃命重、黎绝地天通，罔有格降。 ………………………………………… 252

nan

男不言内，女不言外。 ……………………………………………………… 121

南有樛木，葛藟累之。乐只君子，福履绥之。 ………………………… 175

南有乔木，不可休思。汉有游女，不可求思。 ………………………… 175

nei

内难而能正其志。 …………………………………………………………… 155

nian

年四十而见恶焉，其终也已。 ……………………………………………… 46

念彼共人，涕零如雨。岂不怀归？畏此罪罟。 ………………………… 212

niao

鸟之将死，其鸣也哀；人之将死，其言也善。 ………………………… 22

nǚ

女也不爽，士贰其行。士也罔极，二三其德。 ………………………… 186

P

pan

弁彼鸒斯，归尺提提。民莫不穀，我独于罹。 ………………………… 210

pang

旁行而不流,乐天知命,故不忧。 ⋯⋯⋯⋯⋯⋯⋯⋯⋯⋯⋯ 159

pao

庖有肥肉,厩有肥马,民有饥色,野有饿莩,此率兽而食人也。
　兽相食,且人恶之;为民父母,行政,不免于率兽而食人,恶
　在其为民父母也? 仲尼曰:"始作俑者,其无后乎!"为其象
　人而用之也。如之何其使斯民饥而死也? ⋯⋯⋯⋯⋯⋯⋯ 54

pin

贫而无怨难,富而无骄易。 ⋯⋯⋯⋯⋯⋯⋯⋯⋯⋯⋯⋯⋯⋯⋯ 35
贫者不以货财为礼,老者不以筋力为礼。 ⋯⋯⋯⋯⋯⋯⋯ 102
牝鸡无晨;牝鸡之晨,惟家之索。 ⋯⋯⋯⋯⋯⋯⋯⋯⋯⋯⋯ 241

pu

溥天之下,莫非王土;率土之滨,莫非王臣。 ⋯⋯⋯⋯⋯⋯ 212

Q

qi

齐景公问政于孔子。孔子对曰:"君君、臣臣、父父、子子。"
　⋯⋯⋯⋯⋯⋯⋯⋯⋯⋯⋯⋯⋯⋯⋯⋯⋯⋯⋯⋯⋯⋯⋯⋯⋯⋯ 30
其身正,不令而行;其身不正,虽令不从。 ⋯⋯⋯⋯⋯⋯⋯ 32
其言之不怍,则为之也难。 ⋯⋯⋯⋯⋯⋯⋯⋯⋯⋯⋯⋯⋯⋯ 35
其未得之也,患得之。既得之,患失之。苟患失之,无所不至
　矣。 ⋯⋯⋯⋯⋯⋯⋯⋯⋯⋯⋯⋯⋯⋯⋯⋯⋯⋯⋯⋯⋯⋯⋯⋯ 46
麒麟之于走兽,凤凰之于飞鸟,太山之于丘垤,河海之于行
　潦,类也。圣人之于民,亦类也。出于其类,拔乎其萃,自
　生民以来,未有盛于孔子也。 ⋯⋯⋯⋯⋯⋯⋯⋯⋯⋯⋯⋯ 60
其在东夷、北狄、西戎、南蛮,虽大曰"子"。 ⋯⋯⋯⋯⋯⋯ 104

齐大饥,黔敖为食于路,以待饿者而食之。有饿者,蒙袂辑
　屦,贸贸然来。黔敖左奉食,右执饮,曰:"嗟来食。"扬其
　目而视之,曰:"予惟不食嗟来之食,以至于斯也。"从而谢
　焉,终不食而死。 …………………………………………………… 110

其德刚健而文明,应乎天而时行,是以元亨。 ………………… 151

其雨其雨,杲杲日出。愿言思伯,甘心首疾。 ………………… 187

岂曰无衣?与子同袍。王于兴师,修我长矛。与子同仇! … 198

七月流火,九月授衣。一之日觱发,二之日栗烈。无衣无
　褐,何以卒岁? …………………………………………………… 201

妻子好合,如鼓瑟琴。兄弟既翕,和乐且湛。 ………………… 203

祈父,予王之爪牙。胡转予于恤,靡所止居? ………………… 207

萋兮斐兮,成是贝锦。彼谮人者,亦已大甚。 ………………… 211

戚戚兄弟,莫远具尔。或肆之筵,或授之几。 ………………… 217

其克诘尔戎兵,以陟禹之迹,方行天下,至于海表,罔有不服。 … 252

qian

潜龙勿用。 ……………………………………………………………… 146

谦谦君子,用涉大川。 …………………………………………………… 152

谦也者,致恭以存其位者也。 ………………………………………… 160

qiang

强者胁弱,众者暴寡,知者诈愚,勇者苦怯,疾病不养,老幼
　孤独不得其所。此大乱之道也。 ………………………………… 128

强不犯弱,众不暴寡。 …………………………………………………… 132

将仲子兮,无逾我里,无折我树杞。 ………………………………… 190

qiao

巧言令色,鲜矣仁! ……………………………………………………… 2

qin

寝不尸,居不客。 ………………………………………………………… 27

亲亲、尊尊、长长、男女之有别,人道之大者也。 ………………… 122

qing

轻任并,重任分,班白不提挈。 ……………………………………… 115

情欲信,辞欲巧。 ·· 137

轻绝贫贱而重绝富贵,则好贤不坚而恶恶不著也。 ············ 139

青青子衿,悠悠我心。纵我不往,子宁不嗣音? ·············· 192

qiong

穷大者必失其居。 ·· 167

qiu

求之不得,寤寐思服;悠哉悠哉,辗转反侧。 ················ 174

丘中有麻,彼留子嗟。彼留子嗟,将其来施施。 ·············· 190

秋日凄凄,百卉具腓。乱离瘼矣,爰其适归? ················ 212

quan

权,然后知轻重;度,然后知长短。物皆然,心为甚。 ········· 55

que

鹊之彊彊,鹑之奔奔。人之无良,我以为君。 ················ 184

qun

群居终日,言不及义,好行小慧,难矣哉! ···················· 39

R

ren

人而不仁,如礼何?人而不仁,如乐何? ····················· 7

人之生也直,罔之生也幸而免。 ······························ 16

人洁己以进,与其洁也,不保其往也。 ························ 21

人无远虑,必有近忧。 ··· 39

人皆有不忍人之心,先王有不忍人之心,斯有不忍人之政矣。

 以不忍人之心,行不忍人之政,治天下可运之掌上。 ···· 61

人有恒言,皆曰"天下国家"。天下之本在国,国之本在家,家

 之本在身。 ·· 68

人之易其言也,无责耳矣。 ····································· 69

人之患在好为人师。 ······· 70

仁，人心也；义，人路也。舍其路而弗由，放其心而不知求，哀
　　哉！ ······· 75

仁之胜不仁也，犹水胜火。 ······· 76

人不独亲其亲，不独子其子，使老有所终，壮有所用，幼有所
　　长。矜寡、孤独、废疾者，皆有所养。 ······· 117

仁者以财发身，不仁者以身发财。 ······· 88

人道敏政，地道敏树。 ······· 93

人有礼则安，无礼则危。 ······· 100

人生十年曰幼，学。二十曰弱，冠。三十曰壮，有室。四十
　　曰强，而仕。五十曰艾，服官政。六十曰耆，指使。七十
　　曰老，而传。八十、九十曰耄，七年曰悼。悼与耄，虽有罪
　　不加刑焉。百年曰期、颐。 ······· 100

人者，天地之心也，五行之端也，食味、别声、被色而生者也。

　　······· 119

仁近于乐，义近于礼。 ······· 129

仁者安仁，智者利仁，畏罪者强仁。 ······· 136

人亦有言：靡哲不愚。庶人之愚，亦职维疾。哲人之愚，亦
　　维斯戾。 ······· 219

人惟求旧，器非求旧，惟新。 ······· 239

人无于水监，当于民监。 ······· 249

ri

日知其所亡，月无忘其所能，可谓好学也已矣。 ······· 47

日月丽乎天，百谷草木丽乎土。 ······· 153

日月得天而能久照，四时变化而能久成。 ······· 154

日中则昃，月盈则食。 ······· 157

日月运行，一寒一暑。 ······· 158

日往则月来，月往则日来，日月相推而明生焉。 ······· 162

日月告凶，不用其行。四国无政，不用其良。 ······· 209

rong

戎车既安，如轻如轩。四牡既佶，既佶且闲。 ······· 205

ru

如其善而莫之违也,不亦善乎? 如不善而莫之违也,不几乎
　　一言而丧邦乎? ………………………………………… 32
入竟而问禁,入国而问俗,入门而问讳。 ………………… 103
儒有不宝金玉,而忠信以为宝;不祈土地,立义以为土地;不
　　祈多积,多文以为富 ……………………………… 139
儒者可亲而不可劫也,可近而不可迫也,可杀而不可辱也。

　　………………………………………………………… 139
儒有内称不辟亲,外举不辟怨。 ………………………… 140
如切如磋,如琢如磨。瑟兮僴兮,赫兮咺兮。 …………… 184
如月之恒,如日之升,如南山之寿,不骞不崩。如松柏之茂,
　　无不尔或承。 ……………………………………… 204
汝羲暨和,期三百有六旬有六日,以闰月定四时成岁。允
　　厘百工,庶绩咸熙。 ……………………………… 229
如丧考妣。 …………………………………………………… 230
汝曷弗告朕而胥动以浮言,恐沈于众? 若火之燎于原,不
　　可向迩,其犹可扑灭? …………………………… 239
汝则有大疑,谋及乃心,谋及卿士,谋及庶人,谋及卜筮。

　　………………………………………………………… 246
汝则从,龟从,筮从,卿士从,庶民从,是之谓大同。 …… 247
如有一介臣,断断猗无他技。其心休休焉,其如有容。人之
　　有技,若己有之。人之彦圣,其心好之,不啻若自其口出。
　　是能容之,以保我子孙黎民,亦职有利哉! ………… 255

ruo

若网在纲,有条而不紊。若农服田力穑,乃亦有秋。汝克
　　黜乃心,施实德于民,至于婚友,丕乃敢大言,汝有积德。
　　……………………………………………………… 237

S

san

三月不知肉味。 …………………………………………… 19

三人行,必有我师焉;择其善者而从之,其不善者而改之。

.... 20

三年学,不至于谷,不易得也。...................... 23

三军可夺帅也,匹夫不可夺志也。.................. 26

三饭,主人延客食胾,然后辩殽。.................. 102

三年之丧,言而不语,对而不问。.................. 130

三德:一曰正直,二曰刚克,三曰柔克。平康正直。强弗友刚

　　克,燮友柔克。沉潜刚克,高明柔克。.......... 245

三人占,则从二人之言。.............................. 246

sang

丧礼,与其哀不足而礼有余也,不若礼不足而哀有余也;祭

　　礼,与其敬不足而礼有余也,不若礼不足而敬有余也。

.... 107

丧欲速贫,死欲速朽。.............................. 108

丧礼,哀戚之至也;节哀,顺变也。君子念始之者也。...... 109

丧不虑居,毁不危身。丧不虑居,为无庙也;毁不危身,为无

　　后也。.. 110

sao

骚骚尔则野,鼎鼎尔则小人。...................... 108

se

色厉而内荏,譬诸小人,其犹穿窬之盗也与?.......... 45

shan

善歌者使人继其声,善教者使人继其志。.......... 126

善学者,师逸而功倍,又从而庸之;不善学者,师勤而功半,

　　又从而怨之。...................................... 126

善则称人,过则称己。.............................. 133

善不积不足以成名,恶不积不足以灭身。.......... 163

shang

上好礼,则民莫敢不敬;上好义,则民莫敢不服;上好信,则

　　民莫敢不用情。...................................... 32

上有好者,下必有甚焉者矣。君子之德,风也;小人之德,草
也。草尚之风,必偃。 ·············· 63
上有大泽,则惠必及下。 ·············· 133
上人疑则百姓惑,下难知则君长劳。 ·············· 138
上答之不敢以疑,上不答不敢以诒。 ·············· 139
伤于外者必反其家。 ·············· 166
裳裳者华,其叶湑兮。我觏之子,我心写兮。 ·············· 213
上帝甚蹈,无自暱焉。俾予靖之,后予极焉。 ·············· 214
上帝引逸。 ·············· 250
上下比罪,无僭乱辞,勿用不行,惟察惟法,其审克之。 ·············· 254

shao

少而无父者谓之孤,老而无子者谓之独,老而无妻者谓之
鳏,老而无夫者谓之寡。此四者,天民之穷而无告者也,
皆有常饩。暗、聋、跛、躃、断者、侏儒。百工各以其器食
之。 ·············· 115

she

奢则不孙,俭则固。与其不孙也,宁固。 ·············· 21
蛇蛇硕言,出自口矣。巧言如簧,颜之厚矣。 ·············· 210

shei

谁谓雀无角,何以穿我屋?谁谓女无家,何以速我狱? ·············· 177
谁谓荼苦,其甘如荠。宴尔新婚,如兄如弟。 ·············· 182
谁谓河广?一苇杭之。谁谓宋远?跂予望之。 ·············· 187

shen

身以及身,子以及子,妃以及妃。 ·············· 134
神也者,妙万物而为言者也。 ·············· 164
慎厥身,修思永。惇叙九族,庶明励翼,迩可远,在兹。 ·············· 233

sheng

生而知之者上也;学而知之者次也;困而学之,又其次也;困
而不学,民斯为下矣。 ·············· 44

生财有大道,生之者众,食之者寡;为之者疾,用之者舒,则
　　财恒足矣。 …………………………………………………… 87
生曰"父"、曰"母"、曰"妻";死曰"考"、曰"妣"、曰"嫔"。 ……… 106
生有益于人,死不害于人。 ……………………………………… 108
圣人南面而听天下,所且先者五,民不与焉。一曰治亲,二
　　曰报功,三曰举贤,四曰使能,五曰存爱。 ………………… 123
升而不已必困。 …………………………………………………… 167

shi

《诗》三百,一言以蔽之,曰:"思无邪"。 ……………………… 5
视其所以,观其所由,察其所安。人焉廋哉?人焉廋哉? ……… 5
士志于道,而耻恶衣恶食者,未足与议也。 …………………… 10
士不可以不弘毅,任重而道远。仁以为己任,不亦重乎?死
　　而后已,不亦远乎? …………………………………………… 22
食不厌精,脍不厌细。 …………………………………………… 26
食不语,寝不言。 ………………………………………………… 27
士而怀居,不足以为士矣。 ……………………………………… 34
侍于君子有三愆:言未及之而言谓之躁,言及之而不言谓之
　　隐,未见颜色而言谓之瞽。 …………………………………… 43
诗,可以兴,可以观,可以群,可以怨。迩之事父,远之事君;
　　多识于草木之名。 ……………………………………………… 45
仕而优则学,学而优则仕。 ……………………………………… 48
是故贤君必恭俭礼下,取于民有制。阳虎曰:"为富不仁矣,
　　为仁不富矣。" ………………………………………………… 63
是以惟仁者宜在高位,不仁而在高位,是播其恶于众也。上
　　无道揆也,下无法守也;朝不信道,工不信度;君子犯义,
　　小人犯刑,国之所存者幸也。 ………………………………… 67
仕非为贫也,而有时乎为贫;娶妻非为养也,而有时乎为养。
　　 …………………………………………………………………… 73
史载笔,士载言。 ………………………………………………… 103
仕于公曰臣,仕于家曰仆。 ……………………………………… 118
事君者量而后入,不入而后量。 ………………………………… 123
士依于德,游于艺。 ……………………………………………… 124
式微式微,胡不归?微君子之故,胡为乎中露! ……………… 182
十亩之间兮,桑者闲闲兮,行与子还兮。 ……………………… 194

食哉惟时！柔远能迩，惇德允元，而难任人，蛮夷率服。

⋯⋯⋯⋯⋯⋯ 231

诗言志，歌永言，声依永，律和声。八音克谐，无相夺伦，神
人以和。 ⋯⋯⋯⋯⋯⋯ 231

时日曷丧？予及汝皆亡！ ⋯⋯⋯⋯⋯⋯ 237

shou

受立，授立，不坐。性之直者则有之矣。 ⋯⋯⋯⋯⋯⋯ 123

手如柔荑，肤如凝脂，领如蝤蛴，齿如瓠犀，螓首蛾眉。巧
笑倩兮，美目盼兮。 ⋯⋯⋯⋯⋯⋯ 185

shu

述而不作，信而好古，窃比于我老彭。 ⋯⋯⋯⋯⋯⋯ 18

舒而脱脱兮，无感我帨兮，无使尨也吠。 ⋯⋯⋯⋯⋯⋯ 179

shuai

率时农夫，播厥百谷。骏发尔私，终三十里。亦服尔耕，十
千维耦。 ⋯⋯⋯⋯⋯⋯ 221

shuang

爽邦由哲。 ⋯⋯⋯⋯⋯⋯ 249

shui

水信无分于东西，无分于上下乎？人性之善也，犹水之就下
也。人无有不善，水无有不下。 ⋯⋯⋯⋯⋯⋯ 74

水流湿，火就燥；云从龙，风从虎。 ⋯⋯⋯⋯⋯⋯ 148

shun

顺天者存，逆天者亡。 ⋯⋯⋯⋯⋯⋯ 68

shuo

硕果不食，君子得舆，小人剥庐。 ⋯⋯⋯⋯⋯⋯ 153

硕鼠硕鼠，无食我黍！三岁贯女，莫我肯顾。 ⋯⋯⋯⋯⋯⋯ 194

si

死生有命，富贵在天。 ⋯⋯⋯⋯⋯⋯ 29

四海之内,皆兄弟也。 …………………………………… 29

四体不勤,五谷不分,孰为夫子? …………………… 47

死而不吊者三:畏、厌、溺。 ………………………… 107

思患而豫防之。 ………………………………………… 157

死生契阔,与子成说。执子之手,与子偕老。 ……… 181

四海会同,六府孔修。 ………………………………… 237

song

宋人有闵其苗之不长而揠之者,芒芒然归,谓其人曰:"今日
　病矣!予助苗长矣!"其子趋而往视之,苗则槁矣。天下
　之不助苗长者寡矣。以为无益而舍之者,不耘苗者也;助
　之长者,揠苗者也。非徒无益,而又害之。 …………… 60

颂而无谄,谏而无骄。 ………………………………… 123

su

素富贵,行乎富贵;素平贱,行乎贫贱;素夷狄,行乎夷狄;
　素患难,行乎患难;君子无入而不自得焉。 …………… 92

sui

岁寒,然后知松柏之后凋也。 ………………………… 26

虽盘桓,志行正也。 …………………………………… 150

岁、月、日、时无易,百谷用成,乂用明,俊民用章,家用平康。
　日、月、岁、时既易,百谷用不成,乂用昏不明,俊民用微,
　家用不宁。 …………………………………………… 247

sun

损而不已必益。 ………………………………………… 166

suo

所谓诚其意者,毋自欺也。如恶恶臭,如好好色,此之谓自谦。 ……… 84

所谓修身在正其心者,身有所忿懥,则不得其正;有所恐惧,
　则不得其正;有所好乐,则不得其正;有所忧患,则不得其
　正。心不在焉,视而不见,听而不闻,食而不知其味:此谓
　修身在正其心。 ……………………………………… 85

所谓平天下在治其国者,上老老而民兴孝,上长长而民兴
　　弟,上恤孤而民不倍。 ………………………………………… 86

所不安于上,则不以使下;所恶于下,则不以事上。 ……… 133

T

ta

它山之石,可以攻玉。 ……………………………………… 207

他人有心,予忖度之。跃跃兔兔,遇犬获之。 …………… 211

挞彼殷武,奋伐荆楚。罙入其阻,裒荆之旅。 …………… 223

tai

泰山其颓乎?梁木其坏乎?哲人其萎乎? …………………… 107

tang

汤之《盘铭》曰:"苟日新,日日新,又日新。"《康诰》曰:"作新
　　民。"《诗》曰:"周虽旧邦,其命维新。"是故君子无所不用
　　其极。 ……………………………………………………… 85

tao

桃之夭夭,灼灼其华,之子于归,宜其室家。 …………… 175

ti

籊籊竹竿,以钓于淇。岂不尔思,远莫致之。 …………… 187

tian

天下有道则见,无道则隐。 …………………………………… 24

天下有道,则礼乐征伐自天子出;天下无道,则礼乐征伐自诸侯
　　出。 …………………………………………………………… 42

天时不如地利,地利不如人和。 …………………………… 62

天命之谓性,率性之谓道,修道之谓教。 ………………… 91

天下国家可均也,爵禄可辞也,白刃可蹈也,中庸不可能也。
　　………………………………………………………………… 91

天下之达道五,所以行之者三。曰:君臣也,父子也,夫妇
也,昆弟也,朋友之交也。五者,天下之达道也。知、仁、
勇三者,天下之达德也,所以行之者一也。 …………………… 93

天子穆穆,诸侯皇皇,大夫济济,士跄跄,庶人僬僬。 ………… 105

天子之妃曰后,诸侯曰夫人,大夫曰孺人,士曰妇人,庶
人曰妻。 ………………………………………………………… 105

天子不言出,诸侯不生名。君子不亲恶;诸侯失地,名;灭
同性,名。 ……………………………………………………… 105

天子死曰"崩",诸侯曰"薨",大夫曰"卒",士曰"不禄",庶人
曰"死"。在床曰"尸",在棺曰"柩"。羽鸟曰"降",四足曰
"渍"。死寇曰"兵"。 …………………………………………… 105

天子:三公,九卿,二十七大夫,八十一元士。 ………………… 112

天子命之教,然后为学。小学在公宫南之左,大学在郊。天
子曰辟雍,诸侯曰频宫。 ……………………………………… 113

天子、诸侯无事,则岁三田。一为乾豆,二为宾客,三为充
君之庖。无事而不田曰不敬,田不以礼曰暴天物。 ………… 113

天道至教,圣人至德。 …………………………………………… 120

天子搢珽,方正于天下也;诸侯荼,前诎后直,让于天子也;
大夫前诎后诎,无所不让也。 ………………………………… 121

天之所生,地之所养,无人为大。 ……………………………… 132

天无私覆,地无私载,日月无私照。 …………………………… 134

天无二日,土无二王,家无二主,尊无二上。 ………………… 135

天行健,君子以自强不息。 ……………………………………… 146

天地变化,草木蕃;天地闭,贤人隐。 ………………………… 150

天地交而万物通也,上下交而其志同也。 ……………………… 151

天道下济而光明,地道卑而上行。 ……………………………… 152

天地以顺动,故日月不过,而四时不忒;圣人以顺动,则刑罚
清而民服。 ……………………………………………………… 152

天地养万物,圣人养贤及万民。 ………………………………… 153

天地感而万物化生,圣人感人心而天下和平。 ………………… 154

天地之道,恒久而不已也。 ……………………………………… 154

天地相遇,品物咸章。 …………………………………………… 156

天地革而四时成。 ………………………………………………… 156

天地之大德曰生。 ………………………………………………… 161

天下同归而殊途,一致而百虑。 ………………………………… 161

天地絪缊,万物化醇。 ·············· 163

天命玄鸟,降而生商,宅殷土芒芒。 ·········· 222

天聪明,自我民聪明。天明畏,自我民明威。达于上下,敬
　　哉有土。 ························ 236

天不可信,我道惟宁王德延,天下庸释于文王受命。 ······ 251

tiao

苕之华,其叶青青。知我如此,不如无生。 ········· 215

tong

同声相应,同气相求。 ·············· 148

同心之言,其臭如兰。 ·············· 160

tou

投我以木瓜,报之以琼琚。匪报也,永以为好也。 ····· 188

投我以桃,报之以李。 ·············· 219

tuo

萚兮萚兮,风其吹女。叔兮伯兮,倡予和汝。 ······· 191

W

wan

万章问曰:"敢问友。"孟子曰:"不挟长,不挟贵,不挟兄弟而
　　友。友也者,友其德也,不可以有挟也。" ········· 72

万章问曰:"敢问交际何心也?"孟子曰:"恭也。"曰:"'却之
　　为不恭',何哉?"曰:"尊者赐之,曰:'其所取之者义乎,不
　　义乎?'而后受之,以是为不恭,故弗却也。"曰:"请无以辞
　　却之,以心却之,曰:'其取诸民之不义也',而以他辞无
　　受,不可乎?"曰:"其交也以道,其接也以礼,斯孔子受之
　　矣。" ························ 73

万物资生,乃顺承天。坤厚载物,德合无疆。 ······· 149

婉兮娈兮,总角丱兮。未几见兮,突而弁兮。 ······· 193

wang

亡而为有,虚而为盈,约而为泰,难乎有恒矣。 21

往者不可谏,来者犹可追。 47

王亦曰仁义而已矣,何必曰利! 52

王好战,请以战喻。填然鼓之,兵刃既接,弃甲曳兵而走。
　或百步而后止,或五十步而后止。以五十步笑百步,则何
　如? 52

王之所大欲可知已,欲辟土地,朝秦楚,莅中国而抚四夷
　也。以若所为求若所欲,犹缘木而求鱼也。 56

枉己者,未有能直人者也。 65

王者之制禄爵:公、侯、伯、子、男,凡五等。诸侯之上大夫
　卿、下大夫、上士、中士、下士,凡五等。天子之田方千里,
　公、侯田方百里,伯七十里,子、男五十里。不能五十里
　者,不合于天子,附于诸侯,曰附庸。天子之三公之田视
　公、侯,天子之卿视伯,天子之大夫视子、男,天子之元士
　视附庸。 111

王者功成作乐,治定制礼。 129

往者屈也,来者信也,屈生相感而利生焉。 162

wei

未能事人,焉能事鬼? 27

未知生,焉知死? 28

唯女子与小人为难养也,近之则不孙,远之则怨。 46

为人臣者怀利以事其君,为人子者怀利以事其父,为人弟者
　怀利以事其兄,是君臣、父子、兄弟终去仁义,怀利以相接,
　然而不亡者,未之有也。 76

为人君,止于仁;为人臣,止于敬;为人子,止于孝;为人父,
　止于慈;与国人交,止于信。 85

为人子之礼:冬温而夏凊;昏定而晨省。在丑夷不争。 101

为人子者,……不登高,不临深,不苟訾,不苟笑。 101

唯君子为能通天下之志。 151

唯深也,故能通天下之志。 160

唯几也,故能成天下之务。 160

危者,安其位者也;亡者,保其存者也;乱者,有其治者也。

  163

未见君子,忧心忡忡;亦既见止,亦既觏止,我心则降。 177

谓天盖高? 不敢不局。谓地盖厚? 不敢不蹐。 209

维天有汉,监亦有光。跂彼织女,终日七襄。 212

维师尚父,时维鹰扬。涼彼武王,肆伐大商,会朝清明。 216

威仪孔时,君子有孝子。孝子不匮,永锡尔类。 217

威仪抑抑,德音秩秩。无怨无恶,率由群匹。 217

惟天监下民,典厥义。降年有永有不永,非天夭民,民中绝

  命。 241

wen

温故而知新,可以为师矣。 6

温柔敦厚,《诗》教也;疏通知远,《书》教也;广博易良,《乐》
教也;洁静精微,《易》教也;恭俭庄敬,《礼》教也;属辞比
事,《春秋》教也。 133

温良者,仁之本也;敬慎者,仁之地也;宽裕者,仁之作也;孙
接者,仁之能也;礼节者,仁之貌也;言谈者,仁之文也;歌
乐者,仁之和也;分散者,仁之施也。儒者兼此而有之,犹
且不敢言仁也。其尊让有如此者。 140

wo

我知言,我善养吾浩然之气。 59

我心匪石,不可转也。我心匪席,不可卷也。 180

我送舅氏,悠悠我思。何以赠之? 琼瑰玉佩。 198

我徂东山,慆慆不归。我来自东,零雨其濛。 202

我不可不监有夏,亦不可不监有殷。 250

wu

吾日三省吾身:为人谋而不忠乎? 与朋友交而不信乎? 传
不习乎? 2

吾十有五而志于学,三十而立,四十而不惑,五十而知天命,
六十而耳顺,七十而从心所欲,不逾矩。 5

吾党之小子狂简,斐然成章,不知所以裁之。 14

务民之义,敬鬼神而远之,可谓知矣。 16

吾有知乎哉？无知也。有鄙夫问于我，空空如也，我叩其两端而竭焉。 ……………………………………… 24

五亩之宅，树之以桑，五十者可以衣帛矣。鸡豚狗彘之畜，无失其时，七十者可以食肉矣。百亩之田，勿夺其时，数口之家可以无饥矣。谨庠序之教，申之以孝悌之义，颁白者不负戴于道路矣。七十者衣帛食肉，黎民不饥不寒，然而不王者，未之有也。 …………………… 53

无恒产而有恒心者，惟士为能。若民，则无恒产，因无恒心。苟无恒心，放辟邪侈，无不为已。及陷于罪，然后从而刑之，是罔民也。 …………………………… 56

吾闻出于幽谷迁于乔木者，未闻下乔木而入幽谷者。 …… 65

吾离群而索居，亦已久矣。 ……………………………… 107

无旷土，无游民，食节事时，民咸安其居，乐事劝功，尊君亲上，然后兴学。 …………………………………… 114

五十养于乡，六十养于国，七十养于学，达于诸侯。八十拜君命，一坐再至，瞽亦如之。九十使人受。 ……………… 114

五十不从力政，六十不与戎服，七十不与宾客之事，八十齐衰之事弗及也。 ………………………………………… 115

毋拔来，毋报往。 ……………………………………… 124

物生必蒙。 ……………………………………………… 164

物不可以终通。 ………………………………………… 164

物不可以终否。 ………………………………………… 164

物大然后可观。 ………………………………………… 165

物不可以苟合而已。 …………………………………… 165

物不可以终尽。 ………………………………………… 166

物不可以久居其所。 …………………………………… 166

物不可以终难。 ………………………………………… 166

物相遇而后聚。 ………………………………………… 166

物不可以终动。 ………………………………………… 167

物不可以终止。 ………………………………………… 167

物不可以终离。 ………………………………………… 167

物不可穷也。 …………………………………………… 168

武王载旆，有虔秉钺。如火烈烈，则莫我敢曷。 ………… 223

无教逸欲，有邦。兢兢业业，一日二日万几。 …………… 235

无侮老成人，无弱孤有幼。 …………………………… 240

无有远迩,用罪伐厥死,用德彰厥善。 …… 240

无总于货宝,生生自庸,式敷民德,永肩一心。 …… 241

五行:一曰水,二曰火,三曰木,四曰金,五曰土。水曰润下,
火曰炎上,木曰曲直,金曰从革,土爰稼穑。润下作咸,炎
上作苦,曲直作酸,从革作辛,稼穑作甘。 …… 242

五事:一曰貌,二曰言,三曰视,四曰听,五曰思。貌曰恭,言
曰从,视曰明,听曰聪,思曰睿。恭作肃。从作义,明作
晳,聪作谋,睿作圣。 …… 243

五祀:一曰岁,二曰月,三曰日,四曰星辰,五曰历数。 …… 244

无偏无陂,遵王之义;无有作好,遵王之道;无有作恶,遵王
之路;无偏无党,王道荡荡;无党无偏,王道平平;无所无
侧,王道正直。 …… 244

五福:一曰寿,二曰富,三曰康宁,四曰攸好德,五曰考终命。
…… 248

无若火始,焰焰,厥攸灼叙,弗其绝。 …… 250

X

xi

席不正,不坐。 …… 27

喜哀乐之未发,谓之中;发而皆中节,谓之和。中也者,天下
之大本也;和也者,天下之达道也。致中和,天地位焉,万
物育焉。 …… 91

蟋蟀在堂,岁聿其莫。今我不乐,日月其除。 …… 195

隰有苌楚,猗傩其枝。夭之沃沃,乐子之无知。 …… 200

昔我往矣,杨柳依依。今我来思,雨雪霏霏。 …… 204

习习谷风,维风及雨。将恐将惧,维予与女。将安将乐,女转
弃予。 …… 211

xia

夏后氏五十而贡,殷人七十而助,周人百亩而彻,其实皆什
一也。 …… 63

瑕不掩瑜,瑜不掩瑕,忠也。 …… 141

xian

贤贤易色;事父母,能竭其力;事君,能致其身;与朋友交,言
　　而有信。虽曰未学,吾必谓之学矣。 …………………… 3

贤者辟世,其次辟地,其次辟色,其次辟言。 …………… 37

见而民莫不敬,言而民莫不信,行而民莫不说。 ………… 95

先王之立礼也,有本有文。忠信,礼之本也;义理,礼之文
　　也。无本不立,无文不行。 …………………………… 119

先王之制礼乐也,非以极口腹耳目之欲也,将以教民平好恶
　　而反人道之正也。 ……………………………………… 128

先王之孝也,色不忘乎目,声不绝乎耳,心志嗜欲不忘乎心。
　　…………………………………………………………… 132

xiang

相鼠有皮,人而无仪。人而无仪,不死何为? ………… 184

xiao

小人难事而易说也。 ……………………………………… 34

小不忍,则乱大谋。 ……………………………………… 40

小人之过也必文。 ………………………………………… 47

孝者所以事君也,弟者所以事长也,慈者所以使众也。 … 86

孝有三,大孝尊亲,其次弗辱,其下能养。 …………… 132

小人贫斯约,富斯骄;约斯盗,骄斯乱。 ……………… 134

小人溺于水,君子溺于口,大人溺于民,皆在其所亵也。 … 138

肖肖马鸣,悠悠旆旌。徒御不警,大庖不盈。 ………… 206

箫韶九成,凤凰来仪。 …………………………………… 236

xie

挟太山以超北海,语人曰:"我不能。"是诚不能也;为长者折
　　枝,语人曰:"我不能。"是不为也,非不能也。故王之不
　　王,非挟太山以超北海之类也;王之不王,是折枝之类也。
　　…………………………………………………………… 55

胁肩谄笑,病于夏畦。 …………………………………… 66

xin

信近于义,言可复也。恭近于礼,远耻辱也。因不失其亲,
　亦可宗也。 …………………………………………………… 4
新台有泚,河水弥弥,燕婉之求,籧篨不鲜。 …………… 183
信誓旦旦,不思其反。反是不思,亦已焉哉! …………… 186
心乎爱矣,遐不谓矣?中心藏之,何日忘之。 …………… 215

xing

兴于《诗》,立于礼,成于乐。 …………………………… 23
性相近也,习相远也。 …………………………………… 44
行险而不失其信。 ………………………………………… 153
形而上者谓之道,形而下者谓之器。 …………………… 160
刑于寡妻,至于兄弟,以御家邦。 ……………………… 216

xue

学而时习之,不亦说乎?有朋自远方来,不亦乐乎?人不
　知而不愠,不亦君子乎? ……………………………… 2
学而不思则罔,思而不学则殆。 ………………………… 6
学而不厌,诲人不倦。 …………………………………… 18
学然后知不足,教然后知困。知不足,然后能自反也;知困,
　然后能自强也。故曰:教学相长也。 ………………… 125

Y

yan

颜渊喟然叹曰:"仰之弥高,钻之弥坚。瞻之在前,忽焉在
　后。夫子循循然善诱人,博我以文,约我以礼,欲罢不能。"
　…………………………………………………………… 24
言近而指远者,善言也;守约而施博者,善道也。 ……… 81
言顾行,行顾言,君子胡不慥慥尔! ……………………… 92
言有物而行有格也;是以生则不可夺志,死则不可夺名。
　…………………………………………………………… 138

燕燕于飞,颉之颃之。之子于归,远于将之。瞻望弗及,伫
　　立以泣。 180

言念君子,温其如玉。在其板屋,乱我心曲。 197

yang

仰以观于天文,俯以察于地理。是故知幽明之故。 158

仰则观象于天,俯则观法于地。 161

ye

夜如何其? 夜未央,庭燎之光,君子至止,鸾声将将。 206

野有死麕,白茅包之。有女怀春,吉士诱之。 179

yi

以直报怨,以德报德。 37

益者三友,损者三友。友直,友谅,友多闻,益矣。友便辟,
　　友善柔,友便佞,损矣。 42

益者三乐,损者三乐。乐节礼乐,乐道人之善,乐多贤友,益
　　矣。乐骄乐,乐佚游,乐晏乐,损矣。 42

以万乘之国伐万乘之国,箪食壶浆以迎于师,岂有他哉? 避
　　水火也。如水益深,如火益热,亦运而已矣。 58

一箪食,一豆羹,得之则生,弗得则死,乎尔而与之,行道之人
　　弗受;蹴尔而与之,乞人不屑也。 75

医不三世,不服其药。 105

以德报德,则民有所劝;以怨报怨,则民有所惩。 136

以德报怨,则宽身之仁也;以怨报德,则刑戮之民也。 .. 136

一阴一阳谓之道。 159

宜言饮酒,与子偕老。琴瑟在御,莫不静好。 190

yin

饮食男女,人之大欲存焉。死亡贫苦,人之大恶存焉。 ... 119

ying

营营青蝇,止于棘。谗人罔极,交乱四国。 214

yong

用之则行,舍之则藏。 19

用人之智去其诈,用人之勇去其怒,用人之仁去其贪。 …… 118

庸言之信,庸行之谨;闲邪存其诚,善世而不伐,德博而化。
…… 147

雍雍鸣雁,旭日始旦,士如归妻,迨冰未泮。 …… 181

颙颙卬卬,如圭如璋,令闻令望。岂弟君子。四方为纲。 …… 218

you

由也升堂矣,未入于室也。 …… 28

幼名,冠字,五十以仲伯,死谥,周道也。 …… 107

有行之谓有义,有义之谓勇敢。 …… 141

有亲则可久,有功则可大。 …… 158

有天地然后万物生焉。 …… 164

有大者不可盈。 …… 165

有大而能谦必豫。 …… 165

有事而后可大。 …… 165

有其信者必行之。 …… 167

有过物者必济。 …… 168

有兔爰爰,雉离于罗。 …… 189

有美一人,清扬婉兮。邂逅相遇,适我愿兮。 …… 192

有杕之杜,其叶湑湑。独行踽踽,岂无他人? …… 196

有美一人,伤如之何?寤寐无为。涕泗滂沱。 …… 200

呦呦鹿鸣,食野之苹。我有嘉宾,鼓瑟吹笙。 …… 203

有兔斯首,炮之燔之。君子有酒,酌言献之。 …… 215

yu

欲速,则不达;见小利,则大事不成。 …… 33

鱼,我所欲也,熊掌亦我所欲也,二者不可得兼,舍鱼而取熊
  掌者也。生亦我所欲也,义亦我所欲也,二者不可得兼,
  舍生而取义者也。生亦我所欲,所欲有甚于生者,故不为
  苟得也;死亦我所恶,所恶有甚于死者,故患有所不辟也。
…… 75

愚而好自用,贱而好自专。 …… 95

玉不琢,不成器;人不学,不知道。 …… 125

与天地相似,故不违。 …… 158

与人同者,物必有归。 …… 165

豫必有随。 165

于嗟女兮，无与士耽。士之耽兮，犹可说也；女之耽兮，不可说

也。 186

鴥彼晨风，郁彼北林。未见君子，忧心钦钦。 198

于时处处，于时庐旅，于时言言，于是语语。 217

於铄王师，遵养时晦。时纯熙矣，是用大介。 222

予仁若考，能多材多艺，能事鬼神。 248

yuan

怨不在大，亦不在小。 249

yue

乐正崇四术，立四教，顺先王《诗》《书》《礼》《乐》以造士。

.... 114

乐，所以修内也；礼，所以修外也。礼乐交错于中，发形于

外，是故其成也怿，恭敬而温文。 116

乐者为同，礼者为异。 128

乐胜则流，礼胜则离。 128

乐至则无怨，礼至则不争。 129

月出皎兮，佼人僚兮。舒窈纠兮，劳心悄兮。 200

yun

允迪厥德，谟明弼谐。 233

Z

zai

载获济济，有实其积，万亿及秭。为酒为醴，烝畀祖妣，以洽

百礼。 222

在知人，在安民。 234

zei

贼仁者谓之"贼",贼义者谓之"残"。残贼之人谓之"一夫"。
闻诛一夫纣矣,未闻弑君也。 ················· 58

zeng

曾子曰:"夫子之道,忠恕而已矣。" ············· 11

zhan

瞻彼日月,悠悠我思。道之云远,曷云能来? ······· 181

湛湛露斯,匪阳不晞。厌厌夜饮,不醉不归。 ······· 205

瞻彼中林,侯薪侯蒸。民今方殆,视天梦梦。 ······· 208

战战兢兢,如临深渊,如履薄冰。 ··············· 210

瞻彼中林,牲牲其鹿。朋友已谮,不胥以穀。人亦有言,进退
维谷。 ··································· 220

zhang

张而不弛,文武不能也;弛而不张,文武不为也;一张一弛,
文武之道也。 ····························· 131

zhao

朝闻道,夕死可矣。 ······················· 10

zhe

哲夫成城,哲妇倾城。懿厥哲妇,为枭为鸱。 ······· 221

zhen

振鹭于飞,于彼西雝。我客戾止,亦有斯容。 ······· 221

振振鹭,鹭于下。鼓咽咽,醉言舞。于胥乐兮! ····· 222

zheng

正大而天地之情可见矣。 ··················· 154

正家而天下定矣。 ························· 155

zhi

质胜文则野,文胜质则史。文质彬彬,然后君子。 ··· 15

知之者不如好之者,好之者不如乐之者。 …… 16

知者乐水,仁者乐山;知者动,仁者静;知者乐,仁者寿。 …… 17

志于道,据于德,依于仁,游于艺。 …… 18

知者不惑,仁者不忧,勇者不惧。 …… 26

志士仁人,无求生以害仁,有杀身以成仁。 …… 38

知我者其惟《春秋》乎!罪我者其惟《春秋》乎! …… 66

知为人子,然后可以为人父;知为人臣,然后可以为人君;

　知事人,然后能使人。 …… 117

制礼也以节事,修乐以道志。 …… 120

致敬不飨味,而贵气臭也。 …… 120

执虚如执盈,入虚如有人。 …… 124

治世之音安以乐,其政和。乱世之音怨以怒,其政乖。亡国

　之音哀以思,其民困。 …… 127

直、方、大,不习无不利。 …… 149

止而巽,动不穷也。 …… 156

知周乎万物而道济天下,故不过。 …… 159

致饰然后亨则尽矣。 …… 165

陟彼高冈,我马玄黄。我姑酌彼兕觥,维以不永伤。 …… 174

知我者谓我心忧,不知我者谓我何求?悠悠苍天,此何人哉? …… 188

秩秩斯干,幽幽南山,如竹苞矣,如松茂矣。 …… 208

直而温,宽而栗,刚而无虐,简而无傲。 …… 231

知人则哲,能官人;安民则惠,黎民怀之。 …… 234

zhong

中人以上,可以语上也;中人以下,不可以语上也。 …… 16

中庸之为德也,其至矣乎?民鲜久矣。 …… 17

众恶之,必察焉;众好之,必察焉。 …… 40

螽斯羽,诜诜兮。宜尔子孙,振振兮。 …… 175

终风且曀,不日有曀。寤言不寐,愿言则嚏。 …… 180

终南何有?有条有梅。君子至止,锦衣狐裘。颜如渥丹,其

　君也哉! …… 197

终朝采绿,不盈一匊。予发曲局,薄言归沐。 …… 214

仲山甫之德,柔嘉维则。令仪令色,小心翼翼。 …… 220

zhou

周公思兼三王,以施四事;其有不合者,仰而思之,夜以继日;幸而得之,坐以待旦。 ···················· 71

zhu

诸侯之于天子也,比年一小聘,三年一大聘,五年一朝。 ·············· 113

zhui

追琢其章,金玉其相。勉勉我王,纲纪四方。 ·············· 216

zhun

肫肫其仁,渊渊其渊,浩浩其天。 ·············· 96

zhuo

倬彼甫田,岁取十千。我取其陈,食我农夫。 ·············· 213

zi

子贡曰:"贫而无谄,富而无骄,何如?"子曰:"可也;未若贫而乐道,富而好礼也。" ·············· 4

子曰:"由!诲汝知之乎!知之为知之,不知为不知,是知也。" ···· 6

子曰:"周监于二代,郁郁乎文哉!吾从周。" ·············· 8

子曰:"《关雎》,乐而不淫,哀而不伤。" ·············· 9

子谓《韶》,"尽美矣,又尽善也。"谓《武》,"尽美矣,未尽善也。" ···· 9

子曰:"居上不宽,为礼不敬,临丧不哀,吾何以观之哉?" ···· 9

子曰:"唯仁者能好人,能恶人。" ·············· 9

子游曰:"事君数,斯辱矣;朋友数,斯疏矣。" ·············· 12

子曰:"朽木不可雕也,粪土之墙不可杇也;于予与何诛?" ···· 13

子贡问曰:"孔文子何以谓之'文'也?"子曰:"敏而好学,不耻下问,是以谓之'文'也。" ·············· 13

子谓子产,"有君子之道四焉:其行己也恭,其事上也敬,其养民也惠,其使民也义。" ·············· 13

子张问曰:"令尹子文三仕为令尹,无喜色;三已之,无愠色。旧令尹之政,必以告新令尹。何如?"子曰:"忠矣。"曰:"仁矣乎?"曰:"未知;焉得仁?" ·············· 13

子曰："宁武子,邦有道,则知;邦无道,则愚。其知可及也,
　　其愚不可及也。" ·· 14

子曰："赤子适齐也,乘肥马,衣轻裘。吾闻之也:君子周急
　　不继富。" ·· 15

子曰："贤哉,回也! 一箪食,一瓢饮,在陋巷,人不堪其忧,
　　回也不改其乐。贤哉,回也!" ·································· 15

子以四教:文、行、忠、信。 ··· 20

子绝四:毋意,毋必,毋固,毋我。 ··································· 24

子在川上曰:"逝者如斯夫! 不舍昼夜。" ····················· 25

子曰:"吾未见好德如好色者也。" ································· 25

子曰:"譬如为山,未成一篑,止,吾止也。譬如平地,虽覆一
　　篑,进,吾往也。" ··· 25

子贡问友。子曰:"忠告而善道之,不可则止,毋自辱焉。" ··· 31

子曰:"有教无类。" ··· 41

子贡曰:"君子亦有恶乎?"子曰:"有恶:恶称人之恶者,恶居
　　下流而讪上者,恶勇而无礼者,恶果敢而窒者。" ········· 46

子路,人告之以有过,则喜。禹闻善言,则拜。大舜有大焉,
　　善与人同,舍己从人,乐取于人以为善。自耕稼、陶、渔以
　　至为帝,无非取于人者。取诸人以为善,是与人为善者
　　也,故君子莫大乎与人为善。 ································· 61

自暴者,不可与有言也;自弃者,不可与有为也。言非礼义,
　　谓之自暴也;吾身不能居仁由义,谓之自弃也。 ·········· 69

梓匠轮舆能与人规矩,不能使人巧。 ····························· 80

自诚明,谓之性;自明诚,谓之教。诚则明矣,明则诚矣。
　　 ·· 94

子思曰:"古之君子,进人以礼,退人以礼,故有旧君反服之
　　礼也;今之君子,进人若将加诸膝,退人若将队诸渊,毋为
　　戎首,不亦善乎! 又何反服之礼之有?" ····················· 109

子路曰:"伤哉贫也,生无以为养,死无以为礼也。"孔子曰:
　　"啜菽饮水尽其欢,斯之谓孝;敛手足形,还葬而无椁,称
　　其财,斯之谓礼。" ··· 110

子曰:"恭近礼,俭近仁,信近情。 ································· 137

自伯之东,首如飞蓬。岂无膏沐? 谁适为容。 ·················· 187

子惠思我,褰裳涉溱。子不我思,岂无他人? 狂童之狂也且。 ··· 191

子有酒食,何不日鼓瑟? 且以喜乐,且以永日。宛其死矣,
　他人入室。 ……………………………………………………… 195

子之汤兮,宛丘之上兮。洵有情兮,而无望兮。 …………… 198

zu

足容重,手容恭,目容端,口容止,声容静,头容直,气容肃,
　立容德,色容庄,坐如尸。 ………………………………… 122

zun

遵彼汝坟,伐其条枚。未见君子,惄如调饥。 ……………… 176

zuo

坐如尸,立如齐。礼从宜,使从俗。 ………………………… 99

作者之谓圣,述作之谓明。 …………………………………… 129